KB062932

글 읽기 능력 향상을 위한

중학 국어 **비문학 독해 연습**

③

비문학 독해(글 읽기) = 이해력, 사고력 및 모든 학습의 기초!

1일 2지문 독해 연습 25일 완성!

중 1·2·3 학년에 따른 수준별, 단계별 구성

예비 고1 국어 영역 대비

수록 지문 인문·사회·과학·기술·예술 등
다양한 독서를 위한 교과서 밖 50개 글감

이룸이앤비
Education&Books

# 이 책을 펴내면서

INTRODUCTION

### ◆ '국어' 공부가 '왜' 중요한가?

'국어'는 모든 공부의 가장 기본입니다. 대부분의 과목은 우리말로 서술되어 있으므로 국어 능력은 학습의 성패를 결정하는 중요한 요인이 되며, 국어 능력이 부족하면 효과적으로 학습하기가 어렵게 됩니다. 따라서 학생들은 모든 공부에 필요한 실질적인 국어 능력을 길러야 합니다. 그러기 위해서는 인문, 사회, 과학, 기술, 예술 등의 다양한 제재의 좋은 글을 풍부하게 읽어야 합니다. 이러한 글 읽기를 통해 사고력과 이해력 그리고 문제 해결 능력을 키울 수 있기 때문입니다.

### ◆ '비문학(읽기)' 영역을 통해 무엇을 공부할까?

중학교 과정에서는 사실적 사고 능력을 바탕으로, 한 편의 완결된 글을 읽어 낼 수 있는 능력을 키워야 합니다. 그 다음에는 다양한 분야의 글들을 반복적으로 읽음으로써 그때그때의 학습 상황에 필요한 수준 높은 독해 능력을 키워야 합니다.

### ◆ '중학 국어 비문학 독해 연습' 이렇게 공부하세요.

글 읽기가 다양한 문제 해결 과정임을 이해하며 글을 읽습니다.

⋮

배경지식을 활용하여 전개될 내용을 예측하며 읽습니다.

⋮

글의 특성을 고려하여 내용을 요약하며 읽습니다.

⋮

글에 따른 설명 방법이나 표현 방법을 파악하며 읽습니다.

⋮

글에 드러난 글쓴이의 의도 및 관점을 파악하며 읽습니다.

◇ **비문학 독해**를 소개합니다.

## 1 비문학이란?

문학 외의 인문, 사회, 과학, 기술, 예술 등을 제재로 한 논설문이나 설명문, 기사문, 보고문 등의 실용문을 통틀어서 '비문학'이라고 합니다.

## 2 비문학을 벌써 공부해야 하는가?

영어나 수학은 많은 시간을 투자해 일찍 공부를 시작하지만, 국어는 늦게 시작하는 경향이 있습니다. 그런데 고등학교에 입학하게 되면 당장 모의고사부터 낯선 유형의 문제가 출제됩니다. 멀리 있는 수능이 문제가 아닌 것입니다. 국어는 단기간에 공부하면 될 것 같지만 절대 그렇지 않습니다. 그러므로 국어도 미리미리 대비해야 합니다.

## 3 비문학 독해에 필요한 능력은?

비문학 독해에서는 사실적 사고와 관련된 내용이 가장 기본이므로 이에 대비하는 능력을 키워야 합니다. 그리고 궁극적으로 한 편의 완성된 글을 읽기 위해서는 사실적, 추론적, 비판적, 창의적 사고 능력 및 어휘 능력 등이 종합적으로 필요합니다.

## 4 글의 종류에 따라 문제 유형이 다른가?

비문학은 글의 종류에 따라 문제 유형이 조금씩 다릅니다. 인문 · 예술에서는 사실적 · 창의적 사고 및 어휘력과 관련된 유형이, 사회 · 과학 · 기술에서는 추론적 · 비판적 사고와 관련된 유형이 출제되는 경우가 많습니다.

## 5 효과적인 비문학 공부법은?

특별한 공부법이 있는 것은 아니지만, 다양한 분야의 좋은 글을 많이 읽어야 합니다. 이러한 글 읽기를 통해 지문 분석, 문제 분석 등의 독해법을 자연스럽게 몸에 익혀야 합니다. 비문학 독해의 지름길은 없습니다. 꾸준한 글 읽기와 반복 학습이 가장 효과적인 학습법입니다.

# 이 책의 구성과 특징

## 1 고1 국어 전국연합학력평가에서 제재별 우수 문항을 엄선하였습니다.

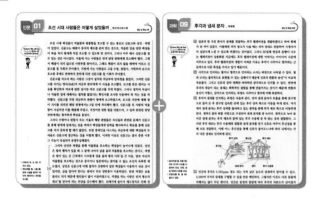

고1 전국연합학력평가에서 제재별(인문, 사회, 과학, 기술, 예술) 우수 문항을 엄선하였습니다. 처음에는 어렵고 낯설겠지만 글을 읽는 방법은 비슷하기 때문에 자신감을 가지고 글을 읽기 바랍니다. 그러면 반드시 독서 능력이 향상되고 이해력과 사고력도 높일 수 있을 것입니다. '국어'는 모든 공부의 기본이지만, 그 중에서도 독해 능력이 가장 기본임을 잊지 말고, 제대로 된 글 읽기를 통해 이해력을 향상시키고 사고력을 확장시킬 수 있게 되기를 바랍니다.

> 지문 분석 연습: 문단 요지, 주제 등을 직접 분석하고 쓰면서 글을 읽는다.

▼

> 목표 시간을 정해 제한 시간 내에 글을 읽는 연습을 한다.

▼

> 자신의 약점 제재를 파악하여 꾸준히 글을 읽는 연습을 한다.

## 2 수준별, 단계별 문제를 통해 실질적인 문제 해결 능력을 키울 수 있게 하였습니다.

비문학 독해는 사실적 사고와 관련된 내용이 기본이므로 이에 대한 능력을 키워야 합니다. 이를 바탕으로 추론적, 비판적, 창의적 사고 유형의 지문과 문제에도 종합적으로 대비할 수 있습니다. 수준별, 단계별로 구성된 다양한 유형의 문제를 통해 문제 해결 능력을 키우기 바랍니다. 또 문제를 분석하고 답지를 분석하는 연습을 정확히 하기 바랍니다. 빨리 푸는 것보다 제대로 공부하는 것이 중요합니다.

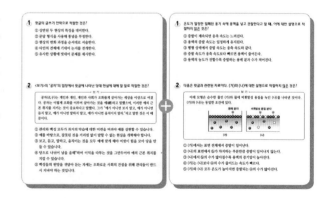

> 발문 분석 연습: 문제에서 묻고 있는 내용을 정확히 파악하는 연습을 한다.

▼

> 답지 분석 연습: 반드시 지문을 바탕으로 정답 및 오답을 찾는다.

▼

> 복습을 통해 효과적인 문제 풀이 방법과 독해 방법을 익힌다.

## 3 제재별로 자주 나오는 어휘를 정리한 후, TEST를 통해 확인하도록 하였습니다.

앞에서 공부한 지문에서 어휘를 선별하여 그 의미와 예문을 함께 수록하였습니다. 한 번 공부하고 나면 쉬운데 그렇지 않으면 고득점을 가로막는 어휘들을 중심으로 정리하였습니다. 또 간단하지만 다양한 유형의 문제를 통해 어휘의 습득 여부를 확인할 수 있도록 하였습니다. 국어 독해 능력 향상에 결정적인 역할을 하는 것이 어휘이므로 잘 익혀 두기를 바랍니다.

> 어휘는 독해력 향상의 기본이므로 예문과 함께 그 의미를 익힌다.
>
> ▼
>
> 모르는 어휘는 그때그때 사전을 찾아 정리하면서 의미를 익힌다.
>
> 쉬운 형태의 문제를 통한 반복 학습으로 어휘를 익힌다.

## 4 자기주도학습 및 수업 자료로 활용할 수 있도록 모든 지문과 문제를 분석하였습니다.

혼자 공부하더라도 어렵지 않도록 수록된 모든 지문을 행간주를 통해 분석하여 구성하였으므로 이 책의 해설을 최대한 활용하기 바랍니다. 또한 학부모나 선생님들의 수업 및 학습 지도 자료로 활용할 때 큰 효과를 거둘 수 있도록 지문 해제, 문단 요지, 주제, 정답 풀이, 오답 풀이 등도 상세하게 수록하였습니다.

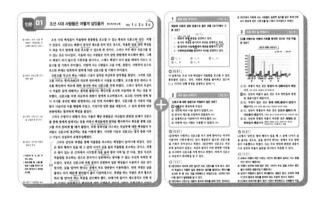

> 모든 지문 분석 및 문제 분석 자료를 통해 글을 읽는 방법을 익힌다.
>
> ▼
>
> 정답 및 오답만 확인하지 말고 해설을 통해 문제 풀이 과정을 점검한다.
>
> 반복 학습을 통해 자신의 실수 및 약점을 보완한다.

# 이 책의 차례

CONTENTS

# 학습 계획표

• 권장 학습 플래너 ①: 차례대로 1일 2지문 25일 완성

| 학습 날짜 | | | 학습 내용 | 틀린 문제 및 복습 계획 |
|---|---|---|---|---|
| 1Day | 월 | 일 | 인문 01, 02 | |
| 2Day | 월 | 일 | 인문 03, 04 | |
| 3Day | 월 | 일 | 인문 05, 06 | |
| 4Day | 월 | 일 | 인문 07, 08 | |
| 5Day | 월 | 일 | 인문 09, 10 | |
| 6Day | 월 | 일 | 사회 01, 02 | |
| 7Day | 월 | 일 | 사회 03, 04 | |
| 8Day | 월 | 일 | 사회 05, 06 | |
| 9Day | 월 | 일 | 사회 07, 08 | |
| 10Day | 월 | 일 | 사회 09, 10 | |
| 11Day | 월 | 일 | 과학 01, 02 | |
| 12Day | 월 | 일 | 과학 03, 04 | |
| 13Day | 월 | 일 | 과학 05, 06 | |
| 14Day | 월 | 일 | 과학 07, 08 | |
| 15Day | 월 | 일 | 과학 09, 10 | |
| 16Day | 월 | 일 | 기술 01, 02 | |
| 17Day | 월 | 일 | 기술 03, 04 | |
| 18Day | 월 | 일 | 기술 05, 06 | |
| 19Day | 월 | 일 | 기술 07, 08 | |
| 20Day | 월 | 일 | 기술 09, 10 | |
| 21Day | 월 | 일 | 예술 01, 02 | |
| 22Day | 월 | 일 | 예술 03, 04 | |
| 23Day | 월 | 일 | 예술 05, 06 | |
| 24Day | 월 | 일 | 예술 07, 08 | |
| 25Day | 월 | 일 | 예술 09, 10 | |

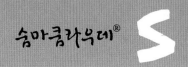
- 권장 학습 플래너 ②: 제재별로 섞어서 **1일 2지문 25일 완성**

| 학습 날짜 | | | 학습 내용 | 틀린 문제 및 복습 계획 |
|---|---|---|---|---|
| 1Day | 월 | 일 | 인문 01 \| 사회 01 | |
| 2Day | 월 | 일 | 과학 01 \| 기술 01 | |
| 3Day | 월 | 일 | 예술 01 \| 인문 02 | |
| 4Day | 월 | 일 | 사회 02 \| 과학 02 | |
| 5Day | 월 | 일 | 기술 02 \| 예술 02 | |
| 6Day | 월 | 일 | 인문 03 \| 사회 03 | |
| 7Day | 월 | 일 | 과학 03 \| 기술 03 | |
| 8Day | 월 | 일 | 예술 03 \| 인문 04 | |
| 9Day | 월 | 일 | 사회 04 \| 과학 04 | |
| 10Day | 월 | 일 | 기술 04 \| 예술 04 | |
| 11Day | 월 | 일 | 인문 05 \| 사회 05 | |
| 12Day | 월 | 일 | 과학 05 \| 기술 05 | |
| 13Day | 월 | 일 | 예술 05 \| 인문 06 | |
| 14Day | 월 | 일 | 사회 06 \| 과학 06 | |
| 15Day | 월 | 일 | 기술 06 \| 예술 06 | |
| 16Day | 월 | 일 | 인문 07 \| 사회 07 | |
| 17Day | 월 | 일 | 과학 07 \| 기술 07 | |
| 18Day | 월 | 일 | 예술 07 \| 인문 08 | |
| 19Day | 월 | 일 | 사회 08 \| 과학 08 | |
| 20Day | 월 | 일 | 기술 08 \| 예술 08 | |
| 21Day | 월 | 일 | 인문 09 \| 사회 09 | |
| 22Day | 월 | 일 | 과학 09 \| 기술 09 | |
| 23Day | 월 | 일 | 예술 09 \| 인문 10 | |
| 24Day | 월 | 일 | 사회 10 \| 과학 10 | |
| 25Day | 월 | 일 | 기술 10 \| 예술 10 | |

중학 국어 비문학 독해 연습 ❸

인문 제재에서는 철학 이론의 관점을 묻는 유형들이 자주 출제되고 있다. 따라서 세부 내용을 파악하는 독해보다는 제시된 이론의 중심 내용을 바탕으로 각각의 관점과 근거를 정리하면서 글을 읽는 것이 좋다. 또한 글의 구조를 이해하고 서술 방식을 파악하는 연습도 필요하다.

# 인문 I

중심 화제나 핵심 내용 등에는 ○, △, □ 밑줄 등과 같은 표시를 하면서 읽어보세요.

　　조선 시대 백성들이 억울함과 원통함을 호소할 수 있는 통로로 신문고와 상언·격쟁이 있었다. 신문고는 태종이 중국의 제도를 본떠 만든 것으로, 억울한 일을 당한 백성들이 북을 쳐서 왕에게 직접 호소할 수 있도록 한 것이다. 그러나 아무 때나 신문고를 칠 수 있는 것은 아니었다. 서울에 사는 사람들은 먼저 담당 관원에게 호소해야 했다. 그래서 해결이 되지 않으면 사헌부를 찾아가고, 그래도 해결이 되지 않을 때에야 비로소 신문고를 칠 기회가 주어졌다. 지방에 사는 사람들도 고을 수령, 관찰사, 사헌부의 순으로 호소한 후에도 만족하지 못하게 되면 신문고를 칠 기회가 주어졌다.

　　신문고를 치고자 하는 사람은 그것이 설치된 의금부의 당직청을 찾았다. 그러면 신문고를 지키는 영사(令史)가 의금부 관리에게 이 사실을 보고했다. 보고를 받은 관리는 사유를 확인하여 역모에 관한 일이면 바로 신문고를 치게 하였다. 그러나 정치의 득실이나 억울한 일에 대해서는 절차를 밟았다는 확인서를 조사한 다음에야 북 치는 것을 허락했다. 신문고를 치면 의금부의 관원이 왕에게 보고하였으며, 보고된 사안에 대해 왕이 지시를 내리면 해당 관청에서는 5일 안에 처리해야 했다. 신문고를 친 사람의 억울함이 사실이면 이를 해결해 주었고, 거짓이면 엄한 벌을 내렸으며, 그 일과 관련된 담당 관원에게는 철저하게 책임을 물었다.

　　그러나 수령이나 관찰사 또는 서울의 해당 관원들은 자신들과 관련된 문제가 신문고를 통해 왕에게 알려지는 것을 꺼려서 백성들에게 압력을 행사하거나 회유를 통해 신문고를 치지 못하게 할 때가 많았다. 또한 중죄인을 다스리는 의금부에 대한 백성들의 두려움도 신문고에 접근하는 것을 어렵게 했다. 이러한 이유로 신문고는 결국 중종 이후 그 기능이 상실되어 유명무실해졌다.

　　[A] 그러자 상언과 격쟁을 통해 억울함을 호소하는 백성들이 늘어나게 되었다. 상언은 왕의 행차가 있을 때 그 앞에 나아가 글을 올려 억울함을 호소하는 것이고, 격쟁은 왕이 있는 곳 근처에서 시끄럽게 징을 울려 왕의 이목*을 끈 다음, 말로 자신의 억울함을 호소하는 것으로 중국이나 일본에서는 찾아볼 수 없는 조선의 독특한 제도였다. 상언은 신문고에 비해 절차가 간편하여 일반 백성들이 이용하기 쉬운 것이었지만, 글을 알아야 한다는 점에서 주로 양반층이 이용하였다. 반면 격쟁은 글을 몰라도 되기 때문에 평민들이 많이 이용하였으나, 격쟁을 하는 사람은 먼저 형조의 취조*를 받아야 하는 부담을 감수해야 했다. 19세기에 들어서 세도정치로 인해 정치 기강이 문란해지고 백성들에 대한 지배층의 억압과 수탈이 심해지면서 상언과 격쟁에 대한 제약도 강화되었다.

* 이목(귀 耳, 눈 目): 주의나 관심.
* 취조(취할 取, 고를 調): 범죄 사실을 밝히기 위하여 혐의자나 죄인을 조사함.

주제 쓰기 ⦁
_____
_____

　　그렇게 되자 어려움을 풀 길이 막힌 백성들은 지방관이나 악덕 지주들의 죄상을 폭로하기 위해 집단으로 상급 기관에 항의하거나, 물리적인 힘을 동원하여 대응하기도 했다.

**1** 윗글에 사용된 설명 방법으로 옳은 것을 <보기>에서 고른 것은?

┤ 보 기 ├

ㄱ. 대상의 진행 과정을 설명하고 있다.
ㄴ. 용어의 개념을 풀이하여 대상을 설명하고 있다.
ㄷ. 잘 알려진 사실에 빗대어 대상을 설명하고 있다.
ㄹ. 구체적인 사례를 열거하여 대상을 설명하고 있다.

① ㄱ, ㄴ  　　　② ㄱ, ㄷ  　　　③ ㄴ, ㄷ
④ ㄴ, ㄹ  　　　⑤ ㄷ, ㄹ

**2** '신문고'에 대한 설명으로 적절하지 <u>않은</u> 것은?

① 사헌부의 책임하에 두었다.
② 사안에 따라 이용 절차가 달랐다.
③ 중국의 제도를 모방하여 만들었다.
④ 실제적으로 이용하기가 까다로웠다.
⑤ 지방에 사는 사람도 이용할 수 있었다.

**3** [A]를 바탕으로 아래의 자료를 해석한 것으로 가장 적절한 것은?

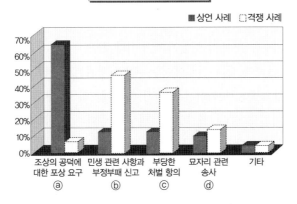

① ⓐ: 격쟁이 적은 것은 왕권이 더 강화되었기 때문이다.
② ⓐ: 상언의 비율이 높은 것은 주로 양반들과 관련된 내용이었기 때문이다.
③ ⓑ: 격쟁이 많은 것은 왕에 대한 불만이 많았기 때문이다.
④ ⓒ: 상언이 격쟁보다 적은 것은 상언의 절차가 까다로웠기 때문이다.
⑤ ⓓ: 상언과 격쟁의 비율이 비슷한 것은 제약이 강화되었기 때문이다.

중심 화제나 핵심 내용 등에는 ○, △, □, 밑줄 등과 같은 표시를 하면서 읽어보세요.

대개 사람들은 동정심을 인간이 가지고 있는 일반적인 감정이라 생각하고, 동정심이 많은 사람을 도덕적으로 선한 사람이라고 여긴다. 맹자는 남의 어려운 처지를 동정하여 불쌍하게 여기는 마음을 측은지심(惻隱之心)*이라고 하였다. 그리고 이를 인간의 본성으로 ㉠간주(看做)하여 도덕적 가치를 판단하는 ㉡근거(根據)로 삼았다. 데이비드 흄도 인간은 본성적으로 동정심을 가지고 있으며 이것이 도덕성의 근거가 된다고 하였다.

그러나 칸트는 이러한 일반적인 ㉢견해(見解)와는 다른 입장을 보였다. 그에 따르면 도덕적 가치를 판단하는 기준은 동정심이 아닌 이성에 바탕을 둔 '의무 동기'이어야 한다. 의무 동기에 따라 행동한다는 것은 도덕적 의무감과 자신의 의지에 따라서 올바르게 행동하는 것이다.

칸트는 인간에게는 마땅히 따라야 할 의무가 있으며 순수한 이성을 가지고 그 의무를 실천하려는 의지가 있다고 보았다. 그리고 그것이 도덕적으로 가장 중요하다고 생각했다. 아무리 그 결과가 좋다 하더라도 의무 동기에서 벗어난 어떠한 의도나 목적도 그 행위에 개입*되어서는 안 된다는 것이다. 따라서 칸트가 보기에 동정과 연민, 만족감 같은 감정이나 자기 이익, 욕구, 기호(嗜好)* 등에 따라 행동한다면 그것은 도덕적 가치가 부족한 것이 된다.

예를 들어 보자. '갑(甲)'이라는 사람이 빚진 돈을 갚기 위해 채권자를 찾아가는 길에 곤경에 처한 이웃을 만났다. 이웃의 고통을 본 '갑'은 연민과 동정의 감정이 생겨나 자기가 가지고 있던 돈을 그 이웃을 돕는 데 사용하였다. 칸트는 이러한 '갑'의 행위는 의무 동기에 따른 것이 아니기 때문에 도덕적으로 정당한 행위로 평가받을 수 없다고 하였다. '갑'의 자선은 연민의 감정에 빠져서, 마땅히 채권자에게 돈을 되갚아야 한다는 ㉣규범(規範)과 의무를 따르지 않았기 때문이다.

이러한 칸트의 견해에 대해 일부에서는 '갑'의 행위는 타인을 돕겠다는 순수한 목적에서 나온 것이며 결과적으로 선한 행동이기 때문에, '갑'에 대한 칸트의 평가는 지나치게 가혹하다고 비판하기도 한다. 또 도덕적 의무감에 따른 행위만이 가치가 있다는 칸트의 주장을 인간의 자연적 감정을 지나치게 ㉤배제(排除)한 것이라고 비판하기도 한다. 그러나 이러한 비판에도 불구하고 도덕적 가치에 대한 칸트의 견해는 사람으로서 마땅히 가져야 하는 의무와 그에 대한 실천 의지를 다시 생각해 보게 했다는 점에서 그 의의를 찾을 수 있을 것이다.

* 측은지심(슬퍼할 惻, 숨길 隱, 갈 之, 마음 心): 불쌍히 여기는 마음.
* 개입(끼일 介, 들 入): 자신과 직접적인 관계가 없는 일에 끼어듦.
* 기호(즐길 嗜, 좋을 好): 즐기고 좋아함.

주제 쓰기 •

_____

_____

**1** 윗글의 내용과 일치하지 <u>않는</u> 것은?

① 자신의 의지에 감정, 욕구, 이익 등을 더한 것이 의무 동기이다.

② 칸트는 도덕적 의무를 지나치게 강조한다는 비판을 받기도 한다.

③ 칸트는 행위의 동기를 도덕적 가치 판단의 중요한 요소로 생각한다.

④ 사람들은 일반적으로 동정심이 많은 사람을 선한 사람이라고 평가한다.

⑤ 데이비드 흄은 인간 본성에 바탕을 둔 동정심을 도덕성의 근거로 여겼다.

**2** 윗글을 바탕으로 할 때, 칸트가 가장 긍정적으로 평가할 만한 것은?

① 자신의 회사를 홍보하기 위하여 자기 회사의 제품을 구호물자로 기증한 경우

② 자신과 국가의 명예를 높이기 위해 부상에도 불구하고 올림픽 경기에 참가한 경우

③ 자신의 이익을 위해 공장을 세웠는데 그 공장이 많은 실업자들에게 일자리를 제공한 경우

④ 이웃을 돕는 것은 인간으로서 마땅히 따라야 할 의무라고 생각하여 구호 활동에 참여한 경우

⑤ 텔레비전에 소개된 독거 노인이 불쌍하게 느껴져서 그 사람에게 익명*으로 후원금을 전달한 경우

\* 익명(숨을 匿, 이름 名): 이름을 숨김. 또는 숨긴 이름이나 그 대신 쓰는 이름.

**3** ㉠~㉤의 사전적 뜻풀이가 바르지 <u>않은</u> 것은?

① ㉠: 상태, 모양, 성질 따위가 그와 같다고 봄. 또는 그렇게 여김.

② ㉡: 사물의 가장 중심이 되는 부분.

③ ㉢: 어떤 사물이나 현상에 대한 자기의 의견이나 생각.

④ ㉣: 인간이 행동하거나 판단할 때에 마땅히 따르고 지켜야 할 가치 판단의 기준.

⑤ ㉤: 받아들이지 아니하고 물리쳐 제외함.

# 인재를 등용하는 방법 _ 정약용

정답 및 해설 6쪽

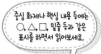
주심 화제나 핵심 내용 등에는
○,△,□, 밑줄 등과 같은
표시를 하면서 읽어보세요.

* 당파(무리 黨, 물갈래 派): 주의, 주장, 이해를 같이하는 사람들이 뭉쳐 이룬 단체나 모임.
* 공순하다(공경할 恭, 순할 順––): 공손하고 온순하다.
* 관록(벼슬 官, 녹 祿): 관리에게 주는 녹봉(祿俸: 옛날, 나라에서 벼슬아치들에게 주던 곡식, 돈 따위).
* 붕당(벗 朋, 무리 黨): 조선 시대에, 이념과 이해에 따라 이루어진 사림의 집단을 이르던 말.
* 비열(낮을 卑, 못할 劣): 사람의 하는 짓이나 성품이 천하고 졸렬함.
* 편당적(치우칠 偏, 무리 黨, 과녁 的): 한 당파에 치우친. 또는 그런 것.
* 권외(우리 圈, 밖 外): 일정한 범위나 테두리의 밖.
* 지엽적(가지 枝, 잎 葉, 과녁 的): 본질적이거나 중요하지 아니하고 부차적인. 또는 그런 것.

㉠당파(黨派)*를 없애지 않고서는 전하의 뜻이 이루어지지 못할 것입니다. 신은 일찍이 당파 싸움이 음식 싸움이나 다름없다고 하였습니다. 가령 십여 명이 모여 앉아 연회(宴會)를 차리는 경우에 그들이 서로 예(禮)로써 사양하지 않고 각자가 남보다 많이 먹기 위하여 욕심을 낸다면 반드시 싸움이 벌어질 것입니다. 그러나 그들을 보고 물으면 "저 사람이 나보다 밥을 많이 먹고 술을 많이 마시기 때문이다."라고 말하지 않고, 분명히 "어른과 아이는 차례가 다른 법이거늘, 저 사람이 너무나 무례하게 굴며, 밥을 흐트러뜨리고 국을 흘려, 저 사람이 너무나 공순(恭順)하지* 못한 까닭이다."라고 할 것입니다. 이와 같은 변명은 그 어떤 구실이 있더라도 그 원인을 헤아리면 결국 서로 많이 먹기 위한 싸움에 지나지 않습니다.

당파 싸움이 이와 같습니다. 그들이 말로는 "저 사람의 직위가 나보다 높고 저 사람의 관록*이 나보다 많기 때문이다."라고 하지 않고, 반드시 "저 사람이 임금을 저버리고 국사(國事)를 그르쳐서 불충(不忠)하기 그지없고, 역모를 꾸미며, 개인의 이익에만 몰두하여 불순(不順)하기가 비할 데 없다."라고 말할 것입니다. 이와 같은 변명의 말들이 더러 근거가 있는 듯하더라도 그 근간을 헤아려 보면 직위와 관록의 싸움에 지나지 않습니다.

싸움을 결판내는 것은 힘입니다. 힘이 모자라면 응원할 이를 청하고, 응원하는 이들이 모이면 당파가 됩니다. 그러므로 당파를 보호하려는 심정은 응원을 구하기 위함이고, 응원을 구하려는 것은 힘을 모으기 위함이며, 힘을 모으려는 심리는 서로 많이 먹기 위함입니다. 이로써 본다면 붕당(朋黨)*은 그 출발부터가 너무나 비열*한 일이라고 하지 않을 수 없습니다.

이제 전하께서 크게 깨달으시어 탕평(蕩平) 정책을 실시함으로써 편당적(偏黨的)*인 악습을 일소(一掃)하려 하시는 것은 신의 천견(淺見)으로도 넉넉히 짐작할 수 있습니다. 그러나 일월(日月)같이 밝은 빛으로써 아직도 다 비추지 못하는 곳이 있다고 여길 따름입니다. 그것은 붕당의 권외*에 서 있는 서북 지방의 백성들이며, 신분상 하층에 속해 있는 빈천한 백성들입니다. 이들은 본래부터 붕당의 싸움과는 아무런 관련이 없었음에도 불구하고 오히려 탕평 정책의 혜택을 받을 수 있는 대상에 포함되지 못하고 있습니다.

앞으로 더욱 공평한 정책을 키우시어 편협하고 지엽적*인 인재 선발 방법을 개혁해야만 한 나라의 인재들이 빠짐없이 등용될 것입니다. 이보다 큰 국가의 행복이 어디에 또 있겠습니까?

주제 쓰기 •

_____

_____

**1** 윗글의 글쓰기 전략으로 적절한 것은?

① 상반된 두 현상의 특징을 대비한다.
② 문답 형식을 사용해 통념을 부정한다.
③ 현상의 변화 과정을 순서대로 서술한다.
④ 타인의 견해에 기대어 논지를 전개한다.
⑤ 유사한 상황에 빗대어 문제를 제시한다.

**2** <보기>의 '공자'의 입장에서 윗글에 나타난 당대 현실에 대해 할 말로 적절한 것은?

┤ 보 기 ├

　공자(孔子)는 개인과 개인, 개인과 사회가 조화롭게 살아가는 세상을 이상으로 여겼다. 공자는 이렇게 조화를 이루며 살아가는 것을 예(禮)라고 말했으며, 이러한 예의 근본 취지를 지키는 것이 중요하다고 말했다. 그가 "예가 아니면 보지 말고, 예가 아니면 듣지 말고, 예가 아니면 말하지 말고, 예가 아니면 움직이지 말라."라고 말한 것은 이 때문이다.

① 관리와 백성 모두가 과거의 악습에 대한 미련을 버려야 예를 실현할 수 있습니다.
② 예를 바탕으로, 잘못된 것을 거리낌 없이 말할 수 없는 현실을 개혁해야 합니다.
③ 보고, 듣고, 말하고, 움직이는 것을 모두 예에 맞게 해야 여럿이 힘을 모아 당을 만들 수 있습니다.
④ 당으로 나뉘어 남을 음해*하며 이익을 다투는 것을 그만두어야 예의 근본 취지를 지킬 수 있습니다.
⑤ 백성들의 원망을 귀담아 듣는 자세는 조화로운 사회의 건설을 위해 관리들이 반드시 지녀야 하는 것입니다.

＊음해(응달 陰, 해칠 害): 몸을 드러내지 아니한 채 음흉한 방법으로 남에게 해를 가함.

**3** ㉠과 같이 말한 이유로 가장 적절한 것은?

① 상벌을 올바르게 시행해야 국가 기강이 바로 설 수 있기 때문에
② 왕의 자기반성이 선행되어야 신하들도 바른 길로 들어설 수 있기 때문에
③ 국가 재정이 충분해야 백성을 위한 다양한 정책을 펼칠 수 있기 때문에
④ 신하들의 특권을 보장해 주어야 그들이 나랏일에 집중할 수 있기 때문에
⑤ 공평한 정책을 펴서 인재 선발 방법을 개혁해야 국가가 발전할 수 있기 때문에

# 한글 맞춤법과 띄어쓰기 _ 임동훈

주심 화제나 핵심 내용 등에는 ○, △, □, 밑줄 등과 같은 표시를 하면서 읽어보세요.

한글 맞춤법의 원리는 '한글 맞춤법은 표준어를 소리대로 적되, 어법에 맞도록 함을 원칙으로 한다.'라는 「한글 맞춤법」 총칙 제1항에 나타나 있다. 이 조항은 한글 맞춤법을 적용하여 표기하는 대상이 표준어임을 분명히 하고 있다. 따라서 표준어가 정해지면 맞춤법은 이를 어떻게 적을지 결정하는 구실을 한다.

그런데 표준어를 글자로 적는 방식에는 두 가지가 있을 수 있다. 하나는 '소리 나는 대로' 적는 방식이요, 또 하나는 소리 나는 것과는 다소 멀어지더라도 눈으로 보아 '의미가 잘 드러나도록' 적는 방식이다. 이 두 방식이 상충*되는 면이 있는 듯하나 한글 맞춤법은 이 두 가지 방식을 적절히 조화시키고 있다. 즉 '소리대로 적되, 어법에 맞도록'이라는 제1항의 구절은 바로 이 두 방식의 절충*을 의미하는 것이다. 다시 말해 제1항은 '표준어를 소리 나는 대로 적는다는 원칙과, 어법에 맞게 적는다는 원칙에 어긋나지 않아야 한다.'는 내용을 담고 있는 것이다.

그렇다면 어법에 맞게 적는다는 것은 무슨 뜻인가? 뜻을 파악하기 쉽도록 적는다는 것이다. 그런데 어떻게 적는 것이 뜻을 파악하기 쉽도록 적는 것인가? 그것은 문장에서 뜻을 담당하는 실사(實辭)*를 밝혀 적는 방식일 것이다. 예컨대 '꼬치, 꼬츨, 꼳또'처럼 적기보다 실사인 '꽃'을 밝혀 '꽃이, 꽃을, 꽃도'처럼 적는 것이다. '꼬치'와 같이 적는 방식은 소리 나는 대로 적어서 글자로 적기에는 편할 수 있다. 그러나 뜻을 담당하는 실사가 드러나지 않아 눈으로 뜻을 파악하기에는 큰 불편이 따른다. 체언과 용언 어간은 대표적인 실사이다. 실사를 밝혀 뜻을 파악하기 쉽도록 적는다는 것은 체언과 조사를 구별해서 적고 용언의 어간과 어미를 구별해서 적는다는 것이다. 바로 이러한 내용을 포괄하는 내용을 담고 있는 것이 '어법에 맞게' 적는다는 것이다.

정리하면, 제1항의 '소리대로 적되, 어법에 맞도록'이란 구절을 바르게 적용하는 방법은 다음과 같다. 첫째, 어느 쪽으로 적는 것이 어법에 맞는지(즉 뜻을 파악하기 쉬운지) 살펴 그에 따라 적고 둘째, 어느 쪽으로 적든지 어법에 맞는 정도에(뜻을 파악하는 데에) 별 차이가 없을 때에는 소리대로 적는다. 예컨대 '붙이다(우표를 ~)'와 '부치다(힘이 ~)'에서 전자는 동사 어간 '붙-'과 의미상의 연관성이 뚜렷하여 '붙이-'처럼 적어 줄 때 그 뜻을 파악하기 쉬운 이점이 있으므로 소리와 달리 '붙이다'로 적고, 후자는 전자와 달리, 굳이 소리와 다르게 적을 필요가 없으므로 '소리대로'의 원칙에 따라 '부치다'로 적는 것이다.

* 상충(서로 相, 맞부딪칠 衝): 맞지 아니하고 서로 어긋남.
* 절충(꺾을 折, 속마음 衷): 서로 다른 사물이나 의견, 관점 따위를 알맞게 조절하여 서로 잘 어울리게 함.
* 실사(열매 實, 말 辭): 실질 형태소. 명사나 용언의 어간처럼 실질적인 뜻을 나타내는 형태소.

주제 쓰기 •

_____

_____

**1** 윗글의 집필 의도로 가장 알맞은 것은?

① 한글 맞춤법의 문제점을 구체적으로 비판하고자 한다.
② 한글 맞춤법의 제정 배경을 역사적으로 살펴보고자 한다.
③ 한글 맞춤법 규정에 대한 다양한 평가를 소개하고자 한다.
④ 한글 맞춤법 규정을 바탕으로 맞춤법의 원리를 설명하고자 한다.
⑤ 한글 맞춤법 규정을 해설하면서 우리말의 우수성을 드러내고자 한다.

**2** 윗글의 내용과 일치하는 것은?

① 한글 맞춤법은 표준어를 정하는 원칙을 규정한 것이다.
② 어법을 고려해 적으면 뜻을 파악하는 데에 어려움이 따른다.
③ 실사를 밝혀 적는다는 것은 소리 나는 대로 적는다는 의미이다.
④ 소리 나는 대로 적는다는 것은 한글 맞춤법의 예외 조항이다.
⑤ 표준어를 글자로 적을 때에는 소리와 어법 두 가지를 고려한다.

**3** 윗글을 읽은 독자의 반응으로 적절하지 <u>않은</u> 것은?

① '놀이'는 '놀다'와의 의미적 연관성이 있어 '노리'라고 적지 않고 '놀이'로 적는 것이
겠군.
② '먹어', '먹은'을 '머거', '머근'처럼 적지 않는 이유는 '먹다'의 '먹-'이 실사이기 때
문이겠군.
③ '국물'을 '궁물'로 적지 않는 이유는 '궁+물'보다 '국+물'이 의미가 더 잘 드러나기
때문이겠군.
④ '물이 얼다'의 '얼음'을 '어름'으로 적지 않는 이유는 소리 나는 대로 적어야 의미 파
악이 쉽기 때문이겠군.
⑤ '반드시(~이겨라)'를 '반듯이(~앉아라)'와 구별하여 적는 것은 '반드시'가 '반듯하
다'의 '반듯-'과 의미적 연관성이 없다고 여겨서 그랬겠군.

중심 화제나 핵심 내용 등에는 ○, △, □, 밑줄 등과 같은 표시를 하면서 읽어보세요.

무엇인가를 알아내는 사고 방법에는 여러 가지가 있는데 그중 하나가 유추이다. 유추란 어떤 사물이나 현상의 성질을 그와 비슷한 다른 사물이나 현상에 기초하여 미루어 짐작하는 것을 말한다. 이는 학문 또는 예술 활동에서뿐만 아니라 일상생활에서도 흔히 행하고 있는 사고법이다.

유추는 '알고자 하는 특성의 확정－알고 있는 대상과의 비교－결론 내리기'의 과정을 통해 이루어진다.

동물원에 가서 '백조'를 처음 본 어린아이가 그것이 날 수 있는가의 여부를 판단하는 과정을 생각해 보자. 이 경우 '알고자 하는 대상'과 그 '알고자 하는 특성'을 확정하면 '백조가 날 수 있는가?'가 된다. 그런데 그 아이가 자신이 이미 알고 있는 '비둘기'를 떠올리고는 백조와 비둘기 사이에 '깃털이 있다', '다리가 둘이다', '날개가 있다' 등의 공통점을 발견하였다. 이렇게 공통점을 발견하는 것이 바로 비교이다. 그 다음에 '비둘기는 난다'는 특성을 다시 확인한 후 '백조가 날 것이다'고 결론을 내리면 유추가 끝난다.

많은 논리학자들은 유추가 판단을 그르치게 한다고 폄하*한다. 유추를 통해 알아낸 것이 옳다는 보장이 없기 때문이다. 위의 경우 '백조가 난다'는 것은 옳다. 그런데 똑같은 방법으로 '타조'에 대해 '타조가 난다'라는 결론을 내렸다면, 이는 사실에 어긋난다. 이는 공통점이 가장 많은 대상을 비교 대상으로 선택하지 못했기 때문이다. 이렇게 유추를 통해 알아낸 것은 옳을 가능성이 있다고는 할 수 있어도 틀림없다고는 할 수 없다.

결국 유추를 통해 옳은 결론을 내릴 가능성을 높이는 것이 중요한데, '범위 좁히기'의 과정을 통해 비교할 대상을 선정함으로써 그 가능성을 높일 수 있다. 만약 어린아이가 수많은 새 중에서 비둘기 말고, 타조와 더 많은 공통점을 갖고 있는 것, 예를 들면 '몸통에 비해 날개 크기가 작다'는 공통점을 하나 더 갖고 있는 '닭'을 가지고 유추를 했다면 '타조는 날지 못할 것이다'는 결론을 내렸을 것이다.

옳지 않은 결론을 내릴 가능성을 항상 안고 있음에도 불구하고 유추는 필요하다. 우리 인간은 모든 것을 알고 태어나지 않을 뿐만 아니라 어느 한순간에 모든 것을 알아내지는 못한다. 그런데도 인간이 많은 지식을 갖게 된 것은 유추와 같은 사고법을 가지고 있기 때문이다.

\* 폄하(떨어뜨릴 貶, 아래 下): 가치를 깎아내림.

주제 쓰기 •

_____

_____

**1** 윗글에 대한 설명으로 가장 적절한 것은?

① 유추의 활용 사례들을 분석하면서 그 유형을 소개하고 있다.

② 유추의 방법과 효용을 알려주면서 그 유용성을 강조하고 있다.

③ 유추에 대한 학문적 논의의 과정을 시간 순서대로 소개하고 있다.

④ 유추의 문제점을 지적하면서 새로운 사고 방법의 필요성을 역설하고 있다.

⑤ 유추와 여타* 사고 방법들과의 차이점을 부각하면서 그 본질을 이해시키고 있다.

* 여타(남을 餘, 다를 他):
  그 밖의 다른 것.

**2** 윗글을 바탕으로 <보기>의 내용을 이해한 것으로 적절하지 <u>않은</u> 것은?

┤ 보 기 ├

화성에도 생명체가 존재할까? 이에 대한 답을 얻기 위해서는 우리가 가장 잘 알고 있는 행성인 지구와 비교함으로써 둘 사이의 공통점을 찾아보는 것이 필요할 것이다. 태양계의 다른 행성들에 비해 화성은 태양과의 거리가 지구와 가장 비슷하다. 화성은 대기 온도가 영하 76℃까지 떨어지기도 하지만 지구의 최저 기온과 크게 차이가 없는 편이다. 또한 화성에서는 지구에서와 같이 암석과 물의 존재가 확인되었다. 그런데 지구에는 생명체가 존재한다. 그러므로 화성에도 생명체가 존재할 가능성이 높다.

① '화성과 태양의 거리'를 확인함으로써 '알고자 하는 특성'을 확정했다.

② 비교할 대상으로 '지구'를 선택했다.

③ '암석과 물의 존재' 등의 특성은 비교의 결과 확인한 공통점이다.

④ 결론을 내리기 전에 '생명체가 존재한다'는 '지구'의 특성을 다시 확인하고 있다.

⑤ 최종적으로 내린 결론은 '화성에 생명체가 존재할 가능성이 높다'이다.

01 **이목** 귀 耳 눈 目
주의나 관심. 예 그는 남의 이목 때문에 아무 일도 못했다.

02 **취조** 취할 取 고를 調
범죄 사실을 밝히기 위하여 혐의자나 죄인을 조사함.
예 그는 몇 차례의 취조 끝에 유치장에서 풀려났다.

03 **측은지심** 슬퍼할 惻 숨길 隱 갈 之 마음 心
불쌍히 여기는 마음. 예 불쌍한 사람을 동정하는 것은 누구나 가지고 있는 측은지심이다.

04 **개입** 끼일 介 들 入
자신과 직접적인 관계가 없는 일에 끼어듦. 예 제삼자의 개입으로 두 사람 사이가 더 나빠졌다.

05 **기호** 즐길 嗜 좋을 好
즐기고 좋아함. 예 사람들은 각자의 기호에 따라 물건을 선택한다.

06 **익명** 숨을 匿 이름 名
이름을 숨김. 또는 숨긴 이름이나 그 대신 쓰는 이름.
예 해마다 익명으로 기부를 하는 사람이 있다.

07 **당파** 무리 黨 물갈래 派
주의, 주장, 이해를 같이하는 사람들이 뭉쳐 이룬 단체나 모임. 예 그 정치가는 학연과 지연으로 당파를 만들어 이권을 챙기고 있다.

08 **공순하다** 공경할 恭 순할 順--
공손하고 온순하다. 예 그는 공순하게 어른께 말씀드렸다.

09 **관록** 벼슬 官 녹 祿
관리에게 주는 녹봉(祿俸: 옛날, 나라에서 벼슬아치들에게 주던 곡식, 돈 따위). 예 그 관리는 관록을 먹는 신분이어서 처신이 남달랐다.

10 **붕당** 벗 朋 무리 黨
조선 시대에, 이념과 이해에 따라 이루어진 사림의 집단을 이르던 말. 예 붕당을 이루어 당파 싸움을 일삼았다.

11 **비열** 낮을 卑 못할 劣
사람의 하는 짓이나 성품이 천하고 졸렬함. 예 그 사람은 비열하게 뒤에서 남을 모략하고 다녔다.

12 **편당적** 치우칠 偏 무리 黨 과녁 的
한 당파에 치우친. 또는 그런 것. 예 당대표의 편당적 발언에 대해 당내에서도 항의가 이어졌다.

13 **권외** 우리 圈 밖 外
일정한 범위나 테두리의 밖. 예 사회의 혼란이 더욱 심해졌으나 학교는 그래도 권외에 있었다.

14 **지엽적** 가지 枝 잎 葉 과녁 的
본질적이거나 중요하지 아니하고 부차적인. 또는 그런 것. 예 그건 지엽적인 것이지, 문제의 핵심이 아니야.

15 **음해** 응달 陰 해칠 害
몸을 드러내지 아니한 채 음흉한 방법으로 남에게 해를 가함. 예 우리를 조직적으로 음해하는 사람이 있는 것 같습니다.

16 **상충** 서로 相 맞부딪칠 衝
맞지 아니하고 서로 어긋남. 예 우리의 이익에 상충되는 제안은 받아들일 수 없다.

17 **절충** 꺾을 折 속마음 衷
서로 다른 사물이나 의견, 관점 따위를 알맞게 조절하여 서로 잘 어울리게 함. 예 우리는 서로의 의견을 절충하여 최선의 방안을 마련했다.

18 **실사** 열매 實 말 辭
실질 형태소. 명사나 용언의 어간처럼 실질적인 뜻을 나타내는 형태소.

19 **폄하** 떨어뜨릴 貶 아래 下
가치를 깎아내림. 예 화가의 나이가 어리다고 작품까지 함부로 폄하할 수는 없다.

20 **여타** 남을 餘 다를 他
그 밖의 다른 것. 예 이곳은 주변의 여타 지역과는 달리 유독 눈이 많이 내린다.

**[01~05] 다음 뜻에 해당하는 단어를 제시된 초성을 참고하여 쓰시오.**

**01** 가치를 깎아내림. ( ㅍ ㅎ ) →

**02** 즐기고 좋아함. ( ㄱ ㅎ ) →

**03** 이름을 숨김. 또는 숨긴 이름이나 그 대신 쓰는 이름. ( ㅇ ㅁ ) →

**04** 주의나 관심. ( ㅇ ㅁ ) →

**05** 조선 시대에, 이념과 이해에 따라 이루어진 사림의 집단을 이르던 말. ( ㅂ ㄷ ) →

**[06~10] 다음 문장의 (     ) 안에 들어갈 말로 알맞은 것을 고르시오.**

**06** 그건 (지엽적 / 중심적)인 것이지, 문제의 핵심이 아니야.

**07** 우리는 서로의 의견을 (절충 / 상충)하여 최선의 방안을 마련했다.

**08** 제삼자의 (개입 / 도입)으로 두 사람 사이가 더 나빠졌다.

**09** 사회의 혼란이 더욱 심해졌으나 학교는 그래도 (권외 / 권역)에 있었다.

**10** 불쌍한 사람을 동정하는 것은 누구나 가지고 있는 (측은지심 / 수오지심)이다.

**[11~15] 다음 내용이 옳으면 ○표, 틀리면 ×표를 하시오.**

**11** '그 밖의 다른 것'을 '여타'라고 한다. (      )

**12** '명사나 용언의 어간처럼 실질적인 뜻을 나타내는 형태소'를 '허사'라고 한다. (      )

**13** '주의, 주장, 이해를 같이하는 사람들이 뭉쳐 이룬 단체나 모임.'을 '당파'라고 한다. (      )

**14** '공손하고 온순한 것'을 '공순'이라고 한다. (      )

**15** '한 당파에 치우친. 또는 그런 것'을 '편파적'이라고 한다. (      )

**[16~20] 밑줄 친 단어의 뜻을 〈보기〉에서 찾아 기호를 쓰시오.**

┤ 보 기 ├
㉠ 맞지 아니하고 서로 어긋남.
㉡ 범죄 사실을 밝히기 위하여 혐의자나 죄인을 조사함.
㉢ 몸을 드러내지 아니한 채 음흉한 방법으로 남에게 해를 가함.
㉣ 관리에게 주는 녹봉.
㉤ 사람의 하는 짓이나 성품이 천하고 졸렬함.

**16** 우리를 조직적으로 음해하는 사람이 있는 것 같습니다. (         )

**17** 그 관리는 관록을 먹는 신분이어서 처신이 남달랐다. (         )

**18** 그 사람은 비열하게 뒤에서 남을 모략하고 다녔다. (         )

**19** 우리의 이익에 상충되는 제안은 받아들일 수 없다. (         )

**20** 그는 몇 차례의 취조 끝에 유치장에서 풀려났다. (         )

# 언어 습득 과정 _ 강옥미

중심 화제나 핵심 내용 등에는 ○, △, □, 밑줄 등과 같은 표시를 하면서 읽어보세요.

**가** 아이들은 어떻게 언어를 습득하는 걸까? 이 물음에 대해 ㉠행동주의 학자들은 아이들이 다른 행동을 배울 때와 마찬가지로 지속적인 모방과 학습을 통해 언어를 습득한다고 주장한다. 이들의 주장에 따르면 아이들의 언어 습득은 '자극-반응-강화'의 과정을 통해 이루어진다. 예를 들어 아침에 출근하는 아빠를 보고 엄마가 '빠이빠이'라고 말하면(자극), 아이는 엄마의 말을 모방하여 '빠이빠이'라고 말하고(반응), 이에 대해 부모는 칭찬이나 물적 보상(강화) 등으로 아이가 그 행동을 다시 하도록 격려하게 된다. 바로 이런 경험을 통해 아이는 말을 배워간다. 즉 행동주의 학자들은 후천적인 경험이나 학습을 언어 습득의 요인*으로 본다.

**나** 그러나 이러한 행동주의 학자들의 주장은 아이들의 언어 습득 과정을 후천적인 요인으로만 파악하려 한다는 점에서 비판을 받는다. 미국의 언어학자 ㉡촘스키는 아이들이 부모나 어른들로부터 한 번도 들어보지 않은 새로운 문장을 끊임없이 생성*해 낸다는 점을 근거로 들어 행동주의 학자들을 비판한다. 그는 아이들이 의식적인 노력이나 훈련 없이도 모국어를 완벽하게 구사하는 이유가 태어나면서부터 두뇌 속에 '언어습득장치(LAD)'라는 것을 가지고 있기 때문이라고 주장한다. 아이들이 언어를 접하게 되면 이 장치가 작동하여 유한한 문법 규칙으로 무한한 문장을 만들어 낼 수 있는 능력을 발휘한다는 것이다. 그렇다면 인간은 죽을 때까지 끊임없이 언어 능력을 키우게 되는 것일까? 그렇지는 않다. 필요한 영양과 조건이 주어지면 팔다리가 성장하다가 일정 시기에 이르면 성장이 멈추는 것처럼, 촘스키는 언어 능력 또한 일정한 조건만 충족되면 성장해 가다가 이른바 '한계 시기', 즉 사춘기에 접어드는 13세 무렵에 이르면 성장을 멈춘다고 보았다.

**다** 이러한 촘스키의 주장은 아이들이 선천적으로 지니고 태어나는 언어 능력에 주목함으로써 행동주의 학자들의 주장만으로는 설명할 수 없었던 복잡한 언어 습득 과정을 효과적으로 설명해 주고 있다.

* 요인(구할 要, 인할 因): 사물이나 사건이 성립되는 까닭. 또는 조건이 되는 요소.
* 생성(날 生, 이룰 成): 사물이 생겨남. 또는 사물이 생겨 이루어지게 함.

주제 쓰기 •

_____
_____

**1** 다음은 윗글을 정리한 것이다. 적절하지 <u>않은</u> 것은?

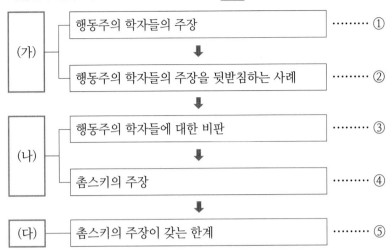

(가) ── 행동주의 학자들의 주장 ········ ①
　　　　↓
　　 ── 행동주의 학자들의 주장을 뒷받침하는 사례 ········ ②
　　　　↓
(나) ── 행동주의 학자들에 대한 비판 ········ ③
　　　　↓
　　 ── 촘스키의 주장 ········ ④
　　　　↓
(다) ── 촘스키의 주장이 갖는 한계 ········ ⑤

**2** 윗글을 바탕으로 <보기>를 이해할 때, 적절하지 <u>않은</u> 것은?

┤ 보 기 ├

　1970년 미국 캘리포니아에서는 생후 18개월부터 약 14세 때까지 방에 감금된 채 고립되어 살아 온 '지니'라는 소녀가 발견되었다. 지니는 갇혀 지내는 동안 외부로부터 철저하게 차단되어 언어를 접할 수 없었다. 발견 당시 지니는 '엄마', '지니', '미안해' 등 겨우 20개의 단어만 이해했다. 지니는 발견된 후 집중적인 언어 교육을 받았지만, 결국 정상적인 수준에 도달하지 못했다.

① ㉠의 견해에 따르면 '지니'는 감금 기간에 모방의 경험이 없었다고 보아야 하겠군.
② ㉠의 견해에 따르면 '지니'의 사례는 아이들의 언어 습득 과정에서 부모의 적절한 역할 분담이 필요하다는 것을 보여 주는군.
③ ㉡의 견해에 따르면 '지니'는 '언어습득장치(LAD)'가 본격적으로 작동할 수 있는 기회를 갖지 못한 것이로군.
④ ㉡의 견해에 따르면 '지니'의 사례는 아이들의 언어 습득 능력이 일정한 시기에 이르면 성장을 멈춘다는 것을 보여 주는군.
⑤ ㉠, ㉡의 견해에 따르면 '지니'의 사례는 언어를 접할 수 있는 환경이 언어 습득에 중요하다는 것을 보여 주는군.

주심 화제나 핵심 내용 들에는
○, △, □, 밑줄 등과 같은
표시를 하면서 읽어보세요.

다음 상황을 생각해 보자. Ａ가 등교하는 길에 다리가 불편한 할머니가 횡단보도 건너는 것을 도와 달라고 하였다. 지금 학교에 가지 않으면 지각을 하여 벌점을 받게 된다. Ａ는 할머니를 도와야 할까, 아니면 학교에 가야 할까? 이런 상황을 도덕적 딜레마라 한다. 이런 상황에서 개인 행위의 옳고 그름을 판단하는 기준이 필요하다. 이러한 기준을 우리는 크게 두 가지 관점에서 제시할 수 있다. 하나는 ㉠의무론적 관점이고 다른 하나는 ㉡목적론적 관점이다.

의무론적 관점은 행위에 대한 도덕적 판단이 도덕 법칙에 따라 이루어져야 한다고 보았다. 이 관점은 도덕 법칙을 지키려는 의지를 의무로 보았으며 결과와 무관하게 행위 자체의 옳고 그름에 주목하였다. 도덕 법칙은 언제나 타당하고 보편적인 것이기에 '왜'라는 질문은 성립하지 않는다. 따라서 좋지 않은 결과를 초래*하더라도 도덕 법칙은 지켜야 한다. 이런 의미에서 의무론적 관점을 법칙론이라고도 한다.

그러나 의무론적 관점에는 한계가 있다. 두 개의 옳은 도덕 법칙이 충돌할 때 의무론적 관점에 따르면 결정을 내릴 수 없다. 예를 들어 1번 철로에는 3명의 인부가, 2번 철로에는 5명의 인부가 일을 하고 있을 때 브레이크가 고장 난 기차의 기관사는 어떤 길을 선택해야 할까? 의무론적 관점은 이 상황에서 어떤 철로를 선택해야 할지 결정을 내릴 수 없다.

한편, 목적론적 관점은 행복이나 쾌락을 인간이 추구해야 할 목적으로 보았다. 이 관점은 오로지 최선의 결과를 가져오는 행위가 옳은 행위이며, 경험을 통하여 도덕을 얻을 수 있다고 생각하였다. 도덕은 '보다 많은 사람들에게 보다 많은 행복을 가져오는 행위'이다. 따라서 어떤 행위를 결정할 때는 미래에 있을 결과를 고려해야 한다. 이런 의미에서 목적론적 관점을 결과론이라고도 한다.

그러나 목적론적 관점도 한계가 있다. 똑같은 결과라도 사람마다 판단이 달라질 수 있기 때문이다. 위의 예에서 1번 철로를 선택하는 것이 목적론적 관점에서는 옳은 선택이지만 1번 철로에 있던 인부의 가족에게 물었을 경우 대답은 달라질 것이다. 이런 문제 때문에 목적론적 관점은 도덕 법칙에 대해 많은 예외를 허용할 우려가 있다.

＊초래(부를 招, 올 來): 어떤 결과를 가져오게 함.

주제 쓰기 ⟋

_____

_____

**1** 윗글에 쓰인 전개 방식으로 적절한 것은?

① 다른 대상과 비교하여 가설*을 입증하고 있다.

② 통념의 문제점을 제시하며 주장을 강조하고 있다.

③ 중심 대상의 개념을 밝히고 사례를 들어 설명하고 있다.

④ 서로 다른 관점을 절충하면서 결론을 이끌어 내고 있다.

⑤ 관점의 문제점을 지적한 후 합리적인 대안을 제시하고 있다.

\* 가설(거짓 假, 말씀 說): 어떤 사실을 설명하거나 어떤 이론 체계를 연역하기 위하여 설정한 가정.

**2** 목적론적 관점을 다음과 같이 정리할 때 적절하지 <u>않은</u> 것은?

> 질문 1. 목적론에서 옳다고 보는 행위는 무엇일까?
> - 행복이나 쾌락을 가져오는 행위 ……………………………………… ①
> - 최선의 결과를 가져오는 행위 ……………………………………… ②
>
> 질문 2. 목적론적 관점의 특징은 무엇일까?
> - 도덕은 가능한 많은 행복을 추구하려는 의도를 지님. ……………… ③
> - 어떤 행위를 위한 결정은 행위 자체를 바탕으로 내림. ……………… ④
>
> 질문 3. 목적론적 관점의 한계는 무엇일까?
> - 도덕 법칙에 예외를 많이 허용할 수 있음. ………………………… ⑤

**3** ㉠, ㉡에서 Ａ에게 할 수 있는 말로 적절하지 <u>않은</u> 것은?

① ㉠: '왜'라는 질문에 답할 수 있게 행동하세요.

② ㉠: 누가 보더라도 옳다고 생각하는 기준에 따라 행동하세요.

③ ㉠: 나중에 일어날 일보다는 도덕을 지키려는 마음이 더 중요하지 않겠어요

④ ㉡: 당신의 선택의 목적과 결과를 고려해 행동하세요.

⑤ ㉡: 당신뿐 아니라 다른 사람도 같이 기쁠 수 있게 행동하세요.

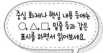

중심 화제나 핵심 내용 등에는 ○, △, □, 밑줄 등과 같은 표시를 하면서 읽어보세요.

    사람들은 누구나 정의로운 사회에 살기를 원한다. 그렇다면 정의로운 사회란 무엇일까? 이에 대해 철학자 로버트 노직과 존 롤스는 서로 다른 견해를 보인다.

    자유지상주의자인 노직 은 타인에게 피해를 주지 않는 한, 개인의 모든 자유가 보장되는 사회를 정의로운 사회라고 말한다. 개인이 정당하게 얻은 결과를 온전히 소유할 수 있도록 자유를 보장하는 것이 정의라는 것이다. 따라서 개인의 소유에 대해 국가가 간섭하는 것은 소유권이라는 개인의 자유를 침해하는 것이기 때문에 정의롭지 못하다고 주장한다. 그렇기 때문에 노직은 선천적인 능력의 차이와 사회적 빈부 격차를 당연한 것으로 본다. 따라서 복지 제도나 누진세* 등과 같은 국가의 간섭에 의한 재분배 시도에 대해서는 강력하게 반대한다. 다만 빈부 격차를 해소*하기 위한 사람들의 자발적 기부에 대해서는 인정한다.

    롤스 는 개인의 자유를 보장하면서도 사회적 약자를 배려하는 사회가 정의로운 사회라고 말한다. 롤스는 정의로운 사회가 되기 위해서는 세 가지 조건을 만족해야 한다고 주장한다. 첫 번째 조건은 사회 원칙을 정하는 데 있어서 사회 구성원 간의 합의* 과정이 있어야 한다는 것이다. 이러한 합의를 통해 정의로운 세계의 규칙 또는 기준이 만들어진다고 보았다. 두 번째 조건은 사회적 약자의 입장을 고려해야 한다는 것이다. 롤스는 인간의 출생, 신체, 지위 등에는 우연의 요소가 많은 영향을 미칠 수 있다고 본다. 따라서 누구나 우연에 의해 사회적 약자가 될 수 있기 때문에 사회적 약자를 차별하는 것은 정당하지 못한 것이 된다. 마지막 조건은 개인이 정당하게 얻은 소유일지라도 그 이익의 일부는 사회적 약자에게 돌아가야 한다는 것이다. 왜냐하면 사회적 약자가 될 가능성은 누구에게나 있으므로, 자발적 기부나 사회적 제도를 통해 사회적 약자의 처지를 최대한 배려하는 것이 사회 전체로 볼 때 공정하고 정의로운 것이기 때문이다.

    노직과 롤스는 이윤 추구나 자유 경쟁 등을 허용한다는 면에서는 공통점을 보인다. 그러나 노직은 개인의 자유를 중시하여 사회적 약자의 자연적·사회적 불평등의 해결을 개인의 선택에 맡긴다. 반면에 롤스는 개인의 자유를 중시하는 한편, 사람들이 공정한 규칙에 합의*하는 과정도 중시하며, 자연적·사회적 불평등을 복지를 통해 보완해야 한다고 주장한다. 롤스의 주장은 소수의 권익*을 위한 이론적 틀을 제시했으며, 평등의 이념을 확장시켜 복지 국가에 대한 이론적 근거를 마련했다고 할 수 있다.

* 누진세(여러 累, 나아갈 進, 세금 稅): 과세 대상의 수량이나 값이 증가함에 따라 점점 높은 세율을 적용하는 세금.
* 해소(풀 解, 사라질 消): 어려운 일이나 문제가 되는 상태를 해결하여 없애 버림.
* 합의(합할 合, 뜻 意): 서로 의견이 일치함. 또는 그 의견.
* 권익(권세 權, 더할 益): 권리와 그에 따르는 이익.

주제 쓰기
_____
_____

**1** 윗글을 이해한 학생이 롤스의 입장에서 <보기>에 대해 제기할 수 있는 비판으로 가장 적절한 것은?

┤ 보 기 ├

　공리주의자인 벤담은 '최대 다수의 최대 행복'이 정의로운 것이라 주장했다. 따라서 다수의 최대 행복이 보장된다면 소수의 불행은 정당한 것이 되고, 반대로 다수의 불행이 나타나는 상황은 정의롭지 못한 것이 된다. 벤담은 걸인과 마주치는 대다수의 사람들은 부정적 감정을 느끼기 때문에, 거리에서 걸인을 사라지게 해야 한다며 걸인들을 모두 모아 한곳에서 생활시키는 강제 수용소 설치를 제안했다.

① 다수의 처지를 배려할 때 사회 전체의 행복이 증가하지 않을까요?

② 문제를 강제로 해결하려고 하기보다는 스스로 해결하도록 맡겨 두어야 하지 않을까요?

③ 감정적 차원에서 사람을 싫어하는 것은 인간적 도리를 지키지 않는 태도가 아닌가요?

④ 대다수의 사람들이 걸인에게 부정적 감정을 느낀다고 판단하는 것은 문제가 있지 않을까요?

⑤ 걸인이 된 것은 우연적 요소에 의한 것일 수도 있는데 그들을 차별하지 않아야 정의로운 것이 아닌가요?

**2** 윗글의 노직, 롤스가 <보기>의 신문 기사를 읽은 후 보일 반응으로 적절하지 않은 것은?

┤ 보 기 ├

**'부상 투혼'○○○, 또 다른 감동을 주다**

　프로 야구 선수 ○○○은 발목 부상에도 불구하고 등판하여 승리 투수가 되었다. ○○○은 1승을 올릴 때마다 1백 만 원씩 난치병 치료 재단에 기부하기로 했다. 2010년에는 다승왕 상금으로 받은 1천만 원을 내놓기도 했다. 몇 년에 걸쳐 난치병 치료를 위한 기금 1억 원을 여러 사람들과 함께 조성하여 난치병 치료 재단에 기부했다. 그에게 감동받은 팬들은 정부에 세금으로 난치병 환자를 지원하는 복지법 제정을 청원*하고 있다.

-△△신문

\* 청원(청할 請, 원할 願): 국민이 정부나 시청, 구청 등의 행정 기관에 어떤 행정 처리를 요구하는 일.

① 노직은 기부하는 행동 자체를 반대하겠군.

② 노직은 복지법이 제정되는 것을 반대하겠군.

③ 롤스는 복지법 제정으로 정의로운 사회가 이루어질 수 있다고 생각하겠군.

④ 롤스는 사회적 약자들을 위해 기부한 ○○○ 선수의 행동을 정의롭다고 판단하겠군.

⑤ 노직, 롤스는 모두 ○○○ 선수가 다승왕 상금을 받은 것은 자유 경쟁을 통해 얻은 결과라는 점에서 인정하겠군.

# 경험론 _ 박민영

정답 및 해설 18쪽

주요 화제나 핵심 내용 등에는 ◯, △, ☐ 밑줄 등과 같은 표시를 하면서 읽어보세요.

　　중세 서양인들은 세계가 완전한 천상계와 불완전한 지상계로 이루어져 있다고 생각했다. 천체들은 5원소로 이루어져 있고 원운동을 하며, 천체들을 움직이는 힘은 신의 의지라고 생각했다. 상상에 의존하는 이러한 세계관은 천체들을 직접 관측하고, 망원경으로 확인하면서 서서히 흔들렸다. 사람들은 머리로만 생각해 왔던 이상적 질서들이 '경험'을 통해 부정될 수 있다는 사실을 새삼 깨달았다. 근대 경험론은 이런 과정을 통해 탄생했다고 볼 수 있다.

　　경험론이란 인간의 인식이나 지식의 근원*을 인간의 지각, 즉 경험에서 찾는 철학적 입장을 가리킨다. 굳이 '지혜는 경험의 딸이다.'라는 레오나르도 다빈치의 말이 아니더라도 경험이 어떤 가르침을 준다는 사실을 부인할 사람은 드물 것이다. 경험을 통해 무엇을 알게 되는 것은 모든 사람이 일상적으로 겪는 과정이기 때문에 이 입장을 거부하는 것은 쉽지 않다.

　　경험론의 전통은 멀리 고대 그리스의 소피스트, 키레네 학파까지 올라가지만, ㉠합리론에 대립되는 본격적인 ㉡경험론은 프랜시스 베이컨이 체계를 세웠다. 사실 이 두 사상은 모두 자연과학 발전의 영향을 받았지만, 그 발전의 핵심 동력*은 다르게 파악하며 철학적 토대를 닦아나갔다. 경험론자들은 관찰과 실험에 입각한 귀납적 방법이, 합리론자들은 이성적 사고에 기반을 둔 연역적 추론이 각각 자연과학의 발전을 이끌었다고 여겼다.

　　경험론자들은 귀납법을 통해 구체적이고 개별적인 사례들에서 인간과 자연에 대한 보편적인 법칙을 알아갈 수 있다고 생각했다. 하지만 조금 더 생각해 보면 경험론은 한계가 있음을 알 수 있다. 예를 들어 똑같은 장소를 걸어서 지나친 여행자와 기차를 타고 지나친 여행자를 생각해 보자. 장소는 동일하지만 두 여행자가 그 장소를 바라봤던 경험은 분명 다를 것이다. 그런 점에서 경험의 세계는 절대적으로 확신하기가 어려운 것이다. 그러므로 자신의 경험에 오류가 있을 수도 있음을 받아들이는 겸허*한 태도가 필요하다.

　　그럼에도 불구하고 인간에게 있어 의미 있고 근거 있는 인식은 경험에서 출발한다는 경험론의 입장은 여전히 설득력이 있다. 그리고 근대 이후 철학들은 경험론에서 바라본 경험의 의미를 존중하면서 그 의미를 나름대로 확장했다. 칸트의 관념론은 '정신의 경험'까지, 라캉의 구조론은 '무의식의 경험'까지 의미를 넓힌 것이다. 이처럼 근대 이후 철학의 상당 부분은 경험론의 영향 아래 진행되었다고 해도 과언*이 아니다.

* 근원(뿌리 根, 근원 源): 사물이 비롯되는 근본이나 원인.
* 동력(움직일 動, 힘 力): 어떤 일을 발전시키고 밀고 나가는 힘.
* 겸허(겸손할 謙, 빌 虛): 스스로 자신을 낮추고 비우는 태도가 있음.
* 과언(지날 過, 말씀 言): 지나치게 말을 함. 또는 그 말.

주제 쓰기

_____

_____

**1** 윗글에서 확인할 수 있는 내용으로 적절하지 <u>않은</u> 것은?

① 경험론의 종류       ② 경험론의 개념

③ 경험론의 배경       ④ 경험론의 한계

⑤ 경험론의 의의

**2** ㉠과 ㉡에 대한 설명으로 적절하지 <u>않은</u> 것은?

① ㉠은 이성적 사고에 기반*한 연역법을 사용한다.

② ㉡은 귀납적 방법을 통해 보편적 지식을 추구한다.

③ ㉡은 머리로만 생각해 왔던 이상적 질서를 부정한다.

④ ㉡은 절대적이고 완전한 지식을 만들어 내기 어렵다.

⑤ ㉠은 ㉡과 달리 근대 자연과학의 발전에서 영향을 받았다.

\* 기반(터 **基**, 소반 **盤**):
기초가 되는 바탕. 또는
사물의 토대.

**3** <보기>의 사례를 윗글에 활용하려고 할 때, 그 활용 방안으로 가장 적절한 것은?

┤ 보 기 ├

   옛날 인도의 어떤 왕이 여러 명의 장님을 불러 손으로 코끼리를 만져 보고 각자 코끼리에 대해 말해 보도록 했다. 배를 만진 이는 장독, 등을 만진 이는 평상, 다리를 만진 이는 절구와 같다고 제각기 다른 말을 했다. 이에 왕은 "보아라. 코끼리는 하나이거늘 저 장님들은 제각기 자기가 알고 있는 것만을 코끼리로 알고 있구나. 진리를 아는 것도 또한 이와 같은 것이니라."라고 하였다.

① 경험이야말로 진리를 얻을 수 있는 가장 **빠른** 길이라는 사실을 이야기하는 사례로 활용한다.

② 경험에는 오류가 있을 수도 있음을 인정하는 겸허한 태도를 지녀야 함을 강조하는 사례로 활용한다.

③ 지각이 부족한 사람들의 경험은 머리로만 생각하는 사고에 미치지 못함을 증명하는 사례로 활용한다.

④ 하나의 대상이 그 의미를 확장해 나가면서 차츰 철학의 발전을 유도하게 됨을 보여 주는 사례로 활용한다.

⑤ 개별적인 개인의 경험을 모두 모은다면 보편적인 지식으로 전환될 수 있음을 알려 주는 사례로 활용한다.

중심 화제나 핵심 내용 등에는 ◯, △, □, 밑줄 등과 같은 표시를 하면서 읽어보세요.

역사가 삶을 가르치고 삶을 규정하는 조건이라면, 삶이 역사와 어떤 방식으로 관계를 가질 때 역사의 올바른 의미가 드러나는 것일까? 역사는 삶에 기여해야 한다. 삶이 역사와 관계를 맺는 것을 '기념비적 역사', '골동품적 역사', '비판적 역사'로 나누어 볼 수 있다.

㉠기념비적 역사는 과거의 위대함에 대한 회상을 통해 새로운 위대함의 가능성을 촉진하는 역사이다. 이는 '인간'의 개념을 더욱 확대하고 아름답게 성취하게 하여 인간 현존의 모습을 보다 차원 높게 만든다. 그러나 기념비적 역사를 통해 과거의 위대함이 우상 숭배적으로 찬양되어 생성과 변화가 무시된다면, 역사적 상황이나 시대적 필요와 아무 관련이 없는 특정한 위대함에 대한 광신주의가 탄생할 것이다. 과거에 대한 일방적 의미 규정, 특정한 역사적 위대함에 대한 숭배와 모방의 강요는 기념비적 역사가 지닌 위험이다.

㉡골동품적 역사는 오래된 과거를 찾아 보존하면서 전승하는 역사이다. 여기에서는 실증적 사실의 확인은 중요하지 않다. 골동품적 역사는 전통과 매개되어, 인간은 이를 통해 비로소 자신의 유래를 알고 자신을 이해하며 더욱 확장하게 된다. 비범한 대상에 대한 관심에서 시작하는 기념비적 역사와는 달리 골동품적 역사는 일상적 습관과 관습을 규정하고 보존하며, 민족의 역사적 고유성 속에서 민족 구성원 모두를 결합시키는 귀속성의 감정을 만들어 낸다. 이는 골동품적 역사를 통해 현재의 인간이 전통과 유래를 인식함으로써 행복을 느낀다는 것이다. 그러나 골동품적 역사는 과거에 대한 미라 (mirra)적 숭배로 미래적 삶에 대한 뿌리를 송두리째 뽑아낼 수 있다. 이와 함께 그것은 굳은 관습으로 전락*할 수 있다. 즉 골동품적 역사는 삶을 단지 보존할 줄만 알 뿐 생산할 줄은 모르게 되는 것이다.

㉢비판적 역사는 과거를 숭상*하거나 보존하기 위해서가 아니라 과거를 부정하기 위한 역사이다. 비판적 역사의 유용성은 과거의 절대화와 고착화*에 대항하여 삶을 과거의 폭력으로부터 해방시킨다는 데 있다. 역사적 전통은 인간에 의해 창출된 것이므로 그 안에는 판결 받아야 할 정치적 특권, 지배적 관습 등이 존재한다. 비판적 역사는 이들을 폭로하고 파괴한다. 이때 판결 기준은 절대적이고 선험적*인 정의가 아니라 자기 자신의 욕구에 따른 삶 자체이다. 비판적 역사는 보존되고 전승된 과거와 투쟁을 벌여 새로운 관습과 본능을 창안*하고자 한다. 인간은 비판적 역사를 통해 능동적이고 주체적으로 자신이 원하는 과거를 만들고 정당화하는 것이다. 비판적 역사 역시 위험성을 가지고 있다. 억압과 지배로부터 해방의 의지를 품었으나, 새로운 삶의 가능성을 위한 과거 부정의 척도*를 세울 수 없는 비판적 역사가는 단지 과거만을 파괴하는 결과를 초래할 수 있다.

* 전락(구를 轉, 떨어질 落): 아래로 굴러떨어짐. 나쁜 상태나 타락한 상태에 빠짐.
* 숭상(높을 崇, 오히려 尙): 높여 소중히 여김.
* 고착화(굳을 固, 붙을 着, 될 化): 어떤 상황이나 현상이 굳어져 변하지 않는 상태가 됨. 또는 그렇게 함.
* 선험적(먼저 先, 증험할 驗, 과녁 的): 경험하기 이전에 인간이 본질적으로 지니고 있어, 대상을 인식하는 근거가 되는 것.
* 창안(비롯할 創, 책상 案): 어떤 방안, 물건 따위를 처음으로 생각하여 냄. 또는 그런 생각이나 방안.
* 척도(자 尺, 법도 度): 평가하거나 측정할 때 의거할 기준.

주제 쓰기 •
_____
_____

인간은 기념비적, 골동품적, 비판적 관점에서 과거를 사용하여 자신이 원하는 역사를 만들어 내야 한다. 이를 통해 역사는 우리의 삶에 의미 있고 유용한 것으로 기능해야 하는 것이다.

**1** 윗글의 내용 전개 방식으로 가장 적절한 것은?

① 중심 화제를 관점에 따라 유형화하고 각각의 장·단점을 설명하고 있다.
② 중심 화제와 관련한 논의 내용을 정리하고 새로운 이론을 제시하고 있다.
③ 중심 화제를 다룬 두 이론의 차이를 설명하고 구체적 사례에 적용하고 있다.
④ 중심 화제에 대한 통념의 문제점을 지적하고 반대되는 견해를 제시하고 있다.
⑤ 중심 화제의 개념을 정의하며 이론을 소개하고 이론의 발전 가능성을 언급하고 있다.

**2** ㉠~㉢에 대한 설명으로 적절하지 않은 것은?

① ㉠은 과거의 비범한 대상에 주목한다.
② ㉡은 민족 구성원들의 결속력을 강화할 수 있다.
③ ㉠, ㉢은 과거에 대한 인식을 바탕으로 새로운 것을 형성하고자 한다.
④ ㉠과 달리 ㉡, ㉢은 실제적 검증 과정을 중심으로 과거를 해석한다.
⑤ ㉢과 달리 ㉠, ㉡은 과거에 긍정적인 가치를 부여한다.

01 **요인** 구할 要 인할 因
사물이나 사건이 성립되는 까닭. 또는 조건이 되는 요소.
예 그의 성공 요인은 성실한 생활 태도이다.

02 **생성** 날 生 이룰 成
사물이 생겨남. 또는 사물이 생겨 이루어지게 함. 예 물
리학계는 태양계의 생성 과정을 밝히기 위한 연구를 계속하
고 있다.

03 **초래** 부를 招 올 來
어떤 결과를 가져오게 함. 예 한순간의 부주의가 돌이킬
수 없는 재앙을 초래할 수도 있다.

04 **가설** 거짓 假 말씀 說
어떤 사실을 설명하거나 어떤 이론 체계를 연역하기
위하여 설정한 가정. 예 그는 모든 가설에 대하여 근원적
인 물음을 던진다.

05 **누진세** 여러 累 나아갈 進 세금 稅
과세 대상의 수량이나 값이 증가함에 따라 점점 높은
세율을 적용하는 세금. 예 소득세, 법인세, 상속세 따위는
누진세에 해당된다.

06 **해소** 풀 解 사라질 消
어려운 일이나 문제가 되는 상태를 해결하여 없애 버림.
예 청년 실업 문제의 해소는 새 정부의 핵심 과제이다.

07 **합의** 합할 合 뜻 意
서로 의견이 일치함. 또는 그 의견. 예 상대 팀의 합의를
얻어서 시합 날짜를 정했다.

08 **권익** 권세 權 더할 益
권리와 그에 따르는 이익. 예 국회에서는 노동자의 권익을
보호하는 법을 통과시켰다.

09 **청원** 청할 請 원할 願
국민이 정부나 시청, 구청 등의 행정 기관에 어떤 행정
처리를 요구하는 일. 예 우리는 시민들의 서명을 받아 국
회에 청원을 낼 예정이다.

10 **근원** 뿌리 根 근원 源
사물이 비롯되는 근본이나 원인. 예 생명의 근원이 무엇
인지는 아직 밝혀지지 않았다.

11 **동력** 움직일 動 힘 力
어떤 일을 발전시키고 밀고 나가는 힘. 예 국민의 성실
과 근면은 경제 발전의 동력이다.

12 **겸허** 겸손할 謙 빌 虛
스스로 자신을 낮추고 비우는 태도가 있음. 예 그 사람
의 겸허한 모습이 눈앞에 떠올랐다.

13 **과언** 지날 過 말씀 言
지나치게 말을 함. 또는 그 말. 예 그는 세계 제일의 피아
니스트라고 해도 과언이 아니다.

14 **기반** 터 基 소반 盤
기초가 되는 바탕. 또는 사물의 토대. 예 판소리는 전승
되는 설화에 기반을 두고 형성되었다.

15 **전락** 구를 轉 떨어질 落
아래로 굴러떨어짐. 나쁜 상태나 타락한 상태에 빠짐.
예 그는 사기꾼으로 전락하고 말았다.

16 **숭상** 높을 崇 오히려 尙
높여 소중히 여김. 예 인도는 소를 숭상하는 나라이다.

17 **고착화** 굳을 固 붙을 着 될 化
어떤 상황이나 현상이 굳어져 변하지 않는 상태가 됨.
또는 그렇게 함. 예 집단 이기주의의 고착화 현상은 반드시
막아야 한다.

18 **선험적** 먼저 先 증험할 驗 과녁 的
경험하기 이전에 인간이 본질적으로 지니고 있어, 대
상을 인식하는 근거가 되는 것. 예 칸트는 선험적 분석과
경험적 분석을 엄격히 분리하였다.

19 **창안** 비롯할 創 책상 案
어떤 방안, 물건 따위를 처음으로 생각하여 냄. 또는
그런 생각이나 방안. 예 이번에 창안한 서체는 전통미와
현대적 감각을 결합한 것이다.

20 **척도** 자 尺 법도 度
평가하거나 측정할 때 의거할 기준. 예 그는 돈을 가치의
척도로 삼았다.

**[01~05] 다음 뜻에 해당하는 단어를 제시된 초성을 참고하여 쓰시오.**

**01** 어려운 일이나 문제가 되는 상태를 해결하여 없애 버림. ( ㅎ ㅅ ) →

**02** 지나치게 말을 함. 또는 그 말. ( ㄱ ㅇ ) →

**03** 권리와 그에 따르는 이익. ( ㄱ ㅇ ) →

**04** 사물이나 사건이 성립되는 까닭. 또는 조건이 되는 요소. ( ㅇ ㅇ ) →

**05** 스스로 자신을 낮추고 비우는 태도가 있음. ( ㄱ ㅎ ) →

**[06~10] 다음 문장의 (　　　) 안에 들어갈 말로 알맞은 것을 고르시오.**

**06** 우리는 시민들의 서명을 받아 국회에 (청원 / 청산)을 낼 예정이다.

**07** 집단 이기주의의 (고착화 / 토착화) 현상은 반드시 막아야 한다.

**08** 한순간의 부주의가 돌이킬 수 없는 재앙을 (도래 / 초래)할 수도 있다.

**09** 이번에 (창안 / 방안)한 서체는 전통미와 현대적 감각을 결합한 것이다.

**10** 그는 결국 사기꾼으로 (전향 / 전락)하고 말았다.

**[11~15] 다음 내용이 옳으면 ○표, 틀리면 ×표를 하시오.**

**11** '기초가 되는 바탕. 또는 사물의 토대'를 '기반'이라고 한다. (　　　)

**12** '평가하거나 측정할 때 의거할 기준'을 '척도'라고 한다. (　　　)

**13** '과세 대상의 수량이나 값이 증가함에 따라 점점 높은 세율을 적용하는 세금'을 '소득세'라고 한다. (　　　)

**14** '사물이 비롯되는 근본이나 원인'을 '근원'이라고 한다. (　　　)

**15** '사물이 생겨남. 또는 사물이 생겨 이루어지게 함.'을 '생성'이라고 한다. (　　　)

**[16~20] 밑줄 친 단어의 뜻을 〈보기〉에서 찾아 기호를 쓰시오.**

─┤ 보 기 ├─

㉠ 경험하기 이전에 인간이 본질적으로 지니고 있어, 대상을 인식하는 근거가 되는 것.
㉡ 어떤 일을 발전시키고 밀고 나가는 힘.
㉢ 서로 의견이 일치함. 또는 그 의견.
㉣ 어떤 사실을 설명하거나 어떤 이론 체계를 연역하기 위하여 설정한 가정.
㉤ 높여 소중히 여김.

**16** 상대 팀의 합의를 얻어서 시합 날짜를 정했다. (　　　)

**17** 그는 모든 가설에 대하여 근원적인 물음을 던진다. (　　　)

**18** 인도는 소를 숭상하는 나라이다. (　　　)

**19** 칸트는 선험적 분석과 경험적 분석을 엄격히 분리하였다. (　　　)

**20** 국민의 성실과 근면은 경제 발전의 동력이다. (　　　)

사회 제재에서는 글에서 다루고 있는 내용의 핵심 개념에 관한 문항들이 출제되고 있다. 따라서 주요 개념의 특징을 파악한 후 다른 개념과의 차이점 등에 주목하며 글을 읽는 것이 좋다. 특히 개념이나 원리를 구체적인 사례에 적용하는 문항이 자주 나오므로 세부 내용을 정확히 파악해야 한다.

# 사회  Ⅱ

주심 화제나 핵심 내용 등에는 ○, △, □, 밑줄 등과 같은 표시를 하면서 읽어보세요.

어떤 사회 현상이 나타나는 경우 그러한 현상은 '제도'의 탓일까, 아니면 '문화'의 탓일까? 이 논쟁은 정치학을 비롯한 모든 사회과학에서 두루 다루는 주제이다. 정치학에서 제도주의자들은 보다 선진화된 사회를 만들기 위해서 제도의 정비가 중요하다고 주장한다. 하지만 문화주의자들은 실제적인 '운용*의 묘*'를 살리는 문화가 제도의 정비보다 중요하다고 주장한다.

문화주의자들은 문화를 가치, 신념, 인식 등의 총체*로서 정치적 행동과 행위를 특정한 방향으로 움직여 일정한 행동양식을 만들어 내는 것으로 정의한다. 이러한 문화에 대한 정의를 바탕으로 이들은 국민이 정부에게 하는 정치적 요구인 투입과 정부가 생산하는 정책인 산출*을 기반으로 정치 문화를 편협형, 신민형, 참여형의 세 가지로 유형화하였다.

편협형 정치 문화는 투입과 산출에 대한 개념이 모두 존재하지 않는 정치 문화이다. 투입이 없으며, 정부도 산출에 대한 개념이 없어서 적극적 참여자로서의 자아가 있을 수 없다. 사실상 정치 체계에 대한 인식이 국민들에게 존재할 수 없는 사회이다. 샤머니즘에 의한 신정 정치, 부족 또는 지역 사회 등 전통적인 원시 사회가 이에 해당한다.

다음으로 신민형 정치 문화는 투입이 존재하지 않으며, 따라서 적극적 참여자로서의 자아가 형성되지 못한 사회이다. 이런 상황에서 산출이 존재한다는 의미는 국민이 정부가 해 주는 대로 받는다는 것을 의미한다. 이들 국민은 정부에 복종하는 성향이 강하다. 하지만 편협형 정치 문화와 달리 이들 국민은 정치 체계에 대한 최소한의 인식은 있는 상태이다. 일반적으로 독재 국가의 정치 체계가 이에 해당한다.

마지막으로 참여형 정치 문화는 국민들이 자신들의 요구 사항을 표출할 줄도 알고, 정부는 그러한 국민들의 요구에 응답하는 사회이다. 따라서 국민들은 적극적인 참여자로서의 자아가 형성되어 있으며, 그러한 적극적 참여자들로 형성된 정치 체계가 존재하는 사회이다. 이는 선진 민주주의 사회로서 현대의 바람직한 민주주의 사회상이다.

정치 문화 유형 연구는 어떤 사회가 민주주의를 제대로 구현하기 위해서 우선적으로 필요한 것이 무엇인가 하는 질문에 대한 답을 제시하고 있다. 문화주의자들은 국가를 특정 제도의 장단점에 의해서가 아니라 국가의 구성 요소들이 민주주의라는 보편적인 목적을 위해 얼마나 잘 기능하고 있는가를 기준으로 평가하고 있는 것이다.

* 운용(돌 運, 쓸 用): 무엇을 움직이게 하거나 부리어 씀.
* 묘(묘할 妙): 말할 수 없이 빼어나고 훌륭함. 또는 매우 교묘함.
* 총체(거느릴 總, 몸 體): 있는 것들을 모두 하나로 합친 전부 또는 전체.
* 산출(낳을 産, 날 出): 어떤 것이 생산되어 나옴.

주제 쓰기 ●

_____

_____

**1** 윗글과 <보기>를 읽은 학생의 반응으로 적절하지 않은 것은?

┤ 보 기 ├

독재 국가에서 선거 혁명을 통해 민주주의를 이루어 가는 갑국은 종교별 투표 성향이 강한 나라이다. 갑국은 새로운 정부를 구성하려고 대통령 선거에서 한 표라도 많으면 당선되는 단순 다수 대표제를 실시하였다. 그 결과 ○○교의 지지를 받은 A가 유효 투표수의 1/3을 득표하여 대통령에 당선되었다. 그러자 정책의 결정과 시행 과정에서 국민적 합의가 잘 이루어지지 않는 문제점이 발생하였다. 현재 차기 대통령 선거를 앞두고 갑국의 여러 시민 단체들은 1차 투표에서 과반수 득표를 못하면 2차 결선 투표를 실시하는 절대 다수 대표제를 채택하자고 요구하고 있다. 하지만 정부는 아직 이것에 대해 본격적으로 검토하지 않고 있다.

① 갑국은 투입보다 산출이 활성화되어 있군.
② A는 투표 성향과 투표 제도 때문에 당선되었군.
③ 갑국은 신민형에서 참여형으로 정치 문화가 변하고 있군.
④ 시민 단체들은 정치적 현상을 제도 개선으로 해결하고자 하는군.
⑤ 문화주의자들은 문제 해결 방법을 제도주의자들과는 다르게 제시하겠군.

**2** 윗글을 통해 글쓴이가 궁극적으로 말하고자 하는 것은?

① 정치 발전을 위해서는 국민이 적극적으로 정치에 참여해야 한다.
② 정치 제도보다 정치 제도를 운영하는 운영자의 가치관이 중요하다.
③ 정치 문화의 유형을 구분하는 기준을 투입에서 산출로 바꾸어야 한다.
④ 정치에 정부가 과도하게 개입하는 것은 정치 발전에 도움이 되지 않는다.
⑤ 정치 제도를 개선하는 것이 당면한 사회적 문제를 해결하는 데 효과적이다.

# 협동조합, 참 쉽다 _ 이대중

주심 화제나 핵심 내용 들에는 ○, △, □, 밑줄 등과 같은 표시를 하면서 읽어보세요.

[A]
  안전한 농산물을 농민들로부터 직접 공급받고 싶었던 K씨는 자신과 뜻이 같은 사람들이 주위에 있음을 알게 되었다. K씨는 이들과 함께 일정 금액의 출자금*을 내어 단체를 만들었다. K씨는 이 단체를 통해 안전한 농산물을 농민들로부터 직접 구매할 수 있었고, 농민들은 중간의 유통 비용 없이 적절한 대가를 받고 농산물을 공급할 수 있었다. 이 단체에서는 출자금의 일부를 미리 농민에게 지불하여 농민들이 더욱 안정적으로 농산물을 생산할 수 있도록 도왔다. 이 사례와 같이 뜻을 같이하는 사람들이 일정 금액을 모아 공동의 경제, 사회, 문화적 수요와 요구를 충족시키기 위해 자발적으로 결성한 조직을 '협동조합'이라고 한다.

  협동조합은 5인 이상의 사람들이 모여 출자금을 내면 누구나 만들 수 있으며, 가입과 탈퇴도 자유롭다. 협동조합은 평등한 협력체이기 때문에 사업의 목적이 이윤의 추구가 아니라 조합원 간의 상호부조에 있다. 그래서 모든 조합원이 협동조합을 공동으로 소유하고, 출자금을 통해 협동조합에 필요한 자본을 조성하는 데 공정하게 참여한다. 그리고 조합 내에서 발생한 수익은 협동조합의 발전과 조합원의 권익 증진*을 위해 사용한다.

  이윤 추구를 목적으로 하는 주식회사와 달리 협동조합은 '조합원'을 중심으로 운영된다. 주식회사는 주식을 가진 비율에 따라 의사 결정권이 부여되므로 주식을 많이 가진 대주주*가 의사를 결정하는 경우가 많다. 반면 협동조합에서는 대체로 조합원 한 사람에게 한 표의 의사 결정권이 부여되므로, 조합원의 의사가 존중된다. 따라서 이런 구조로 인해 조합원이 추구하는 공동의 가치인 일자리 창출이나 사회적 약자 보호, 그리고 지역 사회 발전과 같은 사회적 가치를 실현하는 데 유리하다.

  그러나 협동조합은 구조적 특성상 신속한 자본 조달이 어렵다는 단점을 지닌다. 의사 결정의 기간도 상대적으로 길어 급변하는 상황에 신속하게 대처하기가 어려울 수 있다. 또 이윤 추구에 몰두하여 협동조합의 기본 정신을 잃어버렸을 경우 지속되기 힘들다. 이를 극복하기 위해서는 조합원들이 분명한 목표와 가치를 서로 공유해야 하며, 협동조합 간의 긴밀한 협력을 통해 지속적인 발전 방안을 모색*해야 한다.

* 출자금(날 出, 재물 資, 쇠 金): 자금으로 낸 돈.
* 증진(불을 增, 나아갈 進): 기운이나 세력 따위가 점점 더 늘어 가고 나아감.
* 대주주(큰 大, 그루 株, 주인 主): 한 회사의 주식 가운데 많은 몫을 가지고 있는 주주.
* 모색(찾을 摸, 찾을 索): 일이나 사건 따위를 해결할 수 있는 방법이나 실마리를 더듬어 찾음.

주제 쓰기

_____

_____

**윗글을 바탕으로 <보기>를 이해한 내용으로 적절하지 않은 것은?**

┤ 보 기 ├

'바르사'라는 약칭으로도 불리는 스페인의 명문 축구 구단 'FC 바르셀로나'는 협동조합이다. 이 협동조합은 20만 명 가까운 조합원이 주인이다. 출자금 150유로를 내면 누구나 바르사의 조합원이 될 수 있는데, 바르사의 조합원은 축구 경기 입장료 할인 혜택을 받을 수 있다. 18세 이상이면서 1년 넘게 조합원으로 활동하면 누구나 이사회에 참석할 수 있고, 6년마다 열리는 클럽 회장 선거에 참여해 한 표를 행사할 수 있다. 바르사에서 발생한 수익금은 유소년 축구 클럽 육성과 시설 개선에 쓰인다. 구단이 안정적으로 운영되던 시절에는 유니폼에 공익성 광고를 대가 없이 새기기도 하였다.

① 6년마다 클럽 회장 선거가 있다는 것을 통해 바르사는 조합원에 의해 소유주가 선정된다는 것을 알 수 있군.
② 출자금 150유로를 내면 누구나 조합원이 될 수 있다는 것을 통해 바르사는 가입이 자유롭다는 것을 알 수 있군.
③ 광고료를 받지 않고 유니폼에 공익성 광고를 새겼다는 것을 통해 바르사의 목적이 이윤 추구에 있지 않다는 것을 알 수 있군.
④ 수익금이 유소년 클럽 육성과 시설 개선에 쓰인다는 것을 통해 바르사에서는 수익금을 조합의 발전에 활용한다는 것을 알 수 있군.
⑤ 일정한 자격을 갖춘 조합원이라면 클럽 회장 선거에서 한 표를 행사할 수 있다는 것을 통해 바르사에서는 조합원의 의사가 존중된다는 것을 알 수 있군.

**2 [A]를 참고할 때 '협동조합'의 사례로 가장 적절한 것은?**

① 재활용품 재생 업체에서 새로운 공정을 개발하여 환경 보호에 이바지하였다.
② 아파트 주민들이 돈을 모아 형편이 어려운 학생들에게 장학금을 전달하였다.
③ 농촌 지역에 공장이 있는 식품 회사가 수익금의 일부를 지역 사회에 기부하였다.
④ 대학 연구소에서 지역의 특산품을 이용한 가공 식품을 개발하여 지역 경제를 발전시켰다.
⑤ 컴퓨터를 배우고 싶어 하는 노인들이 일정 금액을 모아 컴퓨터 수업을 들을 수 있는 단체를 만들었다.

일탈*은 일반적으로 사회의 규범을 어긴 행위라고 규정할 수 있다. 그런데 우리는 왜 일탈을 하게 되는 것일까? 학자들은 이 질문에 답하기 위해 많은 연구를 해 왔다. 일탈의 원인을 규명(糾明)*하려는 이러한 연구는 크게 개인적 관점과 사회적 관점으로 나뉜다.

일탈의 원인을 개인의 문제로 본 이론들은 주로 일탈자의 생물학적 특성이나 심리적 요인에 주목(注目)하였다. 그 중에서 '좌절-공격 이론'은 개인의 심리적 요인에서 일탈의 원인을 찾는 대표적 이론의 하나였다. 이 이론에서는 일탈의 원인을 개인의 심리적 욕구의 좌절로 보았다. 심리적 욕구가 충족되지 않으면 사람은 본능적으로 욕구 충족을 방해하는 대상에 대해 ㉠공격적인 행동을 하게 된다는 것이다. 만일 그 대상을 찾지 못하거나, 찾더라도 그 대상이 자기보다 훨씬 강하다고 생각되면 그것을 대체할 수 있는 다른 대상이라도 찾아 분풀이를 한다고 보았다. 일탈은 결국 심리적 욕구의 좌절에서 비롯된 반응이라는 것이다. 이 이론은 일탈의 원인을 밝히면서 인간의 심리를 주목하게 해 주었다. 그러나 일탈 자체가 사회 구조와 깊이 관련되어 있음에도 불구하고 이 이론은 일탈의 궁극적인 책임을 개인에게서만 찾으려 했다는 점에서 충분한 설득력을 얻지 못했다.

한편, 일탈의 원인을 사회적인 맥락 속에서 파악하려고 했던 이론들도 있었다. 그중에서도 '낙인*이론'은 일탈에 대한 새로운 관점을 제시해 주었다. 이 이론에서는 일탈을 낙인의 결과로 보았다. 낙인이란 어떤 행동을 규범에서 벗어난 것으로 규정(規定)하는 행위이다. 규범에 어긋나는 크고 작은 행동은 누구나 할 수 있다. 하지만 이러한 행동을 했다고 그들 모두가 사회에서 일탈자로 낙인찍히는 것은 아니다. 사람들로부터 이 행동이 잘못된 것이라고 낙인찍히고 비난을 받게 되면 이것이 비로소 일탈이 된다는 것이다. 예를 들어 동성동본(同姓同本)끼리 결혼하는 경우 아무도 이 결혼을 문제 삼지 않으면 이것이 크게 문제될 것이 없지만, 사람들이 이것을 문제가 있다고 낙인찍으면 이것도 일탈 행위가 된다는 것이다. 따라서 낙인이론에서는 어떤 행동의 성격보다 그 행동이 일어나는 상황과 여건을 더욱 중요하게 보았고, 그에 따라 일탈이 매우 상대적인 것임을 부각(浮刻)해 주었다.

또한 낙인이론은 한번 낙인이 찍히면 그 낙인에서 벗어나기가 쉽지 않다는 것에도 관심을 가졌다. 그래서 일탈자로 낙인찍힌 자는 결국 사회적 역할을 수행하는 데 지장을 받게 되고, 사회 적응에 어려움을 겪게 되어 이후에도 일탈이 지속된다고 보았다. 낙인이론은 이와 같이 일탈이 낙인에 의한 사회적 결과물임을 강조함으로써 일탈의 원인을 개인이 아닌 사회적 관계 속에서 조명*할 수 있게 해 주었다. 하지만 낙인이론은 이미 규범을 어긴 사람에 대한 사회적 반응에만 초점을 맞추어 애초의 행동을 유발(誘發)시킨 다른 원인에 대해서는 간과*하고 있다는 한계도 가지고 있다.

*일탈(달아날 逸, 벗을 脫): 사회적인 규범으로부터 벗어나는 일.
*규명(꼴 糾, 밝을 明): 어떤 사실을 자세히 따져서 바로 밝힘.
*낙인(지질 烙, 도장 印): 다시 씻기 어려운 불명예스럽고 욕된 판정이나 평판을 이르는 말.
*조명(비출 照, 밝을 明): 어떤 대상을 일정한 관점으로 바라봄.
*간과(볼 看, 지날 過): 큰 관심 없이 대강 보아 넘김.

주제 쓰기 •

_____

_____

**1** 윗글의 집필 의도로 가장 적절한 것은?

① 이론이 형성되는 역사적 과정을 보여 준다.
② 대비되는 관점을 지닌 두 이론을 소개한다.
③ 특정 이론의 문제점에 대한 글쓴이의 대안을 제시한다.
④ 기존 이론을 뒷받침할 수 있는 새로운 근거를 제시한다.
⑤ 두 이론의 공통점을 확대 적용하여 새로운 사실을 밝힌다.

**2** '좌절-공격 이론'의 관점에서 ㉠에 대해 설명한 내용으로 적절한 것은?

① 욕구 충족의 포기
② 심리적 안정감의 표현
③ 욕구의 좌절로 인한 반응
④ 사회적 적응을 위한 실천
⑤ 열세한 대상에 대한 보호

**3** <보기>는 '신입 사원 ○○의 하루'를 만화로 구성한 것이다. '낙인이론'의 입장에서 <보기>를 이해한 내용으로 적절하지 <u>않은</u> 것은?

① 낙인 때문에 '○○'가 앞으로 일탈 행동을 지속할 가능성이 커지겠군.
② '○○'가 지각을 하게 된 원인을 개인의 심리적 요인에서 찾을 수 있겠군.
③ '○○'는 회사에서 게으르고 불성실한 사람이라는 낙인을 벗기가 쉽지 않겠군.
④ 만약 직장 사람들이 '○○'를 낙인찍지 않았다면 그의 지각은 일탈로 보기 어렵겠군.
⑤ 일탈자라는 낙인 때문에 '○○'는 앞으로 사회적 역할을 수행하는 데 지장이 있겠군.

# 인터넷 뉴스는 영영 공짜일까? _ 이원재

정답 및 해설 28쪽

중심 화제나 핵심 내용 등에는 ○, △, □, 밑줄 등과 같은 표시를 하면서 읽어보세요.

**가** 신문이나 잡지는 대부분 유료로 판매된다. 반면에 인터넷 뉴스 사이트는 신문이나 잡지의 기사와 같거나 비슷한 내용을 무료로 제공한다. 왜 이런 현상이 발생하는 것일까?

**나** 이 현상 속에는 경제학적 배경이 숨어 있다. 대체로 상품의 가격은 그 상품을 생산하는 데 드는 비용의 언저리에서 결정된다. 생산 비용이 많이 들면 들수록 상품의 가격이 상승하는 것이다. 그런데 인터넷에 게재되는 기사를 생산하는 데 드는 비용은 0에 가깝다. 기자가 컴퓨터로 작성한 기사를 신문사 편집실로 보내 종이 신문에 게재하고, 그 기사를 그대로 재활용하여 인터넷 뉴스 사이트에 올리기 때문이다. 또한 인터넷 뉴스 사이트 방문자 수가 증가하면 사이트에 걸어 놓은 광고에 대한 수입도 증가하게 된다. 이러한 이유로 신문사들은 경쟁적으로 인터넷 뉴스 사이트를 개설하여 무료로 운영했던 것이다.

**다** 그런데 무료 인터넷 뉴스 사이트를 이용하는 사람들이 폭발적으로 늘어나면서 돈을 지불하고 신문이나 잡지를 구독하는 사람들이 점점 줄어들기 시작했다. 그 결과 언론사들의 수익률이 감소하여 재정이 악화되었다. 문제는 여기서 그치지 않는다. 언론사들의 재정적 악화는 깊이 있고 정확한 뉴스를 생산하는 그들의 능력을 저하시키거나 사라지게 할 수도 있다. 결국 그로 인한 피해는 뉴스를 이용하는 소비자에게로 되돌아 올 것이다.

**라** 그래서 언론사들, 특히 신문사들의 재정 악화 개선을 위해 인터넷 뉴스를 유료화해야 한다는 의견이 있다. 하지만 그러한 주장을 현실화하는 것은 그리 간단하지 않다. 소비자들은 어떤 상품을 구매할 때 그 상품의 가격이 얼마 정도면 구입할 것이고, 얼마 이상이면 구입하지 않겠다는 마음의 선을 긋는다. 이 선의 최대치가 바로 최대지불의사(willingness to pay)이다. 소비자들의 머릿속에 한 번 각인*된 최대지불의사는 좀처럼 변하지 않는 특성이 있다. 인터넷 뉴스의 경우 오랫동안 소비자에게 무료로 제공되었고, 그러는 사이 인터넷 뉴스에 대한 소비자들의 최대지불의사도 0으로 굳어진 것이다. 그런데 이제 와서 무료로 이용하던 정보를 유료화한다면 소비자들은 여러 이유를 들어 불만을 토로*할 것이다.

* 각인(새길 刻, 도장 印): 머릿속에 새겨 넣듯 깊이 기억됨. 또는 그 기억.
* 토로(토할 吐, 이슬 露): 마음에 있는 것을 죄다 드러내어서 말함.

**마** 해외 신문 중 일부 경제 전문지는 이러한 문제를 성공적으로 해결했다. 그들은 매우 전문화되고 깊이 있는 기사를 작성하여 소비자에게 제공하는 대신 인터넷 뉴스 사이트를 유료화했다. 그럼에도 불구하고 많은 소비자들이 기꺼이 돈을 지불하고 이들 사이트의 기사를 이용하고 있다. 전문화되고 맞춤화된 뉴스일수록 유료화 잠재력이 높은 것이다. 이처럼 제대로 된 뉴스를 만드는 공급자와 제값을 내고 제대로 된 뉴스를 소비하는 수요자가 만나는 순간 문제 해결의 실마리를 찾을 수 있을 것이다.

주제 쓰기
_____
_____

**1** (가)~(마)에 대한 설명으로 적절하지 <u>않은</u> 것은?

① (가): 현상을 제시하고 있다.
② (나): 현상의 발생 원인을 분석하고 있다.
③ (다): 현상의 문제점을 지적하고 있다.
④ (라): 현상의 긍정적 측면을 강조하고 있다.
⑤ (마): 문제의 해결 방안을 시사*하고 있다.

\* 시사(보일 示, 부추길 唆): 어떤 것을 미리 간접적으로 표현해 줌.

**2** 글쓴이의 견해에 바탕이 되는 경제관으로 적절하지 <u>않은</u> 것은?

① 경제적 이해 관계는 사회 현상의 변화를 초래한다.
② 상품의 가격이 상승할수록 소비자의 수요가 증가한다.
③ 소비자들의 최대지불의사는 상품의 구매 결정과 밀접한 관련이 있다.
④ 일반적으로 상품의 가격은 상품 생산의 비용과 가까운 수준에서 결정된다.
⑤ 적정 수준의 상품 가격이 형성될 때, 소비자의 권익과 생산자의 이익이 보장된다.

**3** 윗글을 읽은 학생들의 반응으로 적절하지 <u>않은</u> 것은?

① 정보를 이용할 때 정보의 가치에 상응하는 이용료를 지불하는 것은 당연한 거라고 생각해.
② 현재 무료인 인터넷 뉴스 사이트를 유료화하려면 먼저 전문적이고 깊이 있는 기사를 제공해야만 해.
③ 인터넷 뉴스가 광고를 통해 수익을 내는 경우도 있으니, 신문사의 재정을 악화시키는 것만은 아니야.
④ 인터넷 뉴스 사이트 유료화가 정확하고 공정한 기사를 양산*하는 결과에 직결되는 것은 아니라고 생각해.
⑤ 인터넷 뉴스만 보는 독자들의 행위가 질 나쁜 뉴스를 생산하게 만드는 근본적인 원인이니까, 종이 신문을 많이 구독해야겠어.

\* 양산(헤아릴 量, 낳을 産): 많이 만들어 냄.

중심 화제나 핵심 내용 등에는 ○, △, □, 밑줄 등과 같은 표시를 하면서 읽어보세요.

소비자들은 어떤 제품이나 서비스를 선택할 때 쉽사리 결정을 내리지 못한다. 이를테면 기능은 만족스럽지만 가격이 비싸거나, 반대로 가격은 만족스러운데 기능은 그렇지 않다거나 하는 경우를 들 수 있다. 이처럼 소비자들은 구매 과정에서 흔히 갈등을 겪게 되는데, 그중 가장 대표적인 것이 '접근－접근 갈등'이다. 이는 둘 이상의 바람직한 대안 중에서 하나만을 골라야 하는 경우에 어느 것을 선택해야 할지 결정하지 못해 발생하는 갈등이다. ㉠이때 판매자는 대안들을 함께 묶어 제공함으로써 소비자가 겪는 '접근－접근 갈등'을 해소할 수 있다.

그런데 다른 대안*들을 함께 묶어 제공받지 못한 상태에서 하나의 대안만을 선택해야 했던 경우, 소비자들은 선택하지 않은 대안에 대한 아쉬움 때문에 심리적으로 불편함을 느끼게 된다. 소비자들은 이러한 심리적 불편함을 없애려 하는데, 이는 인지* 부조화 이론으로 설명할 수 있다. 이 이론에 따르면 사람들은 자신의 생각과 태도가 자신이 한 행동과 서로 일치하기를 바라는데, 그렇지 않으면 심리적 긴장 상태가 발생하게 된다는 것이다. 이런 경우 사람들은 긴장 상태를 해소하기 위해 생각과 행동을 일치시키려 한다. 그렇다면 제품을 구입한 행동과 제품 구입 후에 자신의 선택이 최선이 아닐지도 모른다는 생각 사이의 부조화는 어떻게 극복될 수 있을까?

인지 부조화 상태를 겪고 있는 소비자는 이를 해소하기 위해 선택하지 않은 제품의 단점을 찾아내거나 그 제품의 장점을 무시하기도 한다. 하지만 일반적으로는 자신의 구매 행동을 지지하는 부가 정보들을 찾아냄으로써 현명한 선택을 했다는 것을 스스로에게 확신시킨다. 특히 자동차나 아파트처럼 고가의 재화를 구매했을 경우에는 구매 직후의 인지 부조화가 심화되므로 이를 해소하려는 노력도 더 크게 나타난다. 이때 광고가 중요한 역할을 한다. 소비자들은 광고를 통해 자신이 선택한 제품의 장점을 재확인하거나 새로운 선택 이유를 찾아내려고 하는 것이다. 제품을 구매한 고객들을 대상으로 한 광고는 전달할 수 있는 정보가 제한적인 매체보다는 많은 정보를 담을 수 있는 매체를 활용하는 것이 효과적이다.

소비자들이 구매 후에 광고를 탐색하는 것은 인지 부조화를 감소시키고자 하는 노력인데, 기업 입장에서는 또 다른 효과들을 가져오기도 한다. 구매 후 광고는 제품을 구매한 소비자들에게 자신의 구매 행동이 옳았다는 확신이나 만족을 심어주기 때문에 회사의 이미지를 높이고 브랜드 충성심을 구축*하는 데 크게 기여한다. 따라서 구매 후 광고는 재구매를 유도하거나 긍정적 입소문을 확산시켜 광고의 효과를 극대화할 수 있다. 따라서 기업은 제품을 판매한 이후에도 소비자와 제품의 우호적인 관계가 유지될 수 있도록 지속적으로 광고를 노출할 필요가 있다.

\* 대안(대신할 代, 책상 案): 어떤 안(案)을 대신하는 안.
\* 인지(알 認, 알 知): 자극을 받아들이고, 저장하고, 인출하는 일련의 정신 과정.
\* 구축(얽을 構, 쌓을 築): 체제, 체계 따위의 기초를 닦아 세움.

주제 쓰기 ●

**1** 윗글에 대한 이해로 적절한 것은?

① 제품을 구매한 소비자는 자신이 구매한 제품의 광고에 더 이상 주목하지 않는다.
② 구매 후 광고를 적극적으로 탐색하면 소비자의 브랜드 충성심이 형성되지 않는다.
③ 구매한 제품에 만족하는 소비자는 그 제품의 단점을 광고를 통해 확인하고 싶어 한다.
④ 인지 부조화가 발생하게 되면 소비자가 어떤 제품을 구매할지 쉽게 결정하지 못한다.
⑤ 소비자는 자신의 구매 행위가 최선이었다는 확신이 없을 경우 심리적 긴장 상태를 겪게 된다.

**2** ㉠의 예로 가장 적절한 것은?

① 소비자는 공짜를 좋아하는 경향이 있으므로, 탄산음료를 판매할 때 두 개를 한 개 값으로 주는 1+1 전략을 활용한다.
② 소비자는 어떤 사은품을 주는지 주의 깊게 살펴보는 경우가 많으므로, 냄비를 판매하면서 사은품으로 프라이팬을 제공한다.
③ 소비자는 바지를 살 때 그에 어울리는 티셔츠를 함께 구입하려는 경향이 있으므로, 바지와 티셔츠를 인접하여 나란히 진열한다.
④ 소비자는 어떻게 하면 저렴한 가격으로 물건을 구입할 수 있을지 고심하는 경향이 있으므로, 저녁 무렵에는 야채를 반값에 판매한다.
⑤ 소비자는 중식을 먹을 때 짜장면과 짬뽕을 두고 선택을 망설이는 경우가 많으므로, 두 음식을 다 먹을 수 있는 짬짜면을 메뉴에 추가한다.

01 **운용** 돌運 쓸用
무엇을 움직이게 하거나 부리어 씀. 예 지금의 운용은 투명성이 우선이다.

02 **묘** 묘할 妙
말할 수 없이 빼어나고 훌륭함. 또는 매우 교묘함. 예 부작용을 줄이기 위해 적절한 운용의 묘가 필요하다.

03 **총체** 거느릴 總 몸 體
있는 것들을 모두 하나로 합친 전부 또는 전체. 예 작품은 작가의 신념과 가치관의 총체라 할 수 있다.

04 **산출** 낳을 産 날 出
어떤 것이 생산되어 나옴. 예 산출과 투입의 차액을 잉여라고 부른다.

05 **출자금** 날 出 재물 資 쇠 金
자금으로 낸 돈. 예 그 회사는 출자금 마련에 큰 어려움을 겪고 있다.

06 **증진** 불을 增 나아갈 進
기운이나 세력 따위가 점점 더 늘어 가고 나아감. 예 두 나라의 우호 증진과 경제 협력 방안을 논의하기 위한 회담이 개최되었다.

07 **대주주** 큰 大 그루 株 주인 主
한 회사의 주식 가운데 많은 몫을 가지고 있는 주주. 예 주주 총회가 대주주의 갑작스런 불참으로 연기되었다.

08 **모색** 찾을 摸 찾을 索
일이나 사건 따위를 해결할 수 있는 방법이나 실마리를 더듬어 찾음. 예 지금 정부는 이 문제의 평화적 해결을 모색하는 중이다.

09 **일탈** 달아날 逸 벗을 脫
사회적인 규범으로부터 벗어나는 일. 예 인성 교육의 소홀로 청소년들의 일탈이 늘고 있다.

10 **규명** 꼴 糾 밝을 明
어떤 사실을 자세히 따져서 바로 밝힘. 예 주민들은 사건의 진상 규명을 촉구하였다.

11 **낙인** 지질 烙 도장 印
다시 씻기 어려운 불명예스럽고 욕된 판정이나 평판을 이르는 말. 예 사람들은 그에게 기회주의자라는 낙인을 찍었다.

12 **조명** 비출 照 밝을 明
어떤 대상을 일정한 관점으로 바라봄. 예 그 다큐멘터리는 알려지지 않은 독립 운동가들의 삶을 조명하였다.

13 **간과** 볼 看 지날 過
큰 관심 없이 대강 보아 넘김. 예 그 사건의 진실한 내막을 간과하고 말았다.

14 **대안** 대신할 代 책상 案
어떤 안(案)을 대신하는 안. 예 현재는 환경 오염 문제에 관한 뚜렷한 대안이 없는 상황이다.

15 **인지** 알 認 알 知
자극을 받아들이고, 저장하고, 인출하는 일련의 정신 과정. 예 그림책은 아동 인지 발달에 도움을 준다.

16 **구축** 얽을 構 쌓을 築
체제, 체계 따위의 기초를 닦아 세움. 예 판매에서 가장 중요한 것은 고객들과의 신뢰 구축이라고 생각합니다.

17 **각인** 새길 刻 도장 印
머릿속에 새겨 넣듯 깊이 기억됨. 또는 그 기억. 예 그에 대한 각인은 좀체 지워지지 않는다.

18 **토로** 토할 吐 이슬 露
마음에 있는 것을 죄다 드러내어서 말함. 예 그녀는 물가 상승으로 인한 살림의 어려움을 토로했다.

19 **시사** 보일 示 부추길 唆
어떤 것을 미리 간접적으로 표현해 줌. 예 정부는 불법 상거래에 대한 단속 강화를 강력히 시사했다.

20 **양산** 헤아릴 量 낳을 産
많이 만들어 냄. 예 생산 시설의 자동화로 상품의 양산 체계가 확립되었다.

[01~05] 다음 뜻에 해당하는 단어를 제시된 초성을 참고하여 쓰시오.

01 어떤 사실을 자세히 따져서 바로 밝힘. ( ㄱ ㅁ ) →

02 사회적인 규범으로부터 벗어나는 일. ( ㅇ ㅌ ) →

03 있는 것들을 모두 하나로 합친 전부 또는 전체. ( ㅊ ㅊ ) →

04 어떤 것이 생산되어 나옴. ( ㅅ ㅊ ) →

05 자극을 받아들이고, 저장하고, 인출하는 일련의 정신 과정. ( ㅇ ㅈ ) →

[06~10] 다음 문장의 (    ) 안에 들어갈 말로 알맞은 것을 고르시오.

06 지금 정부는 이 문제의 평화적 해결을 (모색 / 각인)하는 중이다.

07 현재는 환경 오염 문제에 관한 뚜렷한 (대안 / 일탈)이 없는 상황이다.

08 생산 시설의 자동화로 상품의 (소비 / 양산) 체계가 확립되었다.

09 그 사건의 진실한 내막을 (간과 / 부과)하고 말았다.

10 그녀는 물가 상승으로 인한 살림의 어려움을 (토로 / 독려)했다.

[11~15] 다음 내용이 옳으면 ○표, 틀리면 ×표를 하시오.

11 '말할 수 없이 빼어나고 훌륭함. 또는 매우 교묘함.'을 '묘'라고 한다. (        )

12 '한 회사의 주식 가운데 많은 몫을 가지고 있는 주주.'를 '대표'라고 한다. (        )

13 '자금으로 낸 돈'을 '출자금'이라고 한다. (        )

14 '어떤 대상을 일정한 관점으로 바라봄.'을 '관조'라고 한다. (        )

15 '체제, 체계 따위의 기초를 닦아 세움.'을 '구축'이라고 한다. (        )

[16~20] 밑줄 친 단어의 뜻을 〈보기〉에서 찾아 기호를 쓰시오.

┌─────────────── 보 기 ├─
⊙ 기운이나 세력 따위가 점점 더 늘어 가고 나아감.
⊙ 머릿속에 새겨 넣듯 깊이 기억됨. 또는 그 기억.
⊙ 어떤 것을 미리 간접적으로 표현해 줌.
⊙ 무엇을 움직이게 하거나 부리어 씀.
⊙ 다시 씻기 어려운 불명예스럽고 욕된 판정이나 평판을 이르는 말.
└─────────────────────────

16 정부는 불법 상거래에 대한 단속 강화를 강력히 시사했다. (        )

17 자금의 운용은 투명성이 우선이다. (        )

18 사람들은 그에게 기회주의자라는 낙인을 찍었다. (        )

19 두 나라의 우호 증진과 경제 협력 방안을 논의하기 위한 회담이 개최되었다. (        )

20 그에 대한 각인은 좀체 지워지지 않는다. (        )

루소 이전의 사상가들은 대부분 자신들이 남들보다 잘나고 똑똑하다고 확신했다. 그래서 그들은 지저분한 몰골*에 무식하기 이를 데 없는 민중을 보며, 믿을 수 있는 인간은 극소수에 불과하다고 생각하였다. 그러므로 그들은 특출*한 한두 사람이 세상을 지배하는 것이 옳다고 보았으며, '어떻게 해야 저들을 번듯한 인간으로 살게 해 줄 수 있을까?'를 푹신한 안락의자에 앉아 하인이 가져온 차를 마시며 고민하였다.

그런데 그들은 민중의 불쌍한 처지를 걱정한 것이 아니라 철없는 민중들의 '무질서'를 두려워했다. 무식하고 이기적인 사람들을 어떻게 통제해야 사회 질서가 유지될 수 있을까? 이것이 바로 루소 이전 사상가들의 진짜 고민이었다. 결국 답은 한 가지뿐이었다. 말 안 듣는 아이에게는 매가 약이듯이 민중들을 다스리기 위해서는 폭력이 필요하다고 생각했다. '㉠복종하지 않고 멋대로 굴면 죽음뿐이다!' 사람들에게 공포심을 심어 주는 것만큼 효과적인 것은 없었다. 그래서 왕에게 반항한 죄인은 군중이 보는 앞에서 잔인하게 처형했다. 이러한 사회에서 민중들은 자신들의 생각을 자유롭게 펼치지 못했다. 그러므로 루소 이전의 지배층과 민중 사이의 '사회 계약'은 일종의 수직적인 계약으로 볼 수 있다. 그 계약은 단지 아랫사람이 윗사람에게 즉 모든 민중이 왕에게 철저히 복종하겠다는 맹세였을 뿐이다.

그러나 루소는 이와는 완전히 다르게 생각했다. 그는 힘으로 민중들을 억누르고 공포심을 일으켜서 질서를 유지하려는 사상가들의 생각을 거부했다. 루소는 가난하고 배운 것 없는 사람들의 착한 마음을 믿었으며, 평범한 사람들이 서로 도와서 행복한 사회를 만들 수 있을 것이라고 생각했다. 즉 그는, 지배 계급의 힘에 눌려서 아무 일 없이 조용하기만 한 사회가 아니라 사람들이 서로 도우며 소중한 가치를 추구하는 한 차원 높은 '질서'를 꿈꾸었던 것이다. 루소가 주장했던 사회 계약은 '자유롭게 행동하는 사람들'을 함께 묶는 수평적인 계약이었다. 그는 사람들이 스스로 뭉쳐서 창조한 공동체를 통해서 개인의 잠재력을 최대한 발휘할 수 있다고 생각했다. 이처럼 루소 이전의 사상가들이 오로지 '통제'만을 생각했던 것에 비해 루소는 '협동'을 떠올렸다.

개인은 왜 자기 마음대로 행동하지 않고 사회 질서를 지키며 사회 발전을 위해 노력해야 하는가? 그것은 누가 시켜서 강제로 따르는 것이 아니라 그렇게 하는 것이 개인과 사회 모두에게 이익이 되기 때문이다. 루소는 「사회계약론」에서 어떻게 해야 개인과 공동체가 모두 이익을 누릴 수 있을까 하는 문제를 놓고 끊임없이 고민했다. 그는 민중을 내려다보며 한심해 하는 엘리트*가 아니라 민중의 입장에서 생각한 최초의 사상가였던 것이다.

* 몰골: 볼품없는 모양새.
* 특출(수컷 特, 날 出): 특별히 뛰어남.
* 엘리트: 사회에서 뛰어난 능력이 있다고 인정한 사람. 또는 지도적 위치에 있는 사람.

주제 쓰기

**1** 윗글의 내용과 일치하지 <u>않는</u> 것은?

① 루소 이전의 사상가들은 자신들이 민중보다 더 지적이라고 생각했다.
② 루소는 공동체 구성원이 수평적 계약 관계를 이루어야 한다고 생각했다.
③ 루소 이전의 사상가들은 뛰어난 사람들이 민중을 지배해야 한다고 생각했다.
④ 루소는 이상적인 공동체를 만들기 위해서는 민중의 양보가 필요하다고 생각했다.
⑤ 루소는 사람들의 착한 마음을 믿었기 때문에 민중들의 협동이 가능하다고 생각했다.

**2** 윗글을 참고할 때, 루소가 말한 '사회 계약'의 의미와 가장 유사한 것은?

① 가족회의에서 결정한 여행을 어머니의 입원으로 아버지가 취소한 경우
② 주민 대표가 주민들의 합의 없이 어두운 골목에 가로등을 설치한 경우
③ 체육 대회에서 학급 반장의 주도로 우승하여 학급 반장이 공로상을 받는 경우
④ 마을 청년회에서 주민들의 동의를 얻어 운영한 도서관이 주민 모두에게 만족을 준 경우
⑤ 회사가 경쟁력을 높이기 위해서 마련한 연수회에 참여한 사원들에게 가산점을 주는 경우

**3** ㉠과 <보기>의 ⓐ의 성격을 가장 적절하게 말한 것은?

┌─────────── 보 기 ───────────┐

남들은 자유를 사랑한다지마는, 나는 ⓐ복종을 좋아하여요.
자유를 모르는 것은 아니지만, 당신에게는 복종만 하고 싶어요.
복종하고 싶은 데 복종하는 것은 아름다운 자유보다도 달콤합니다. 그것이 나의 행복입니다.

그러나 당신이 나더러 다른 사람을 복종하라면 그것만은 복종할 수가 없습니다.
다른 사람을 복종하려면 당신에게 복종할 수가 없는 까닭입니다.

– 한용운, 「복종」 –

└───────────────────────────┘

① ㉠과 ⓐ는 모두 강제적이다.
② ㉠과 ⓐ는 모두 능동적이다.
③ ㉠은 적극적인데 반해, ⓐ는 소극적이다.
④ ㉠은 배타적*인데 반해, ⓐ는 타협적이다.
⑤ ㉠은 타율적인데 반해, ⓐ는 자율적이다.

\* 배타적(밀칠 排, 다를 他, 과녁 的): 남을 배척하는. 또는 그런 것.

중심 화제나 핵심 내용 등에는 ◯, △, ▢, 밑줄 등과 같은 표시를 하면서 읽어보세요.

한국 사회는 구성원의 출신국이나 인종 등을 보면 이제 더 이상 단일 민족 국가라고 부를 수 없는 것이 현실이다. 이러한 변화에 대응하기 위해 우선 다문화 사회의 주요 패러다임*에 대해 살펴보고, 다문화 사회로서의 궁극적 지향점을 생각해 보기로 하자.

다문화 사회를 정의하는 패러다임에는 (가)차별 배제 모형, (나)동화 모형, (다)다문화 모형이 있다. 이 세 모형은 외국인과 이민자를 받아들이는 데 있어 국가가 어떠한 정책과 제도를 채택하고 있는지에 따라 분류한 것이다. 먼저 차별 배제 모형은 국가가 특정 경제 영역에만 외국인이나 이민자를 받아들이고, 복지 및 사회적 영역에서는 받아들이지 않는 배타적인 모형이다. 그러나 경제적 세계화의 거대한 흐름과 결혼 이민자의 증대와 맞물려 점차 그 입지*가 제한되고 있다. 그리고 동화 모형은 외국인이나 이민자의 모든 면이 주류 사회와 똑같아져야 한다는 모형이다. 그러나 이 모형은 외국인이나 이민자의 정체성을 무시하였다는 비판과 함께 그들에 대한 불이익과 편견을 간과했다는 비난을 받고 있다. 이 두 모형과 달리, 다문화 모형은 다른 인종과 민족에 대해 포용적인 태도를 취하는 모형으로, 외국인이나 이민자가 그들만의 문화를 지키는 것을 인정하고 장려하며, 정책의 목표를 '동화'가 아닌 '공존'에 두고 있다. 따라서 지금까지 살펴본 모형들을 바탕으로 할 때, 현재 급속하게 변화하는 세계 속에서 한국 사회는 다문화 모형에 초점을 두고 접근할 필요가 있다.

다문화 모형은 다시 문화다원주의와 다문화주의로 나눌 수 있다. 문화다원주의와 다문화주의는 다양성을 인정하고 사회적 통합을 추구한다는 점에서는 유사하다. 그러나 ㉠문화다원주의는 주류* 사회가 존재함을 분명히 하면서 문화의 다양성과 다원성을 인정하는 정도의 소극적인 다문화 모형이다. 이에 비해 보다 발달된 개념인 ㉡다문화주의는 주류 사회의 중요성을 부각하기보다는 다양한 문화가 평등하게 인정되어야 함을 강조한다. 주류 사회 안에서 외국인과 이민자의 문화를 인정한다는 점에서 문화다원주의는 매력적으로 보일 수 있다. 그러나 '단일 민족 국가'라는 인식이 강하게 작용하는 한국 사회에서 외국인과 이민자에 대한 차별적 태도와 이중적 기준 적용의 문제를 해소하고 조화와 소통을 지향하기 위해서 한국 사회는 다문화주의라는 목표를 지향해야 할 것이다.

그러나 사회 조직 내의 다양성을 강조하기만 하고, 다양성과 다문화적인 요소들을 제대로 운영하지 못하면 오히려 사회에 극심한 혼란만 더하게 되어, 사회의 통합이 아닌 분열을 조장*할 수 있다. 따라서 한 사회의 다문화에 대한 목표가 정해지면, 그에 따른 정책들을 적정한 단계에 맞추어 진행해야 문제가 최소화될 수 있다. 그러므로 우리는 장기적 목표를 다문화주의에 두고, 단·중기적으로 실시할 수 있는 단계별 정책 목표와 구체적 사업을 정하고 추진해야 한다.

* 패러다임(paradigm): 어떤 한 시대 사람들의 견해나 사고를 근본적으로 규정하고 있는 테두리로서의 인식 체계.
* 입지(설 立, 땅 地): 개인이나 단체 따위가 차지하고 있는 기반이나 지위.
* 주류(주인 主, 흐를 流): 조직이나 단체 따위의 내부에서 다수파를 이르는 말.
* 조장(도울 助, 길 長): 바람직하지 않은 일을 더 심해지도록 부추김.

주제 쓰기 •

_____

_____

**1** 윗글을 통해 답을 구할 수 있는 물음이 <u>아닌</u> 것은?

① 다문화 모형의 정책 목표는 무엇인가?

② 다문화주의를 지향해야 하는 이유는 무엇인가?

③ 다문화 관련 정책 중 현재 시행되고 있는 것들은 무엇인가?

④ 다문화 사회를 정의하는 패러다임에는 어떤 것들이 있는가?

⑤ 다문화 모형에 초점을 두고 접근해야 하는 필요성은 무엇인가?

**2** (가) ~ (다)에 해당하는 사례를 <보기>에서 골라 바르게 배열한 것은?

| 보 기 |

ㄱ. A국은 이민자들이 A국의 언어를 습득할 수 있도록 돕고, 이민자의 자녀가 정규 학교에 취학하는 것을 지원했다.

ㄴ. B국은 인력난으로 인해 외국인 노동자를 대거 받아들였지만, 그들에게 영주권이나 시민권을 주는 데는 상당한 제약을 가했다.

ㄷ. C국은 이민자들이 출신국에 따른 특성을 간직하면서 전체 사회를 조화롭게 구성할 수 있도록 정책을 펼쳤다.

| | (가) | (나) | (다) |
|---|---|---|---|
| ① | ㄱ | ㄴ | ㄷ |
| ② | ㄱ | ㄷ | ㄴ |
| ③ | ㄴ | ㄱ | ㄷ |
| ④ | ㄴ | ㄷ | ㄱ |
| ⑤ | ㄷ | ㄴ | ㄱ |

**3** ㉠과 ㉡에 대한 설명으로 적절하지 <u>않은</u> 것은?

① ㉠은 ㉡에 비해 다양한 문화적 가치들을 공유할 것을 강조한다.

② ㉠은 ㉡과 달리 주류 문화의 중요성을 부각하는 정책을 고수한다.

③ ㉡은 ㉠과 달리 주류 사회와 외국인이나 이민자들 간의 대등한 관계를 중시한다.

④ ㉡은 ㉠에 비해 외국인이나 이민자들의 고유문화를 유지하도록 하는 데 적극적이다.

⑤ ㉠과 ㉡은 모두 사회 구성원의 공존을 추구한다.

중심 화제나 핵심 내용 등에는
○, △, □, 밑줄 등과 같은
표시를 하면서 읽어보세요.

**가** 전통적인 경제학에서는 인간은 합리적이므로 충분한 정보가 주어진다면 합리적 의사 결정이 이루어질 수 있을 것으로 보았다. 그러나 인터넷의 등장 이후 원하는 정보에 쉽게 접할 수 있는 환경이 되면서 의사 결정 모델의 초점은 크게 달라졌다. 이제는 정보는 오히려 풍부하되 정보를 다루기 위한 시간이 부족하기 때문에 모든 정보에 주의를 기울일 수 없게 된 것이다. 이러한 변화를 바탕으로 새롭게 등장한 것이 관심의 경제학이다.

**나** 관심의 경제학은 인간의 관심 그 자체가 경제적인 가치를 가지고 있다는 인식에서 출발한다. 현대 사회에서는 인터넷이 기업을 알릴 수 있는 중요한 수단으로 자리 잡아 많은 기업이 홈페이지를 보유하고 있다. 그런데 홈페이지에 실린 정보는 개인이 인터넷에 접속하여 적극적으로 탐색함으로써 노출된다. 따라서 이제는 정보를 일방적으로 밀어 보내는 것이 아니라 개인의 관심을 끌어당기는 것이 중요하게 되었다. 이러한 관심이 기업의 이익 창출로 이어질 수 있다고 보아 개인의 관심에 경제적 가치를 부여하게 된 것이다.

**다** 개인의 관심을 끌기 위한 경쟁이 일반화되면서 소비자와 기업의 관계도 근본적으로 변화되었다. 공급자 중심의 사고가 지배했던 과거에는 계획부터 생산, 출하*, 유통에 이르기까지 정보는 생산을 중심으로 관리되었고, 여기서 소비자에 관한 정보는 그다지 중요한 변수가 아니었다. 그러나 인터넷의 등장 이후 소비자는 상품에 대한 정보를 많이 가지게 되어 기업과 소비자 사이의 정보의 비대칭성이 완화되었을 뿐 아니라 소비자가 상품을 선택할 수 있는 범위 역시 넓어졌다. 따라서 기업은 이제 소비자를 이해하는 방향으로 점차 재구조화되고 있으며, 그 과정의 핵심은 소비자의 관심을 자신의 상품으로 유인하고 유지하는 것이다.

**라** 그렇다면 이러한 상황에서 소비자의 관심을 유인하고 유지하기 위해 필요한 요소는 무엇일까? 인터넷에서는 소비자가 현실 공간에서의 상거래보다 훨씬 다양한 기업과 상품을 접할 수 있다. 그리고 현실 공간에서와는 달리 인터넷상에서는 대면*하지 않은 상태에서 상거래가 이루어진다. 따라서 ㉠기업과 상품에 대한 평판이나 신뢰가 개인의 의사 결정 과정에서 이전보다 중요한 역할을 수행하게 된다.

**마** '평판*'은 개인이 선택할 수 있는 대안들 중에서 특정한 선택으로 관심을 집중시키는 역할을 한다. 이런 맥락에서 기업은 좋은 평판을 쌓기 위한 투자를 늘리고 있으며 기업과 제품의 상표 경쟁력(브랜드 파워) 구축에 힘을 쏟는다. '신뢰' 역시 개인의 관심을 한쪽으로 집중시킨다. 기업은 개인 정보를 보호하고 대금 결제에 있어 위험 요소를 제거하는 등의 노력을 통해 신뢰를 얻으려 한다. 개인은 신뢰할 수 있는 기업들로 선택의 범위를 한정시킴으로써 관심 또는 시간이라는 희소* 자원을 효과적으로 사용할 수 있게 된다.

* 보유(지킬 保, 있을 有): 가지고 있거나 간직하고 있음.
* 유발(꾈 誘, 쏠 發): 어떤 것이 다른 일을 일어나게 함.
* 출하(날 出, 연 荷): 생산자가 생산품을 시장으로 내어보냄.
* 대면(대할 對, 낯 面): 서로 얼굴을 마주 보고 대함.
* 평판(평할 評, 판가름할 判): 세상 사람들의 비평.
* 희소(드물 稀, 적을 少): 매우 드물고 적음.

주제 쓰기 •

_____

_____

**1** 윗글의 내용과 일치하지 <u>않는</u> 것은?

① 인터넷의 등장 이후 소비자가 상품을 선택할 수 있는 범위가 넓어졌다.
② 현대 사회에서 기업은 개인의 관심을 끌어당기는 것을 중시하고 있다.
③ 인터넷에서는 현실 공간과는 달리 대면하지 않은 상태에서 상거래가 이루어진다.
④ 현대 사회에서는 소비자에 관한 정보보다는 생산을 중심으로 한 정보가 중시되고 있다.
⑤ 전통적인 경제학에서는 충분한 정보가 주어지면 합리적 의사 결정이 이루어질 수 있을 것으로 보았다.

**2** (가)~(마)에 대한 설명으로 적절하지 <u>않은</u> 것은?

① (가): 관심의 경제학이 등장하게 된 배경을 제시하고 있다.
② (나): 관심의 경제학에 담겨 있는 기본적인 인식을 밝히고 있다.
③ (다): 과거와 현재의 비교를 통해 소비자와 기업의 관계 변화를 설명하고 있다.
④ (라): 현대 사회에서 개인의 의사 결정에 중요한 영향을 주는 요소들을 제시하고 있다.
⑤ (마): 관심의 경제학의 의의를 확인하고 주요 내용을 정리하고 있다.

**3** ㉠을 고려하여 기업의 홈페이지를 제작하려 한다. Ⓐ~Ⓔ 항목에 대한 계획으로 적절하지 <u>않은</u> 것은?

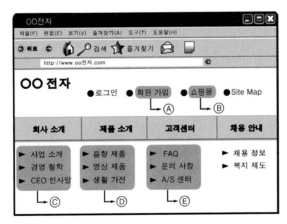

① Ⓐ: 회원들의 개인 정보가 철저하게 보호되고 있음을 강조한다.
② Ⓑ: 대금 결제의 안전성을 보장할 수 있는 시스템을 도입한다.
③ Ⓒ: 끊임없는 기술 개발로 브랜드 파워를 구축하고 있음을 강조한다.
④ Ⓓ: 가격대별로 제품을 배열하여 물품의 재고 관리가 용이하도록 한다.
⑤ Ⓔ: 문의나 불만이 접수되면 담당자가 바로 처리할 수 있는 프로그램을 설치한다.

## 사회 09 패놉티콘, 감시와 역감시의 역사 _ 홍성욱

정답 및 해설 38쪽

중심 화제나 핵심 내용 등에는 ○, △, □, 밑줄 등과 같은 표시를 하면서 읽어보세요.

18세기 영국의 공리주의자인 벤담이 처음 제안한 원형 감옥인 패놉티콘은 한 명의 간수가 수백 명의 죄수를 감시할 수 있다. 전체적으로 동심원 구조로 되어 있는 패놉티콘은 간수가 있는 중앙의 공간을 항상 어둡게 유지하여 죄수는 자신이 감시당하고 있다는 사실은커녕 간수의 존재 자체도 알 수 없었다. 반면 바깥쪽의 둥그런 감옥에는 건물 내부를 향한 창이 있어서 자신들의 모습이 간수에게 시시각각 포착되어 죄수들은 늘 감시받고 있다는 느낌을 가지게 되었다. 벤담은 이런 패놉티콘의 구조는 죄수들에게 규율과 감시를 내면화해서 스스로를 감시하게 하기 때문에 최소 비용으로 최대 효과를 볼 수 있는 획기적인 방법이라 주장하였다.

[A] 1970년대 중반 이른바 정보 혁명의 시대가 도래하면서 '전자 감시'가 패놉티콘을 통한 감시와 흡사*하다는 인식이 급속히 퍼지면서 당시에는 큰 관심을 끌지 못했던 벤담의 패놉티콘은 다시 주목을 받기 시작했다. 우리가 살아가고 있는 정보화 사회에서는 컴퓨터 데이터베이스를 통해 막대한 양의 정보가 수집되고 있으며 CCTV는 도로와 거리, 건물 내 · 외에 자리 잡고 우리의 일상을 지켜보고 있다. 또한 신용 카드와 같은 전자 결제를 통해 나의 소비 정보가 고스란히 드러나고, 심지어는 전화 통화, 문자 내용까지도 저장되어 필요할 땐 다시 복원할 수 있다. 바야흐로 정보 수집을 통한 다양한 감시와 통제, 즉 '전자 패놉티콘'의 시대가 시작된 것이다.

여기서 '정보'는 벤담의 패놉티콘에서의 '시선'을 대신해서 규율과 통제의 기제*로 작용한다. 일단 이 둘은 '불확실성'의 공통점이 있다. 죄수가 늘 자신을 보고 있다고 생각하는 간수 때문에 매사의 행동에 조심하는 것처럼, 정보가 수집되는 사람은 자신에 대한 정보가 언제, 어떻게 열람될지 확신할 수 없기 때문에 자신의 행동에 주의를 기울인다. 이 둘의 또 다른 공통점으로 '비대칭성'을 들 수 있다. 패놉티콘에 죄수는 볼 수 없고 간수만 볼 수 있게 만든 시선의 비대칭성이 있다면 전자 패놉티콘에는 수집된 정보에 대한 접근의 비대칭성이 존재한다. 방대*하게 수집된 정보를 열람할 때 접근자의 신분에 따른 차등*을 두는 것이다.

정보 혁명의 시대를 거쳐 정보의 바다인 21세기를 살아가는 우리는 '전자 패놉티콘'에 어떻게 대처해야 할까? 단순히 생각해 보면 전자 패놉티콘의 두 가지 부정적인 속성을 해결하면 의외로 답은 간단할 수 있다. 우리를 막연한 불안감, 불확실성에 떨게 하는 무차별적인 정보의 과다 수집을 금하고, 이미 수집된 정보에 대한 접근을 좀 더 평등하게 만드는 것이다. 공유할 수 있는 정보를 투명하게 공개할 때 보통 사람들이 권력자를 감시하는 ㉠역감시의 결과도 낳을 수 있고 이는 투명한 사회를 향한 첫걸음이 될 것이다.

* 흡사(마치 恰, 같을 似): 거의 같을 정도로 비슷한 모양.
* 기제(베틀 機, 마를 制): 인간의 행동에 영향을 미치는 심리의 작용이나 원리.
* 방대(클 尨, 클 大하다): 규모나 양이 매우 크거나 많음.
* 차등(어긋날 差, 가지런할 等): 고르거나 가지런하지 않고 차별이 있음. 또는 그렇게 대함.

주제 쓰기

**1** **<보기>의 자료를 활용하여 <조건>에 맞게 구상한 내용으로 가장 적절한 것은?**

── 보 기 ──

　서구에서는 19세기 초엽부터 정부가 주체가 되어 국민에 대한 대대적인 조사 활동을 벌였는데, 나이, 가족 수, 가구, 수입, 주거 환경, 범죄 기록, 작업 환경, 질병 등의 광범위한 조사였다. 정부는 이 조사 결과를 분석하여 새로운 법률과 정책을 위한 기초 자료로 활용하였는데, 이는 오늘날 모든 국민에게 기초적인 삶의 질을 보장하는 복지 사회로 가는 초석이 되었다.

── 조 건 ──

• 목적: [A]에 대한 비판적 고찰을 담을 것.
• 표현: 문맥에 맞는 비유적 표현을 활용할 것.

① 정보화 사회의 역기능만을 중점적으로 다루고 해결책을 제시한 글쓴이의 태도는 문제가 있어. 좀 더 새로운 시각이 필요하겠어.
② 소 잃고 외양간 고친다는 말이 있잖아. 이미 정보화 사회의 폐해는 돌이킬 수 없는 지경이 되어 버렸는데 낙관적 전망만 해서는 안 되겠지.
③ 양날의 검처럼 쓰는 사람에 따라 이로울 수도 불리할 수도 있는 거야. 사회 현상에 대해 한쪽 면만 보고 편협한 생각을 하는 것은 문제가 있어.
④ 시간은 천금이라고 했어. 복지 국가 건설이라는 커다란 목표를 실현하기 위해서 국민 개개인의 희생이 어느 정도 필요하다는 의견은 타당성이 있어.
⑤ 구슬이 서 말이라도 꿰어야 보배라는 말처럼 아무리 좋은 정책이라도 기초가 부실하다면 그 효과는 오래가지 않을 것이라는 생각에 전적으로 동감해.

**2** **㉠의 예로 가장 적절한 것은?**

① 쓰레기를 무단으로 버리는 장소에 CCTV를 설치하자 쓰레기 무단 투기가 급격하게 줄어들었다.
② 학교 폭력 신고함을 각 교실마다 설치하고 수시로 확인하자 학교 폭력 건수가 눈에 띄게 감소하였다.
③ 백화점을 찾은 고객의 카드 사용 내역을 정밀하게 분석하여 소비 형태에 따른 마케팅 전략을 수립하였다.
④ 신호를 무시하고 무단 횡단을 하는 장소에 경찰관을 상시 배치하자 사람들이 무단 횡단을 하지 않게 되었다.
⑤ 일 년마다 고위 공직자의 재산을 공공기관에 등록하게 하고 신고 재산을 언론이 공개하자 공직자의 비리가 많이 줄었다.

주요 화제나 핵심 내용 등에는 ○, △, □, 밑줄 등과 같은 표시를 하면서 읽어보세요.

세계의 여러 나라는 경제 성장이 국민 소득을 높여 주고 물질적인 풍요를 가져다주는 것으로 보고, 이와 관련된 여러 지표*를 바탕으로 국가를 경영*하고 있다. 만일, 경제 성장으로 인해 우리의 소득이 증가하고 또 물질적인 풍요가 이루어진다면 우리는 행복한 생활을 누리게 되는 것일까?

이러한 의문을 처음 제기한 사람은 미국의 이스털린 교수이다. 그는 여러 국가를 대상으로 다년간의 조사를 실시하여 사람들이 느끼는 행복감을 지수화(指數化)하였다. 그 결과 한 국가 내에서는 소득이 높은 사람이 낮은 사람에 비해 행복하다고 응답하는 편이었으나, 국가별 비교에서는 이와 다른 결과가 나타났다. 즉, 소득 수준이 높은 국가의 국민들이 느끼는 행복 지수와 소득 수준이 낮은 국가의 국민들이 느끼는 행복 지수가 거의 비슷하게 나온 것이다. 아울러 한 국가 내에서 가난했던 시기와 부유해진 이후의 행복감을 비교해도 행복감을 느끼는 사람의 비율이 별로 달라지지 않았다는 사실을 확인했다.

이처럼 최저의 생활 수준만 벗어나 일정한 수준에 다다르면 경제 성장은 개인의 행복에 이바지하지 못하게 되는데, 이러한 현상을 가리켜 ㉠'이스털린의 역설'이라 부른다.

만일 행복이 경제력과 비례한다면 소득 수준이 높을수록 더 행복해져야 하고 또 국민 소득이 높을수록 사회 전체가 행복해져야 할 것이다. 그러나 이스털린의 조사에서 확인할 수 있듯이, 행복과 경제력은 비례하지 않는다. 즉, 사회 전체의 차원의 소득 수준이 높아진다고 해서 행복하게 느끼는 사람의 비율이 함께 증가하지 않는 것이다.

이스털린 이후에도 많은 학자들은 행복과 소득의 관련성에 관심을 갖고 왜 이러한 괴리 현상이 나타나는지 연구했다. 이들은 우선 사람들이 행복을 자신의 절대적인 수준이 아닌 다른 사람과 비교한 상대적인 수준에서 느끼는 것으로 보았다. 그리고 시간이 지나면서 늘어난 자신의 소득에 적응하게 되면 행복감이 이전보다 둔화*된다고 보았다. 또 '인간 욕구 단계설'을 근거로 소득이 높아지면 의식주와 같은 기본 욕구보다 성취감과 같은 자아실현 욕구가 강해지므로 행복의 질이 달라진다고 해석했다. 이러한 연구 결과를 바탕으로 이들은 부유한 국가일수록 경제 성장보다는 분배 정책과 함께 자아실현의 기회를 늘려주는 정책을 펴야 한다고 주장하고 있다.

1인당 국민소득이 1만 달러에서 2만 달러로 올라간다고 해도 사람들이 그만큼 더 행복해진다고 말하기는 어렵다. 즉, 경제 성장이 사람들의 소득 수준을 전반적으로 향상시켜 경제적인 부유함을 더 누릴 수 있게 할 수는 있어도 행복감마저 그만큼 더 높여 줄 수는 없는 것이다. 한 마디로 ⓐ

* 지표(가리킬 指, 우듬지 標): 방향이나 목적, 기준 따위를 나타내는 표지.
* 경영(날 經, 경영할 營): 기업이나 사업 따위를 관리하고 운영함.
* 둔화(무딜 鈍, 될 化): 느리고 무디어짐.

주제 쓰기 •

**1** 윗글의 내용과 일치하지 <u>않는</u> 것은?

① 이스털린은 사람이 느끼는 행복감을 지수로 만들었다.

② 이스털린 이후에도 행복과 소득의 상관성에 대한 연구가 이루어졌다.

③ 이스털린의 국가별 비교 조사에서는 가난한 국가의 국민일수록 행복감이 높음을 보여 주고 있다.

④ 이스털린과 같은 관점의 연구자는 부유한 국가일수록 분배 정책을 기본으로 삼아야 한다고 주장한다.

⑤ 이스털린은 한 국가 안에서 소득 수준이 서로 다른 두 시기의 행복감이 별다른 차이가 없다고 보았다.

**2** ㉠을 그래프로 가장 잘 나타낸 것은?

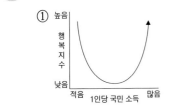

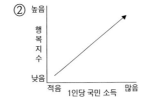

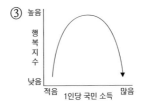

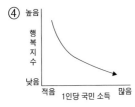

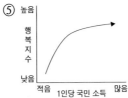

**3** 글의 흐름을 고려할 때, ⓐ에 들어갈 말로 가장 적절한 것은?

① 행복은 소득과 꼭 정비례하는 것은 아니다.

② 개인은 자아를 실현할 때 행복을 얻게 되는 것이다.

③ 국가가 국민의 행복감을 좌우할 수 있는 것은 아니다.

④ 개개인의 마음가짐이 행복을 결정한다고 말할 수 있다.

⑤ 행복은 성장보다 분배를 더 중시할 때 이루어질 수 있다.

01 **몰골**
볼품없는 모양새. 예 숙제 때문에 밤을 새웠더니 몰골이 사나웠다.

02 **특출** 수컷 特 날 出
특별히 뛰어남. 예 그는 어려서부터 음악에 대한 재능이 특출하였다.

03 **엘리트**
사회에서 뛰어난 능력이 있다고 인정한 사람. 또는 지도적 위치에 있는 사람. 예 세계화는 소수의 엘리트 집단에게만 이익을 준다는 의견이 있다.

04 **배타적** 밀칠 排 다를 他 과녁 的
남을 배척하는. 또는 그런 것. 예 그의 태도는 너무 배타적이다.

05 **패러다임** paradigm
어떤 한 시대 사람들의 견해나 사고를 근본적으로 규정하고 있는 테두리로서의 인식 체계. 예 우리의 삶을 자연 친화적인 패러다임으로 전환해야 한다.

06 **입지** 설 立 땅 地
개인이나 단체 따위가 차지하고 있는 기반이나 지위. 예 이번 소설은 그녀에게 작가로서의 확고한 입지를 다져 주었다.

07 **주류** 주인 主 흐를 流
조직이나 단체 따위의 내부에서 다수파를 이르는 말. 예 그는 자기가 속한 당파에서 주류에 속한다.

08 **조장** 도울 助 길 長
바람직하지 않은 일을 더 심해지도록 부추김. 예 과대광고는 소비자의 사행 심리 조장의 원인이 될 수 있다.

09 **보유** 지킬 保 있을 有
가지고 있거나 간직하고 있음. 예 우리 팀의 보유 전력이 전국 최강이다.

10 **출하** 날 出 연 荷
생산자가 생산품을 시장으로 내어보냄. 예 가뭄으로 양파의 출하가 줄어 값이 오르고 있다.

11 **대면** 대할 對 낯 面
서로 얼굴을 마주 보고 대함. 예 그들은 뜻밖의 대면에 할 말을 잃었다.

12 **평판** 평할 評 판가름할 判
세상 사람들의 비평. 예 그는 효자라는 평판이 자자하다.

13 **희소** 드물 稀 적을 少
매우 드물고 적음. 예 그런 희소 상품들은 점점 가격이 오를 것이다.

14 **흡사** 마치 恰 같을 似
거의 같을 정도로 비슷한 모양. 예 그의 눈빛은 자기 아버지의 눈빛과 매우 흡사하다.

15 **기제** 베틀 機 마를 制
인간의 행동에 영향을 미치는 심리의 작용이나 원리. 예 사람은 자기를 타인과 동일시함으로써 만족을 얻는 심리적 기제를 가진다고 한다.

16 **방대** 클 尨 클 大하다
규모나 양이 매우 크거나 많음. 예 유라시아 대륙은 끝이 없을 만큼 방대하다.

17 **차등** 어긋날 差 가지런할 等
고르거나 가지런하지 않고 차별이 있음. 또는 그렇게 대함. 예 사람은 귀하고 천한 차등이 있을 수 없다.

18 **지표** 가리킬 指 우듬지 標
방향이나 목적, 기준 따위를 나타내는 표지. 예 그분은 평생 스승의 말씀을 지표로 삼고 사셨다.

19 **경영** 날 經 경영할 營
기업이나 사업 따위를 관리하고 운영함. 예 아버지께서는 조그만 공장을 경영하고 계신다.

20 **둔화** 무딜 鈍 될 化
느리고 무디어짐. 예 수출의 둔화로 경제가 악화되었다.

**[01~05] 다음의 뜻에 해당하는 단어를 제시된 초성을 참고하여 쓰시오.**

**01** 느리고 무디어짐. ( ㄷ ㅎ ) →

**02** 매우 드물고 적음. ( ㅎ ㅅ ) →

**03** 인간의 행동에 영향을 미치는 심리의 작용이나 원리. ( ㄱ ㅈ ) →

**04** 개인이나 단체 따위가 차지하고 있는 기반이나 지위. ( ㅇ ㅈ ) →

**05** 사회에서 뛰어난 능력이 있다고 인정한 사람. 또는 지도적 위치에 있는 사람. ( ㅇ ㄹ ㅌ ) →

**[06~10] 다음 문장의 (        ) 안에 들어갈 말로 알맞은 것을 고르시오.**

**06** 유라시아 대륙은 끝이 없을 만큼 (방만 / 방대)하다.

**07** 그들은 뜻밖의 (대면 / 직면)에 할 말을 잃었다.

**08** 과대광고는 소비자의 사행 심리 (조작 / 조장)의 원인이 될 수 있다.

**09** 사람은 귀하고 천한 (차등 / 평등)이 있을 수 없다.

**10** 그는 효자라는 (평판 / 비판)이 자자하다.

**[11~15] 다음 내용이 옳으면 ○표, 틀리면 ×표를 하시오.**

**11** '거의 같을 정도로 비슷한 모양.'을 '흡사'라고 한다. (          )

**12** '남을 배척하는. 또는 그런 것.'을 '이타적'이라고 한다. (          )

**13** '조직이나 단체 따위의 내부에서 다수파'를 '비주류'라고 한다. (          )

**14** '기업이나 사업 따위를 관리하고 운영함.'을 '경영'이라고 한다. (          )

**15** '어떤 한 시대 사람들의 견해나 사고를 근본적으로 규정하고 있는 테두리로서의 인식의 체계.'를 '패러다임' 이라고 한다. (          )

**[16~20] 밑줄 친 단어의 뜻을 〈보기〉에서 찾아 기호를 쓰시오.**

┤ 보 기 ├
ㄱ 방향이나 목적, 기준 따위를 나타내는 표지.
ㄴ 특별히 뛰어남.
ㄷ 볼품없는 모양새.
ㄹ 가지고 있거나 간직하고 있음.
ㅁ 생산자가 생산품을 시장으로 내어보냄.

**16** 숙제 때문에 밤을 새웠더니 몰골이 사나웠다. (          )

**17** 우리 팀의 보유 전력이 전국 최강이다. (          )

**18** 가뭄으로 양파의 출하가 줄어 값이 오르고 있다. (          )

**19** 그분은 평생 스승의 말씀을 지표로 삼고 사셨다. (          )

**20** 그는 어려서부터 음악에 대한 재능이 특출하였다. (          )

과학 제재에서는 글에서 다루고 있는 과학 현상의 원리나 그 과
정 등을 이해하고 적용할 수 있는지를 묻는 문항들이 자주 출제
되고 있다. 따라서 전체적으로 글에서 설명하는 화제가 무엇인지
파악하고, 글의 구조를 이해하여 원리나 과정을 정확하게 파악하
는 독해 연습이 필요하다.

# 과학 III

주심 화제나 핵심 내용 등에는 ○, △, □, 밑줄 등과 같은 표시를 하면서 읽어보세요.

지구는 하나의 커다란 자석이라고 할 수 있다. 지구와 지구 주위에 나타나는 자석으로서의 성질을 '지구 자기'라 하고, 지구 자기가 영향을 미치는 영역을 '지구 자기장'이라 한다. 많은 지질학자들은 '다이나모 이론'으로 지구 자기장의 생성을 설명한다. 지구는 중심에서부터 보면 내핵, 외핵, 맨틀, 그리고 가장 바깥층인 지각으로 이루어진 구조이다. 다이나모 이론에 따르면 액체 상태로 추정*되는 외핵에는 많은 양의 철 이온이 포함되어 있는데, 외핵의 끊임없는 대류* 활동으로 이온이 움직여 전류가 발생하고, 이 전류가 지구 자기장을 만든다는 것이다. 그런데 과학자들은 지구상의 대부분의 지역에서 자기력이 지난 수세기 동안 꾸준히 감소해 왔으며, 이를 근거로 지금의 추세*라면 언젠가는 지구 자기장이 사라질지도 모른다고 예측한다.

만약 지구 자기장이 사라진다면 어떤 일이 벌어질까? 그렇게 된다면 지구상의 많은 생명체들은 생명을 유지하기 힘들 것이다. 왜냐하면 ㉠지구 자기장은 방향을 찾거나 먼 거리를 이동하는 동물들에게 꼭 필요하며, 우주에서 날아오는 유해 물질로부터 생명체를 지켜 주기 때문이다.

[A] 과학자들은 먼 거리를 오가며 편지를 전달해 주던 비둘기가 어떻게 방향을 찾는지 알고 싶어 했다. 그들은 비둘기가 자기장을 감지할 수 있는 물질을 갖고 있으며, 이것이 지구 자기장을 감지하여 방향을 찾도록 해 준다고 생각했다. 이를 확인하기 위해 비둘기를 해부한 결과 머릿속에서 자석의 역할을 하는 물질을 발견하였다. 또한 비둘기 몸에 다른 자석을 붙여 지구 자기장을 감지하지 못하게 하면 방향을 제대로 찾지 못한다는 것을 밝혀냈다. 철새나 고래 등 장거리 이동을 하는 동물들을 대상으로 실시한 비슷한 실험에서도 같은 결론을 얻었다. 이를 통해 체내에 자석과 같은 물질을 갖고 있는 많은 생물들이 지구 자기장에 반응하여 방향을 찾거나 이동한다는 것을 알게 되었다.

* 추정(옮을 推, 정할 定): 미루어 생각하여 판정함.
* 대류(대할 對, 흐를 流): 기체나 액체에서, 물질이 이동함으로써 열이 전달되는 현상.
* 추세(달릴 趨, 기세 勢): 어떤 현상이 일정한 방향으로 나아가는 경향.
* 유입(흐를 流, 들 入): 액체나 기체, 열 따위가 어떤 곳으로 흘러듦.

지구 자기장이 사라진다고 할 때 발생할 수 있는 또 다른 문제는, 태양에서 뿜어내는 고에너지 입자에 생명체들이 고스란히 노출된다는 점이다. 태양은 지구에 꼭 필요한 빛과 열을 제공하지만, 한편으로는 인체에 해로운 고에너지 입자를 뿜어낸다. 고에너지 입자가 태양으로부터 날아와 지구에 도달하면, ㉡지구 자기장에 의해 만들어진 보호막이 태양의 빛과 열은 통과시키고 고에너지 입자가 지구로 유입*되는 것을 차단한다. 만약 이 보호막이 사라져 고에너지 입자가 생명체의 피부에 그대로 와 닿는다면 체내 염색체에 이상을 일으키고, 암을 비롯한 갖가지 질병을 유발할 가능성이 매우 높다.

지구 자기장은 우리 눈에 보이지 않아 느낄 수는 없지만, 많은 생물들은 이미 지구 자기장에 의존하여 살아가고 있다. 지구 자기장은 지구상의 생명체를 위해 반드시 존재해야 한다.

주제 쓰기

_____

_____

**1** 윗글에서 언급한 내용을 <보기>에서 찾아 바르게 묶은 것은?

┤ 보기 ├

가. 지구 자기장의 역할
나. 지구 자기장의 생성 원리
다. 지구 자기장이 흐르는 방향
라. 지구 자기력의 지역별 격차

① 가, 나          ② 가, 다          ③ 가, 라
④ 나, 라          ⑤ 다, 라

**2** 과학자들이 ㉠과 같은 판단을 내리기까지의 과정이 [A]에 제시되었다고 할 때, 다음 중 [A]의 내용과 관계 <u>없는</u> 것은?

| 현상에 대해 의구심을 갖고, 탐구할 문제를 인식한다. | ········· ① |

⬇

| 문제와 관련된 학설이 있는지 탐색한다. | ········· ② |

⬇

| 문제에 대해 가설을 설정한다. | ········· ③ |

⬇

| 실험을 통해 가설을 검증한다. | ········· ④ |

⬇

| 검증된 가설을 일반화한다. | ········· ⑤ |

**3** ㉡의 내용을 고려했을 때, 보호막 의 기능과 가장 유사한 것은?

① 운전자가 안전을 위해 착용하는 안전띠
② 어항 속에 산소를 공급해 주는 산소 발생기
③ 적군에 발각되지 않기 위해 얼굴에 바르는 위장 크림
④ 공항에서 보안 검색을 위해 사용하는 엑스레이 투시기
⑤ 필요한 물질은 통과시키고 불필요한 물질은 걸러 내는 여과 장치

# 색은 약이다 _ 이종희

정답 및 해설 44쪽

중심 화제나 핵심 내용 등에는
○, △, □, 밑줄 등과 같은
표시를 하면서 읽어보세요.

유치원생들 앞에 빨간색 세모와 초록색 원이 그려진 큰 깃발을 세웠다. 선생님이 빨간색 원 그림을 내 보이면서, 이것과 같은 깃발 아래 모이라고 말했다. 어린이들은 과연 어디로 갈까. 놀랍게도 어린이들은 별다른 고민 없이 빨간색 세모로 몰려든다. 이 실험은 어린이들이 형태보다 색을 우선적으로 인지한다는 사실을 알려 준다.

그렇다면 어린이들이 가장 선호하는 색은 무엇일까? 실험 결과에 따르면 어린이들이 가장 좋아하는 색은 빨강이며, 그 다음으로는 노랑, 핑크, 보라, 주황 순이었다. 주로 차가운 느낌이 들지 않는 따뜻한 색과 중성색계가 상위에 꼽혔다. 따라서 어린이들이 거부감을 많이 느끼는 소아과 병원이나, 어린이들을 주 고객으로 하는 상업 공간에는 빨강, 노랑, 핑크, 주황처럼 어린이가 좋아하면서도 밝은 느낌을 주는 색을 칠하는 것이 좋다.

색채 응용 분야의 이론가였던 파버 비렌은 색이 인간의 심리에 미치는 영향이 단순히 심리적인 차원을 넘어 인체에 생물학적으로 직접 작용한다고 말했다. 색에 민감한 반응을 하는 사람들의 예를 보자. 평상시에는 혈압이 정상인데, 막상 병원에 가서 혈압을 재보면 고혈압인 경우가 있다. 이런 사람들을 '백의(白衣) 고혈압 환자'라고 하는데, 통계에 따르면 병원에서 고혈압으로 분류되는 환자의 약 30%가 이런 증상을 보인다고 한다. 정상 혈압인 사람이 병원에만 가면 혈압이 오르는 이유는 의사나 간호사가 자신의 혈압을 재는 행위를 보고 너무 긴장하거나 당황하기 때문이다. 주목할 만한 것은 이 같은 증상의 주된 이유가 의사나 간호사, 혹은 병에 대한 막연한 두려움 때문이 아니라 병원 어디서나 흔히 볼 수 있는 흰색 가운 때문이라는 사실이다.

또한 시신경에서 흡수된 색이 자율신경계에도 영향을 준다는 사실이 밝혀졌다. 자율신경계는 소화, 호흡, 땀 분비, 심장 박동처럼 의식적으로 제어할 수 없는 몸의 움직임을 관장*한다. 미국의 한 대학에서 다음과 같은 실험을 했다. 교도소 안에 통제하기 어려운 수감자들을 위해 '핑크색 감방'을 설치하고, 수감자가 규율을 어기거나 공격적인 행동을 보일 때 적어도 30분 동안 이 감방에 있게 했다. 10여 분이 지나자 수감자의 적대감, 공격적 행동 그리고 일반적인 폭력 성향*이 약화됐다. 이 실험을 한 연구팀은 핑크색이 자율신경계에 영향을 미쳐 심장 박동의 급격한 상승을 억제했고, 사람의 에너지를 서서히 약화시키는 작용을 했다고 설명했다.

* 관장(주관할 管, 손바닥 掌): 일을 맡아서 주관함.
* 성향(성품 性, 향할 向): 성질에 따른 경향.
* 입증(설 효, 증거 證): 어떤 증거 따위를 내세워 증명함.

2002년 국내 한 방송사의 다큐멘터리 프로그램에서 실시한 실험 결과도 주목할 만하다. 여러 색에 노출된 실험 대상자들의 뇌를 컴퓨터단층촬영(CT)했더니, 파란색 계열에 노출된 사람은 기억력을 활성화하는 두정엽의 움직임이 활발해졌다. 또한 2009년 1월 영국에서는 성인 1,000명을 대상으로 실험을 했는데, 파란색을 본 사람은 심장 박동수와 땀 분비량이 줄어 몸이 편안해지는 진정 작용이 일어났다고 한다.

주제 쓰기

_____

_____

이처럼 색이 사람에게 미치는 영향은 다양한 실험과 연구 결과를 통해 입증*되고 있으며, 기업의 상품 판매 전략이나 범죄 예방, 질병 치료 등에 중요한 요소로 활용되고 있다.

**1** 윗글의 설명 방식에 해당하는 것을 <보기>에서 골라 바르게 묶은 것은?

┤ 보 기 ├

ㄱ. 현상이 일어나는 원인을 제시하여 이해를 돕고 있다.
ㄴ. 과학적인 근거를 들어서 이론의 한계를 지적하고 있다.
ㄷ. 구체적 실험 사례를 제시하여 글의 객관성을 높이고 있다.
ㄹ. 유추의 방법을 활용하여 대상이 지닌 특성을 드러내고 있다.

① ㄱ, ㄴ        ② ㄱ, ㄷ        ③ ㄴ, ㄷ
④ ㄴ, ㄹ        ⑤ ㄷ, ㄹ

**2** <보기>는 주택의 평면도이다. 윗글을 참고하여 집 꾸미기 계획을 세울 때, 적절하지 <u>않은</u> 것은?

┤ 보 기 ├

① ㉠: 고등학생인 큰아들의 방에는 학습에 도움이 될 수 있도록 파란색 계열의 책상과 책꽂이를 놓는다.
② ㉡: 혈압 상승에 주의해야 될 할아버지의 방은 되도록이면 백색 계열의 벽지나 가구를 피하여 구성한다.
③ ㉢: 유치원생인 막내의 방에는 어린이들이 선호하는 노랑이나 핑크색의 침대와 옷장을 놓는다.
④ ㉣: 가족의 휴식 공간인 거실에는 파란색 계열의 양탄자를 깔아서 편안한 분위기를 연출한다.
⑤ ㉤: 일찍 출근해야 하는 맞벌이 부부의 침실은 편안한 상태에서 숙면을 취해야 하므로 붉은색의 조명을 설치한다.

중심 화제나 핵심 내용 등에는 ○, △, □, 밑줄 등과 같은 표시를 하면서 읽어보세요.

인간의 몸은 약 70%의 물로 구성되며, 물은 영양소와 산소를 몸 전체에 운반하고 노폐물을 소변, 땀 등을 통해 몸 밖으로 내보낸다. 이러한 물이 절대적으로 한정된 달 기지나 우주정거장에서는 버려진 물을 여과*하여 사용해야 한다. 물을 지구에서 우주로 실어 나르기에는 너무 큰 비용이 발생하기 때문이다. 일반적으로 중력이 작용하는 지구에서는 폐수가 필터를 통해 아래로 이동하며 여과된다. 달 기지에서도 물이 아래로 흘러 필터를 통과하지만, 중력이 낮아 그 속도가 매우 느리다. 그렇다면 중력이 거의 없는 우주정거장에서는 어떻게 폐수를 여과할까?

가장 좋은 방법은 중력처럼 작용하는 힘을 만들어 주는 것이다. 뉴턴의 운동 법칙에 의하면, 외부의 힘이 작용하지 않을 때 운동하는 물체는 등속직선운동을 한다. 물체의 운동 방향을 바꾸려면 외부의 힘이 필요하다. 그리고 운동 방향에 수직으로 일정한 크기의 외부 힘이 작용하면 물체는 등속원운동을 하게 된다. 이렇게 원의 중심 방향으로 작용하여 원운동을 유지하는 힘이 구심력이다. 구심력과 반대 방향인 원심력은 원운동을 하는 물체가 중심 밖으로 나가려는 가상*의 힘으로, 어떤 힘이 존재하는 것이 아니라 물체가 등속직선운동하려는 관성*에 의한 효과이다. 그리고 사람이 회전하는 물체 안에 있다면 원심력을 중력처럼 인식하게 된다.

중력이 거의 없는 우주 공간에서는 이 원심력을 이용해 물을 여과할 수 있다. 회전하는 우주정거장의 외곽에 거주하는 우주인은 등속직선운동을 하려는 관성을 가지고 있다. 회전하는 우주정거장은 우주인을 나가지 못하게 잡아두고, 우주인은 원심력을 정거장의 바깥에서 자신을 끌어당기는 중력처럼 인식하게 된다. 폐수에도 원심력이 작용할 것이고, 이 힘을 이용해 지구에서처럼 폐수를 여과할 수 있다. 즉 수만 명이 살아갈 거대한 우주 거주 시설은 다량의 폐수를 정화해야 하고 이를 위해서는 회전 운동을 통해 원심력을 만들어 내야 한다.

이렇듯 우리가 알고 있는 물체의 운동과 힘, 운동 방향 등의 원리를 이해하면, 인간이 생존하기 힘든 우주 공간에서도 살아갈 수 있는 것이다. 문제는 거대한 우주정거장을 어떻게 만들고, 회전시킬 것이냐 하는 것이다. 우리의 미래 세대가 영화 속의 우주정거장을 건설할 날을 기대한다.

＊여과(거를 濾, 지날 過): 거름종이나 여과기를 써서 액체 속에 들어 있는 침전물이나 입자를 걸러 내는 일.
＊가상(거짓 假, 생각할 想): 사실이 아니거나 사실 여부가 분명하지 않은 것을 사실이라고 가정하여 생각함.
＊관성(버릇 慣, 성품 性): 물체가 밖의 힘을 받지 않는 한 정지 또는 등속도 운동의 상태를 지속하려는 성질.

주제 쓰기

_____

_____

**1** 윗글의 논지 전개 방식을 <보기>에서 모두 고른 것은?

┤ 보 기 ├

ㄱ. 다른 대상과의 비교를 통해 가설을 입증하고 있다.
ㄴ. 과학적 원리를 적용하여 해결 방안을 제시하고 있다.
ㄷ. 예상되는 상황을 제시하여 독자의 관심을 유도하고 있다.
ㄹ. 통념의 문제점을 지적하고 새로운 이론을 주장하고 있다.

① ㄱ, ㄴ        ② ㄱ, ㄷ        ③ ㄴ, ㄷ
④ ㄴ, ㄹ        ⑤ ㄷ, ㄹ

**2** 윗글을 통해 알 수 있는 내용으로 적절하지 <u>않은</u> 것은?

① 원심력은 물체의 회전 운동을 발생시킨다.
② 중력의 크기는 물의 여과 속도에 영향을 미친다.
③ 물체의 운동 방향이 변하려면 외부의 힘이 있어야 한다.
④ 회전하는 물체 안의 사람은 원심력을 중력처럼 인식한다.
⑤ 지구에서 물이 흐르는 이유는 중력이 존재하기 때문이다.

**3** 윗글의 내용으로 볼 때, <보기>의 '물'의 이동 방향으로 적절한 것은?

┤ 보 기 ├

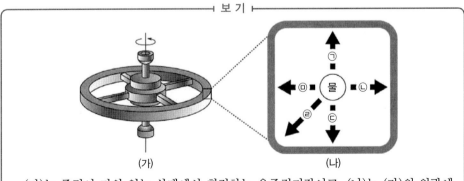

(가)                        (나)

(가)는 중력이 거의 없는 상태에서 회전하는 우주정거장이고, (나)는 (가)의 외곽에 있는 구조물의 종단면이다.

① ㉠        ② ㉡        ③ ㉢
④ ㉣        ⑤ ㉤

정답 및 해설 48쪽

주심 화제나 핵심 내용 등에는 ○, △, □ 밑줄 등과 같은 표시를 하면서 읽어보세요.

1980년대에 생물물리학 분야에서 하나의 전기가 될 만한 일이 일어났는데, 그것은 바로 생체에서 방사*되는 미약한 빛, 즉 광자에 대한 연구의 활성화였다. 생체에서 방사되는 광자를 '생체광자'라고 하는데, 이는 화학적 반응 현상인 생체발광에 의해 생겨나는 빛과는 다른 것으로, 빛의 세기는 매우 미약하지만 세포들 간의 통신도 이 빛을 주고받으면서 이루어지는 것으로 밝혀졌다.

이 빛이 통신에 이용되고 있다면 그 통로는 과연 무엇일까? 최근의 연구 결과에 따르면, 세포 내의 단백질군(群)과 물이 결합하여 만들어진 '물–단백질 도관(導管)*'이 세포핵과 세포벽을 연결하면서 동시에 세포와 세포를 연결하는 통신망을 구성한다. 단백질을 둘러싸고 있는 물은 광섬유처럼 빛이 통과하기에 적절한 구조를 지니고 있다. 이 도관을 통해 생체 정보가 실려 있는 파동, 즉 생체광자가 통과하는데, 그 주파수는 적외선 영역에 근접한다.

그렇다면 생체는 어떻게 이 미약한 신호를 주위의 잡음 신호와 구분하여 감지할 수 있을까? 그 실마리는 북미산 나방에 대한 연구에서 찾을 수 있다. 이 나방의 암컷은 페로몬을 분비하여 수나방을 유인하는데, 이 페로몬의 농도는 수 km에 분자 한두 개일 정도로 매우 낮다. ㉠이렇게 낮은 농도로는 방향을 감지하는 것이 불가능할 텐데, 수나방은 어떻게 암나방이 있는 곳을 알아내는 것일까? 캘러한의 연구에 의하면, 수나방은 냄새를 맡고 암나방에게 날아가는 것이 아니라 페로몬에서 방사되는 특유의 미약한 전자기파를 감지하고서 암나방에게 날아가는 것임이 밝혀졌다. ㉡캘러한은 페로몬을 병 속에 넣고 밀봉한 채로 자외선이나 가시광선을 쪼이면 수나방이 이 병을 향해 날아오다가도, 빛을 쪼이는 것을 중단하면 언제 그랬냐는 듯이 아무 반응도 보이지 않는다는 사실을 밝혀냈다. 이를 토대로 그는 빛의 조사(照射)*에 의해 페로몬으로부터 모종의 신호가 방사되고, 수나방은 이를 수신할 수 있는 기능을 가지고 있다는 결론을 얻어냈다. 그는 수나방의 더듬이가 안테나 구조로 되어 있다는 사실과 수나방의 비행 방식이 비행기가 유도전파 신호를 따라 날아가는 것과 같다는 사실, 그리고 수나방의 더듬이가 적외선을 수신하기에 알맞은 구조를 갖추고 있다는 것도 밝혀냈다. 즉, 수나방의 안테나가 특정 주파수의 전자파에 대해 공진을 일으키기 쉬운 구조로 되어 있기 때문에, 주변의 잡음 신호가 아무리 많아도 특정 주파수의 미약한 전자파를 수신할 수 있다는 것이다.

포프는 생체광자의 발생지로 DNA를 들고 있다. 그는 DNA에서 방사되는 광자에 의해 세포 분열을 개시*하라는 정보도 전달되는 것으로 보고 있으며, 이 DNA에 광자가 저장되어 있는 것이 아닌가 하는 가설도 제안한 바 있다.

앞서 언급한 캘러한과 포프의 연구를 비롯한 여러 연구에서 생명 현상이 화학적 반응

* 방사(놓을 放, 궁술 射): 물체에서 열이나 전자기파를 사방으로 방출함.
* 도관(이끌 導, 피리 管): 물이나 수증기 따위가 통하도록 만든 관.
* 조사(비출 照, 궁술 射): 햇빛 따위가 내리쬠.
* 개시(열 開, 처음 始): 행동이나 일 따위를 시작함.
* 교란(어지러울 攪, 어지러울 亂): 마음이나 상황 따위를 뒤흔들어서 어지럽고 혼란하게 함.

주제 쓰기 •

_____

_____

에 의해서만 일어나는 것은 아니라는 점이 밝혀졌다. 이 세계의 모든 생물체가 전자파를 이용하여 교신하고 있다고 가정해 보자. 만일 자연계에 존재하는 모든 생물들의 전자파가 인간에 의해 만들어지는 전자파 잡음에 의해 교란*된다면 그 영향은 치명적일 것으로 추정된다.

**1** ㉮에 대한 대답으로 적절한 것은?

① 수나방의 후각이 매우 발달되어 있기 때문이다.

② 암나방이 분비하는 페로몬의 농도가 주기적으로 변하기 때문이다.

③ 수나방은 다른 빛에는 반응하지 않지만 적외선에는 반응하기 때문이다.

④ 생체광자는 주변의 잡음 신호와 공진하면서 전파성이 커지기 때문이다.

⑤ 수나방의 더듬이는 특정 주파수의 전자기파에 공진을 일으키기 쉬운 구조로 되어 있기 때문이다.

**2** 결론 도출 과정이 ㉯와 유사한 것은?

① 주차장에 CCTV가 설치되기 이전에는 도난 사고가 빈번했었는데 CCTV 설치 이후로는 급격히 줄어들었다. 이로 보건대 CCTV는 도난 사고를 감소시키는 효과가 있다.

② 독서하는 태도나 습관이 안 좋으면 눈이 나빠질 확률이 높다고 한다. 수현이는 독서할 때의 태도나 습관이 좋지 않은 편이니 앞으로 눈이 나빠질 가능성이 높다.

③ 만약 담배를 많이 피우면 폐가 손상될 것이다. 그런데 우리 삼촌은 담배를 많이 피우지 않는 편이다. 따라서 우리 삼촌의 폐는 손상되지 않았을 것이다.

④ 사후에 영혼의 세계가 있다는 것은 아무도 증명하지 못한다. 이를 감안하면, 우리가 죽은 후에도 영혼이 불멸한다는 말은 거짓이라고 말할 수밖에 없다.

⑤ 경민이의 지갑에는 100원짜리 동전이 다섯 개 있다. 그러므로 경민이는 지갑에서 100원짜리 동전 여섯 개를 꺼내지는 못할 것이다.

중심 화제나 핵심 내용 들에는
○, △, □, 밑줄 등과 같은
표시를 하면서 읽어보세요.

라면을 끓일 때, 스프를 미리 넣으면 물만 끓일 때보다 끓는데 더 오랜 시간이 걸린다. 이것은 스프가 물에 녹으면 물의 끓는점이 높아져서 더 많은 열을 가해야 하기 때문이다. 그렇다면 스프를 넣은 물의 끓는점이 순수한 물의 끓는점보다 높은 이유는 무엇일까?

밀폐된 용기 속에 물을 담아 두면 물 분자들은 표면에서 일정한 속도로 증발한다. 이 과정에서 액체 상태의 물이 기체 상태로 변하기 때문에 물의 양은 점점 줄어든다. 그렇지만 일정 시간이 지나면 물의 양은 더 이상 줄어들지 않는다. 그 이유는 물에서 증발하는 분자 수와 물로 돌아오는 분자 수가 같아지기 때문이다. 기체 상태의 분자들이 액체로 돌아오는 과정을 응축*이라 하는데, 밀폐*된 용기 속에서 증발된 기체 분자 수가 많아질수록 응축 속도가 빨라져 결국 증발 속도와 같아진다. 증발 속도와 응축 속도가 같은 때를 평형 상태라고 하는데, 이때부터 물의 양은 더 이상 줄어들지 않는다. 평형 상태에서 증기가 나타내는 압력을 액체의 증기압이라고 한다.

라면 스프를 넣은 물은 일종의 용액인데, 용액의 증기압은 용액의 농도와 온도, 용매의 종류에 따라 변한다. 순수한 용매*만 있을 때에는 용매의 표면 전체에서 증발이 일어난다. 그러나 용액은 표면에서 비휘발성 용질이 차지하는 부분만큼 증발이 일어나지 않아, 용액의 증기압은 순수한 용매의 증기압보다 낮아진다. 용액에 비휘발성 용질이 많이 녹아 있을수록, 즉 용액의 농도가 진할수록 표면에서 증발하는 용매 분자 수가 적어지기 때문에 용액의 증기압이 더 낮아진다. 한편 온도가 높아지면 분자의 운동이 활발해져서 증발하는 용매 분자 수가 많아지고, 이에 따라 용액의 증기압도 높아진다.

라면 스프를 넣은 물의 끓는점이 높아지는 이유는 용액의 증기압 변화를 통해 설명할 수 있다. '끓는다'는 것을 과학적으로 정의*하면 액체의 증기압이 대기압과 같아져서 액체 내부에서 기체 상태로 변한 분자들(기포)이 액체의 표면 바깥으로 나오는 것이라고 할 수 있다. 그러므로 끓는점은 액체의 증기압이 대기압과 같아지는 온도로 정의할 수 있다. 비휘발성 용질을 녹인 용액은 순수한 용매보다 증기압이 낮기 때문에 더 높은 온도가 되어야 용액의 증기압과 대기압이 같아진다. 라면 스프를 넣은 물이 순수한 물에 비해 끓는점이 높은 이유는 이 때문이다. 반면 높은 산에 올라가면 대기압이 낮아지기 때문에 평지보다 액체의 증기압이 낮은 상태에서도 끓게 되는 것이다.

* 응축(엉길 凝, 줄일 縮): 기체가 액체로 변함. 또는 그런 현상.
* 밀폐(빽빽할 密, 닫을 閉): 샐 틈이 없이 꼭 막거나 닫음.
* 용매(흐를 溶, 매개할 媒): 어떤 액체에 물질을 녹여서 용액을 만들 때 그 액체를 가리키는 말.
* 정의(정할 定, 옳을 義): 어떤 말이나 사물의 뜻을 명백히 밝혀 규정함.

주제 쓰기

**1** 온도가 일정한 밀폐된 용기 속에 용액을 넣고 관찰한다고 할 때, 이에 대한 설명으로 적절하지 <u>않은</u> 것은?

① 증발이 계속되면 응축 속도는 느려진다.

② 용액의 증발 속도는 일정하게 유지된다.

③ 평형 상태에서 증발 속도는 응축 속도와 같다.

④ 증발 속도가 응축 속도보다 빠르면 용액이 줄어든다.

⑤ 용액의 농도가 진할수록 증발하는 용매 분자 수가 적어진다.

**2** 다음은 윗글과 관련된 자료이다. (가)와 (나)에 대한 설명으로 적절하지 <u>않은</u> 것은?

┤ 보 기 ├

아래 모형은 순수한 물인 (가)와 물에 비휘발성 용질을 녹인 (나)를 나타낸 것이다. (가)와 (나)는 동일한 조건에 있다.

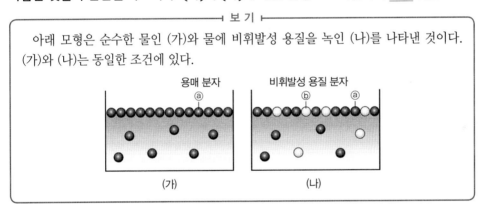

① (가)에서는 표면 전체에서 증발이 일어난다.

② (나)의 표면에서 ⓑ가 차지하는 부분만큼 증발이 일어나지 않는다.

③ (나)에서 ⓑ의 수가 많아질수록 용액의 증기압이 높아진다.

④ (가)는 (나)보다 ⓐ의 수가 줄어드는 속도가 빠르다.

⑤ (가)와 (나) 모두 온도가 높아지면 증발되는 ⓐ의 수가 많아진다.

01 **추정** 옮을 推 정할 定
미루어 생각하여 판정함. 예 그 과학자는 자신의 추정을
뒷받침하는 가설을 제시했다.

02 **대류** 대할 對 흐를 流
기체나 액체에서, 물질이 이동함으로써 열이 전달되는
현상. 예 이 기계는 대류에 의하여 실내 공기를 순환시킨다.

03 **추세** 달릴 趨 기세 勢
어떤 현상이 일정한 방향으로 나아가는 경향. 예 올 들
어 수출은 계속 증가 추세를 보이고 있다.

04 **유입** 흐를 流 들 入
액체나 기체, 열 따위가 어떤 곳으로 흘러듦. 예 열의
유입을 막기 위한 장치를 마련해야 한다.

05 **관장** 주관할 管 손바닥 掌
일을 맡아서 주관함. 예 그는 오랫동안 학교의 모든 행사
를 관장해 오고 있다.

06 **성향** 성품 性 향할 向
성질에 따른 경향. 예 현대인의 소비 성향이 크게 바뀌었다.

07 **입증** 설 立 증거 證
어떤 증거 따위를 내세워 증명함. 예 이 학설은 입증이
곤란하여 통설로 받아들이기 어렵다.

08 **여과** 거를 濾 지날 過
거름종이나 여과기를 써서 액체 속에 들어 있는 침전
물이나 입자를 걸러 내는 일. 예 정수기의 여과 필터는 일
정 기간마다 교체해야 한다.

09 **가상** 거짓 假 생각할 想
사실이 아니거나 사실 여부가 분명하지 않은 것을 사
실이라고 가정하여 생각함. 예 그 영화는 핵전쟁 이후의
가상 현실을 그리고 있다.

10 **관성** 버릇 慣 성품 性
물체가 밖의 힘을 받지 않는 한 정지 또는 등속도 운동
의 상태를 지속하려는 성질. 예 롤러코스터는 관성을 이
용한 놀이기구이다.

11 **전기** 구를 轉 틀 機
전환점이 되는 기회나 시기. 예 새로운 치료법의 발견으
로 암 치료에 전기가 마련되었다.

12 **방사** 놓을 放 궁술 射
물체에서 열이나 전자기파를 사방으로 방출함. 예 PC
에서 방사되는 전자기파에 의해서 두통이 유발될 수 있다.

13 **도관** 이끌 導 피리 管
물이나 수증기 따위가 통하도록 만든 관.

14 **조사** 비출 照 궁술 射
햇빛 따위가 내리쬠.

15 **개시** 열 開 처음 始
행동이나 일 따위를 시작함. 예 청문회는 다음 주 초에 개
시될 예정이다.

16 **교란** 어지러울 攪 어지러울 亂
마음이나 상황 따위를 뒤흔들어서 어지럽고 혼란하게
함. 예 아군은 적의 통신망을 교란하였다.

17 **응축** 엉길 凝 줄일 縮
기체가 액체로 변함. 또는 그런 현상. 예 기체 상태의 분
자들이 액체로 돌아오는 과정을 응축이라 한다.

18 **밀폐** 빽빽할 密 닫을 閉
샐 틈이 없이 꼭 막거나 닫음. 예 이 사무실은 밀폐되어
있어 환기가 필요하다.

19 **용매** 흐를 溶 매개할 媒
어떤 액체에 물질을 녹여서 용액을 만들 때 그 액체를
가리키는 말. 예 용액에서, 녹아 있는 물질은 용질이고 녹
인 액체는 용매라고 한다.

20 **정의** 정할 定 옳을 義
어떤 말이나 사물의 뜻을 명백히 밝혀 규정함. 예 문화
에 대한 정의는 시대마다 조금씩 변화한다.

**[01~05] 다음의 뜻에 해당하는 단어를 제시된 초성을 참고하여 쓰시오.**

**01** 햇빛 따위가 내리쬠. ( ㅈ ㅅ ) →

**02** 기체가 액체로 변함. 또는 그런 현상. ( ㅇ ㅊ ) →

**03** 물이나 수증기 따위가 통하도록 만든 관. ( ㄷ ㄱ ) →

**04** 일을 맡아서 주관함. ( ㄱ ㅈ ) →

**05** 기체나 액체에서, 물질이 이동함으로써 열이 전달되는 현상. ( ㄷ ㄹ ) →

**[06~10] 다음 문장의 (       ) 안에 들어갈 말로 알맞은 것을 고르시오.**

**06** 정수기의 (여과 / 통과) 필터는 일정 기간마다 교체해야 한다.

**07** 올 들어 수출은 계속 증가 (대세 / 추세)를 보이고 있다.

**08** 청문회는 다음 주 초에 (개시 / 개통)될 예정이다.

**09** 이 사무실은 (개폐 / 밀폐)되어 있어 환기가 필요하다.

**10** 열의 (유입 / 유인)을 막기 위한 장치를 마련해야 한다.

**[11~15] 다음 내용이 옳으면 ○표, 틀리면 ×표를 하시오.**

**11** '성질에 따른 경향'을 '성향'이라고 한다. (       )

**12** '전환점이 되는 기회나 시기'를 '전기'라고 한다. (       )

**13** '어떤 말이나 사물의 뜻을 명백히 밝혀 규정함.'을 '정리'라고 한다. (       )

**14** '물체가 밖의 힘을 받지 않는 한 정지 또는 등속도 운동의 상태를 지속하려는 성질'을 '관성'이라고 한다.

( )

**15** '어떤 액체에 물질을 녹여서 용액을 만들 때 그 액체를 가리키는 말.'을 '용질'이라고 한다. (       )

**[16~20] 밑줄 친 단어의 뜻을 〈보기〉에서 찾아 기호를 쓰시오.**

┤ 보 기 ├

㉠ 어떤 증거 따위를 내세워 증명함.
㉡ 물체에서 열이나 전자기파를 사방으로 방출함.
㉢ 마음이나 상황 따위를 뒤흔들어서 어지럽고 혼란하게 함.
㉣ 미루어 생각하여 판정함.
㉤ 사실이 아니거나 사실 여부가 분명하지 않은 것을 사실이라고 가정하여 생각함.

**16** 아군은 적의 통신망을 교란하였다. (       )

**17** 그 과학자는 자신의 추정을 뒷받침하는 가설을 제시했다. (       )

**18** 그 영화는 핵전쟁 이후의 가상 현실을 그리고 있다. (       )

**19** 이 학설은 입증이 곤란하여 통설로 받아들이기 어렵다. (       )

**20** PC에서 방사되는 전자기파에 의해서 두통이 유발될 수 있다. (       )

## 과학 06  지구에 충돌구가 적은 원인 _ 최변각 외

정답 및 해설 52쪽

중심 화제나 핵심 내용 등에는
○, △, □, 밑줄 등과 같은
표시를 하면서 읽어보세요.

　　지구에서 망원경으로 달을 보면 화산 분화구와 같이 생긴 수많은 구덩이들을 발견할 수 있다. 과거에는 이 구덩이들을 화산 폭발에 의해 생성된 분화구로 생각하였다. 그러나 이 구덩이들은 화산 분화구가 아니라 소행성이나 혜성 등이 충돌해서 생긴 것으로 밝혀졌다. 이처럼 소행성이나 혜성이 천체의 표면에 충돌하여 만들어진 구덩이를 충돌구라 한다. 지구에도 이런 충돌구들이 있는데, 지구보다 표면적이 더 좁은 달에 비해 지구에 있는 충돌구의 수가 훨씬 적다. ㉠그 원인은 무엇일까?

　　먼저 지구 대기와 관련하여 그 이유를 설명할 수 있다. 크기가 크지 않은 소행성이나 혜성이 지구 대기권에 수평에 가까운 각도로 접근할 경우, 지구의 대기권에 진입*조차 하지 못하고 튕겨져 나가버린다. 소행성이나 혜성이 매우 크거나 단단해서 대기권에 진입하더라도 대기와의 마찰로 인해 타버리거나 속도가 줄어 지구 표면에 생기는 충돌구의 수나 크기는 감소한다.

　　지구 표면의 3분의 2가 바다인 것도 지구의 충돌구 수가 적은 것과 관련이 있다. 대기와의 마찰로 어느 정도 속도가 줄어든 충돌체가 바다로 떨어질 경우, 바닷물은 대기보다도 훨씬 효율적으로 충격을 완화시킬 수 있다. 따라서 바다에 떨어진 소행성이나 혜성은 바다 밑바닥에 그 흔적을 미미*하게 남기거나 아예 남기지 않을 수도 있다.

　　지구에 충돌구가 적은 보다 핵심적인 이유는 지구가 지질학적으로 살아 있는 행성이라는 사실과 관련이 있다. 지구에서는 여러 가지 지질 활동이 끊임없이 일어나고 있는데, 이러한 지질 활동에 의해서 충돌구들이 사라지게 되는 것이다. 지구의 충돌구들을 조사해 보면 오래된 것보다 비교적 최근의 것들이 훨씬 많은 사실은 이를 뒷받침해 준다. 지구에서 충돌구를 사라지게 하는 지질 활동으로는 비, 바람 등에 의한 풍화 작용, 화산 활동 등이 있으며, 가장 중요하게는 판의 이동을 들 수 있다.

　　지구 표면은 10여 개의 크고 작은 판(plate)으로 나뉘어 있다. 지각과 맨틀의 상부를 일부 포함하는 지구의 판들은 서로 다른 방향으로 일 년에 수 센티미터를 이동하면서 지구 표면에 거대한 규모의 지진, 화산 활동, 산맥과 해구의 형성 등 여러 가지 지질 활동을 일으킨다. 판의 이동으로 인한 지질 활동은 오랜 세월이 지나면서 대륙의 모양까지도 변화시키는데, 이 과정에서 많은 수의 충돌구가 사라지게 된다.

　　바다의 밑바닥에 생긴 충돌구 역시 판의 이동에 의해 사라지게 된다. 바다 밑을 형성하는 해양 지각은 해령이라고 불리는 해저 산맥에서 생성되는데, 이것도 판의 이동에 따라 서서히 이동을 하게 된다. 이 해양 지각*은 수명이 약 2억 년을 넘는 일이 없기 때문에 그 시간의 범위 내에서 서서히 이동하다가 대륙을 만나 맨틀 속으로 사라져 버린다. 이런 이유로 바다 밑바닥에 충돌구가 만들어진다 하더라도 시간이 2억 년 이상 흘러 버리면 충돌구는 이 해양 지각과 함께 사라지게 되는 것이다.

* 진입(나아갈 進, 들 入):
향하여 내처 들어감.
* 미미(작을 微, 작을 微
하다): 보잘것없이 아주
작음. 뚜렷하지 않고 희
미함.
* 지각(땅 地, 껍질 殼):
지구의 바깥쪽을 차지
하는 부분.

주제 쓰기 •

_____

_____

**1** 윗글의 서술상의 특징으로 가장 적절한 것은?

① 특정한 현상이 나타난 원인을 분석적으로 설명하고 있다.

② 구체적인 실험 결과들로부터 과학적 원리를 도출*하고 있다.

③ 현상에 대한 이론의 변모* 과정을 통시적*으로 고찰*하고 있다.

④ 가설을 설정한 후 유사한 조건들을 적용하여 검증하고 있다.

⑤ 현상에 대한 대립된 견해를 소개한 후 차이점을 제시하고 있다.

* 도출(이끌 導, 날 出): 판단이나 결론 따위를 이끌어 냄.
* 변모(변할 變, 얼굴 貌): 모양이나 모습이 달라지거나 바뀜. 또는 그 모양이나 모습.
* 통시적(통할 通, 때 時, 과녁 的): 시간의 경과에 따라 나타나는 사물의 변화와 관련되는 것.
* 고찰(조사할 考, 살필 察): 어떤 것을 깊이 생각하고 연구함.

**2** ㉠에 해당하지 <u>않는</u> 것은?

① 비, 바람 등에 의한 풍화 작용

② 판의 이동으로 인한 해양 지각의 소멸

③ 거대한 규모의 화산 폭발과 같은 지질 활동

④ 소행성이나 혜성 등을 튕겨내거나 태우는 대기의 역할

⑤ 소행성이나 혜성 등이 태양계 행성과 충돌하는 빈도수 감소

**3** 윗글을 읽은 학생들이 <보기>를 접한 후 보인 반응으로 적절하지 <u>않은</u> 것은?

┤ 보 기 ├

○ 미국 애리조나에 있는 배린저 충돌구
○ 지름:1km가 조금 넘는 작은 충돌구
○ 생성 연대:약 5억 년 전

① 이 지역은 지질 활동이 심하지 않았었나 보군.

② 판의 이동이 있었다면 이 충돌구는 더 커졌겠군.

③ 지구 대기층이 없었다면 이 충돌구는 좀 더 컸겠군.

④ 이 충돌구가 바다에 생성되었더라면 이미 없어졌겠군.

⑤ 지질 활동이 오랜 시간 동안 진행된다면 이 충돌구가 없어질 수도 있겠군.

# 비가 올 때 뛰면 빗방울이 더 세차게 느껴지는 이유 _ 최상일

정답 및 해설 54쪽

중심 화제나 핵심 내용 등에는 ○, △, □, 밑줄 등과 같은 표시를 하면서 읽어보세요.

갑자기 비가 쏟아지면 길을 가던 사람들은 비를 피하기 위해 뛰기 시작한다. 우산 없이 뛰어 본 사람은 바람이 없는 날 솔솔 내리는 비가, 뛸 때에는 더 세차게 느꼈던 적이 있을 것이다. 천천히 걷는 사람보다 뛰는 사람은 비가 더 강하고 앞쪽에서 오는 것 같이 느낀다. 같은 빗줄기로 내리는 경우에도 뛰는 사람들이 많은데, ㉠뛰면 비가 더 세차게 느껴질 텐데 과연 비를 덜 맞을까 하는 의문이 생긴다.

이 문제를 풀려면 '상대속도'와 '상대속력'의 개념을 이해해야 한다. 상대위치가 어느 방향으로 얼마나 빨리 바뀌는가를 나타내는 것이 '상대속도'이고 그것의 크기가 '상대속력'이다. 기차역에서 나란히 정차한 두 기차 가운데 한 기차에 타고 있는 사람이 다른 기차가 움직이는 것을 보고 자기가 탄 기차가 움직인다고 착각하는 경우가 종종 있다. 무심코 자기의 위치를 움직이는 기차에 대한 상대위치로 감지*하였기 때문이다. 자기 기차에 대한 상대위치를 생각하면 다른 기차가 움직이고, 다른 기차에 대한 상대 위치를 생각하면 자기 기차가 움직인다. 다른 기차가 앞으로 가면 자기는 상대적으로 뒤로 가고, 자기 기차가 앞으로 가면 다른 기차가 상대적으로 뒤로 간다. 만약 두 기차가 같은 속력으로 같은 방향으로 가면 두 기차의 서로에 대한 상대위치가 바뀌지 않으므로 상대속도의 크기는 0이다.

얼굴에 빗방울을 맞았을 때, 힘(충격량)을 느끼는 것은 빗방울이 내 얼굴에 맞아서 상대운동량(질량×상대속도)이 변하기 때문이다. 상대운동량이 커질수록 충격량이 커진다. 빗방울이 얼굴에 닿으면 빗방울의 상대운동량이 0이 된다. 그런데 얼굴에 닿기 전의 상대속도가 클수록 상대운동량이 크고 따라서 빗방울이 얼굴에 닿을 때 변화가 더 커서 충격량이 더 크다. 겨울에 눈싸움을 할 때 같은 무게의 눈뭉치라도 세게 던질수록 맞으면 더 아픈 것은 이 때문이다.

위에서 말한 바와 같이 수직으로 내리는 빗방울을 천천히 걸으면서 맞는 것보다 뛰면서 맞는 경우 더 세게 느끼는 것은, 빗방울의 사람에 대한 상대속력이 더 커지기 때문이다. 또 비가 앞에서 오는 것 같이 느끼는 것은 빗방울의 사람에 대한 상대속도가 앞에서 오는 방향이기 때문이다. 우산을 그 방향으로 기울여야 좋은 방패가 된다.

*감지(느낄 感, 알 知): 느끼어 앎.

사람이 맞는 빗물의 전체 양은 '단위시간에 맞는 빗물의 양×가는 데 걸리는 시간'이다. 뛰어가면 빗방울의 사람에 대한 상대속력이 커지므로 단위시간(예를 들어 1초)에 맞는 빗물의 양은 오히려 더 많아진다. 그러나 뛰어가면 목적지까지 가는 데 걸리는 시간은 줄어든다. 단위시간에 맞는 빗물의 양이 증가하는 것보다 시간이 더 많이 줄기 때문에 목적지까지 가는 동안 맞는 빗물의 양은 빨리 뛸수록 줄어든다.

주제 쓰기 ●

_____

_____

**1** 윗글의 내용과 일치하지 <u>않는</u> 것은?

① 상대속도에는 방향 개념이 들어 있다.

② 상대속력은 상대속도의 크기를 나타낸다.

③ 뛰어가면 단위시간에 맞는 빗물의 양이 줄어든다.

④ 비가 오는 방향으로 우산을 기울여야 비를 덜 맞는다.

⑤ 비가 올 때 뛰면 목적지까지 가는 시간이 줄기 때문에 비를 덜 맞는다.

**2** ㉠의 이유로 적절한 것은?

① 빗방울의 질량이 더 커지기 때문에

② 빗방울의 상대위치가 달라지기 때문에

③ 빗방울의 상대운동량이 0이 되기 때문에

④ 빗방울의 상대운동량의 변화가 더 크기 때문에

⑤ 빗방울의 사람에 대한 상대속도가 작아지기 때문에

**3** 윗글을 참고할 때 <보기>에 대한 설명으로 적절한 것은?

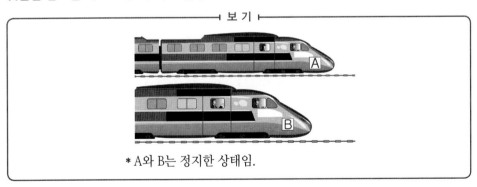

┤ 보 기 ├

*A와 B는 정지한 상태임.

① A의 승객은 B가 뒤로 가면 자신이 뒤로 간다고 생각한다.

② A가 앞으로 가면 A의 승객은 B가 상대적으로 뒤로 간다고 생각한다.

③ A와 B가 같은 속력으로 달리면 방향이 달라도 상대위치는 변하지 않는다.

④ A와 B가 같은 방향으로 달리면 속력이 달라도 상대위치는 변하지 않는다.

⑤ A와 B가 속력이 같으면 같은 방향으로 달릴 때와 반대 방향으로 달릴 때의 상대속도는 같다.

중심 화제나 핵심 내용 등에는 ○, △, □, 밑줄 등과 같은 표시를 하면서 읽어보세요.

　　사람들은 사막보다 푸른 초원을 더 아름답다고 생각한다. 이처럼 인간이 왜 특정한 환경이나 공간적 배치*를 더 아름답다고 생각하는지 ㉠일반적인 설명이 필요하다.

　　조경 연구자 제이 애플턴의 '조망*과 피신' 이론에 따르면, 인간은 남들에게 들키지 않고 바깥을 내다볼 수 있는 곳을 선호하게끔 진화했다. 장애물에 가리지 않는 열린 시야는 물이나 음식물 같은 자원을 찾거나 포식자나 악당이 다가오는 것을 재빨리 알아차리는 데 유리하다. 눈이 달려 있지 않은 머리 위나 등 뒤를 가려 주는 피난처는 나를 포식자나 악당으로부터 보호해 준다. 산등성이에 난 동굴, 저 푸른 초원 위의 그림 같은 집, 동화 속 공주가 사는 성채, 한쪽 벽면이 통유리로 된 2층 카페 등은 모두 조망과 피신을 동시에 제공하기 때문에 우리의 마음을 사로잡는다. 풍수지리설에서 배산임수(背山臨水), 즉 뒤로 산이나 언덕을 등지고 앞에 강이나 개울을 바라보는 집을 높게 쳐 주는 것에도 심오*한 진화적 근거가 깔려 있는 셈이다.

　　'조망과 피신' 이론은 그저 재미로 흘려듣는 이야기가 아니다. 그것은 잘 몰랐던 사실에 대한 구체적인 예측을 제공하는 과학 이론이다. 첫째, 사람들은 어떤 공간의 한복판보다는 언저리를 선호할 것이다. 언저리에서 그 공간 전체를 가장 잘 조망할 수 있기 때문이다. 둘째, 나무 그늘이나 지붕, 차양, 파라솔 아래처럼 머리 위를 가려 주는 곳을 측면이나 후면만 가려 주는 곳보다 선호할 것이다. 셋째, 온몸을 사방으로 드러내는 곳보다 측면이나 후면을 가려 주는 곳을 더 선호할 것이다. 이 예측들을 직접 검증하고 싶다면, 지금 바로 한적한 별다방에 가서 줄지어 들어오는 손님들이 과연 어떤 테이블부터 채우는지 살펴보시라.

　　20세기의 위대한 건축가 프랭크 로이드 라이트의 작품들은 진화 미학으로 잘 설명된다. 라이트가 설계한 집은 정문에서 낮은 천장, 붙박이 벽난로, 널찍한 통유리창이 어우러지면서 바깥 풍경에 대한 조망과 아늑한 보금자리를 동시에 선사*해 준다. 특히 천장의 높이를 제각각 다르게 하고 지붕 바로 아래에 주요한 생활공간을 몰아넣음으로써 마치 울창한 나무 그늘 아래에 사는 듯한 느낌을 준다. 라이트는 그의 대표작인 「낙수장(落水莊, Falling Waters)」을 계곡의 폭포 바로 위에 세움으로써 피신처에서 느끼는 안락한 기분을 한층 강화시켰다.

　　자연의 아름다움이란 자연 그 자체에 깃든 외부적 실재가 아니다. 잡식성 영장류인 인간이 오랜 세월 진화하면서 생존과 번식에 유리했던 특정한 환경을 잘 찾아가게끔 그 환경에 대해 느끼는 긍정적인 정서일 뿐이다.

*배치(配, 置): 사람이나 물자 따위를 일정한 자리에 알맞게 나누어 둠.
*조망(바라볼 眺, 바랄 望): 먼 곳을 바라봄. 또는 그런 경치.
*심오(깊을 深, 속 奧): 사상이나 이론 따위가 깊이가 있고 오묘함.
*선사(선물 膳, 줄 賜): 남에게 선물을 줌.

주제 쓰기

_____
_____

**1** 윗글의 내용과 일치하지 <u>않는</u> 것은?

① 인간의 일상적인 행동에도 진화적 근거가 깔려 있다.

② 라이트의 대표작인 「낙수장」은 진화 미학으로 설명할 수 있다.

③ 사람들은 주거지를 선택할 때 조망보다 안락함을 우선한다.

④ '조망과 피신' 이론은 몰랐던 사실에 대해 예측을 제공한다.

⑤ 사람들은 지붕이 있는 곳을 측면만 가려주는 곳보다 좋아한다.

**2** 다음은 어떤 지역의 지도이다. 윗글을 참고하여 A 지역을 평가한 것으로 적절하지 <u>않은</u> 것은?

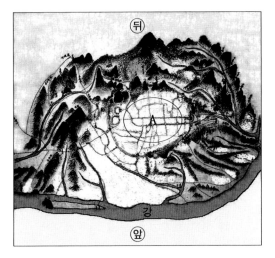

① 앞쪽의 위험을 빨리 알 수 있어 살기에 적당하겠군.

② 옆쪽은 산들이 가려주어 보호의 기능을 제공하는군.

③ 앞쪽은 강으로 시야가 열려 있어 자원을 찾기 쉽겠군.

④ 뒤쪽의 산들이 뒤를 막아주어 피난처로 안성맞춤이군.

⑤ 한복판은 사방을 둘러볼 수 있어 주거지로 가장 좋아하겠군.

**3** ㉠을 이해한 것으로 가장 적절한 것은?

① 공간적 배치를 바꿀 수 있는 곳을 아름답다고 느낀다.

② 종족을 보존하는 데 적합한 곳을 아름답다고 생각한다.

③ 자연 자체의 아름다움이 드러난 곳을 아름답다고 인식한다.

④ 주변의 정보가 잘 드러나지 않는 곳을 아름답다고 파악한다.

⑤ 지형이 단순하지 않고 적당히 복잡한 곳을 아름답다고 여긴다.

# 후각과 냄새 분자 _ 박태현

정답 및 해설 58쪽

주심 화제나 핵심 내용 등에는 ○, △, □, 밑줄 등과 같은 표시를 하면서 읽어보세요.

**가** 일본의 한 가전 회사가 냄새를 전달하는 후각 텔레비전을 개발하겠다고 하여 화제가 된 적이 있었다. 이를테면 피자 광고가 나올 때는 피자 냄새도 전달하여 시청자가 더 실감나게 느낄 수 있도록 하겠다는 것이었다. 그러나 3D입체 영상과 음향이 나오는 텔레비전이 상용화된 지금에도 후각 텔레비전에 대한 이야기는 아이디어 수준에 머무르고 있다. 후각 텔레비전의 개발이 어려운 이유는 후각이 시각이나 청각과는 근본적으로 다른 특성을 가지고 있기 때문이다.

**나** 시각으로 인지되는 빛이나 청각으로 인지되는 소리는 파장으로 나타낼 수 있다. 빛과 소리는 물리적으로 표현될 수 있는 실체이기 때문에 신호의 변환과 송신*이 비교적 자유롭다. 그리고 신호의 강약 변화만 파악하면 감각적으로 인지할 수 있다. 반면에 후각의 대상이 되는 냄새는 화학적인 결합을 통해 만들어지는 것이기 때문에 변환과 송신이 어렵고, 감각으로 인지하는 과정도 시각이나 청각에 비해 복잡하다.

**다** 후각이 냄새를 인지하는 과정은 다음과 같다. 먼저 냄새 분자가 호흡을 통해 콧구멍으로 들어 온 후 콧구멍 깊숙한 곳에 있는 후각 상피 쪽으로 이동을 하게 된다. 여기에서 냄새 분자는 후각 상피를 둘러싸고 있는 점막을 통해 후각 세포 쪽으로 이동하게 된다. 점막은 물과 복합 지방으로 구성되어 냄새 분자를 잘 녹인다. 점막으로 녹아 들어간 냄새 분자는 후각 세포의 끝에 있는 후각 수용체 중 꼭 맞는 것과 결합한다. 그러면 후각 세포는 후각 수용체와 결합한 냄새 분자를 전기 신호로 바꾸어 후신경을 통해 뇌로 전달한다. 이때 어느 후신경을 통해 신호가 들어오느냐에 따라 뇌에서는 각각 다른 냄새로 인지하게 된다.

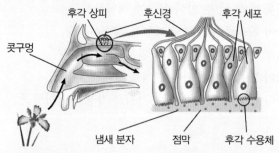

후각 상피    후신경    후각 세포
콧구멍
냄새 분자    점막    후각 수용체

* 송신(보낼 送, 믿을 信):
주로 전기적 수단을 이용하여 전신, 전화, 방송 따위의 신호를 보냄.
* 유용(있을 有, 쓸 用):
쓸모가 있음.

**라** 인간의 후각은 0.001ppm 정도 되는 극히 낮은 농도의 냄새까지 알아낼 수 있고, 3,000여 가지의 냄새를 구별할 수 있을 만큼 예민하다. 그렇지만 이것도 다른 동물에 비해서는 많이 무딘 편이다. 인간은 문명의 발달에 따라 후각의 의존도가 낮아졌지만, 다른 동물들은 지금도 적을 감지하는 데 가장 효과적인 수단으로 후각을 이용한다. 개의 경우, 후각 상피의 표면적이 130cm²로, 3cm²인 인간에 비해 넓고 후각 세포도 그만큼 더 많기 때문에 냄새를 인지하는 능력이 인간보다 훨씬 더 우수하다.

주제 쓰기

**마** 지금까지 후각에 대해 많은 연구를 했지만 아직도 후각과 냄새 분자에 대해 밝히지 못한 부분이 많다. 냄새 분자는 화학 반응으로 인해 분자 구조가 조금만 달라져도 냄새의 성질이 달라진다. 그리고 두 냄새 분자가 동시에 후각 수용체를 자극하면 제3의 냄새로 인지되는 경우도 있다. 이와 같은 현상을 완전하게 이해하기 위해서는 후각을 자극하는 냄새 분자의 구조를 밝히고, 어떤 후각 수용체가 어떤 냄새를 인지할 수 있는지 알아내야 한다. 만약 이 연구 결과를 바탕으로 냄새 분자를 인공적으로 만들 수 있다면 그 기술은 후각 텔레비전에 사용되는 것은 물론 악취 제거나, 향기를 이용한 치료 등에도 유용*하게 사용될 수 있을 것이다.

**1** 윗글을 읽은 학생이 다음 내용에 대해 보인 반응으로 가장 적절한 것은?

┤ 보 기 ├

**생활 상식**

질문: 얼마 전에 축농증 수술을 했습니다. 이제 냄새를 잘 맡을 수 있게 되어 좋은데, 악취에 민감해졌습니다. 집안의 악취를 어떻게 하면 제거할 수 있을까요?

답변: 악취를 없애는 방법은 환기를 하는 방법, 탈취제로 냄새 분자를 산화시키거나 분해하는 화학적인 방법, 숯과 같은 물질로 냄새 분자를 흡수하는 방법이 있습니다.
　　사람들이 많이 쓰는 방향제는 악취보다 강한 향기를 뿜어 악취를 덜 느끼도록 하는 방법입니다.

① 질문자는 현재 후각 세포가 손상된 상태이겠군.
② 질문자는 후각 상피의 면적이 일반인보다 좁겠군.
③ 숯은 후각 텔레비전을 만들 때 핵심적인 재료가 되겠군.
④ 탈취제는 냄새 분자의 구조를 변화시켜 냄새의 성질을 바꾼 것이겠군.
⑤ 방향제는 두 냄새가 합해져 냄새가 없어지는 원리를 이용한 것이겠군.

**2** <보기>는 냄새 분자가 인지되는 과정을 나타낸 것이다. ⓐ~ⓒ에 대한 설명으로 적절하지 않은 것은?

┤ 보 기 ├

콧구멍 → 점막 → 후각 세포 → 후신경 → 뇌
　　　　　⋮　　　　⋮　　　　⋮
　　　　　ⓐ　　　　ⓑ　　　　ⓒ

① ⓐ는 물과 복합 지방으로 구성되어 있다.
② ⓐ는 냄새 분자를 잘 녹이는 성질을 가지고 있다.
③ ⓑ의 끝에 있는 후각 수용체가 냄새 분자와 결합한다.
④ ⓑ는 냄새 분자를 전기 신호로 바꾼다.
⑤ ⓒ를 통과하는 신호의 강도에 따라 다른 냄새로 인지된다.

주심 화제나 핵심 내용 등에는 ○, △, □ 밑줄 등과 같은 표시를 하면서 읽어보세요.

바이러스란 스스로는 증식할 수 없고 숙주* 세포에 기생*해야만 증식할 수 있는 감염성 병원체를 일컫는다. 바이러스는 자신의 존속을 위한 최소한의 물질만을 가지고 있기 때문에 거의 모든 생명 활동에서 숙주 세포를 이용한다. 바이러스를 구성하는 기본 물질은 유전 정보를 담은 유전 물질과 이를 둘러싼 단백질 껍질이다.

1915년 영국의 세균학자 트워트는 포도상 구균을 연구하던 중, 세균 덩어리가 녹는 것처럼 투명하게 변하는 현상을 관찰했다. 뒤이어 1917년 프랑스에서 활동하던 데렐은 이질을 연구하던 중 환자의 분변에 이질균을 녹이는 물질이 포함되어 있다는 것을 발견하고, 이 미지의 존재를 '박테리오파지'라고 불렀다. 박테리오파지는 바이러스의 일종으로 '세균을 잡아먹는 존재'라는 뜻이다.

머리
꼬리
꼬리 섬유

박테리오파지는 머리와 꼬리, 꼬리 섬유로 구성되어 있다. 머리는 다면체로 되어 있고, 그 밑에는 길쭉한 꼬리가, 꼬리 밑에는 갈고리 모양의 꼬리 섬유가 붙어 있다. 머리에는 박테리오파지의 핵심이라 할 수 있는 유전 물질이 있는데, 이 유전 물질은 단백질 껍질로 보호되어 있다. 꼬리는 머릿속의 유전 물질이 세균으로 이동하는 통로 역할을 하며, 꼬리 섬유는 세균에 단단히 달라붙는 기능을 한다.

박테리오파지는 증식을 위해 세균을 이용한다. 박테리오파지가 세균을 만나면 우선 꼬리 섬유가 세균의 세포막 표면에 존재하는 특정한 단백질, 다당류* 등을 인식하여 복제*를 위해 이용할 수 있는 세균인지의 여부*를 확인한다. 그리고 이용이 가능한 세균일 경우 갈고리 모양의 꼬리 섬유로 세균의 표면에 단단히 달라붙는다. 세균 표면에 자리를 잡은 박테리오파지는 머리에 들어 있는 유전 물질만을 세균 내부로 침투시킨다. 세균 내부로 침투한 박테리오파지의 유전 물질은 세균 내부의 DNA를 분해한다. 그리고 세균의 내부 물질과 여러 효소 등을 이용하여 새로운 박테리오파지를 형성*할 유전 물질과 단백질을 만들어 낸다. 이렇게 만들어진 유전 물질과 단백질이 조립되면 새로운 박테리오파지가 복제되는 것이다.

박테리오파지에는 '독성 파지'와 '용원성 파지'가 있다. '독성 파지'는 충분한 양의 박테리오파지가 복제되면 복제를 중단하고 세균의 세포벽을 파괴하는 효소를 만든다. 그리고 그 효소로 세균의 세포벽을 터뜨리고 외부로 쏟아져 나온다. 이와 달리 '용원성 파지'는 세균을 이용하는 것은 독성 파지와 같지만 세균을 파괴하지는 않는다. 대신 세균 속에서 계속 기생하여 세균이 분열함에 따라 같이 늘어난다.

* 숙주(묵을 宿, 주인 主): 기생 생물에게 영양을 공급하는 생물.
* 기생(부칠 寄, 날 生): 서로 다른 종류의 생물이 함께 생활하며, 한쪽이 이익을 얻고 다른 쪽이 해를 입고 있는 일. 또는 그런 생활 형태.
* 다당류(많을 多, 사탕 糖, 무리 類): 가수 분해에 의하여 한 분자에서 두 개 이상의 단당류를 생성하는 탄수화물을 통틀어 이르는 말.
* 복제(겹칠 複, 지을 製): 본디의 것과 똑같은 것을 만듦. 또는 그렇게 만든 것.
* 여부(줄 與, 아닐 否): 그러함과 그러하지 아니함.
* 형성(모양 形, 이룰 成): 어떤 형상을 이룸.

주제 쓰기

_____

_____

**1** 윗글을 바탕으로 <보기>의 [A]~[E]를 이해한 것으로 적절하지 <u>않은</u> 것은?

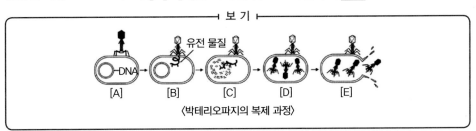

〈박테리오파지의 복제 과정〉

① [A]: 꼬리 섬유가 세포막 표면의 단백질, 다당류 등을 인식한 결과에 따라 유전 물질의 침투 여부가 결정되겠군.

② [B]: 박테리오파지의 머릿속에 있는 유전 물질은 꼬리를 통해 세균 안으로 유입되겠군.

③ [C]: 세균에 침투한 유전 물질은 세균의 내부 물질과 효소 등을 이용해 복제에 필요한 유전 물질과 단백질을 만들겠군.

④ [D]: 세균 속에서 기생하다 세균이 분열하는 과정에서 새로운 박테리오파지가 복제되겠군.

⑤ [E]: 복제된 박테리오파지가 세포 밖으로 터져 나오는 것을 보니 독성 파지가 증식된 것이겠군.

**2** 윗글에서 언급된 '박테리오파지'에 대한 설명으로 적절하지 <u>않은</u> 것은?

① 세균을 숙주 세포로 삼아서 기생하는 바이러스이다.

② 머리에 있는 유전 물질은 단백질 껍질로 보호되어 있다.

③ 이질균을 녹이는 물질을 발견한 데렐에 의해 명명되었다.

④ 꼬리 섬유는 세균의 표면에 단단히 달라붙는 기능을 한다.

⑤ 세포막 표면에 존재하는 특정 단백질을 복제하여 증식한다.

01 **진입** 나아갈 進 들 入
향하여 내처 들어감. 예 차량이 너무 많아서 고속 도로 진입이 쉽지 않다.

02 **미미하다** 작을 微 작을 微--
보잘것없이 아주 작다. 뚜렷하지 않고 희미하다. 예 바다에 떨어진 혜성은 바다 밑바닥에 그 흔적을 미미하게 남긴다.

03 **지각** 땅 地 껍질 殼
지구의 바깥쪽을 차지하는 부분. 예 제주도의 특이한 지형들은 대부분 지각의 변동으로 형성된 것이다.

04 **도출** 이끌 導 날 出
판단이나 결론 따위를 이끌어 냄. 예 그의 이론은 경험적 관찰을 바탕으로 도출한 것이다.

05 **변모** 변할 變 얼굴 貌
모양이나 모습이 달라지거나 바뀜. 또는 그 모양이나 모습. 예 사회의 급속한 변모는 가족의 개념도 변하게 하였다.

06 **통시적** 통할 通 때 時 과녁 的
시간의 경과에 따라 나타나는 사물의 변화와 관련되는 것. 예 한국사의 통시적인 역사 흐름을 살펴보면 다음과 같다.

07 **고찰** 조사할 考 살필 察
어떤 것을 깊이 생각하고 연구함. 예 청소년 문제 해결을 위해서는 보다 심도 있는 고찰이 필요하다.

08 **감지** 느낄 感 알 知
느끼어 앎. 예 그는 본능적으로 위험을 감지하였다.

09 **배치** 짝지을 配 둘 置
사람이나 물자 따위를 일정한 자리에 알맞게 나누어 둠. 예 조경 설계에서 나무의 배치는 매우 중요하다.

10 **조망** 바라볼 眺 바랄 望
먼 곳을 바라봄. 또는 그런 경치. 예 우리 집은 조망이 탁 트인 남향이다.

11 **심오** 깊을 深 속 奧
사상이나 이론 따위가 깊이가 있고 오묘함. 예 이 글에 담긴 뜻은 너무 심오하다.

12 **선사** 선물 膳 줄 賜
남에게 선물을 줌. 예 여러분께 노래와 춤을 선사합니다.

13 **송신** 보낼 送 믿을 信
주로 전기적 수단을 이용하여 전신, 전화, 방송 따위의 신호를 보냄. 예 방송 중에 송신 시설의 이상이 여러 차례 발생하였다.

14 **유용** 있을 有 쓸 用
쓸모가 있음. 예 색인은 단어를 찾는 데 아주 유용하다.

15 **숙주** 묵을 宿 주인 主
기생 생물에게 영양을 공급하는 생물. 예 겨우살이는 참나무나 버드나무 따위를 숙주로 하여 영양을 얻는다.

16 **기생** 부칠 寄 날 生
서로 다른 종류의 생물이 함께 생활하며, 한쪽이 이익을 얻고 다른 쪽이 해를 입고 있는 일. 또는 그런 생활 형태. 예 물곰팡이는 물고기에 기생한다.

17 **다당류** 많을 多 사탕 糖 무리 類
가수 분해에 의하여 한 분자에서 두 개 이상의 단당류를 생성하는 탄수화물을 통틀어 이르는 말. 예 아이들은 성장기에 다당류를 많이 섭취하여야 잘 자란다.

18 **복제** 겹칠 複 지을 製
본디의 것과 똑같은 것을 만듦. 또는 그렇게 만든 것. 예 이 그림은 유명 화가의 작품을 복제한 것이다.

19 **여부** 줄 與 아닐 否
그러함과 그러하지 아니함. 예 이 일의 사실 여부를 확인하도록 해라.

20 **형성** 모양 形 이룰 成
어떤 형상을 이룸. 예 청소년기는 인격을 형성하는 데에 매우 중요한 시기다.

**[01~05] 다음 뜻에 해당하는 단어를 제시된 초성을 참고하여 쓰시오.**

**01** 어떤 것을 깊이 생각하고 연구함. ( ㄱ ㅊ ) →

**02** 어떤 형상을 이룸. ( ㅎ ㅅ ) →

**03** 남에게 선물을 줌. ( ㅅ ㅅ ) →

**04** 본디의 것과 똑같은 것을 만듦. 또는 그렇게 만든 것. ( ㅂ ㅈ ) →

**05** 모양이나 모습이 달라지거나 바뀜. 또는 그 모양이나 모습. ( ㅂ ㅁ ) →

**[06~10] 다음 문장의 (    ) 안에 들어갈 말로 알맞은 것을 고르시오.**

**06** 이 일의 사실 (여부 / 여과)를 확인하도록 해라.

**07** 색인은 단어를 찾는 데 아주 (유용 / 응용)하다.

**08** 우리 집은 (홍망 / 조망)이 탁 트인 남향이다.

**09** 물곰팡이는 물고기에 (방생 / 기생)한다.

**10** 차량이 너무 많아서 고속도로 (진입 / 진출)이 쉽지 않다.

**[11~15] 다음 내용이 옳으면 ○표, 틀리면 ×표를 하시오.**

**11** '가수 분해에 의하여 한 분자에서 두 개 이상의 단당류를 생성하는 탄수화물'을 통틀어 '다당류'라고 한다. (    )

**12** '시간의 경과에 따라 나타나는 사물의 변화와 관련되는 것'을 '공시적'이라고 한다. (    )

**13** '보잘것없이 아주 작다. 뚜렷하지 않고 희미하다.'를 '미미하다.'라고 한다. (    )

**14** '주로 전기적 수단을 이용하여 전신, 전화, 방송 따위의 신호를 보냄.'을 '수신'이라고 한다. (    )

**15** '느끼어 앎.'을 '인지'라고 한다. (    )

**[16~20] 밑줄 친 단어의 뜻을 〈보기〉에서 찾아 기호를 쓰시오.**

┌─ 보 기 ─┐
㉠ 사상이나 이론 따위가 깊이가 있고 오묘하다.
㉡ 기생 생물에게 영향을 공급하는 생물
㉢ 사람이나 물자 따위를 일정한 자리에 알맞게 나누어 둠.
㉣ 지구의 바깥쪽을 차지하는 부분.
㉤ 판단이나 결론 따위를 이끌어 냄.

**16** 조경 설계에서 나무의 배치는 매우 중요하다. (    )

**17** 제주도의 특이한 지형들은 대부분 지각의 변동으로 형성된 것이다. (    )

**18** 그의 이론은 경험적 관찰을 바탕으로 도출한 것이다. (    )

**19** 이 글에 담긴 뜻은 너무 심오하다. (    )

**20** 겨우살이는 참나무나 버드나무 따위를 숙주로 하여 영양을 얻는다. (    )

기술 제재에서는 주요 기술의 핵심 원리나 작동 과정을 정확하게 파악해야 한다. 이러한 독해 능력을 바탕으로 글에 제시된 자료들과 함께 내용을 이해하고 구체적인 사례에 적용할 수 있는지를 묻는 유형들이 자주 출제되고 있다. 따라서 문항에서 요구하는 내용을 빠르고 정확하게 찾는 독해 훈련이 필요하다.

# 기술  IV

# 엘리베이터가 궁금하다, 장력 _ 이재인

정답 및 해설 62쪽

주심 화제나 핵심 내용 등에는
○, △, □, 밑줄 등과 같은
표시를 하면서 읽어보세요.

엘리베이터는 도르래의 원리를 이용한 것이다. 도르래는 고정 도르래와 움직 도르래가 있다. 고정 도르래는 우물물을 긷는 것처럼 힘의 방향을 바꿀 때 사용한다. 반면 움직 도르래는 힘의 방향을 바꿀 수 없지만 작은 힘으로 큰 무게를 움직일 때 사용한다. 이 두 가지 중 엘리베이터는 고정 도르래를 이용한 것이다.

엘리베이터의 움직임을 이해하기 위해 그 구조를 살펴보자. 우선 도르래는 수직 통로의 맨 위에 고정되어 있다. 이 도르래는 전동기의 출력 장치와 연결되어 엘리베이터를 움직이는 에너지를 전달한다. 그 옆에는 보조 도르래가 있다. 엘리베이터의 힘은 끈을 통해 작용하는데 한쪽 끈에는 사람들이 타는 엘리베이터 박스가, 다른 쪽 끈에는 평형추가 달려 있다. 엘리베이터 박스와 평형추는 전동기의 힘으로 아래, 혹은 위로 움직인다.

엘리베이터가 움직일 때 끈의 각 부분에는 양쪽으로 잡아당기는 힘이 존재하게 되며, 이 힘을 장력이라 부른다. 장력은 서로 잡아당길 때 생기는 힘으로, 밀거나 누르는 힘인 압축력과 다르다. 또한 장력의 두 힘은 혼자서는 존재할 수 없는 힘들이다. 줄다리기를 생각해 보면 쉽게 이해할 수 있다. 줄다리기의 경우 한쪽에서 가만히 있으면 줄은 일방적으로 다른 쪽으로 끌려갈 것이다. 엘리베이터 박스와 평형추 사이의 힘도 마찬가지다. 엘리베이터 박스만 있고 평형추가 없다면 다른 쪽은 엘리베이터 박스 쪽으로 끌려가 버릴 것이다. 이런 상태로 엘리베이터를 운행한다면 엘리베이터 박스의 무게를 전동기의 힘으로만 감당*해야 한다. 그런데 다른 쪽에 엘리베이터 박스와 평형을 이룰 수 있는 추가 있다면 그 무게만큼 전동기가 부담해야 할 힘은 분산*될 것이다.

도르래의 원리를 엘리베이터에 이용할 때 가장 문제가 되었던 것은 추락 사고다. 1861년 오티스라는 발명가가 이러한 문제를 해결한다. 그는 '역회전 방지 장치'로 엘리베이터 특허*를 받았고, 고층 건물 시대의 서막을 화려하게 열었다. 보통 '엘리베이터 브레이크'라고 부르는 이 장치 덕분에 엘리베이터가 천천히 움직일 경우에는 도르래가 양방향으로 움직이지만 추락 상황같이 빠른 속도로 움직일 때는 도르래의 움직임을 멈춰 낙하*를 방지한다. 이와 같은 원리는 자동차의 안전벨트를 생각하면 좀 더 쉽게 이해할 수 있다. 즉 안전벨트를 서서히 잡아당기면 벨트가 자연스럽게 풀리지만, 힘을 주어 확 잡아당기면 벨트가 당겨오지 않는 것과 같은 이치*다.

* 감당(헤아릴 勘, 당할 當): 일 따위를 맡아서 능히 해냄.
* 분산(나눌 分, 흩을 散): 갈라져 흩어짐. 또는 그렇게 되게 함.
* 특허(특별할 特, 허락할 許): 특정인에 대하여 새로운 일정한 권리, 능력을 주거나 포괄적인 법령 관계를 설정하는 행정 행위.
* 낙하(떨어질 落, 아래 下): 높은 데서 낮은 데로 떨어짐.
* 이치(다스릴 理, 보낼 致): 사물의 정당한 조리(條理). 또는 도리에 맞는 취지.

주제 쓰기

_____

_____

**1** 윗글의 전개 방식으로 적절한 설명을 <보기>에서 고른 것은?

┤ 보 기 ├

ㄱ. 용어의 개념을 설명하여 독자의 이해를 돕고 있다.
ㄴ. 친숙한 예를 들어 대상의 작동 원리를 밝히고 있다.
ㄷ. 전문가의 견해를 인용하며 화제를 제시하고 있다.
ㄹ. 시간적 순서에 따라 단계적으로 서술하고 있다.

① ㄱ, ㄴ        ② ㄱ, ㄷ        ③ ㄴ, ㄷ
④ ㄴ, ㄹ        ⑤ ㄷ, ㄹ

**2** 윗글의 내용을 흐름에 따라 정리할 때, ⓐ~ⓒ에 적절한 것은?

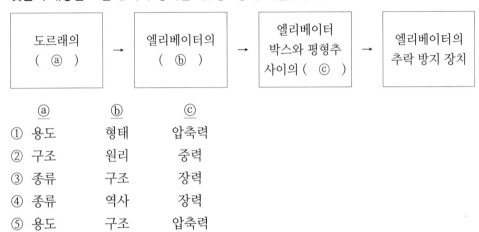

|  | ⓐ | ⓑ | ⓒ |
|---|---|---|---|
| ① | 용도 | 형태 | 압축력 |
| ② | 구조 | 원리 | 중력 |
| ③ | 종류 | 구조 | 장력 |
| ④ | 종류 | 역사 | 장력 |
| ⑤ | 용도 | 구조 | 압축력 |

**3** 다음은 윗글의 엘리베이터 원리를 나타낸 것이다. 이에 대한 설명으로 적절하지 <u>않은</u> 것은?

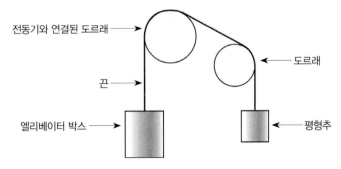

① 전동기와 연결된 도르래는 고정 도르래이다.
② 엘리베이터 박스가 내려가면 평형추는 올라간다.
③ 평형추는 엘리베이터 박스를 당겨주는 역할을 한다.
④ 평형추보다 엘리베이터 박스가 가벼워야 추락 방지가 쉽다.
⑤ 평형추는 전동기가 부담해야 할 힘을 줄여주는 역할을 한다.

# 세탁기의 과학 원리

정답 및 해설 64쪽

주요 화제나 핵심 내용 등에는 ○, △, □, 밑줄 등과 같은 표시를 하면서 읽어보세요.

어머니가 세탁기 버튼을 눌러 놓고는 텔레비전 드라마를 보고 있다. 우리가 이러한 모습을 볼 수 있는 이유는 바로 전자동 세탁기의 등장 때문이다. 전자동 세탁기는 세탁조 안에 탈수조가 있으며 탈수조 바닥에는 물과 빨랫감을 회전시키는 세탁판이 있다. 그리고 세탁조 밑에 클러치가 있는데, 클러치는 모터와 연결되어 있어서 모터의 힘을 세탁판이나 탈수조에 전달한다. 마이크로컴퓨터는 이 장치들을 제어하여 빨래를 하게 한다. 그렇다면 빨래로부터 주부들의 ⊙손을 놓게 한 전자동 세탁기는 어떻게 빨래를 하는가?

전자동 세탁기에 빨랫감을 넣고 버튼을 누르면 물이 들어오기 전에 세탁판이 2~3회 공회전을 한다. 물이 없는 상태에서 세탁판이 공회전*하면 빨랫감의 무게로 인해 회전에 저항하는 힘이 생긴다. 마이크로컴퓨터는 이 힘을 측정하여 빨랫감의 양을 감지하고 빨래에 필요한 물의 양을 판단한다. 공회전이 끝나면 소량의 물이 세탁조로 들어가고 다시 세탁판이 회전한다. 이때 마이크로컴퓨터는 빨랫감에 물이 흡수되는 정도를 측정해 빨랫감이 어떤 소재*인가를 판단하여 빨래 시간을 결정한다. 빨래 시간이 결정되면 세탁조에 물이 채워진다. 마이크로컴퓨터는 채워진 물의 투과도를 인식하여 빨랫감의 더러운 정도를 판단한 후 빨래 시간을 조정한다.

빨래 시간의 조정이 끝나면 본격적인 세탁이 시작된다. 먼저 세탁판이 회전하면서 강한 물살을 일으킨다. 이 때 발생하는 원심력, 그리고 물살과 빨랫감이 부딪치며 만들어내는 마찰력이 빨랫감의 때를 뺀다. 세탁이 끝나면 세탁조에 연결되어 있는 배수구로 물을 내보낸 후, 세탁조에 물을 채워 빨랫감을 헹구고 다시 배수*를 한다. 헹굼과 배수는 마이크로컴퓨터에 입력된 프로그램에 따라 반복적으로 이루어진다. 이 과정이 끝나면 클러치는 세탁판에 전달되던 모터의 힘을 탈수조에 전달한다. 탈수조는 모터의 힘을 받아 회전하면서 원심력을 만들고 그 힘으로 빨랫감의 탈수*가 이루어진다.

탈수조가 빠르게 회전하기 때문에 소음이 발생하고 전자동 세탁기는 심하게 흔들린다. 이러한 문제를 해결하는 장치가 유체밸런스와 네 개의 지지봉이다. 유체밸런스는 탈수조 윗면에 링처럼 부착되어 있는 것으로 이 안에는 소금물이 들어 있다. 탈수조의 빨랫감이 한쪽으로 몰려서 탈수조가 기울어지면 기울어진 반대 방향으로 유체밸런스의 소금물이 흘러 탈수조의 균형을 잡는다. 이러한 원리로 유체밸런스는 균형을 잃기 쉬운 탈수조를 안정적으로 회전하도록 하여 소음을 감소시킨다. 지지봉은 세탁조를 움직이지 않게 지탱하면서 탈수조의 회전으로 인한 세탁조에 전달되는 충격을 흡수하여 진동과 소음을 줄인다.

* 공회전(빌 空 돌 回, 구를 轉): 기계 따위가 일을 하지 않는 상태에서, 기관을 움직이는 것.
* 소재(본디 素, 재목 材): 어떤 것을 만드는 데 바탕이 되는 재료.
* 배수(밀칠 排, 물 水): 안에 있거나 고여 있는 물을 밖으로 퍼내거나 다른 곳으로 내보냄.
* 탈수(벗을 脫, 물 水): 어떤 물체 안에 들어 있는 물기를 뺌. 또는 물기가 빠짐.

주제 쓰기 ●

**1** 윗글의 글쓰기 전략으로 적절하지 <u>않은</u> 것은?

① 세탁기가 작동하는 원리를 설명한다.
② 세탁기를 구성하는 장치들의 기능을 소개한다.
③ 세탁기가 작동하는 과정에 따라 내용을 전개한다.
④ 세탁기 기술의 발전 방향에 대한 전망을 제시한다.
⑤ 세탁기와 관련된 일상의 상황을 들어 글을 시작한다.

**2** 윗글을 읽은 학생이 <보기>를 보고 설명한 내용으로 적절하지 <u>않은</u> 것은?

┤ 보 기 ├

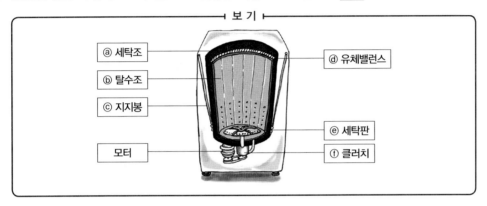

ⓐ 세탁조
ⓑ 탈수조
ⓒ 지지봉
모터
ⓓ 유체밸런스
ⓔ 세탁판
ⓕ 클러치

① 세탁과 헹굼을 할 때에는 ⓐ에 물이 채워져 있다.
② ⓒ는 ⓑ가 회전할 때 생기는 진동과 소음을 줄여준다.
③ ⓓ는 세탁 과정에서 ⓐ가 안정적으로 회전하도록 한다.
④ ⓔ가 돌면 세탁을 하는 데 필요한 원심력과 마찰력이 생긴다.
⑤ ⓕ는 모터의 힘을 빨래 단계에 따라 ⓑ나 ⓔ에 전달한다.

**3** <보기>를 참조할 때, ㉠과 유사한 예로 볼 수 <u>없는</u> 것은?

┤ 보 기 ├

㉠은 '손(을)'과 '놓다'가 결합하여, 각 단어가 지닌 원래 의미와는 다른 새로운 의미, 즉 '하던 일을 그만두거나 잠시 멈추다.'의 뜻을 나타낸다. 이렇게 두 개 이상의 단어가 만나 새로운 의미를 가지는 경우가 있다.

① 어제부터 모두들 그 식당에 <u>발을 끊었다.</u>
② 모든 학생들이 선생님 말씀에 <u>귀를 기울였다.</u>
③ 결국은 결승전에서 우리 편이 <u>무릎을 꿇었다.</u>
④ 조용히 <u>눈을</u> 감고 미래의 자신의 모습을 생각했다.
⑤ 장에 가신 아버지가 오시기를 <u>목을</u> 빼고 기다렸다.

중심 화제나 핵심 내용 등에는
○, △, □, 밑줄 등과 같은
표시를 하면서 읽어보세요.

일상에서 편지를 보낼 때는 편지 한 통이 통째로 전달된다. 그러나 네트워크상에서의 이메일(e-mail)은 그 내용이 조각조각으로 나뉘어 전송된다. 이렇게 나뉜 조각이 수신자에게 전송된 후 재결합되어 수신자는 한 통의 이메일을 받아볼 수 있다. 이러한 정보 전달 방식을 패킷 교환 방식이라 한다.

'패킷'이란 네트워크상에서 정보를 보낼 때 전송하기 쉽도록 데이터를 작은 단위로 나누어 놓은 것을 말한다. 패킷은 크게 헤더부와 데이터 영역으로 구분된다. 헤더부에는 메시지가 최종적으로 전달될 주소와 패킷의 일련번호 등의 정보가 들어 있고, 데이터 영역에는 메시지 자체의 내용이 들어 있다.

패킷 교환은 다음과 같은 순서로 진행된다. 먼저 긴 메시지는 여러 개의 패킷으로 나뉘고 각 패킷에는 헤더가 부착*된다. 각각의 패킷은 버퍼와 여러 개의 노드로 이루어진 '패킷 교환망'을 지나게 된다. 패킷이 한꺼번에 많이 나가면 경로가 막힐 수도 있기 때문에 패킷들은 우선 '버퍼'라는 기억 장치에 잠시 저장된다. 버퍼는 패킷이 원활하게 전송될 수 있도록 먼저 도착한 패킷을 보내고 나머지 패킷들을 잠시 저장해 둔다. 이후 각각의 패킷들은 '노드'라고 불리는 여러 개의 통신 지점을 지나간다. 노드 하나에도 여러 개의 경로가 연결되어 있어서 패킷들은 서로 흩어져 여러 개의 노드와 경로를 통해 이동하게 된다. 패킷 교환망을 지나온 각 패킷들은 수신지에 일련번호의 순서와 상관없이 개별적으로 도착한다. 수신지에 모두 도착하면 패킷들은 일련번호의 순서에 맞게 원래의 메시지로 재결합된다. 만약 수신지에서 일련번호 순서대로 재결합이 되지 못했거나 패킷이 모두 전송되지 못했을 경우 '발신 후 수신 불능*'이나 '수신 후 에러 메시지'를 받을 수도 있다.

패킷 교환 방식은 작은 단위로 나눠진 패킷들이 여러 개의 노드를 통해서 서로 다른 경로로 전송된 후 나중에 합쳐지기 때문에 기존의 정보 전송 방식에 비해 많은 양의 데이터를 빠르게 전송할 수 있다. 패킷들이 각기 다른 경로로 전송되기 때문에 데이터 전송 시 하나의 경로에 과부하*가 발생하여 전송이 지연*되더라도 다른 경로를 통해 패킷을 전송할 수 있다는 장점이 있다. 이 방식을 활용하면 패킷들을 기기의 처리 속도에 맞추어 전송할 수 있어서 처리 속도가 다른 기기들 간에도 정보 전송이 가능하다. 또한 보내야 할 데이터가 큰 경우에도 패킷으로 나뉘어 전송되므로 정보를 원활하게 전송할 수 있다.

* 부착(붙을 附, 붙을 着):
  떨어지지 아니하게 붙음. 또는 그렇게 붙이거나 닮.
* 불능(아니 不, 능할 能):
  할 수 없음.
* 과부하(지날 過, 질 負, 멜 荷): 일을 너무 많이 맡은 상태.
* 지연(늦을 遲, 끌 延):
  무슨 일을 더디게 끌어 시간을 늦춤. 또는 시간이 늦추어짐.

주제 쓰기 •

**1** 윗글의 표제와 부제로 가장 적절한 것은?

① 이메일 전송의 원리
  – 이메일과 일반 우편 전송 방식의 차이점을 중심으로
② 패킷의 구조와 생성 원리
  – 헤더부와 데이터 영역의 역할과 특징을 중심으로
③ 네트워크상에서의 정보 생성 방법
  – 패킷 교환 방식의 장점과 단점을 중심으로
④ 네트워크상에서의 정보 전송 원리
  – 패킷 교환 방식에서의 데이터 전송 원리를 중심으로
⑤ 정보 전달의 속도를 높여주는 패킷 교환 방식
  – 정보 전송의 역사적 발전 양상을 중심으로

**2** <보기>는 패킷 교환 방식을 그림으로 표현한 것이다. ⓐ~ⓓ에 대한 설명으로 적절하지 않은 것은?

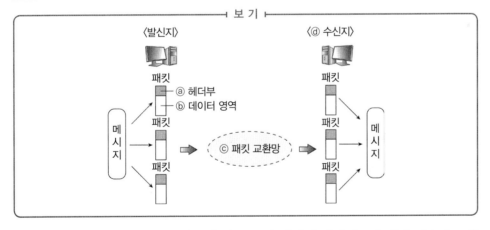

① ⓐ: 패킷이 최종적으로 전달되어야 할 주소와 패킷의 일련번호에 대한 정보가 포함되어 있다.
② ⓑ: 전달하고자 하는 메시지의 내용이 포함되어 있다.
③ ⓒ: 패킷이 원활하게 전송될 수 있도록 패킷을 잠시 저장해 두는 장치가 있다.
④ ⓒ: 패킷들이 이곳을 통과할 때는 여러 개의 노드와 경로를 거쳐 이동한다.
⑤ ⓓ: 패킷들이 이곳에 일련번호의 순서대로 도착하지 않았을 경우 '발신 후 수신 불능' 메시지를 받을 수 있다.

주심 화제나 핵심 내용 등에는 ○, △, □ 밑줄 등과 같은 표시를 하면서 읽어보세요.

**가** 1970년대 이후부터 세계적으로 '적정기술(Appropriate Technology)'에 대한 활발한 논의가 있어 왔다. 넓은 의미로 적정기술은 인간 사회의 환경, 윤리, 도덕, 문화, 사회, 정치, 경제적인 측면들을 두루 고려하여 인간의 삶의 질을 향상시킬 수 있는 기술이다. 좁은 의미로는 가난한 자들의 삶의 질을 향상시키는 기술이다.

**나** 적정기술이 사용된 대표적 사례는 아바(Abba, M. B.)가 고안*한 항아리 냉장고이다. 아프리카 나이지리아의 시골 농장에는 전기, 교통, 물이 부족하다. 이곳에서 가장 중요한 문제 중의 하나는 곡물을 저장할 시설이 없다는 것이다.

**다** 이를 해결하기 위해 그는 항아리 두 개와 모래흙 그리고 물만 있으면 채소나 과일을 장기간 보관할 수 있는 저온조를 만들었다. 이것은 물이 증발할 때 열을 빼앗아 가는 간단한 원리를 이용했다. 한여름에 몸에 물을 뿌리고 시간이 지나면 시원해지는데, 이는 물이 증발하면서 몸의 열을 빼앗아 가기 때문이다. 항아리의 물이 모두 증발하면 다시 보충해서 사용하면 된다.

**라** 토마토의 경우 항아리 냉장고 없이 2~3일 정도 저장이 가능하지만, 항아리 냉장고를 사용하면 21일 정도 저장이 가능하다. 이 덕분에 이 지역 사람들은 신선한 과일을 장기간 보관해서 시장에 판매해 많은 수익을 올릴 수 있었다.

**마** 적정기술은 새로운 기술이 아니다. 우리가 알고 있는 여러 기술 중의 하나로, 어떤 지역의 직면한 문제를 해결하는 데 적절하게 사용된 기술이다. 1970년 이후 적정기술을 기반으로 많은 제품이 개발되어 현지에 보급되어 왔지만 그 성과에 대해서는 여전히 논란이 있다. 이는 기술의 보급만으로는 특정 지역의 빈곤 탈출과 경제적 자립을 이룰 수 없기 때문이다. 빈곤 지역의 문제 해결을 위해서는 기술 개발 이외에도 지역 문화에 대한 이해와 현지인의 교육까지도 필요하다.

* 고안(살필 考, 책상 案):
연구하여 새로운 안을
생각해 냄. 또는 그 안.

주제 쓰기
_____
_____

**1** (가)~(마)의 중심 내용으로 적절하지 <u>않은</u> 것은?

① (가): 적정기술의 개념
② (나): 항아리 냉장고가 나오게 된 배경
③ (다): 항아리 냉장고에 적용된 원리
④ (라): 항아리 냉장고의 효과
⑤ (마): 적정기술의 전망*

* 전망(펼 展, 바랄 望):
앞날을 헤아려 내다봄.
또는 내다보이는 장래
의 상황.

---

※ '항아리 냉장고'에 대해 <보기>와 같은 보충 자료를 찾았다. 물음에 답하시오.

┤ 보 기 ├

[A] 항아리 냉장고를 만드는 방법은 간단하다. 우선 큰 항아리 안에 작은 항아리를 넣는다. 그리고 그 사이에 젖은 모래를 넣는다. 그 다음에는 젖은 천으로 안쪽 항아리를 덮는다. 그러면 수분이 바깥 항아리의 표면을 통해 공기 중으로 증발하면서, 안쪽 항아리의 내부 온도가 떨어진다. 온도가 떨어지면 높은 온도에서 왕성하게 번식하던 해로운 미생물의 활동을 막을 수 있다. 또 젖은 모래는 단열* 기능도 한다.

[B]
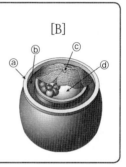

* 단열(끊을 斷, 더울 熱):
물체와 물체 사이에 열
이 서로 통하지 않도록
막음. 또는 그렇게 하는
일.

**2** (다)와 [A]를 바탕으로 [B]에 대한 이해로 적절하지 <u>않은</u> 것은?

① ⓐ는 외부로 수증기가 나갈 수 있는 재료로 만들어야 하는군.
② ⓑ는 수분 보충만 이루어지면 계속 사용할 수 있겠군.
③ ⓑ는 ⓓ의 온도를 떨어뜨리고 그 온도를 유지하는 역할을 하는군.
④ ⓒ는 ⓓ에 있는 과일이 상하지 않도록 밀봉*하는 역할을 하는군.
⑤ ⓓ에 있는 과일은 미생물의 활동이 줄어들어 오랫동안 보관할 수 있겠군.

* 밀봉(빽빽할 密, 봉할
封): 단단히 붙여 꼭 봉
함.

**3** '항아리 냉장고'와 유사한 사례로 가장 적절한 것은?

① 인공위성과 전자 지도를 활용해 모르는 길을 쉽고 정확하게 찾아갈 수 있도록 한 내비게이션
② 엔진과 전기모터를 상황에 따라 사용함으로써 유해 가스를 적게 배출하도록 만든 자동차
③ 가운데가 빈 드럼통에 줄을 매달아 굴려 차량 없이도 많은 물을 옮길 수 있도록 한 물통
④ 발광* 다이오드를 사용함으로써 두께를 줄이고 화질을 개선한 텔레비전
⑤ 나노 기술을 통해 소량으로도 은의 탁월한 항균 효과를 살린 세탁기

* 발광(쏠 發, 빛 光): 빛
을 냄.

# 지역난방의 원리 _ 홍제남

정답 및 해설 70쪽

주심 화제나 핵심 내용 등에는
○, △, □, 밑줄 등과 같은
표시를 하면서 읽어보세요.

최근 많은 대단지 아파트는 지역난방의 방식을 이용하여 난방을 하고 있다. 지역난방이란 무엇이며, 어떤 과정으로 난방*을 하는 것일까?

지역난방은 열병합 발전소나 쓰레기 소각장 등 열을 생산하는 시설에서 만든 중온수를 이용하여 난방하는 방식이다. 중온수는 높은 압력에서 100℃ 이상의 온도를 유지하는 물을 말한다. 열병합 발전소는 아파트 2m 밖에 설치된 최초 차단 밸브까지 115℃의 중온수를 공급하는데 이때 열손실을 최소화하기 위해 도로, 하천 등에 묻혀 있는 이중 보온관을 이용한다. 그리고 최초 차단 밸브 이후부터는 아파트의 관리 사무소에서 중온수를 관리한다. 중온수는 아파트 내의 기계실에 있는 판형 열교환기의 전열판을 통과하면서 아파트의 각 세대를 난방하기 위해 순환하는 물을 데운다.

이때 열병합 발전소에서 보낸 중온수와 아파트를 순환하는 물은 섞이지 않고, 판형 열교환기를 서로 반대 방향으로 통과하면서 열을 주고받는다. 이 과정에서 아파트를 순환하고 온 45℃ 정도의 물은 온도가 60℃까지 높아져 아파트 온수관을 통해 세대에 제공되고, 이 물이 세대에 설치된 온수 분배기를 거쳐 난방이 필요한 방들을 따뜻하게 만드는 것이다.

각 세대에는 온도 조절기가 설치되어 있는데, 세대에서 설정한 온도가 되면 온도 센서가 이를 감지하여 온수의 공급을 멈추게 하고, 온도가 낮아지면 다시 온수를 공급하여 실내 온도가 일정하게 유지되도록 한다. 이렇게 세대에서 사용한 온수가 난방 계량기를 통과하면 흘러간 물의 양이 자동으로 측정되어 사용한 양만큼 요금이 부과*된다.

한편 열교환을 마친 중온수는 열을 빼앗겨 65℃ 정도로 온도가 낮아진다. 이 물은 회수관을 통해 열병합 발전소로 돌아가고, 재가열 과정을 거쳐 다시 아파트 기계실에 공급된다. 또한 각 세대의 난방수로 쓰이면서 온도가 낮아진 아파트의 물은 환수관을 통하여 아파트 기계실로 돌아오고, 이 물이 판형 열교환기 내의 전열판을 거치면서 데워지는 과정을 반복함으로써 지속적인 난방이 가능해지는 것이다.

이러한 지역난방은 난방을 위해 별도의 연료를 사용하는 것이 아니라 전기를 생산하거나 쓰레기를 소각하는 과정에서 발생하는 열을 이용하기 때문에 경제적이면서 친환경적이다. 또한 아파트나 개별 세대에 보일러와 같은 개별 난방 시설을 따로 설치할 필요가 없기 때문에 안전하고 편리하다. 따라서 지역난방은 에너지 원료의 97%를 수입에 의존하고 있는 우리나라에 효율적인 난방 방식이라고 할 수 있다.

* 난방(따뜻할 煖, 방 房):
  실내의 온도를 높여 따뜻하게 하는 일.
* 부과(구실 賦, 매길 課):
  세금이나 부담금 따위를 매기어 부담하게 함.

주제 쓰기

_____

_____

**1** 윗글을 바탕으로 <보기>를 이해할 때, 적절하지 <u>않은</u> 것은?

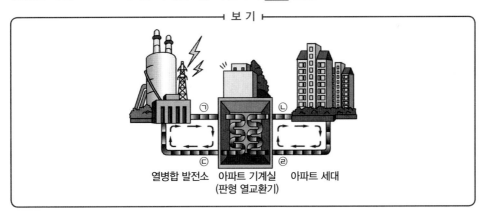

— 보 기 —

열병합 발전소　아파트 기계실　아파트 세대
　　　　　　(판형 열교환기)

① ㉠ 지점을 통과하는 물은 판형 열교환기를 통과하면서 온도가 올라가겠군.

② ㉡ 지점에는 판형 열교환기를 통과하면서 열을 얻은 60℃ 정도의 물이 흐르고 있겠군.

③ ㉢ 지점에는 판형 열교환기를 통과하면서 열을 손실한 65℃ 정도의 물이 흐르고 있
　겠군.

④ ㉣ 지점에는 난방수로 사용되어 온도가 낮아진 물이 흐르고 있겠군.

⑤ ㉠ 지점을 통과하는 물은 ㉣ 지점을 통과하는 물이 열을 얻는 데 영향을 끼치겠군.

**2** 윗글을 읽고 심화 학습을 하기 위한 질문으로 가장 적절한 것은?

① 지역난방은 중온수를 이용한다고 했는데, 무엇을 중온수라고 하는가?

② 세대별로 요금이 부과된다고 했는데, 요금이 부과되는 기준은 무엇인가?

③ 세대로 난방수가 공급된다고 했는데, 각 세대에서 난방 온도를 조절하는 방법은 무
　엇인가?

④ 중온수가 아파트로 공급된다고 했는데, 그 과정에서 열손실을 줄이기 위해 어떤 방
　법을 사용하는가?

⑤ 판형 열교환기에서 열을 교환한다고 했는데, 판형 열교환기의 내부에 있는 전열판
　은 어떤 구조로 되어 있는가?

01 **감당** 헤아릴 勘 당할 當
일 따위를 맡아서 능히 해냄. 예 일이 너무 어려워 내 힘으로는 감당이 안 된다.

02 **분산** 나눌 分 흩을 散
갈라져 흩어짐. 또는 그렇게 되게 함. 예 주변의 도시로 인구가 분산되었다.

03 **특허** 특별할 特 허락할 許
특정인에 대하여 새로운 일정한 권리, 능력을 주거나 포괄적인 법령 관계를 설정하는 행정 행위. 예 새로운 소재를 개발해 특허를 따냈다.

04 **낙하** 떨어질 落 아래 下
높은 데서 낮은 데로 떨어짐. 예 무중력 공간에서는 사물의 낙하 현상이 일어나지 않는다.

05 **이치** 다스릴 理 보낼 致
사물의 정당한 조리(條理). 또는 도리에 맞는 취지. 예 죄를 지으면 벌을 받는 것은 당연한 이치이다.

06 **공회전** 빌 空 돌 回 구를 轉
기계 따위가 일을 하지 않는 상태에서, 기관을 움직이는 것. 예 자동차 공회전에 대한 집중 단속을 해야 한다.

07 **소재** 본디 素 재목 材
어떤 것을 만드는 데 바탕이 되는 재료. 예 많은 기업들이 새로운 기술과 소재 개발에 박차를 가하고 있다.

08 **탈수** 벗을 脫 물 水
어떤 물체 안에 들어 있는 물기를 뺌. 또는 물기가 빠짐. 예 이 세탁기는 탈수 성능이 뛰어나다.

09 **배수** 밀칠 排 물 水
안에 있거나 고여 있는 물을 밖으로 퍼내거나 다른 곳으로 내보냄. 예 이 논은 배수가 잘된다.

10 **부착** 붙을 附 붙을 着
떨어지지 아니하게 붙음. 또는 그렇게 붙이거나 닮. 예 이 건물에는 인공 지능 센서가 부착되어 있다.

11 **불능** 아니 不 능할 能
할 수 없음. 예 폭설로 활주로가 사용 불능 상태이다.

12 **지연** 늦을 遲 끌 延
무슨 일을 더디게 끌어 시간을 늦춤. 또는 시간이 늦추어짐. 예 비행기의 고장으로 출발 시간이 지연되었다.

13 **과부하** 지날 過 질 負 멜 荷
일을 너무 많이 맡은 상태. 예 통신 회선에 과부하가 발생해 인터넷 속도가 느려졌다.

14 **고안** 살필 考 책상 案
연구하여 새로운 안을 생각해 냄. 또는 그 안. 예 그는 우리 생활에 알맞은 의복을 고안해 왔다.

15 **전망** 펼 展 바랄 望
앞날을 헤아려 내다봄. 또는 내다보이는 장래의 상황. 예 경기가 계속 좋으리라는 전망이 발표되었다.

16 **단열** 끊을 斷 더울 熱
물체와 물체 사이에 열이 서로 통하지 않도록 막음. 또는 그렇게 하는 일. 예 단열이 잘되게 집을 지어야 난방비를 절감할 수 있다.

17 **밀봉** 빽빽할 密 봉할 封
단단히 붙여 꼭 봉함. 예 설탕 봉지는 반드시 밀봉해서 보관하세요.

18 **발광** 쏠 發 빛 光
빛을 냄. 예 이 조명 장치는 발광 효율이 매우 높다.

19 **난방** 따뜻할 煖 방 房
실내의 온도를 높여 따뜻하게 하는 일. 예 이 방은 가스보일러로 난방을 한다.

20 **부과** 구실 賦 매길 課
세금이나 부담금 따위를 매기어 부담하게 함. 예 교통 법규 위반 차량에는 범칙금이 부과된다.

**[01~05]** 다음의 의미에 알맞은 단어를 서로 연결하시오.

**01** 갈라져 흩어짐. 또는 그렇게 되게 함.     •      • ⓐ 공회전

**02** 기계 따위가 일을 하지 않는 상태에서, 기관을 움직이는 것.    •      • ⓑ 밀봉

**03** 단단히 붙여 꼭 봉함.      •      • ⓒ 과부하

**04** 세금이나 부담금 따위를 매기어 부담하게 함.    •      • ⓓ 분산

**05** 일을 너무 많이 맡은 상태.      •      • ⓔ 부과

**[06~10]** 다음의 (    ) 안에 가장 적절한 단어를 〈보기〉에서 찾아 쓰시오.

┤ 보 기 ├

지연    탈수    부착    전망    감당

**06** 이 건물에는 인공 지능 센서가 (    )되어 있다.

**07** 일이 너무 어려워 내 힘으로는 (    )이/가 안 된다.

**08** 비행기의 고장으로 출발 시간이 (    )되었다.

**09** 이 세탁기는 (    ) 성능이 뛰어나다.

**10** 경기가 계속 좋으리라는 (    )이/가 발표되었다.

**[11~15]** 다음의 내용이 옳으면 ○표, 틀리면 ×표를 하시오.

**11** '실내의 온도를 높여 따뜻하게 하는 일.'을 '냉방'이라고 한다. (    )

**12** '물체와 물체 사이에 열이 서로 통하지 않도록 막음. 또는 그렇게 하는 일.'을 '단열'이라고 한다. (    )

**13** '빛을 냄.'을 '발광'이라고 한다. (    )

**14** '할 수 없음.'을 '불능'이라고 한다. (    )

**15** '특정인에 대하여 새로운 일정한 권리, 능력을 주거나 포괄적인 법령 관계를 설정하는 행정 행위.'를 '특허'라고 한다. (    )

**[16~20]** 밑줄 친 단어의 뜻을 〈보기〉에서 찾아 기호를 쓰시오.

┤ 보 기 ├

㉠ 안에 있거나 고여 있는 물을 밖으로 퍼내거나 다른 곳으로 내보냄.
㉡ 높은 데서 낮은 데로 떨어짐.
㉢ 어떤 것을 만드는 데 바탕이 되는 재료.
㉣ 사물의 정당한 조리(條理). 또는 도리에 맞는 취지.
㉤ 연구하여 새로운 안을 생각해 냄. 또는 그 안.

**16** 많은 기업들이 새로운 기술과 소재 개발에 박차를 가하고 있다. (    )

**17** 무중력 공간에서는 사물의 낙하 현상이 일어나지 않는다. (    )

**18** 이 논은 배수가 잘된다. (    )

**19** 그는 우리 생활에 알맞은 의복을 고안해 왔다. (    )

**20** 죄를 지으면 벌을 받는 것은 당연한 이치이다. (    )

# 파일 압축*의 원리는 무엇인가 _ 마셜 브레인

정답 및 해설 72쪽

중심 화제나 핵심 내용 등에는 ○, △, □, 밑줄 등과 같은 표시를 하면서 읽어보세요.

컴퓨터에서 압축 프로그램으로 파일을 압축하는 원리는 비교적 간단하다. 존 F. 케네디의 유명한 연설문을 예로 이 과정을 살펴보도록 하자.

"Ask not what your country can do for you. Ask what you can do for your country."

이 인용문은 61개의 문자와 16개의 스페이스, 2개의 마침표로 이루어져 있다. 만일 각 문자와 스페이스, 마침표가 하나의 메모리 유닛(unit, 컴퓨터 기억 매체의 독립 단위)을 차지한다면 이 파일의 크기는 79유닛이다. 이 파일을 압축하려면 무엇이 반복되는 것인지를 살펴보아야 하는데, 대부분의 단어가 두 번씩 사용되고 있어서 문장의 약 절반 정도를 줄일 수 있다. 이 전체 인용문을 표현하는 데에는 9개의 단어, 즉 'ask, not, what, your, country, can, do, for, you'만 있으면 된다.

이와 같은 데이터 조각들을 목록화하는 것을 '사전'이라고 하는데, 이 사전을 배열하는 시스템은 다양하지만 색인어에 번호를 붙이는 정도로 단순하게 만들 수도 있다. 즉, 위의 인용문을 '1=ask, 2=what, 3=your, 4=country, 5=can, 6=do, 7=for, 8=you'로 목록화하여 '1 not 2 3 4 5 6 7 8. 1 2 8 5 6 7 3 4.'로 표시할 수 있다. 결국, 파일을 압축하는 핵심 원리는 파일에서 반복되는 부분을 제거하여 데이터의 양을 줄이는 것이라 할 수 있다. 만일 이 시스템을 안다면 사전과 숫자 패턴을 이용해서 원래의 문장을 다시 구성할 수 있을 것이다. 바로 이것이 압축 해제 프로그램이 다운로드한 파일의 압축을 풀 때 사용하는 방법이다.

그러면 실제로 공간이 얼마나 절약된 것일까? '1 not 2 3 4 5 6 7 8. 1 2 8 5 6 7 3 4.'는 확실히 'Ask not what your country can do for you. Ask what you can do for your country.'보다 짧다. 그러나 이때, 파일과 마찬가지로 사전도 저장해야 한다는 것을 기억해야 한다. 위 인용문은 79유닛을 차지한다는 것을 이미 알고 있다. 압축된 문장(스페이스를 포함해서)은 35유닛을 차지하고 사전(단어와 숫자) 역시 37유닛을 차지한다. 이렇게 되면 전체 크기는 72유닛이 되어서 파일의 크기가 그다지 줄어들지 않은 것처럼 보인다.

그러나 ㉠압축 프로그램으로 케네디 연설문 전체를 모두 압축하면 훨씬 더 많은 단어들이 반복되는 것을 발견할 수 있을 것이다. 그러면 사전에 계속 표제어가 추가되면서 더욱 효율적으로 체계화될 수 있을 것이다. 긴 텍스트 문서에는 중복되는 패턴이 많이 존재한다. 따라서 대부분의 텍스트 문서를 압축하면 상당한 크기의 공간을 줄일 수 있다.

* 압축(누를 壓, 줄일 縮): 특수한 코딩 방법을 사용하여 불필요하거나 반복되는 부분을 없애 데이터의 양을 줄임. 또는 그런 방법.

주제 쓰기 •

_____

_____

**1** 윗글의 내용과 일치하지 <u>않는</u> 것은?

① 파일을 압축하려면 반복되는 부분을 찾아야 한다.

② 스페이스와 마침표도 문자와 마찬가지로 유닛에 포함된다.

③ 사전에 표제어*가 계속 추가될수록 파일의 효율적인 체계화가 어려워진다.

④ 단어가 두 번씩 사용되고 있다면 문장의 약 절반 정도를 줄일 수 있다.

⑤ 데이터 조각을 목록화하는 사전은 색인어에 번호를 붙이는 정도로 단순하게 만들 수도 있다.

* 표제어(우듬지 標, 표제 題, 말씀 語): 표제가 되는 말.

Ⅳ
·
기
술

**2** <보기>의 문장을 압축할 경우 그 표시로 적절한 것은?

┤ 보 기 ├

○ 오는 세월이 있고 가는 인생이 있다.
 가는 인생이 있으면 오는 세월이 있다.
○ 위의 인용문은 '1=오는 2=세월이 3=가는 4=인생이 5=있다'로 목록화할 수 있다.

① 1 2 있고 3 4 5. 3 2 있으면 1 4 5.

② 1 2 있고 3 4 5. 3 2 있으면 5 1 4.

③ 1 2 있고 3 4 5. 3 4 있으면 2 5 1.

④ 1 2 있고 3 4 5. 3 4 있으면 5 1 2.

⑤ 1 2 있고 3 4 5. 3 4 있으면 1 2 5.

**3** ㉠의 원리와 유사한 사례로 가장 적절한 것은?

① 연잎 표면에 있는 털과 돌기들은 물방울이 퍼지지 않고 공처럼 동글동글 말려서 구르게 한다.

② 다이어트를 하려는 사람은 음식량도 줄여야 하지만, 운동을 통해 체내의 지방을 분산해야 한다.

③ 수영장에 갈 때 가방 속의 부피를 줄이려고 튜브의 바람을 제거했다가 다시 바람을 불어서 사용한다.

④ 음식이 너무 짜서 먹기가 곤란할 경우, 음식 속에 있는 염분을 희석*시키기 위해 음식에 물을 넣는다.

⑤ 악곡의 반복을 지시하는 기호인 도돌이표를 사용하면 반복되는 같은 악곡을 다시 표시하지 않아도 된다.

* 희석(드물 稀, 풀 釋): 용액에 물이나 다른 용매를 더하여 농도를 묽게 함.

# 꼭꼭 숨은 금속 찾아내는 맴돌이 전류 _ 최준곤

정답 및 해설 74쪽

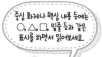

중심 화제나 핵심 내용 들에는 ○, △, □, 밑줄 등과 같은 표시를 하면서 읽어보세요.

가족과 즐거운 마음으로 해외 여행을 떠날 때 비행기 탑승 전에 안전 검색*을 받기 위해 지나가야 하는 문이 있다. 그 문을 통과하면 공항 직원이 밥주걱처럼 생긴 막대기로 온몸을 뒤진다. 금속이라면 무엇이든 귀신같이 찾아내는 이 기계는 금속 탐지기다. 그렇다면 금속 탐지기는 어떻게 금속을 찾아내는 것일까?

도선*에 전류가 흐르면 자기장이 만들어지고, 반대로 자기장이 변하면 전류가 만들어진다. 이 현상을 '패러데이 법칙'이라고 한다. 한편 구리판이나 동전 같은 경우는 전류가 흐르는 길이 정해져 있지 않아 전류가 소용돌이 모양으로 흐르는데, 이러한 전류를 '맴돌이 전류'라고 부른다. 금속 탐지기는 이와 같은 현상들을 이용하여 만든 것이다.

금속 탐지기 내부에는 커다란 코일과 작은 코일이 들어 있다. 이중, 커다란 코일에 교류 전류를 흘리면 자기장이 만들어진다. 그 옆에 작은 코일은 수직으로 세워져 있는데, 이 작은 코일이 금속을 찾는 검출기* 역할을 한다.

금속 탐지기로 땅 속에 묻혀 있는 금화를 찾는다고 하자. 큰 코일이 만드는 자기장이 땅 속을 뒤지다가 금화가 있는 곳에 다다르면 금화에 맴돌이 전류가 발생한다. 금화는 전류가 잘 흐르는 도체*이기 때문이다. 이렇게 금화에 맴돌이 전류가 흐르면 이번에는 금화가 자기장을 만들어 낸다. 이때 큰 코일 옆에 있는 작은 코일이 금화가 만든 작은 자기장의 변화를 감지해 전기 신호를 보낸다. 물론 금화가 없는 지점에서는 어떤 반응도 일어나지 않는다.

[가] ┌ 우리 주변에서 맴돌이 전류를 이용하는 다른 예를 찾는다면 유도* 조리 장치를 들수 있다. 유도 조리 장치는 맴돌이 전류를 이용해 냄비나 프라이팬을 뜨겁게 달군다. 그래서 장작불이나 가스레인지, 전자레인지처럼 타오르는 불꽃도 없고 벌겋게 달아오르는 코일 모양의 가열판도 없다. 둥그런 판에 금속 조리기를 올려 놓고 전원을 켜면 바로 금속 용기가 뜨겁게 달아오른다. 유도 조리 장치 안에는 자기장을 만드는 코일이 들어 있다. 이 위에 금속으로 만든 냄비를 올려 놓으면 냄비 바닥에 맴돌이 전류가 흐르고 냄비의 저항 때문에 열이 발생한다. 따라서 유도 조리 장치 자체에는 전혀 열이 발생하지 않는다. 한 가지 유의해야 할 점은 돌솥 같은 부도체*를 └ 올려 놓으면 맴돌이 전류가 생기지 않아 조리할 수 없다는 것이다.

[나] ┌ 맴돌이 전류는 금속 안에서 제멋대로 흐르는 전류이기 때문에 대부분 전기 장치의 작동을 방해하는 존재였고 과학자들은 되도록 이를 없애려고 노력했다. 하지만 └ 요즘은 오히려 맴돌이 전류를 이용해 편리한 도구를 많이 만들어 사용하고 있다.

* 검색(검사할 檢, 찾을 索): 범죄나 사건을 밝히기 위한 단서나 증거를 찾기 위하여 살펴 조사함.
* 도선(이끌 導, 줄 線): 전기의 양극을 이어 전류를 통하게 하는 쇠붙이 줄.
* 검출기(검사할 檢, 날 出, 그릇 器): 물체, 방사선, 화학 물질 따위의 존재를 검출하는 데 쓰는 장치.
* 도체(이끌 導, 몸 體): 열 또는 전기의 전도율이 비교적 큰 물체를 통틀어 이르는 말.
* 유도(꾈 誘, 이끌 導): 전기나 자기가 전기장이나 자기장에 있는 물체에 영향을 미침.
* 부도체(아니 不, 이끌 導, 몸 體): 열이나 전기를 전혀 전달하지 못하거나 잘 전달하지 못하는 물체.

주제 쓰기

_____
_____

**1** 윗글의 내용과 일치하지 <u>않는</u> 것은?

① 도선에 전류가 흐를 때 자기장이 발생한다.

② 금속 탐지기로 찾을 수 있는 물체는 도체에 한정된다.

③ 유도 조리 장치와 금속 탐지기는 맴돌이 전류를 이용한다.

④ 금속 탐지기의 작은 코일은 금속을 찾는 검출기 역할을 한다.

⑤ 전류가 흐르는 길이 정해져 있을 때 맴돌이 전류가 만들어진다.

**2** [가]를 바탕으로, 그림을 보고 추론한 내용으로 적절하지 <u>않은</u> 것은?

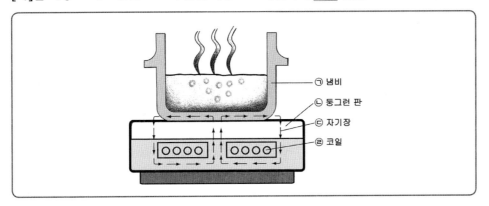

① ㉠이 금속이 아니면 조리를 할 수 없겠군.

② ㉡에서는 불꽃이 발생하지 않겠군.

③ ㉢에 의해 ㉠의 바닥에는 맴돌이 전류가 흐르겠군.

④ ㉣에 의해 ㉡에는 저항이 발생하겠군.

⑤ ㉣에 전류가 흐르면 ㉢이 발생하겠군.

**3** [나]와 가장 가까운 사례는?

① 가시가 있는 장미 넝쿨을 피해가는 양들을 보고 철사를 두 가닥으로 꼬아 철조망을 만들었다.

② 에너지 효율이 높은 형광등의 등장으로 사라져가던 백열등이 조명 효과를 살리는 용도로 쓰이고 있다.

③ 술의 양을 알기 위한 맥주통 두드리기가 타진법과 청진기의 발명이라는 근대 의학의 발전으로 이어졌다.

④ 끈적끈적하고 냄새도 지독해 악성 폐기물로 취급받던 콜타르가 방수제, 합성수지, 염료* 등에 이용되고 있다.

⑤ 플라스틱의 썩지 않는 성질로 인해 환경 문제가 발생함에 따라 친환경 플라스틱의 개발이 이루어지고 있다.

\* 염료(물들일 染, 헤아릴 料): 옷감 따위에 빛깔을 들이는 물질.

# 역삼투압 정수기

중심 화제나 핵심 내용 등에는 ○, △, □ 밑줄 등과 같은 표시를 하면서 읽어보세요.

**가** 십수 년 전만 해도 약수터에서 물을 마시는 모습을 쉽게 볼 수 있었지만, 지금은 많은 사람들이 돈을 주고 물을 사먹는 실정이다. 이로 인해 생수 사업이 번창하고 있고, 가정에서도 깨끗한 물을 마실 수 있는 정수기가 생활 가전*의 하나로 자리 잡았다.

**나** 우리가 가정에서 사용하는 정수기의 대부분은 역삼투압 방식이다. 이 정수기는 삼투압 현상을 응용하여 만든 것이다. '삼투압 현상'이란 반투막을 사이에 둔 두 용액의 농도 차에 의해 저농도 용액 속의 물이 고농도 용액 속으로 이동하는 현상이다. 이 현상은 생물이 살아가는 데 없어서는 안 될 중요한 기능을 한다. 식물이 뿌리를 통해 물을 흡입하고, 짠 바닷물에서 물고기가 살 수 있는 이유가 여기에 있다.

**다** 반면, '역삼투압 현상'이란 자연계의 '삼투압 현상'을 거꾸로 응용한 것으로 고농도 용액에 삼투압 이상의 압력을 가하면 삼투압 현상과는 반대로 고농도 용액 측의 물이 저농도 용액 쪽으로 빠져나가는 현상이다. 역삼투압 정수기의 정수 과정은 세디멘트 필터 → 펌프 → 선(先) 카본 필터 → 멤브레인 필터 → 후(後) 카본 필터로 진행된다. 이중 핵심은 멤브레인 필터로 표면에 아주 작은 구멍이 매우 촘촘히 뚫려 있다. 순수한 물 분자의 입자만이 이 작은 구멍을 통과하고 입자가 큰 나머지 이물질은 이 필터를 통과하지 못하고 표면을 스쳐 밖으로 배출된다.

**라** 역삼투압 정수기는 멤브레인 필터를 이용해 0.0001 미크론의 미세한 구멍(사람 머리카락의 100만분의 1)을 통해 물을 거르기 때문에 유기 및 무기 오염 물질, 세균, 바이러스, 중금속을 포함한 이온 물질을 99%에 가깝게 제거하여 순수한 물을 얻을 수 있다. 그러나 정수 과정에서 역삼투압을 만들기 위한 고압*의 펌프가 필요하고, 순간적으로 정수되는 물의 양이 너무 적기 때문에 일정량을 모아서 쓰기 위한 정수 저장 탱크도 반드시 있어야 한다. 그리고 필터의 막에 있는 구멍이 막히는 것을 방지하기 위해 전체 물 중 약 3분의 2 정도의 물은 거르지 않고 흘려보낸다.

**마** 이런 문제점을 보완하기 위하여 최근에는 저압형 역삼투압 정수기가 개발되었다. 저압형 역삼투막은 막 표면의 구멍 크기가 기존의 역삼투막보다 크기 때문에 별도의 펌프를 설치하지 않고 사용할 수 있다. 다만, 역삼투압 정수기보다 오염 물질 제거율이 다소 떨어지고 종래의 역삼투압 정수기와 같이 별도의 정수 저장 탱크도 꼭 필요하다.

＊가전(집 家, 번개 電): 가정에서 사용하는 전기 기기 제품.
＊고압(높을 高, 누를 壓): 풍압, 기압, 수압 따위에서 보통의 압력보다 높은 압력.

**주제 쓰기**
_____
_____

**1** 윗글의 내용과 일치하는 것은?

① 용액의 농도 차가 없어도 삼투압 현상은 발생한다.
② 역삼투압 정수기는 거의 모든 오염 물질을 걸러 낼 수 있다.
③ 역삼투압 현상은 생물에게 없어서는 안 될 중요한 기능을 한다.
④ 기존의 역삼투막은 저압형 역삼투막보다 막 표면의 구멍이 크다.
⑤ 사람 머리카락 크기 정도의 오염 물질은 멤브레인 필터를 통과할 수 있다.

**2** (가)~(마)에 대한 설명으로 적절하지 <u>않은</u> 것은?

① (가): 현 실정을 제시하여 독자의 흥미를 유발하고 있다.
② (나): 대상을 이해하기 위한 사전 정보를 제공하고 있다.
③ (다): 대상의 작동 원리와 단계적 과정을 설명하고 있다.
④ (라): 대상이 지닌 장점과 문제점을 제시하고 있다.
⑤ (마): 글의 내용을 요약하고 미래를 전망하고 있다.

**3** 윗글을 참고하여 <보기>를 이해한 것으로 적절하지 <u>않은</u> 것은?

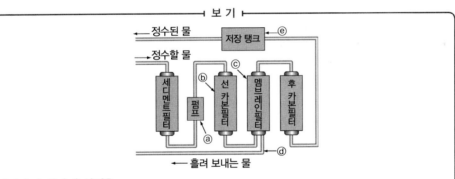

┤ 보 기 ├

【정수기 필터의 역할】
○세디멘트 필터: 물속의 부유 물질 및 모래, 이끼 등의 비교적 큰 불순물 제거
○선(先) 카본 필터: 숯의 흡착* 방식을 활용하여 염소, 농약 성분, 발암 물질 등 제거
○멤브레인 필터: 오염 물질, 세균, 중금속 등 제거
○후(後) 카본 필터: 물맛 향상, 냄새 제거

＊흡착(숨 들이쉴 吸, 붙을 着): 기체나 액체가 다른 액체나 고체의 표면에 달라붙음.

① ⓐ는 정수 방식에 따라 필요하지 않을 수도 있겠군.
② ⓑ로 보아 엄마가 간장독에 숯을 넣은 이유를 알겠군.
③ ⓒ가 이 정수기에서 가장 핵심적인 부분이로군.
④ ⓓ로 배출되는 물을 활용할 방법을 생각해 봐야겠군.
⑤ ⓔ는 저압형 역삼투압 정수기에서 필요하지 않겠군.

정답 및 해설 78쪽

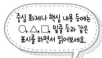

중심 화제나 핵심 내용 등에는
〇, △, □, 밑줄 등과 같은
표시를 하면서 읽어보세요.

식품의 보존성을 높이는 방법 중 건조는 일반적으로 햇볕에 말리거나 열풍으로 말리는 것이다. 그런데 특이하게 식품을 얼려서 말리는 방법이 있다. 바로 '냉동 건조'로 인스턴트 커피를 만드는 데 사용되고 있다.

[A]
먼저 커피액을 뽑아낸 다음에 −40℃로 급속하게 동결*시킨다. 이 때, 급속 동결된 커피 속에는 작은 얼음 알갱이가 무수히 형성된다.

다음 공정은 1차 처리로, 진공 상태의 건조한 창고 안에서 온도를 높여 가면 커피 속에 있는 얼음 알갱이는 녹아서 한꺼번에 수증기가 된다. 이는 기압이 아주 낮은 환경에서 물은 액체로 존재할 수 없기 때문이다. 이처럼 고체에서 직접 기체가 되는 현상을 '승화'라고 하는데, 냉동 건조는 승화를 이용한 건조법이다. 승화가 진행되면 커피 입자 속에 얼음 알갱이의 흔적으로 몇 ㎛의 극히 작은 구멍이 생긴다.

이를 다시 건조가 진행되기 쉬운 진공 상태에서 70℃ 정도로 온도를 유지하며 2차 처리하여 남은 수분을 없애면, 커피는 구멍투성이가 되고 수분의 양은 3% 정도까지 낮아진다. 이렇게 만든 인스턴트커피를 포장하면 제품 생산이 끝난다.

식자재에 따라서 동결, 건조의 온도와 시간은 다르지만, 기본적인 냉동 건조의 공정은 대체로 위와 같은 과정으로 진행된다. 냉동 건조 식품은 식자재의 형태뿐만 아니라 영양과 색, 향기 등의 성분도 잘 유지된다. 대표적으로 죽, 스프, 라면류 등의 즉석 조리 식품이 여기에 해당한다.

냉동 건조 방식은 여러 면에서 유익한 점이 있어 최근 즉석식품의 상품화에 많이 이용되고 있다. 먼저 냉동 건조 방식을 이용하면 말려서 건조시킬 때와 같이 크기가 작아지거나 표면이 주름지는 현상은 일어나지 않는다. 동결할 때의 형태가 그대로 유지되는데, 이는 식품 속에서 액체인 물이 이동하는 것에 의해 생길 수 있는 성분 이동이나 변형이 일어나지 않기 때문이다. 특히 열풍으로 건조시키는 방법과는 달리 열을 가해 나타나는 식품 성분의 변화가 거의 없기 때문에 최근 많이 쓰이고 있다.

그리고 냉동 건조 제품에는 얼음 알갱이가 없어지면서 생긴 작은 구멍이 식품 전체에 무수히 분포*한다. 뜨거운 물을 부으면 이 무수한 구멍에 뜨거운 물이 들어가면서 원래 상태로 빠르게 되돌아온다. 예를 들어 인스턴트커피의 알갱이가 물에 빠르게 녹는 것처럼 보이지만, 실제는 물이 작은 구멍으로 들어가는 것이다. 또한 식품 속의 수분이 지극히 적어서 가벼우니 휴대하기 편하며, 잘 썩지도 않는다. 이것들은 즉석 식품에 매우 적합한 특성이다.

하지만 무수히 작은 구멍이 표면적을 늘리기 때문에 습기나 냄새를 잘 빨아들이는 단점도 있다. 작은 구멍 사이로 수분과 냄새 입자가 들어가기 때문이다. 냉동 건조 식품의 포장 용기에 '습기를 주의하시고 건냉한 장소에 보관하시기 바랍니다.'라는 안내 문구가

* 동결(얼 凍, 맺을 結): 추위나 냉각으로 얼어붙음. 또는 그렇게 함.
* 분포(나눌 分, 베포 布): 일정한 범위에 흩어져 퍼져 있음.
* 표본(우듬지 標, 밑 本): 생물의 몸 전체나 그 일부에 적당한 처리를 가하여 보존할 수 있게 한 것.
* 절감(마디 節, 덜 減): 아끼어 줄임.

쓰여 있는 이유가 여기에 있다.

　냉동 건조 기술은 원래 생물학의 조직 표본*을 만들기 위해 생겨난 것이지만, 군용 비상 식량 제조에 이용되었다가, 오늘날 대중적인 즉석식품의 제조에도 널리 사용되고 있다. 하지만 대량의 에너지가 사용된다는 문제점이 있어, 제조 비용을 절감*하는 것이 앞으로의 과제이다.

**1** 다음은 [A]의 과정을 그림으로 나타낸 것이다. 이에 대한 설명으로 적절하지 <u>않은</u> 것은?

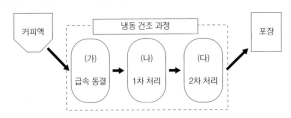

① 커피액은 (가)에서 작은 얼음 알갱이를 포함한 상태가 된다.
② (가)에서 (나)로 진행하려면 온도를 높여야 한다.
③ (가)의 얼음 알갱이는 (나)에서 액체를 거쳐 기체가 된다.
④ (나)와 (다)는 진공 상태에서 공정이 이루어진다.
⑤ (다)에서 온도를 70℃ 정도로 유지하며 건조를 진행한다.

**2** 윗글을 읽은 학생이 심화 학습을 하기 위해 설정한 주제로 적절하지 <u>않은</u> 것은?

① 냉동 건조 시 승화된 수증기는 어떻게 처리하는가?
② 냉동 건조에 많은 에너지가 사용되는 이유는 무엇인가?
③ 열풍 건조 시 식품의 성분은 어떤 과정을 거쳐 변하는가?
④ 식품 성분이 유지되도록 가공하는 다른 방법은 무엇인가?
⑤ 식자재를 냉동 건조 방식으로 처리할 때 형태가 유지되는 까닭은 무엇인가?

지구 궤도를 도는 인공위성은 지구 중력의 변화, 태양으로부터 오는 작은 미립자*와의 충돌 등으로 궤도도 변하고 자세도 변한다. 힘이 작용하여 운동 방향과 상태가 변하는 것이다. 뉴턴은 이를 작용 반작용 법칙으로 설명할 것이다.

한 물체가 다른 물체에 힘을 작용하면 그 힘을 작용한 물체에도 크기가 같고 방향은 반대인 힘이 동시에 작용한다는 것이 작용 반작용 법칙이다. 예를 들어 바퀴가 달린 의자에 앉아 벽을 손으로 밀면 의자가 뒤로 밀리는데, 사람이 벽을 미는 작용과 동시에 벽도 사람을 미는 반작용이 있기 때문이다. 이 법칙은 물체가 정지하고 있을 때나 운동하고 있을 때 모두 성립하며, 두 물체가 접촉하여 힘을 줄 때뿐만 아니라 서로 떨어져 힘이 작용할 때에도 항상 성립한다.

인공위성의 상태가 변하면 본연*의 임무를 달성하기 위해 궤도와 자세를 바로잡아야 한다. 지구 표면을 관측하는 위성은 탐사 장비를 지구 쪽을 향하도록 자세를 고쳐야 하고, 인공위성에 전력을 제공하는 태양 전지를 태양 방향으로 끊임없이 조절해야 한다. 이 때 위성의 궤도와 자세를 조절하는 방법도 모두 작용 반작용을 이용한다.

먼저 가장 간단한 방법은 로켓 엔진과 같은 추력기를 외부에 달아 이용하는 것이다. 추력기는 질량이 있는 물질인 연료를 뿜어내며 발생하는 작용과 반작용을 이용하여 위성을 움직인다. 위성에는 궤도를 수정하기 위한 주추력기 이외에 ㉠소형의 추력기가 각기 다른 세 방향 (x, y, z축)으로 여러 개가 설치되어 있는데, 이를 이용해 자세를 수정하는 것이다. 문제는 10년이 넘게 사용할 위성에 자세 제어용 추력기가 사용할 연료를 충분히 실을 수 없다는 것이다.

최근에는 ㉡반작용 휠을 이용한 방법도 사용되고 있다. 위성에는 추력기처럼 세 방향으로 설치된 3개의 반작용 휠이 있어 회전수를 조절하면 위성의 자세를 원하는 방향으로 @맞출 수 있다. 위성 내부에 부착된 반작용 휠은 전기 모터에 휠을 달고, 돌리는 속도를 높여주거나 낮춰주어서 위성을 회전시켜 자세를 바꾼다. 일반적으로 물체가 한 방향으로 돌 때 그 반대 방향으로 똑같은 힘이 발생한다. 반작용 휠이 돌면 위성에는 반대 방향으로 도는 힘이 발생하는데, 이 힘을 이용하는 것이다. 다만 궤도 수정과 같은 위성의 위치 변경은 할 수 없다.

하지만 반작용 휠은 자세 제어용 추력기를 이용하는 것보다 훨씬 유리하다. 추력기를 이용하면 연료가 있어야 하고, 그만큼 쏘아 올려야 할 위성의 무게도 증가한다. 반작용 휠을 이용하면 필요한 것은 전기이며 태양 전지를 이용해 얼마든지 얻을 수 있다. 원리는 유사하지만 보다 경제적인 방식이 인공위성에서 사용되고 있다.

* 미립자(작을 微, 알 粒, 아들 子): 물질을 구성하는 아주 미세한 입자.
* 본연(밑 本, 그러할 然): 사물이나 현상이 본디부터 가지고 있음.

주제 쓰기 •

_____

_____

**1** 윗글의 내용과 일치하지 <u>않는</u> 것은?

① 정지하고 있는 물체에도 작용이 존재한다.

② 반작용은 위성이 지구와 인접해 있어야 나타난다.

③ 중력의 변화는 위성의 자세나 궤도를 변하게 한다.

④ 위성의 추력기는 방출되는 물질의 반작용을 이용한다.

⑤ 미립자가 위성과 충돌하면 반대 방향의 힘이 작용한다.

Ⅳ
·
기
술

**2** ㉠과 ㉡에 대한 설명으로 적절하지 <u>않은</u> 것은?

① ㉠은 위성의 외부에, ㉡은 내부에 설치된다.

② ㉠과 달리 ㉡은 물체의 회전 운동을 이용하고 있다.

③ ㉡과 달리 ㉠은 x, y, z 축의 세 방향으로 설치되어 있다.

④ ㉡과 달리 ㉠을 작동하면 위성 전체의 질량이 변화한다.

⑤ ㉠과 ㉡은 모두 반작용을 이용해 위성의 자세를 제어*한다.

＊제어(절제할 制, 거느릴 御): 기계나 설비 또는 화학 반응 따위가 목적에 알맞은 작용을 하도록 조절함.

**3** 밑줄 친 단어 중 ⓐ의 문맥적 의미와 가장 유사한 것은?

① 우리는 발을 <u>맞추어</u> 길을 걸었다.

② 나는 어머니께 한복을 <u>맞추어</u> 드렸다.

③ 나는 친한 친구와 답을 <u>맞추어</u> 보았다.

④ 나는 카메라의 초점을 <u>맞추어</u> 산새를 찍었다.

⑤ 우리는 일련번호를 <u>맞추어</u> 문서를 정리하였다.

01 **압축** 누를 壓 줄일 縮
특수한 코딩 방법을 사용하여 불필요하거나 반복되는 부분을 없애 데이터의 양을 줄임. 또는 그런 방법. 예 이 파일을 CD 한 장으로 압축했다.

02 **표제어** 우듬지 標 표제 題 말씀 語
표제가 되는 말. 예 그는 그 기사의 표제어를 찾기 위해 고심했다.

03 **희석** 드물 稀 풀 釋
용액에 물이나 다른 용매를 더하여 농도를 묽게 함. 예 그는 물로 술을 희석시킨 후 마셨다.

04 **검색** 검사할 檢 찾을 索
범죄나 사건을 밝히기 위한 단서나 증거를 찾기 위하여 살펴 조사함. 예 경찰은 테러 예방을 위해 검문과 검색을 강화했다.

05 **도선** 이끌 導 줄 線
전기의 양극을 이어 전류를 통하게 하는 쇠붙이 줄. 예 전기를 띤 도체에 다른 도체를 도선으로 연결하면 전기가 이동한다.

06 **검출기** 검사할 檢 날 出 그릇 器
물체, 방사선, 화학 물질 따위의 존재를 검출하는 데 쓰는 장치. 예 이 작은 코일이 금속을 찾는 검출기 역할을 한다.

07 **도체** 이끌 導 몸 體
열 또는 전기의 전도율이 비교적 큰 물체를 통틀어 이르는 말. 예 전기를 띤 도체에 다른 도체를 도선으로 연결하면 전기가 흘러서 이동한다.

08 **유도** 꾈 誘 이끌 導
전기나 자기가 전기장이나 자기장에 있는 물체에 영향을 미침. 예 유도 조리 장치는 맴돌이 전류를 이용한다.

09 **부도체** 아니 不 이끌 導 몸 體
열이나 전기를 전혀 전달하지 못하거나 잘 전달하지 못하는 물체. 예 유리, 다이아몬드, 솜, 재 따위는 부도체에 해당한다.

10 **염료** 물들일 染 헤아릴 料
옷감 따위에 빛깔을 들이는 물질. 예 이 염료는 어린이의 손이 닿지 않는 곳에 보관해야 합니다.

11 **가전** 집 家 번개 電
가정에서 사용하는 전기 기기 제품. 예 그 회사는 주로 값비싼 가전을 취급한다.

12 **고압** 높을 高 누를 壓
풍압, 기압, 수압 따위에서 보통의 압력보다 높은 압력. 예 이 기계는 고압 증기로 의료 기구를 소독한다.

13 **흡착** 숨 들이쉴 吸 붙을 着
기체나 액체가 다른 액체나 고체의 표면에 달라붙음. 예 방독 마스크는 유해 가스 흡착 및 제독 능력을 발휘하는 제품이다.

14 **동결** 얼 凍 맺을 結
추위나 냉각으로 얼어붙음. 또는 그렇게 함. 예 이 식품은 동결 상태로 저장하는 것이 좋다.

15 **분포** 나눌 分 베포 布
일정한 범위에 흩어져 퍼져 있음. 예 이 지역의 석탄 자원의 분포 및 매장량을 알아봅시다.

16 **표본** 우듬지 標 밑 本
생물의 몸 전체나 그 일부에 적당한 처리를 가하여 보존할 수 있게 한 것. 예 채집한 곤충을 표본으로 만들었다.

17 **절감** 마디 節 덜 減
아끼어 줄임. 예 기술 개발로 제품의 생산가를 절감하였다.

18 **미립자** 작을 微 알 粒 아들 子
물질을 구성하는 아주 미세한 입자. 예 인공위성은 태양으로부터 오는 작은 미립자와 충돌하기도 한다.

19 **본연** 밑 本 그러할 然
사물이나 현상이 본디부터 가지고 있음. 예 언론은 권력에 기웃거리지 말고 본연의 임무에 충실해야 한다.

20 **제어** 절제할 制 거느릴 御
기계나 설비 또는 화학 반응 따위가 목적에 알맞은 작용을 하도록 조절함. 예 자동차가 갑자기 제어가 되지 않는다.

**[01~05]** 다음의 의미에 알맞은 단어를 서로 연결하시오.

01 기체나 액체가 다른 액체나 고체의 표면에 달라붙음.    •     • ⓐ 제어

02 추위나 냉각으로 얼어붙음. 또는 그렇게 함.    •     • ⓑ 흡착

03 용액에 물이나 다른 용매를 더하여 농도를 묽게 함.    •     • ⓒ 본연

04 사물이나 현상이 본디부터 가지고 있음.    •     • ⓓ 희석

05 기계나 설비 또는 화학 반응 따위가 목적에 알맞은 작용을 하도록 조절함.    •     • ⓔ 동결

**[06~10]** 다음의 (　　　) 안에 가장 적절한 단어를 〈보기〉에서 찾아 쓰시오.

┌─ 보 기 ─┐
검출기　　　분포　　　검색　　　미립자　　　도선

06 경찰은 테러 예방을 위해 검문과 (　　　　)을/를 강화했다.

07 인공위성은 태양으로부터 오는 작은 (　　　　)와/과 충돌하기도 한다.

08 전기를 띤 도체에 다른 도체를 (　　　　)(으)로 연결하면 전기가 이동한다.

09 이 작은 코일이 금속을 찾는 (　　　　) 역할을 한다.

10 이 지역의 석탄 자원의 (　　　　) 및 매장량을 알아봅시다.

**[11~15]** 다음의 내용이 옳으면 ○표, 틀리면 ×표를 하시오.

11 '아끼어 줄임.'을 '절감'이라고 한다. (　　　)

12 '표제가 되는 말.'을 '부제어'라고 한다. (　　　)

13 '풍압, 기압, 수압 따위에서 보통의 압력보다 높은 압력.'을 '고압'이라고 한다. (　　　)

14 '옷감 따위에 빛깔을 들이는 물질.'을 '염색'이라고 한다. (　　　)

15 '가정에서 사용하는 전기 기기 제품.'을 '가전'이라고 한다. (　　　)

**[16~20]** 밑줄 친 단어의 뜻을 〈보기〉에서 찾아 기호를 쓰시오.

┌─ 보 기 ─┐
㉠ 전기나 자기가 전기장이나 자기장에 있는 물체에 영향을 미침.
㉡ 생물의 몸 전체나 그 일부에 적당한 처리를 가하여 보존할 수 있게 한 것.
㉢ 열이나 전기를 전혀 전달하지 못하거나 잘 전달하지 못하는 물체.
㉣ 열 또는 전기의 전도율이 비교적 큰 물체를 통틀어 이르는 말.
㉤ 특수한 코딩 방법을 사용하여 불필요하거나 반복되는 부분을 없애 데이터의 양을 줄임.

16 이 파일을 CD 한 장으로 압축했다. (　　　　)

17 유도 조리 장치는 맴돌이 전류를 이용한다. (　　　　)

18 유리, 다이아몬드, 솜, 재 따위는 부도체에 해당한다. (　　　　)

19 채집한 곤충을 표본으로 만들었다. (　　　　)

20 전기를 띤 도체에 다른 도체를 도선으로 연결하면 전기가 흘러서 이동한다. (　　　　)

중학 국어 비문학 독해 연습 ❸

예술 제재에서는 다양한 분야의 글을 제시하여 그 내용을 감상하
고 적용하는 문항이 출제되고 있다. 따라서 배경지식보다는 제시
된 글의 내용 자체에 집중하여 핵심 개념의 의미나 기능을 파악
해야 한다. 그리고 작가나 작품에 대한 정보들을 체계적으로 정리
할 수 있어야 한다.

# 예술

주심 화제나 핵심 내용 등에는 ○, △, □, 밑줄 등과 같은 표시를 하면서 읽어보세요.

　한옥 공간은 막히지 않고 순환한다. 이 방에서 저 방으로 가는 길은 좁은 복도 하나가 아니라 여러 갈래이며 그 형식도 여러 가지이다. 때로는 그 길이 방끼리 통하기도 하고 마당과 대청마루를 건너기도 한다. 막으면 방이 되지만 그 막음이란 것이 콘크리트 벽처럼 앙다문 것이 아니어서 언제든지 틀 수 있다. 방과 방 사이에 문이 난 경우도 제법 많아 문을 트면 길이 나게 되는 것이다. 이처럼 한옥은 사방으로 적당히 뚫려 있고 적당히 막혀 있다.

　한옥 공간이 순환한다는 것은 시작과 끝이 없고 하나로 '통(通)'한다는 뜻이다. '원(圓)'은 완전 도형이라 해서 동서양 모두에서 최고의 상태로 간주*했는데 한옥에서는 이를 공간에 적용해서 막힘 없이 둥글둥글 도는 동선 구조로 만들어 냈다. '원'에 '통'을 결합해서 '원통'한 공간으로 만들어 낸 경우는 한옥밖에 없다. 원통은 원처럼 둥글어서 통한다는 뜻이다. 다시 말해 뒤돌아서는 일 없이 직각으로만 꺾다 보면 처음 출발했던 곳으로 되돌아올 수 있다는 의미이다. 가령 대청*으로 오르면 방으로 들어간 뒤 옆방으로 이어 가거나 방 밖으로 빠져나오는 식으로 다시 대청 앞으로 돌아올 수 있다는 것이다. '원'한 공간은 자연히 '통'하게 되어 있으니, 한옥은 '원'이라는 것에서 기하학적 형상*을 읽은 것이 아니라 '통'하는 가능성을 읽은 것이다.

　한옥의 원통 구성은 ㉠'외파 증식'의 방식으로 발전해 온 한옥의 형성 과정과도 관련이 깊다. 한옥의 평면 구성을 보면 개별 채에서부터 한 번 꺾인 'ㄱ'자형, 두 번 꺾인 'ㄷ'자형, 세 번 꺾여 에워싸는 'ㅁ'자형, 에워싼 다음 한 번 더 뻗어나간 'ㅂ'자형 등 그 구성 방식이 다양하다. 이처럼 씨앗이 발아하듯 방 하나의 기본 공간 단위가 밖으로 증식하면서 분할하는 것이 외파 증식이다. 이는 윤곽을 먼저 정하고 안으로 잘라 들어가며 구성하는 서양의 ㉡'내파 분할*' 구성과 반대되는 한옥만의 독특한 특징이라고 할 수 있다.

　이러한 한옥 공간에서는 여러 공간을 거쳐 가는 돌아가기와 최단 거리로 가는 질러가기가 모두 가능하다. 돌아가는 동선은 여러 개인데, 이는 이동 과정을 선택할 수 있고 그 과정에서 느끼는 경험의 종류가 많다는 것이다. 이것은 이동의 목적과 성격, 이동하는 사람의 상황과 마음 상태 등의 여러 조건에 따라 동선을 선택할 수 있음을 의미한다. 또한 한옥에는 급할 때 이쪽에서 저쪽까지 한걸음에 달려갈 수 있는 지름길도 있다.

　이처럼 한옥은 공간의 다양한 가능성을 보여 준다. 한옥은 서로의 개성을 존중하면서도 안팎의 분별*을 없애 어울림을 추구하려는 한국인의 가치관을 구현하고 있는 것이다.

＊간주(볼 看, 지을 做): 상태, 모양, 성질 따위가 그와 같다고 봄. 또는 그렇다고 여김.
＊대청(큰 大, 마루 廳): 한옥에서, 몸채의 방과 방 사이에 있는 큰 마루.
＊형상(모양 形, 모양 象): 사물의 생긴 모양이나 상태.
＊분할(나눌 分, 나눌 割): 나누어 쪼갬.
＊분별(나눌 分, 나눌 別): 서로 다른 일이나 사물을 구별하여 가름.

주제 쓰기

_____

_____

**1** 윗글의 표제와 부제로 가장 적절한 것은?

① 한옥 공간의 의미 - 안팎의 분별을 없앤 원통의 공간
② 한옥 구조의 특징 - 기하학적 형상을 중심으로
③ 주거 형태의 변화 - 한옥의 기능성을 중심으로
④ 한옥과 서양 건축 - 외파 증식과 내파 분할의 비교
⑤ 동선 구조의 효율성 - 돌아가기와 질러가기의 조화로움

**2** ㉠과 ㉡에 대한 설명으로 적절한 것은?

① ㉠은 꺾임의 방법에 따라 구성 방식이 다양하다.
② ㉠은 공간의 윤곽을 먼저 정한 뒤 내부를 구성한다.
③ ㉡은 기본 공간을 중심으로 공간이 증식하면서 분할한다.
④ ㉠은 ㉡과 달리 분할의 방식에 따라 건물의 구조가 결정된다.
⑤ ㉡은 ㉠과 달리 공간이 뻗어 나가는 방향에 따라 동선 구조가 생긴다.

**3** 윗글을 바탕으로 <보기>를 이해한 내용으로 적절하지 않은 것은?

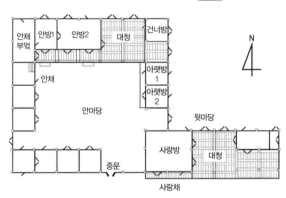

\* ⌂ , ⌂ : 문.

① 안방 1과 안방 2 사이는 상황에 따라 문을 트면 길이 날 수도 있겠군.
② 중문에서 안방 1로 가기 위해 안채의 대청에서 안방 2를 통해 가는 것은 질러가기에 해당하겠군.
③ 사랑방에서 뒷마당으로 나가 사랑채의 대청을 통해서 처음 출발했던 위치로 돌아올 수 있겠군.
④ 안채 부엌에서 사랑방으로 가는 길은 이동하는 사람이 상황에 따라 다양하게 선택할 수 있겠군.
⑤ 안방 2는 대청, 안마당, 안방 1 등과 통할 수 있어 사방으로 적당히 뚫려 있는 공간으로 볼 수 있겠군.

주심 화제나 핵심 내용 등에는 ○, △, □, 밑줄 등과 같은 표시를 하면서 읽어보세요.

　　동양화의 특징은 여러 가지가 있겠지만 그중 여백의 미를 빼놓을 수 없다. 여백의 미를 살리지 않은 그림은 동양화라 할 수 없을 정도로 여백은 동양화에서 흔히 볼 수 있는 특징이다. 이 여백은 다양하게 표현된다. 화면 한쪽을 넓게 비워 놓는 큰 여백이 있는가 하면, 화면의 형체 사이사이에 좁게 비워 놓는 작은 여백도 있다. 또한 여백은 아무것도 그리지 않은 빈 공간으로 표현하는 것이 보통이지만, 물이나 하늘, 안개나 구름과 같은 어떤 실체를 표현하기도 한다. 그리고 빽빽함에 대비되는 성김*으로, 드러남에 대비되는 감춤으로 여백 표현을 대신하기도 한다.

　　여백이 어떤 역할을 하는지 조선 후기의 화가 김홍도의 '관폭도(觀瀑圖)'를 통해 살펴보자. 그림을 보면 선비들이 모여 있는 곳과 산(山)의 일부를 제외하고는 구석구석이 비어 있다. 심지어 산에서 떨어지는 폭포조차도 형체를 그리는 대신에 여백으로 표현하였다. 이렇듯 화면의 여러 부분을 비워 둠으로써 여백은 화면에 여유와 편안함을 주고 이로 인해 감상자는 시원함을 느끼게 된다. 동양화 속의 일부 경물*들이 세밀하고 빽빽하게 그려져 있더라도 그리 복잡하거나 산만하게 보이지 않는 것은 바로 이 여백이 있기 때문이다. 특히 산수화에서의 여백은 세밀하게 표현된 경물들을 산만하지 않게 잘 정리해 주어 화면 전체에 안정감을 제공한다.

　　여백은 상상력을 발휘할 수 있는 바탕이 되기도 한다. 여백은 아무것도 없지만, 오히려 자세히 그린 것보다 더욱 많은 것을 표현해 주고 암시*해 준다. 그림에서 선비들이 바라보는 곳에 주목해 보자. 폭포 건너편에 있는 선비들은 그림의 오른쪽에 있는 무언가를 바라보는 모습으로 처리되어 있는데, 작가는 선비들이 바라보는 대상을 여백으로 처리하였다. 선비들이 바라보는 대상은 그림 속 공간 안에 있을 수도 있고, 그림 바깥에 저 멀리 있을 수도 있다. 만약 작품의 오른쪽에 봉우리를 그렸다면 선비들이 봉우리를 바라보고 있는 것으로 단정 짓게 되지만, 여백으로 남겨 두었기 때문에 나무, 집, 바위 등 더 많은 것들을 생각할 수 있다. 그래서 ㉠여백은 일종의 적극적 표현이다.

　　여백은 화면에 여유와 안정감을 주면서 독자의 상상력을 자극하는 효과를 갖는다. 여백이 지닌 이러한 효과들로 동양화의 감상자는 운치*와 여운을 느낄 수 있다. 이처럼 여백은 다 그리고 난 나머지로서의 여백이 아니라, 저마다 역할이 있는 의도적인 표현이다. '동양화의 멋은 여백에서 찾을 수 있다'고 할 정도로 여백은 동양화의 특징을 잘 드러내는 중요한 표현 방법이다.

* 성기다: 물건 사이가 떠서 빈 공간이 많다.
* 경물(볕 景, 만물 物): 계절에 따라 달라지는 경치.
* 암시(어두울 暗, 보일 示): 넌지시 알림. 또는 그 내용.
* 운치(운 韻, 보낼 致): 고상하고 우아한 멋.

주제 쓰기

_____

_____

**1** 윗글의 중심 내용으로 적절한 것은?

① 동양화의 여백의 특징과 역할
② 여백이 지닌 의미가 변해온 과정
③ 동양화에서 여백을 사용하게 된 기원
④ 동양화에서 여백이 나타나는 사상적 배경
⑤ 여백을 바라보는 동양과 서양의 관점 차이


**2** 글쓴이가 ㉠과 같이 말한 이유로 적절한 것은?

① 경물에 담긴 의미를 명확하게 보여 주기 때문에
② 작품 속 경물들을 산만하지 않게 정리해 주기 때문에
③ 화면에 표현된 것 이외의 것들을 상상할 수 있게 해 주기 때문에
④ 경물을 세밀하게 묘사하여 작가의 예술적 능력을 보여 주기 때문에
⑤ 현실의 속박에서 벗어나고자 하는 작가의 의지를 강조해 주기 때문에


**3** 윗글과 <보기>를 함께 읽고 보인 반응으로 가장 적절한 것은?

┤ 보 기 ├

〈누워 있는 여인〉

　　조각은 다른 미술 갈래보다 공간을 중시한다. 조각에서 공간은 작품과 별개로 존재하지 않고 상호 작용을 통해 작품의 의미를 풍부하게 만들어 주는 역할을 한다. 이 때문에 조각가들은 형상 사이사이의 공간까지 단순히 '빈 곳'이 아니라 '네거티브 볼륨'이라고 해서 작품을 구성하는 중요한 요소로 여겼다. 위쪽의 작품을 보면 조각가가 작품을 하나의 덩어리로만 표현하지 않고 네거티브 볼륨을 작품의 중요한 구성 요소로 삼아 작품의 표현 효과를 높이고 있음을 확인할 수 있다.

① '관폭도'와 '누워 있는 여인'은 모두 '빽빽함과 성김'의 대비를 통해 형상의 사실성을 높이고 있군.
② '관폭도'와 '누워 있는 여인'은 모두 작품이 창작될 당시의 현실을 바탕으로 작품의 의미를 파악해야 하는군.
③ '관폭도'와 '누워 있는 여인'은 모두 작품 감상 과정에서 빈 공간을 작품의 중요한 구성 요소로 주목해야 하는군.
④ '관폭도'와 달리, '누워 있는 여인'은 대상과 빈 공간의 조화를 통해 사회에 대한 작가의 비판 의식을 강조하고 있군.
⑤ '관폭도'와 달리, '누워 있는 여인'은 인위적인 조작을 최소화하여 자연과 인간이 조화를 이루는 경지를 표현하고 있군.

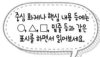

주심 화제나 핵심 내용 등에는 ○, △, □, 밑줄 등과 같은 표시를 하면서 읽어보세요.

일반적으로 사진을 찍을 때는 사진에 담을 대상인 중심 피사체*를 먼저 선정하여 화면 중앙에 놓고 이것에 초점을 맞춘다. 그런 다음 중심 피사체와 주변 풍경을 적절하게 구획*하여 안정된 구도로 사진을 찍는 것이 일반적인 프레임*구성 방법이다. 그런데 사진을 촬영하다 보면 의도하지 않았던 요소들이 개입하여 일반적인 프레임 구성 방법에서 벗어났음에도 미적 효과가 느껴지는 경우가 있다. 이를 의도적으로 활용한 대표적인 예가 솔더샷 프레임이다.

솔더샷 프레임이란 등에 업힌 아이가 어깨 너머로 세상을 보는 것처럼, 프레임 안에 장애물을 배치하여 감상자가 장애물 너머로 중심 피사체를 보도록 유도하는 프레임 구성 방법이다. 솔더샷 프레임을 활용하면 프레임 안에 삽입*된 장애물로 인해 감상자가 시각적인 긴장감을 느끼게 되어 중심 피사체에 대한 감상자의 집중도가 높아지게 된다.

솔더샷 프레임은 다음과 같은 방법들을 활용하여 구성한다. 첫째, 사진에 담고자 하는 중심 피사체 앞에 장애물을 배치한다. 장애물을 배치하면 감상자가 눈에 잘 띄는 장애물을 먼저 본 다음에 중심 피사체를 보기 때문에 중심 피사체로 시선이 집중되는 효과가 나타난다. 이때 장애물이 중심 피사체보다 크면, 장애물이 감상자의 눈에 더 잘 띄게 된다. 그리고 장애물의 형태나 자세, 시선 등이 중심 피사체를 향하도록 하면 감상자의 시선을 중심 피사체로 이끌어 주는 지시성이 강화된다. 둘째, 중심 피사체에는 초점을 정확하게 맞추는 반면 장애물에는 초점을 맞추지 않는다. 그러면 감상자는 초점이 맞지 않아 흐릿하게 보이는 장애물보다 초점을 맞춘 대상을 중심 피사체로 인식하여 시선을 집중하게 된다. 셋째, 중심 피사체와 장애물의 밝기를 대비시킨다. 중심 피사체는 밝게, 장애물은 어둡게 촬영하는 것이 좋다. 그러면 밝음과 어둠이 대비되면서 감상자가 중심 피사체를 주목하게 된다.

솔더샷 프레임은 의도하지 않았을 때 나타나는 미적 효과를 의도적으로 활용하여 사진의 예술성을 구현하고자 한다. 솔더샷 프레임은 조화와 균형, 통일을 기본으로 여겼던 기존의 예술적 인식에서 벗어나 순간적이고 우연적인 것, 불안정한 것에서 아름다움을 발견했다는 점에서 사진 예술의 새로운 방향을 제시한다고 할 수 있다.

* 피사체(이불 被, 베낄 寫, 몸 體): 사진을 찍는 대상이 되는 물체.
* 구획(지경 區, 그을 劃): 토지 따위를 경계를 지어 가름. 또는 그런 구역.
* 프레임: 사진 화면의 구도를 설정하는 틀
* 삽입(꽂을 揷, 들 入): 어떤 것을 주된 것 사이에 끼워 넣음.

주제 쓰기

_____

_____

**1** 윗글을 바탕으로 <보기>를 이해한 내용으로 적절하지 <u>않은</u> 것은?

┤ 보 기 ├

〈진동선, 「이탈리아 피렌체」〉

　이 사진은 남자를 향하여 서 있는 여자를 장애물로 배치하여 숄더샷 프레임으로 촬영한 것이다.

① 중심 피사체와 장애물의 밝기를 대비시켜 감상자가 중심 피사체를 주목하게 하는군.

② 장애물을 흐릿하게 촬영하여 초점을 맞춘 대상을 감상자가 중심 피사체로 인식하게 하는군.

③ 장애물의 자세가 중심 피사체를 향하게 함으로써 중심 피사체에 대한 지시성이 강화되고 있군.

④ 장애물을 중심 피사체보다 앞에 배치하여 장애물이 중심 피사체보다 감상자의 눈에 먼저 띄게 하는군.

⑤ 장애물을 중심 피사체보다 크게 촬영하여 감상자의 시선이 중심 피사체를 거쳐 장애물로 집중되게 하는군.


**2** 윗글에 언급된 '숄더샷 프레임(㉠)'과 <보기>의 '엣지샷 프레임(㉡)'에 대한 설명으로 가장 적절한 것은?

┤ 보 기 ├

　'엣지샷 프레임'은 중심 피사체를 가장자리나 구석에 위치시켜 의도적으로 시각적 긴장감을 유발하는 프레임 구성 방법이다. 이 프레임은 안정된 구도를 활용하는 일반적인 사진과 달리 익숙하지 않은 프레임을 통해 감상자가 중심 피사체에 집중하게 한다.

① ㉠은 ㉡과 달리 기존의 예술적 인식을 바탕으로 한 프레임 구성 방법이다.

② ㉡은 ㉠과 달리 의도하지 않았을 때 나타나는 미적 효과를 의도적으로 활용하고 있다.

③ ㉠은 조화와 균형, ㉡은 부조화와 불균형을 아름다움의 기본으로 여기고 있다.

④ ㉠과 ㉡은 중심 피사체를 프레임의 중앙 부분에 놓이도록 촬영한다.

⑤ ㉠과 ㉡은 익숙하지 않은 프레임을 통해 시각적 긴장감을 유발한다.

중심 화제나 핵심 내용 등에는 ○, △, □, 밑줄 등과 같은 표시를 하면서 읽어보세요.

어린 시절 손가락을 다쳐 피가 날 때면 어머니는 입으로 '후우'하고 불어주시곤 했다. 그러면 신기하게도 상처가 다 나은 것 같아 울음을 그치곤 했다. 어머니의 입김은 영원히 식지 않을 것 같은 온풍이었다. 관악기가 가슴으로 전해지는 뭉클한 감동을 주는 건 이 따뜻한 입김 때문인지도 모른다. 이런 포근한 울림을 주는 악기, 훈(塤)을 소개한다.

우리나라에 훈이 들어온 때는 고려 예종 11년(1116년)이다. 당시 중국 송나라에서 들여와 아악* 연주에 사용했다. 하지만 우리나라에서는 중국의 훈과는 다른, 저울추 같은 모양의 훈이 주로 사용되었다.

조선 성종 때 만든 '악학궤범'에는 다음과 같은 훈에 관한 기록이 있다. '높이는 3촌 7푼, 가운데 둘레 8촌, 밑바닥 지름 1촌 7푼의 크기이다. 지공*은 앞에 셋, 뒤에 둘이며, 뾰족한 꼭지 부분에 취구*를 만든다.'('촌'은 약 3.03cm, '푼'은 약 0.303cm)

이처럼 훈은 자그마한 악기로, 그 모습이 마치 공처럼 생겼고, 끝이 막혀 있는 폐관악기의 형태라 '공을 울려 나오는 소리'라는 뜻의 '명구(鳴球)'라 부르기도 한다. 훈은 기와를 만드는 흙이나 황토에 솜을 섞어 만드는데, 최근에는 도자기로 구워서 만들어 내기도 한다. 흙으로 만들었기 때문인지, 훈에 사람의 입김을 불어 넣으면 그 어느 관악기보다도 부드럽고 따뜻한 소리가 난다.

소리는 취구에 입김을 불어 넣고 지공을 열거나 닫아서 만들어 낸다. 지공이 5개밖에 없는데도 12가지 음을 다 내는 것은 지공 하나를 반만 열어서 다른 음을 만들어 내는 반규법(半竅法)을 사용하기 때문이다.

ⓐ음을 낼 때 손가락으로 5개의 지공을 모두 막으면 '황종(黃鐘)'이 나고, 이 황종에서 지공 하나를 반만 열면 반음 높은 음인 '대려(大呂)'를 나타낼 수 있는 식이다. 이렇게 지공을 열어가며 음을 높여가고, 지공을 모두 열면 '응종(應鐘)'이 나게 된다.

이런 연주법의 특성과 형태상 훈을 연주할 때에는 절대적으로 음감에 의존할 수밖에 없어 정확한 음정을 내기가 어렵고, 빠른 연주에는 적합하지 않아 널리 보급되지 못했다. 우리나라에서는 문묘악*에서 토부(土部)* 악기의 구실을 하기 위해 겨우 명맥*을 유지하고 있는 실정이어서 대중화를 위한 다양한 연구가 필요하다.

* 아악(바를 雅, 풍류 樂): 고려와 조선 시대, 궁중에서 연주된 전통 음악의 한 갈래를 이르던 말.
* 지공(손가락 指, 구멍 孔): 소금(小笒)이나 퉁소 따위에 뚫은 구멍.
* 취구(불 吹, 입 口): 나팔, 피리 따위에서 입김을 불어 넣는 구멍.
* 문묘악(글월 文, 사당 廟, 풍류 樂): 공자를 모신 사당에서 제사 지낼 때 아뢰는 음악.
* 토부(흙 土, 거느릴 部): 흙을 구워서 만든 국악기를 통틀어 이르는 말.
* 명맥(목숨 命, 맥 脈): 어떤 일의 지속에 필요한 최소한의 중요한 부분.

주제 쓰기
_____
_____

**1** '훈'에 대한 설명으로 적절한 것은?

① 조선 성종 때 전해져 아악에서 중요한 역할을 했다.
② 지공의 수가 적어 일반인도 정확한 소리를 내기가 쉽다.
③ 12가지 소리 중 '응종'을 제외한 모든 음을 표현할 수 있다.
④ 형태 및 연주법의 특성상 빠른 음악을 연주하는 데 한계가 있다.
⑤ 우리나라에서는 중국과 같은 저울추 모양의 훈이 주로 사용되었다.

V
·
예
술

**2** ⓐ로 보아 '대려(大呂)'를 낼 수 있는 그림은?

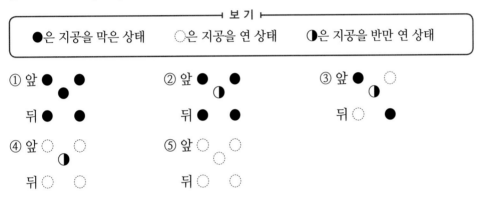

─ 보 기 ─
●은 지공을 막은 상태   ○은 지공을 연 상태   ◑은 지공을 반만 연 상태

**3** <보기>를 참고할 때, '훈'과 '오카리나'의 공통점이 <u>아닌</u> 것은?

─ 보 기 ─

　'오카리나(ocarina)'는 '거위'를 뜻하는 이탈리아 어 'oca'와 '작다'라는 뜻인 'rina'의 합성어이다. 고대부터 전해오던 흙피리 형태의 악기를 19세기 이탈리아의 음악가 주세페 도나티가 개량하여 만든 것인데, 현재는 형태에 상관없이 흙으로 만든 관악기를 통칭해서 '오카리나'라고 부른다. 위쪽이 뾰족하게 튀어나와 입에 물고 불며, 그 뒤에 울림구멍이 있고 끝은 막혀 있는 형태이다. 지공은 4~13개이고 주로 온음계를 내지만 손가락으로 조절하면 반음계도 낼 수 있다.

① 반음계를 낼 수 있다.
② 끝이 막혀 있는 형태이다.
③ 주로 흙을 이용하여 만든다.
④ 현대적으로 개량하여 대중화되었다.
⑤ 입김과 손가락을 활용하여 소리를 낸다.

정답 및 해설 90쪽

중심 화제나 핵심 내용 등에는
○, △, □, 밑줄 등과 같은
표시를 하면서 읽어보세요.

유성영화가 등장했던 1920년대 후반에 유럽의 표현주의나 형식주의 감독들은 영화 속의 소리에 대한 부정적인 견해가 컸다. 그들은 가장 영화다운 장면은 소리 없이 움직이는 그림으로만 이루어진 장면이라고 믿었다. 그래서 그들은 영화 속 소리가 시각 매체인 영화의 예술적 효과와 영화적 상상력을 빼앗을 것이라고 내다보았다.

하지만 영화를 볼 때 소리를 없앤다면 어떤 느낌이 들까? 아마 내용이나 분위기, 인물의 심리 등을 파악하기 힘들 것이다. 이런 점을 고려할 때 영화 속 소리는 영상과 분리해서 생각할 수 없는 필수 요소라고 할 수 있다. 소리는 영상 못지않게 다양한 기능이 있기 때문에 현대 영화감독들은 영화 속 소리를 적극적으로 활용하고 있다.

영화의 소리에는 대사, 음향 효과, 음악 등이 있으며, 이러한 소리들은 영화에서 다양한 기능을 수행*한다. 우선, 영화 속 소리는 다른 예술 장르의 표현 수단보다 더 구체적이고 분명하게 내용을 전달하는 데 도움을 줄 수 있다. 그리고 줄거리 전개에 도움을 주거나 작품의 상징적 의미를 전달하는 역할뿐만 아니라 주제 의식을 강조하는 역할을 하기도 한다. 또 영상에 현실감을 줄 수 있으며, 영상의 시·공간적 배경을 확인시켜 주는 역할도 한다. 가령 현대인의 일상적인 삶을 표현하기 위해 영화 속 소리로 일상생활의 소음을 사용한다면 영상의 사실성을 높일 수 있다.

또한 영화 속 소리는 영화의 분위기를 조성하고 인물의 내면 심리도 표현할 수 있다. 예를 들어 소리는 높낮이와 빠르기에 따라 분위기나 인물의 내면 심리를 표현하는 데 큰 영향을 미친다. 높은 소리는 대개 불안감이나 긴박감을 자아내는 데 사용하며, 낮은 소리는 두려움이나 장엄함 등을 표현할 때 사용한다. 그리고 소리가 빨라질수록 긴장감은 고조*되고 반대로 느려지면 여유롭고 부드러운 분위기를 연출할 수 있다.

마지막으로, 영화는 다른 시간과 장소에서 찍은 장면들을 연결하여 하나의 이야기를 만든다. 이때 영화 속 소리는 나열된 영상들을 한 편의 작품으로 완성시켜 주는 역할을 한다. 예를 들어 다큐멘터리의 내레이션은 각기 다른 시간과 장면에서 찍은 장면들을 자연스럽게 이어 붙여 영상의 시·공간적 간격을 메워줄 수 있다.

이와 같이 영화 속 소리는 다양한 기능을 수행하기 때문에 영화의 예술적 상상력을 빼앗는 것이 아니라 오히려 더 풍부하게 해 준다. 그래서 현대 영화에서 소리를 빼고 작품을 완성한다는 것은 생각하기 어려운 일이 되었다.

* 수행(이룰 遂, 갈 行):
생각하거나 계획한 대
로 일을 해냄.
* 고조(높을 高, 고를 調):
사상이나 감정, 세력 따
위가 한창 무르익거나
높아짐. 또는 그런 상태.

주제 쓰기 •

_____

_____

**1** 윗글의 중심 내용으로 가장 적절한 것은?

① 영화 속 소리의 역할
② 영화 속 소리의 한계
③ 영화 속 소리의 편집 기법
④ 영화 장르에 따른 소리의 종류
⑤ 영화에서 소리와 영상을 연결하는 방법

**2** 윗글을 바탕으로 <보기>의 (가)와 (나)를 이해한 것으로 가장 적절한 것은?

┤ 보 기 ├

(가) 영화 〈오발탄〉에서 정신이 온전치 못한 '어머니'는 "가자!"라는 말을 계속해서 반복하고, 주인공도 영화 마지막에 "가자!"를 내뱉는다. 이 짧은 대사는 6·25 전쟁 이후 삶의 방향 감각을 상실한 채 살아가는 가족의 절망과 좌절을 표현한다.

(나) 영화 〈시민 케인〉에서 케인과 그 부인이 식탁에 앉아 사랑의 말을 속삭이는 장면에서는 밝고 경쾌한 음악이 사용되지만, 둘의 사이가 벌어지면서부터는 대화도 간략해지고 음악소리만 커진다. 그리고 갈등이 최고조일 때는 아예 대화가 없어지고 음악은 무겁게 가라앉는다.

① (가)는 영상의 시간적 배경을, (나)는 영상의 공간적 배경을 소리를 통해 보여 주는군.
② (가)는 소리의 반복을 통해, (나)는 소리의 빠르기를 통해 영상에 현실감을 부여하는군.
③ (가)는 작품의 주제 의식을 형성하는 데, (나)는 인물의 내면 심리 변화를 드러내는 데 소리가 도움을 주는군.
④ (가)와 (나) 모두 영화 속 소리의 장점과 단점을 확인할 수 있는 장면이군.
⑤ (가)와 (나) 모두 영상의 시각적 이미지가 주는 예술적 효과를 강조하는군.

**01 간주** 볼 看 지을 做
상태, 모양, 성질 따위가 그와 같다고 봄. 또는 그렇다고 여김. 예 조직 위원회는 이번 올림픽이 성공적이었다고 간주했다.

**02 대청** 큰 大 마루 廳
한옥에서, 몸채의 방과 방 사이에 있는 큰 마루. 예 삼촌은 대청에 앉아 장기를 두고 있었다.

**03 형상** 모양 形 모양 象
사물의 생긴 모양이나 상태. 예 이 바위는 기이한 형상을 하고 있다.

**04 분할** 나눌 分 나눌 割
나누어 쪼갬. 예 단세포는 분할을 거쳐 생물의 육체를 만든다.

**05 분별** 나눌 分 나눌 別
서로 다른 일이나 사물을 구별하여 가름. 예 지금은 귀천의 분별이 없어졌다.

**06 성기다**
물건 사이가 떠서 빈 공간이 많다. 예 그는 머리카락이 성기다.

**07 경물** 볕 景 만물 物
계절에 따라 달라지는 경치. 예 그가 작품에서 그려낸 고향의 경물이 너무나 생생하였다.

**08 암시** 어두울 暗 보일 示
넌지시 알림. 또는 그 내용. 예 이 소설에서 흰옷은 죽음을 암시한다.

**09 운치** 운 韻 보낼 致
고상하고 우아한 멋. 예 그 집의 정원은 운치가 있다.

**10 피사체** 이불 被 베낄 寫 몸 體
사진을 찍는 대상이 되는 물체. 예 이 카메라는 피사체와의 거리를 자유자재로 조절할 수 있다.

**11 구획** 지경 區 그을 劃
토지 따위를 경계를 지어 가름. 또는 그런 구역. 예 도시를 동서남북의 4면으로 구획하다.

**12 삽입** 꽂을 揷 들 入
어떤 것을 주된 것 사이에 끼워 넣음. 예 이 영화는 컴퓨터로 합성한 특수 영상의 삽입이 돋보인다.

**13 아악** 바를 雅 풍류 樂
고려와 조선 시대, 궁중에서 연주된 전통 음악의 한 갈래를 이르던 말. 예 아악은 궁중에서 제례와 연례 때에 쓰이던 음악이다.

**14 지공** 손가락 指 구멍 孔
소금(小笒)이나 퉁소 따위에 뚫은 구멍.

**15 취구** 불 吹 입 口
나팔, 피리 따위에서 입김을 불어 넣는 구멍. 예 대금은 지공이 여섯 개, 취구가 한 개로 되어 있다.

**16 문묘악** 글월 文 사당 廟 풍류 樂
공자를 모신 사당에서 제사 지낼 때 아뢰는 음악. 예 문묘악은 공자묘에 제사를 지낼 때 아뢰는 음악이다.

**17 토부** 흙 土 거느릴 部
흙을 구워서 만든 국악기를 통틀어 이르는 말.

**18 명맥** 목숨 命 맥 脈
어떤 일의 지속에 필요한 최소한의 중요한 부분. 예 겨우 명맥을 유지해 오던 전통문화가 무관심으로 인해 빠르게 소멸되고 있다.

**19 수행** 이를 遂 갈 行
생각하거나 계획한 대로 일을 해냄. 예 그는 직무를 성실히 수행했다.

**20 고조** 높을 高 고를 調
사상이나 감정, 세력 따위가 한창 무르익거나 높아짐. 또는 그런 상태. 예 두 나라 사이의 위기감이 고조되었다.

**[01~05]** 다음의 의미에 알맞은 단어를 서로 연결하시오.

01  나누어 쪼갬.　　　　　　　　　　　　　　　•　　　　　•  ⓐ 명맥

02  넌지시 알림. 또는 그 내용.　　　　　　　•　　　　　•  ⓑ 지공

03  어떤 일의 지속에 필요한 최소한의 중요한 부분.　•　　•  ⓒ 간주

04  소금(小笒)이나 퉁소 따위에 뚫은 구멍.　　•　　　　　•  ⓓ 암시

05  상태, 모양, 성질 따위가 그와 같다고 봄. 또는 그렇다고 여김.  •　　•  ⓔ 분할

**[06~10]** 다음의 (　　　) 안에 가장 적절한 단어를 〈보기〉에서 찾아 쓰시오.

┤ 보 기 ├

성기다　　삽입　　취구　　경물　　고조

06  두 나라 사이의 위기감이 (　　　　)되었다.

07  그는 머리카락이 (　　　　).

08  그가 작품에서 그려낸 고향의 (　　　　)이/가 너무나 생생하였다.

09  이 영화는 컴퓨터로 합성한 특수 영상의 (　　　　)이/가 돋보인다.

10  대금은 지공이 여섯 개, (　　　　)이/ 가 한 개로 되어 있다.

**[11~15]** 다음의 내용이 옳으면 ○표, 틀리면 ×표를 하시오.

11  '서로 다른 일이나 사물을 구별하여 가름'을 '분별'이라고 한다. (　　　)

12  '공자를 모신 사당에서 제사 지낼 때 아뢰는 음악'을 '문묘악'이라고 한다. (　　　)

13  '한옥에서, 몸채의 방과 방 사이에 있는 큰 마루'를 '대청'이라고 한다. (　　　)

14  '흙을 구워서 만든 국악기를 통틀어 이르는 말'을 '토부'라고 한다. (　　　)

15  '고려와 조선 시대, 궁중에서 연주된 전통 음악의 한 갈래'를 '아악'이라고 한다. (　　　)

**[16~20]** 밑줄 친 단어의 뜻을 〈보기〉에서 찾아 기호를 쓰시오.

┤ 보 기 ├

㉠ 토지 따위를 경계를 지어 가름. 또는 그런 구역.

㉡ 사물의 생긴 모양이나 상태.

㉢ 사진을 찍는 대상이 되는 물체.

㉣ 고상하고 우아한 멋.

㉤ 생각하거나 계획한 대로 일을 해냄.

16  그는 직무를 성실히 수행했다. (　　　　)

17  도시를 동서남북의 4면으로 구획하다. (　　　　)

18  이 바위는 기이한 형상을 하고 있다. (　　　　)

19  그 집의 정원은 운치가 있다. (　　　　)

20  이 카메라는 피사체와의 거리를 자유자재로 조절할 수 있다. (　　　　)

중심 화제나 핵심 내용 등에는 ○, △, □, 밑줄 등과 같은 표시를 하면서 읽어보세요.

단청이라 하면 일반적으로 목조 건물에 여러 가지 색으로 무늬를 그려 아름답게 장식하는 것을 말한다. 단청은 건물의 보존 효과를 높이기 위해서 시작되었는데, 이후 여러 가지 색감으로 문양을 더함으로써 보존 효과뿐만 아니라 장식성과 상징적 의미도 부여하게 되었다.

단청의 문양은 건축물의 성격에 따라, 그리고 나타내고자 하는 의미에 따라 달라진다. 예를 들어 봉황은 주로 궁궐에만 사용되었고, 사찰에는 주로 불교적 소재들이 문양으로 사용되었다. 또 극락왕생의 의미를 나타낼 때는 연꽃 문양을 그리고, 자손의 번창을 나타낼 때는 박쥐 문양을 그렸다.

단청은 붉은색을 의미하는 '단(丹)'과 푸른색을 의미하는 '청(靑)'을 결합하여 만든 단어이다. 이처럼 상반*된 색을 뜻하는 두 글자가 결합된 '단청(丹靑)'은 대비되는 두 색의 조화로운 관계를 의미한다.

하지만 단청에서 붉은색과 푸른색만을 쓴 것은 아니었다. 단청은 오방색을 기본으로 하여 채색하는데, 여기서 오방색이란 오행*의 각 기운과 직결된 청(靑), 백(白), 적(赤), 흑(黑), 황(黃)의 다섯 가지 기본색을 말한다. 단청을 할 때에는 이 오방색을 적절히 섞어 여러 가지 다른 색을 만들어 썼는데, 이 색들을 적색 등의 더운 색 계열과 청색 등의 차가운 색 계열로 구분하여 사용하였다.

단청의 가장 대표적인 기법으로는 '빛넣기', '보색 대비', '구획선 긋기' 등이 있다.

빛넣기는 문양에 백색 분이나 먹을 혼합하여 적절한 명도* 변화를 주는 것으로, 한 계열에서 명도가 가장 높은 단계를 '1빛', 그보다 낮은 단계는 '2빛' 등으로 말한다. 빛넣기를 통한 문양의 명도 차이는 시각적 율동성을 이끌어 내어 결과적으로 단순한 평면성을 탈피*하는 시각적 효과를 얻을 수 있다. 즉 명도가 낮은 빛은 물러나고 명도가 높은 빛은 다가서는 듯한 느낌을 주게 된다.

보색 대비는 ㉠더운 색 계열과 차가운 색 계열을 서로 엇바꾸면서 색의 층을 조성함으로써 색의 조화를 이끌어 내는 것을 말한다. 예를 들어 오색구름 문양을 단청할 때 더운 색과 차가운 색을 엇바꾸면서 대비*시키는 방법이 그것인데, 이것을 통해 색의 조화를 이끌어 낼 수 있으며 문양의 시각적 장식 효과를 더욱 높일 수 있다.

구획선 긋기는 색과 색 사이에 흰 분으로 선을 긋는 것을 말하는데, 특히 보색 대비가 일어나는 색과 색 사이에는 빠짐없이 구획선 긋기를 한다. 이 기법을 사용하면 문양의 색조를 더욱 두드러지게 하는 효과를 얻을 수 있다.

이러한 빛넣기와 보색 대비 그리고 구획선 긋기 등의 기법을 활용함으로써 시각적 단층을 형성함으로써 단청의 각 문양은 전체적으로 안정감을 얻게 된다.

* 상반(서로 相, 되돌릴 反): 서로 반대되거나 어긋남.
* 오행: 우주 만물을 이루는 다섯 가지 원소. 금(金) · 수(水) · 목(木) · 화(火) · 토(土)를 이름.
* 명도(밝을 明, 법도 度): 색의 밝고 어두운 정도.
* 탈피(벗을 脫, 가죽 皮): 일정한 상태나 처지에서 완전히 벗어남.
* 대비(대답할 對, 견줄 比): 회화(繪畫)에서, 어떤 요소의 특질을 강조하기 위하여 그와 상반되는 형태 · 색채 · 톤(tone)을 나란히 배치하는 일.

주제 쓰기 •
_____
_____

**1** 윗글의 내용과 일치하지 <u>않는</u> 것은?

① 단청은 오방색을 기본으로 하여 채색한다.
② 단청의 명도 조절에는 백색 분이나 먹을 사용한다.
③ 단청은 건축물의 보존 효과를 높이기 위해 시작되었다.
④ 건축물의 성격에 따라 그려지는 단청의 문양은 다르다.
⑤ 단청에서는 주변 경관과의 조화를 위해 구획선 긋기를 사용한다.

**2** ㉠을 활용하는 이유로 가장 적절한 것은?

① 시각적 장식 효과를 얻기 위해
② 여러 가지 빛을 만들어 내기 위해
③ 명도의 차이를 분명히 드러내기 위해
④ 단청 작업 시 빛넣기를 쉽게 하기 위해
⑤ 자연 만물의 변화무쌍한 모습을 드러내기 위해

**3** 윗글을 바탕으로 <보기>를 이해한 내용으로 적절하지 <u>않은</u> 것은?

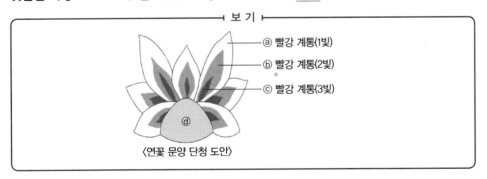

┤ 보 기 ├

ⓐ 빨강 계통(1빛)
ⓑ 빨강 계통(2빛)
ⓒ 빨강 계통(3빛)

ⓓ

〈연꽃 문양 단청 도안〉

① ⓐ와 ⓑ의 보색 대비를 통하여 문양의 색조는 더욱 두드러지겠군.
② ⓒ는 ⓐ에 비해 보는 사람 입장에서 물러나는 듯한 느낌을 받을 수 있겠군.
③ ⓐ, ⓑ, ⓒ는 명도에 변화를 주는 것으로 문양의 시각적 율동성을 이끌어 내는 효과가 있겠군.
④ 보색 대비가 이루어지도록 하기 위해서는 ⓓ에 청색 계통의 색을 칠해야겠군.
⑤ <보기>의 문양이 건축물에 단청이 되었을 경우 극락왕생이라는 상징적 의미를 더하는 효과가 있겠군.

중심 화제나 핵심 내용 등에는 ○, △, □, 밑줄 등과 같은 표시를 하면서 읽어보세요.

사람들은 대부분 미술 감상을 전문적인 식견*을 가진 사람들만이 하는 고상한 취미 활동이라고 생각한다. 그러나 영화를 감상하는 데 지식이 없어도 되듯이, 미술을 감상하기 위해서도 특별한 지식을 갖추지 않아도 된다. 감상이란 마음에서 느껴 일어나는 생각이다. ㉠자연을 감상하듯 편안하게, 열린 시선으로 미술 작품을 바라본다면 느낌이 자연스럽게 떠오를 것이다.

미술 감상은 순간적인 시각적 판단에서 시작된다. 우선 눈으로 보기에 '좋다' 또는 '그렇지 않다'가 평가의 기준이 된다. 눈으로 보아 순간적으로 일어나는 감정이 미술 감상의 가장 기본적인 요소라고 할 수 있다.

이제 20세기 추상 화가 몬드리안이 그린 '구성'을 감상해 보자.

이 그림을 보면 왠지 엄격하고 고지식하며* 정연한 느낌이 든다. 반듯반듯한 것이 작은 일탈도 허용하지 않을 것 같다. 이런 느낌은 이 그림이 가진 시각적·조형적 특질에서 비롯된 것이며 누구나 쉽게 느끼는 부분이다.

몬드리안의 추상화는 매우 단순하다. 그 단순함은 흰색의 여백, 검은색의 수평선과 수직선, 빨강·파랑·노랑 삼원색을 통해 엄격하고 분명하게 표현돼 있다. 그림에 비뚤어진 사선 하나, 원색을 섞어 만든 이차색 하나 없는 것을 볼 때, 근원적인 것만을 남기겠다는 의지를 느낄 수 있다. 그래서 우리는 이 그림에서 본원적인 질서와 규범을 향한 종교적·구도자적 엄숙성 같은 것을 느끼게 된다.

몬드리안이 어떻게 수평선과 수직선, 빨강·파랑·노랑의 삼원색과 흑백의 무채색만으로 그림을 그리게 됐는지는 그의 '나무' 연작*을 통해 잘 드러난다. 우뚝 선 한 그루의 나무가 갈수록 단순화되면서 나무의 줄기와 가지는 점점 선으로 변해버리고 가지 사이의 공간은 평면으로 전환된다. 마침내 그 나무는 오로지 수평선과 수직선, 그리고 그것이 교차하면서 생긴 사각형만 남게 된다. 이런 식으로 '나무' 연작에 표현된 극단화된 단순 구성은 아무리 복잡한 사물도 그 근원은 하나임을 느끼게 한다.

몬드리안의 작품을 감상하기 위해서 몬드리안에 대한 모든 것을 알 필요는 없다. 관심을 가지고 작품을 본다면 시대적 배경을 모른다 해도 그림에 드러난 가장 단순한 조형 언어를 통해 세계의 본원적 질서를 뚜렷이 느낄 수 있다.

* 식견(알 識, 볼 見): 학식과 견문이라는 뜻으로, 사물을 분별할 수 있는 능력을 이르는 말.
* 고지식하다: 성질이 외곬으로 곧아 융통성이 없다.
* 연작(잇닿을 連, 지을 作): 문학이나 미술 따위에서, 한 작가가 같은 주제나 같은 인물로 작품을 잇달아 짓는 일.

주제 쓰기 •

**1** 윗글의 서술상의 특징으로 적절하지 <u>않은</u> 것은?

① 개념에 대해 정의하고 있다.

② 구체적인 사례를 들고 있다.

③ 전문가의 의견을 인용하고 있다.

④ 비슷한 다른 대상으로부터 유추하고 있다.

⑤ 통념에 대해 반대하면서 글을 시작하고 있다.

**2** ㉠에 따라 예술 작품을 감상한 것으로 가장 적절한 것은?

① 로댕의 '생각하는 사람'은 단테의 "신곡"에서 영감*을 얻어 만든 것으로 문학을 재창조한 것이군.

② '봉산 탈춤'은 교통의 요지이며 상업 중심지인 봉산에서 발달한 것으로, 중산층과 서민의 욕구를 반영한 작품이야.

③ 청력을 완전히 상실한 가장 어려운 시기에 완성한 베토벤의 '합창' 교향곡을 통해 베토벤이 주는 희망의 메시지를 들었어.

④ '오페라 하우스'의 하얗고 둥근 지붕이 바다의 조가비, 배의 돛, 새의 날개 등을 연상시키면서 마치 바다에 와 있는 느낌을 주는군.

⑤ 영화 '죽은 시인의 사회'에서 키팅 선생님이 한 말 '카르페디엠(현재를 즐겨라)'이 단순히 향락적으로 살라는 것이 아님을 니체의 초월 사상을 공부하면서 알게 되었어.

* 영감(신령 靈 느낄 感): 창조적인 일의 계기가 되는 기발한 착상이나 자극.

**3** <보기>의 관점에서 윗글을 비판할 때, 가장 적절한 것은?

┤ 보 기 ├

　　미술 작품을 제대로 감상하기 위해서는 작가의 사상과 미술사적 위치, 제작 당시의 감정, 가정생활, 성격, 작품의 제작 시기 등을 고루 이해해야 한다.

① 모든 사람들이 작품을 보면서 똑같은 생각을 가진다는 것이 가능한가?

② 작가의 의도가 작품을 통해 그대로 반영되지 않는 경우가 더 많지 않은가?

③ 작품과 관련된 배경지식을 알지 못한 상황에서 작품을 제대로 감상할 수 있는가?

④ 작품을 이해하기 위해서 작가에 관한 모든 것을 알아야 한다는 것이 정말로 가능한가?

⑤ 예술을 이해하기 위해 많은 지식이 필요하다는 것은 감성보다 이성이 더 중요하다는 것인가?

# 도자기에 담긴 전통 예술의 아름다움 _ 김영원

정답 및 해설 96쪽

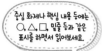
중심 화제나 핵심 내용 등에는
○, △, □, 밑줄 등과 같은
표시를 하면서 읽어보세요.

우리나라 도자기에는 전통 예술의 아름다움이 담겨 있다. 도자기는 수요자의 요구에 따라, 혹은 그것을 만든 장인의 예술 감각에 따라 다양한 형태와 문양을 갖게 된다. 도자기 가운데 고려청자는 매우 귀족적이며 장식적이다. 그 수요자가 왕실과 중앙 귀족이었으므로 도자기 형태나 문양에 그들의 취향이 반영되었기 때문이다. 이에 반해, 조선 분청사기는 왕실에서 일반 백성에 이르기까지 전 계층이 사용하였다. 물론 수요층에 따라 도자 양식에는 차이가 있었지만 대체로 분청사기는 일상생활 용기로 널리 사용되었으므로 순박하고 서민적이었다.

㉠고려청자의 아름다움은 흔히 형태, 색, 문양 등 세 가지 측면에서 얘기되곤 한다. 흐르는 듯한 형태의 유려함*, 비취옥과 같은 비색(翡色)*, 그리고 자연에서 소재를 얻은 문양이 그것이다. 귀족들의 취향을 반영한 고려청자에는 세련된 곡선미가 담겨 있다. 여기에 학이 창공을 날아가는 모습과 같은 우아하고 섬세한 문양이 신비한 비색과 잘 어우러져 있다. 그런데 고려청자에는 도공*의 창조적 개성미는 드러나지 않았다. 왜냐하면 고려청자는 서남해안 일부 지역에 설치되었던 관요(官窯)*에서 국가의 강력한 보호와 규제 속에서 이름 없는 도공들에 의해 만들어졌기 때문이다.

㉡분청사기는 '청자 태토(胎土)*로 빚은 몸체에 분을 바르듯이 백토를 입힌 사기그릇'을 말한다. 분청사기는 고려 말 귀족이 몰락하고 지방의 중소 지주였던 사대부 성리학자가 등장하던 시기에 제작되기 시작했다. 그러다가 점차 서민층에까지 쓰임이 확대되면서 형태도 매우 안정되고 튼튼하게 변해갔고, 문양도 활달하고 자유분방하게 변해가게 되었다. 또한 여기에 도공의 독창적 개성미가 더해져 자유롭고 생동감 넘치는 분청사기가 만들어지게 되었다. 왜냐하면 분청사기는 전국에 흩어져 있는 민간 가마인 민요(民窯)에서 이전보다 자유로운 여건에서 만들어졌기 때문이다.

* 유려하다(흐를 流, 고울 麗--): 글이나 말, 곡선 따위가 거침없이 미끈하고 아름답다.
* 비색(물총새 翡, 빛 色): 고려청자의 빛깔과 같은 푸른색.
* 도공(질그릇 陶, 장인 工): 옹기그릇을 만드는 일을 업으로 하는 사람.
* 관요: 관청에서 경영하던 가마.
* 태토: 바탕흙.

〈분청사기조화수조문편병〉

'분청사기조화수조문편병'을 보면, 아무렇게나 그어 나간 듯한 경쾌한 선들을 볼 수 있다. 어린아이들의 장난기 어린 그림처럼 보이기도 하지만, 무엇에도 얽매이지 않은 자유분방함과 독창적 개성미가 엿보인다. 또한 투박하지만, 장인의 예술 감각과 창조적 조형 의지도 느낄 수 있다. 이처럼 분청사기에서는 고려청자가 갖는 깔끔하고 이지적인 느낌과는 다른 수더분함과 숭늉 맛같은 구수함이 느껴진다. 분청사기의 자유분방함과 수더분함 속에서 고려청자와는 또 다른 전통 예술의 아름다움을 발견할 수 있다.

주제 쓰기 •

_____

_____

**1** 윗글의 중심 내용으로 가장 적절한 것은?

① 고려청자와 분청사기 수요층의 특징
② 고려청자와 분청사기의 원료와 제작 과정
③ 고려청자와 분청사기에 담긴 전통 예술의 아름다움
④ 고려청자와 분청사기에 나타난 문양의 상징적 의미
⑤ 고려청자와 분청사기를 통해 알 수 있는 시대적 상황

**2** 윗글의 ㉠, ㉡에 대한 설명으로 가장 적절한 것은?

① ㉠이 민요에서 만들어졌다면, ㉡은 관요에서 만들어졌다.
② ㉠이 투박하지만* 안정된 형태라면, ㉡은 세련되지만 불안정한 형태이다.
③ ㉠이 수더분하고 감성적인 느낌이라면, ㉡은 깔끔하고 이지적인 느낌이다.
④ ㉠의 수요층이 귀족에 국한*되었다면, ㉡의 수요층은 사대부들에 국한되었다.
⑤ ㉠이 우아하고 섬세한 문양이 특징이라면, ㉡은 활달하고 자유분방한 문양이 특징
이다.

* 투박하다: 생김새가 세련되지 않고 둔하다.
* 국한(판 局 한계 限): 범위를 일정한 부분에 한정함.

**3** 윗글을 읽은 독자가 <보기>를 더 접한 뒤에 보일 수 있는 반응으로 적절한 것은?

┤ 보 기 ├

　서양 미술사에서 화려한 르네상스 미술이 꽃 필 수 있었던 것은 예술가들의 역량을
인정하고 후원해 준 패트런(patron: 후원자)이 있었기 때문이다. 위대한 예술가로 명성
을 날린 다빈치, 미켈란젤로, 라파엘로 같은 화가의 배후에도 막강한 패트런이 있었다.
그러나 이 시기 예술가들의 작품은 교회와 귀족, 즉 패트런의 주문에 맞춰 제작하는 방
식이었기 때문에, 예술가들은 자신의 예술 의지를 펼치기보다는 패트런의 취향에 맞춰
그림을 그릴 수밖에 없었다. 르네상스 이후 예술가들이 패트런의 보호를 떠나 자유롭게
활동하게 되면서 비로소 자신들의 고유한 예술의 자율성을 확보할 수 있었고, 나아가
독창적 개성을 표출하는 그림을 그릴 수 있게 되었다.

① 고려청자의 도공과 르네상스 시기의 화가는 주문자의 취향에 맞춰 작품을 제작했
겠군.
② 르네상스 이후의 화가와 달리, 분청사기를 만든 도공은 이전보다 자유로운 조건에
서 작업을 했겠군.
③ 위대한 예술가를 후원했던 패트런처럼 고려 귀족들은 도공이 예술가로 명성을 남
기도록 적극 후원했을 거야.
④ 르네상스 이후의 서양 미술의 변화 과정처럼 고려청자에서 분청사기로의 변화 과
정도 종교적 영향을 받았겠군.
⑤ 르네상스 시기의 화가와 분청사기를 만든 도공은 자신들의 예술 의지를 담은 독자
적인 작품을 만들려고 했을 거야.

# 라틴아메리카 현대 미술 _ 안진옥

정답 및 해설 98쪽

중심 화제나 핵심 내용 등에는 ○, △, □, 밑줄 등과 같은 표시를 하면서 읽어보세요.

　　라틴아메리카의 미술은 모더니즘 미술을 받아들이면서도 독창성을 추구하는 경향이 두드러지는데, 그 대표적인 화가가 콜롬비아의 페르난도 보테로이다. 그의 작품에는 형태의 터질듯한 볼륨감과 몰개성적인 인물, 형식을 벗어난 비례, 대상이 가진 고유의 색 등이 잘 ㉠구현(具現)되어 있다.

　　먼저 보테로의 그림에는 다른 작가의 작품과 확연히 ㉡구별(區別)되는 터질듯한 형태의 볼륨감이 있다. 미술이 주는 감각적인 즐거움과 아름다움을 강조한 그는 그것의 핵심 요소로 볼륨감에 ㉢주목(注目)하였는데, 평면의 캔버스가 가지고 있는 물리적인 한계를 극복하고 대상에 볼륨감을 표현하기 위해 선택한 것이 바로 형태의 팽창이다. 즉 그는 그림에서 소재의 형태를 단순화하고 팽창시킴으로써 볼륨감을 집중적으로 표현할 수 있었다. 이렇게 형태를 왜곡*했기 때문에 보테로의 그림에서는 제목, 장식, 옷 등에서만 인물들에 대한 약간의 정보를 알 수 있을 뿐 인물이 지닌 본래의 개성적 특징은 거의 생략되어 파악하기 어렵다. 이는 인물뿐 아니라 작품 속 대상들에게도 유사하게 ㉣적용(適用)되는데, 이렇게 작품 속 대상의 형태를 단순화하고 팽창시켜 볼륨감에 주목하도록 하여, 감상자는 작품 속 특정 대상에만 시선이 머물지 않고 그림 전체에 구현된 볼륨감을 감상할 수 있게 됨으로써 감각적인 즐거움을 누릴 수 있게 된다.

　　보테로는 그림을 그릴 때 사물과 인물 간의 비례, 인물과 인물 간의 비례, 배경과 인물 간의 비례 등을 자율적인 방식으로 표현하였다. 예를 들어 아이보다 큰 수박 조각, 남자에 비해 터무니없이 큰 여인, 인물과 비슷한 높이의 숲 등 실제의 세계와는 비례를 달리하여 ㉤구성(構成)함으로써 현실에서 존재하지는 않지만 그가 구현하고 싶은 세계를 자유롭게 표현하였다. 이러한 비례의 파괴로 인해 느껴지는 부조화에 대해 감상자는 보테로의 회화를 위트*로 받아들이기도 한다.

　　또한 보테로는 대상이 가진 고유의 색을 분명하게 표현하고자 하였다. 그는 그림에 그림자가 표현되면, 그림자의 검은 색으로 인해 대상이 가진 고유의 색이 파괴되거나 모호하게 표현된다고 생각했기 때문에 그림에 그림자를 거의 표현하지 않았다. 그리고 그는 색칠한 면 위에 또 색을 칠함으로써 새롭게 칠한 색과 이전에 칠한 색이 중첩*되게 하여 색을 더 견고*하고 명확하게 함으로써 대상의 고유한 색을 표현하였다.

　　이러한 특징을 지닌 보테로의 작품 중에는 거장들의 작품을 차용*한 작품이 많다. 보테로가 거장의 작품을 차용한 이유는 그들의 권위나 명성을 끌어내리려 한 것이기보다는 오히려 그들의 작품을 차용함으로써 그들의 작품이 지닌 아름다움을 감상자가 느낄 수 있는 기회를 제공하고, 이와 더불어 자신만의 독창적인 방법으로 재창조한 작품을 통해 거장들의 작품과 자신의 작품이 지닌 차이도 함께 강조하고자 했기 때문이다.

* 왜곡(비뚤 歪, 굽을 曲): 사실과 다르게 해석하거나 그릇되게 함.
* 위트(wit): 말이나 글을 즐겁고 재치 있고 능란하게 구사하는 능력.
* 중첩(무거울 重, 겹쳐질 疊): 거듭 겹치거나 포개어짐.
* 견고(굳을 堅, 굳을 固): 굳고 단단함.
* 차용(빌 借, 쓸 用): 어떤 생각이나 형식 따위를 다른 곳으로부터 흉내 내거나 받아들여 씀.

주제 쓰기 ●

**1** 윗글에 대한 설명으로 적절하지 <u>않은</u> 것은?

① 보테로는 인물들이 지닌 본래의 개성적 특징을 거의 생략하여 표현하였다.
② 보테로는 형태의 팽창을 통해 평면에 사물을 표현하는 제약을 극복하려 하였다.
③ 보테로는 감상자로 하여금 그림 전체에 구현된 볼륨감을 감상할 수 있도록 하였다.
④ 보테로는 캔버스의 물리적 특성을 고려하여 작품 속 인물의 상징적 의미를 드러냈다.
⑤ 보테로의 작품에서 느껴지는 부조화는 감상자가 그의 작품을 위트로 받아들이게
   하기도 한다.

**2** 윗글의 '보테로'와 <보기>의 '앤디 워홀'을 이해한 내용으로 가장 적절한 것은?

┤ 보 기 ├

　팝아트의 대표적인 작가 앤디 워홀은 레오나르도 다빈치의 〈모나리자〉를 차용한 이
미지를 반복적으로 복제하여 레오나르도 다빈치의 독창성에 도전하였다. 그는 이러한
작품을 많은 사람들에게 드러내어 작가의 권위를 빼앗고, 오리지널 작품의 절대적인 권
위와 명성을 부정했다.

① 보테로는 앤디 워홀과 달리 차용한 작품과 자신의 작품과의 동일성을 강조하였겠군.
② 앤디 워홀은 보테로와 달리 거장의 작품이 지닌 권위를 부정하고자 하였겠군.
③ 보테로와 앤디 워홀은 모두 예술이 허구적 세계를 표현해야 한다고 생각하였겠군.
④ 보테로와 앤디 워홀은 모두 기존 미술 작품을 그대로 재현하는 것을 최고의 가치로
   여겼겠군.
⑤ 보테로와 앤디 워홀은 모두 작품에 대한 반복적인 복제가 원본의 가치를 훼손한다
   고 보았겠군.

**3** ㉠~㉤의 사전적 의미로 적절하지 <u>않은</u> 것은?

① ㉠: 어떤 내용이 구체적인 사실로 나타나게 함.
② ㉡: 성질이나 종류에 따라 차이가 남.
③ ㉢: 관심을 가지고 주의 깊게 살핌.
④ ㉣: 알맞게 이용하거나 맞추어 씀.
⑤ ㉤: 있어야 할 것을 빠짐없이 다 갖춤.

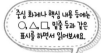

**가** 흔히 사람들은 ㉠타악기가 오케스트라 연주에서 현악기와 관악기가 내는 소리 사이의 공백*을 메우는 정도의 역할을 한다고 생각한다. 하지만 러시아 태생의 음악가인 스트라빈스키는 타악기를 중요하게 생각하여, 혹독한 겨울을 나야 하는 러시아인들에게 생명줄이나 다름없는 중앙난방 장치에 빗대었다.

**나** 사실 타악기야말로 가장 원초적이면서 다양한 색깔을 가진 악기다. 타악기에는 팀파니, 심벌즈, 실로폰, ㉡마림바, 차임벨 등 종류가 수없이 많아 그 특징을 일일이 나열하기가 어렵다. 심지어 손뼉을 쳐 소리를 내는 것도 타악기를 연주하는 것이라고 볼 수 있는데, 실제로 바비 맥퍼린이라는 재즈 연주자는 자신의 몸을 타악기처럼 두드려서 연주를 한다.

**다** 클래식 음악에서 가장 많이 사용되는 타악기는 팀파니(timpani)다. 팀파니는 급작스러운 충격을 표현하거나 분위기를 바꿀 때, 그리고 리듬을 반복할 때 사용된다. 그리고 팀파니는 페달을 사용하여 한 음에서 다른 음으로 미끄러지듯 연주할 수 있다. 큰북과 작은북은 음정을 조정할 수 없는 반면, 팀파니는 나사와 페달을 이용하여 음정을 자유롭게 표현할 수 있다. 정규 편성 오케스트라에는 3개의 팀파니가 사용되는데, 팀파니는 음악을 클라이맥스로 몰고 가는 데 빠질 수 없는 악기다. 팀파니가 적극적으로 사용된 작품으로는 하이든의 〈놀람 교향곡〉과 〈팀파니 미사곡〉이 있고, 베토벤의 〈교향곡 9번〉에서는 작품 전체에서 팀파니가 사용되고 있다.

**라** 심벌즈(cymbals)는 중앙에 손잡이 줄을 매는 돌기가 나와 있으며, 양쪽 가장자리만 서로 닿아 소리가 나도록 하기 위해 가장자리 쪽으로 갈수록 두께를 얇게 만든다. 심벌즈는 오케스트라 연주의 클라이맥스 부분에서 팀파니만큼이나 중요한 역할을 한다. 하지만 어떤 경우에는 겨우 몇 마디만을 연주하고 끝나는 때도 있다. 브루크너의 〈교향곡 8번〉 같은 경우 90분이 넘는 연주 시간에서 심벌즈는 겨우 3초 정도만 연주한다. 이 3초를 위해 심벌즈 연주자는 연주 내내 긴장하고 있어야 한다. 만약 방심해서 1초라도 빗나가는 순간 모든 연주가 물거품이 되기 때문이다. 그래서인지 심벌즈 연주자는 시간을 정확하게 맞추려는 강박 관념*에 시달리는 경우가 많다고 한다.

**마** 실로폰(xylophone)은 길이가 다른 나무 막대를 실로폰 채로 두드려 음정을 만들어 내고, 두드리는 속도를 조절하여 박자를 만들어 내는 악기이다. 실로폰은 소리가 건조하고 울림이 오래가지 않기 때문에 빠른 연주 작품에 더 잘 어울린다. 반면 실로폰의 외형과 매우 흡사한 마림바(marimba)는 음판 밑에 공명관이 붙어 있어 음향이 실로폰보다 훨씬 더 부드럽고 울림이 오래간다. 하지만 소리가 부드러운 반면 약하기 때문에 마림바는 오케스트라 연주에서는 자주 사용되지 않고, 주로 독주 악기로 사용된다.

* 공백(빌 空, 흰 白): 어떤 일의 빈구석이나 빈틈.
* 강박 관념(굳셀 强, 칠 拍, 볼 觀, 생각 念): 마음속에서 떨쳐 버리려 해도 떠나지 아니하는 억눌린 생각.

주제 쓰기

**1** 윗글의 내용과 일치하지 <u>않는</u> 것은?

① 큰북과 작은북은 음정을 조절할 수 없다.
② 팀파니는 음정을 자유롭게 표현할 수 있다.
③ 실로폰은 소리가 건조하고 울림이 오래 가지 않는다.
④ 마림바는 소리가 부드럽고 약해 주로 독주 악기로 쓰인다.
⑤ 심벌즈는 가장자리의 두께가 얇아서 오래 연주할 수 없다.

**2** (가)~(마)의 서술상의 특징으로 적절하지 <u>않은</u> 것은?

① (가): 대상의 중요성을 강조하기 위해 비유적으로 표현하고 있다.
② (나): 대상의 종류를 보여 주기 위해 구체적으로 열거하고 있다.
③ (다): 대상의 특성을 분명하게 드러내기 위해 다른 대상과 견주고 있다.
④ (라): 대상의 성격을 뚜렷하게 드러내기 위해 예를 들어 설명하고 있다.
⑤ (마): 대상의 속성을 효과적으로 제시하기 위해 하위 요소를 분류하고 있다.

**3** 두 단어의 의미 관계가 ㉠ : ㉡과 가장 유사한 것은?

① 집 : 한옥
② 서점 : 책방
③ 조상 : 후손
④ 안경 : 안경테
⑤ 세모꼴 : 삼각형

01 **상반** 서로 相 되돌릴 反
서로 반대되거나 어긋남. 예 그의 행동은 자신의 주장과 상반된 것이었다.

02 **명도** 밝을 明 법도 度
색의 밝고 어두운 정도. 예 같은 색상이라도 명도에 따라 느낌이 달라진다.

03 **탈피** 벗을 脫 가죽 皮
일정한 상태나 처지에서 완전히 벗어남. 예 기존 질서로 부터의 탈피는 많은 희생을 필요로 한다.

04 **대비** 대답할 對 견줄 比
회화(繪畫)에서, 어떤 요소의 특질을 강조하기 위하여 그와 상반되는 형태·색채·톤(tone)을 나란히 배치하는 일. 예 빨간색은 청색에 대비되는 색이다.

05 **식견** 알 識 볼 見
학식과 견문이라는 뜻으로, 사물을 분별할 수 있는 능력을 이르는 말. 예 학생들은 수학여행을 통해서 식견을 넓힐 수 있다.

06 **고지식하다**
성질이 외곬으로 곧아 융통성이 없다. 예 그는 융통성이 없어 고지식하다는 말을 자주 듣는다.

07 **연작** 잇닿을 連 지을 作
문학이나 미술 따위에서, 한 작가가 같은 주제나 같은 인물로 작품을 잇달아 짓는 일. 예 그는 연작 소설을 책으로 만들었다.

08 **영감** 신령 靈 느낄 感
창조적인 일의 계기가 되는 기발한 착상이나 자극. 예 여행 중의 멋진 경치를 보고 작품의 영감이 떠올랐다.

09 **유려하다** 흐를 流 고울 麗
글이나 말, 곡선 따위가 거침없이 미끈하고 아름답다. 예 에밀레종의 곡선은 유려하기로 유명하다.

10 **비색** 물총새 翡 빛 色
고려청자의 빛깔과 같은 푸른색. 예 작가는 고려청자의 비색을 재현하기 위해서 부단히 노력했다.

11 **도공** 질그릇 陶 장인 工
옹기그릇을 만드는 일을 업으로 하는 사람. 예 고려의 도공들이 일본 도예의 수준을 끌어올리는 데 기여했다.

12 **투박하다**
생김새가 세련되지 않고 둔하다. 예 이 토기는 투박하기는 하지만 현대적 감각이 살아 있다.

13 **국한** 판 局 한계 限
범위를 일정한 부분에 한정함. 예 대기 오염은 그 지방에만 국한된 것이 아니다.

14 **왜곡** 비뚤 歪 굽을 曲
사실과 다르게 해석하거나 그릇되게 함. 예 이것은 분명 역사의 왜곡이다.

15 **위트** wit
말이나 글을 즐겁고 재치 있고 능란하게 구사하는 능력. 예 그의 글에는 위트와 유머가 있다.

16 **중첩** 무거울 重 겹쳐질 疊
거듭 겹치거나 포개어짐. 예 산과 산이 중첩되다.

17 **견고** 굳을 堅 굳을 固
굳고 단단함. 예 이 의자는 무척 견고하다.

18 **차용** 빌 借 쓸 用
어떤 생각이나 형식 따위를 다른 곳으로부터 흉내 내거나 받아들여 씀. 예 그는 프랑스 사회학자의 이론을 차용하여 자신의 이론을 전개하였다.

19 **공백** 빌 空 흰 白
어떤 일의 빈구석이나 빈틈. 예 이 사업에는 여러 가지 공백이 발견된다.

20 **강박 관념** 굳셀 强 칠 拍 볼 觀 생각 念
마음속에서 떨쳐 버리려 해도 떠나지 아니하는 억눌린 생각. 예 반드시 이겨야 한다는 강박 관념에 얽매이지 마라.

**[01~05]** 다음의 의미에 알맞은 단어를 서로 연결하시오.

**01** 거듭 겹치거나 포개어짐.　　　　　　　　　　　　　　•　　　　　• ⓐ 국한

**02** 서로 반대되거나 어긋남.　　　　　　　　　　　　　　•　　　　　• ⓑ 왜곡

**03** 사실과 다르게 해석하거나 그릇되게 함.　　　　　　•　　　　　• ⓒ 중첩

**04** 범위를 일정한 부분에 한정함.　　　　　　　　　　•　　　　　• ⓓ 상반

**05** 학식과 견문이라는 뜻으로, 사물을 분별할 수 있는 능력을 이르는 말. •　　　　　• ⓔ 식견

**[06~10]** 다음의 (　　　　) 안에 가장 적절한 단어를 〈보기〉에서 찾아 쓰시오.

┤ 보 기 ├

차용　　　영감　　　명도　　　견고　　　도공

**06** 이 의자는 무척 (　　　　)하다.

**07** 그는 프랑스 사회학자의 이론을 (　　　　)하여 자신의 이론을 전개하였다.

**08** 고려의 (　　　　)들이 일본 도예의 수준을 끌어올리는 데 기여했다.

**09** 여행 중의 멋진 경치를 보고 작품의 (　　　　)이/가 떠올랐다.

**10** 같은 색상이라도 (　　　　)에 따라 느낌이 달라진다.

**[11~15]** 다음의 내용이 옳으면 ○표, 틀리면 ×표를 하시오.

**11** '마음속에서 떨쳐 버리려 해도 떠나지 아니하는 억눌린 생각'을 '잡념'이라고 한다. (　　　　)

**12** '말이나 글을 즐겁고 재치 있고 능란하게 구사하는 능력'을 '위트'라고 한다. (　　　　)

**13** '일정한 상태나 처지에서 완전히 벗어남.'을 '탈출'이라고 한다. (　　　　)

**14** '성질이 외곬으로 곧아 융통성이 없다.'를 '고지식하다'라고 한다. (　　　　)

**15** '고려청자의 빛깔과 같은 푸른색'을 '자색'이라고 한다. (　　　　)

**[16~20]** 밑줄 친 단어의 뜻을 〈보기〉에서 찾아 기호를 쓰시오.

┤ 보 기 ├

ⓐ 어떤 일의 빈구석이나 빈틈.

ⓑ 생김새가 세련되지 않고 둔함.

ⓒ 글이나 말, 곡선 따위가 거침없이 미끈하고 아름다움.

ⓓ 문학이나 미술 따위에서, 한 작가가 같은 주제나 같은 인물로 작품을 잇달아 짓는 일.

ⓔ 회화(繪畵)에서, 어떤 요소의 특질을 강조하기 위하여 그와 상반되는 형태·색채·톤
　(tone)을 나란히 배치하는 일.

**16** 빨간색은 청색에 대비되는 색이다. (　　　　)

**17** 이 사업에는 여러 가지 공백이 발견된다. (　　　　)

**18** 이 토기는 투박하기는 하지만 현대적 감각이 살아 있다. (　　　　)

**19** 에밀레종의 곡선은 유려하기로 유명하다. (　　　　)

**20** 그는 연작 소설을 책으로 만들었다. (　　　　)

**MEMO**

**MEMO**

**MEMO**

**MEMO**

MEMO

미래를 생각하는

## (주)이룸이앤비

이룸이앤비는 항상 꿈을 갖고 무한한 가능성에 도전하는 수험생 여러분과 함께 할 것을 약속드립니다.
수험생 여러분의 미래를 생각하는 이룸이앤비는 항상 새롭고 특별합니다.

# 내신·수능 1등급으로 가는 길
## 이룸이앤비가 함께합니다.

| 이룸이앤비 | Q |

# 인터넷 서비스

■ 이룸이앤비의 모든 교재에 대한 자세한 정보
■ 각 교재에 필요한 듣기 MP3 파일
■ 교재 관련 내용 문의 및 오류에 대한 수정 파일

라이트수학

숨마쿰라우데®

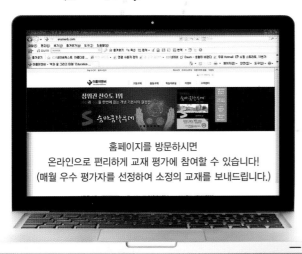

홈페이지를 방문하시면
온라인으로 편리하게 교재 평가에 참여할 수 있습니다!
(매월 우수 평가자를 선정하여 소정의 교재를 보내드립니다.)

굿비 좋은 시작, 좋은 기초

미래로 수능기출총정리
HOW to 수능1등급

# 이룸이앤비의 특별한 중등 국어교재 시리즈

## 숨마 주니어® 중학국어 어휘력 시리즈

중학교 국어 실력을 완성시키는 **국어 어휘 기본서** (전 3권)

- 중학국어 **어휘력 ❶**
- 중학국어 **어휘력 ❷**
- 중학국어 **어휘력 ❸**

## 숨마 주니어® 중학국어 비문학 독해 연습 시리즈

모든 공부의 기본! 글 읽기 능력을 향상시키는
**국어 비문학 독해 기본서** (전 3권)

- 중학국어 **비문학 독해 연습 ❶**
- 중학국어 **비문학 독해 연습 ❷**
- 중학국어 **비문학 독해 연습 ❸**

## 숨마 주니어® 중학국어 문법 연습 시리즈

중학국어 **주요 교과서 종합!**
중학생이 꼭 알아야 할 **필수 문법서** (전 2권)

- 중학국어 **문법 연습 1** 기본
- 중학국어 **문법 연습 2** 심화

숨마 주니어®

글 읽기 능력 향상을 위한

# 중학 국어 비문학 독해 연습

**3**

중 3 ~ 예비 고 대상

비문학 독해(글 읽기) = 이해력, 사고력 및 모든 학습의 기초!

1일 2지문 독해 연습 25일 완성!

중 1·2·3 학년에 따른 수준별, 단계별 구성

예비 고1 국어 영역 대비

**수록 지문** 인문 · 사회 · 과학 · 기술 · 예술 등
다양한 독서를 위한 교과서 밖 50개 글감

중학 프리미엄
**EBS**
인터넷강의 교재

교보문고 · YES24 · 알라딘 · 구평
**1위**
중학 국어 판매
6년 연속

글 읽기가 재미있으면
★자기주도 학습서★
공부가 쉬워진다

# SUB NOTE 정답 및 해설

**상세한 지문 분석 및 문제 해설**

▶ 학생에게는 **자기주도학습을 위한 가이드**가

▶ 선생님들에게는 수업을 위한 **지도자료로 활용**될 수 있습니다.

정답 및 해설

○ 1문단: 조선 시대 백성들이 억울함을 호소했던 통로인 신문고

조선 시대 백성들이 억울함과 원통함을 호소할 수 있는 통로로 신문고와 상언·격쟁이 있었다. 신문고는 태종이 중국의 제도를 본떠 만든 것으로, 억울한 일을 당한 백성들이 북을 쳐서 왕에게 직접 호소할 수 있도록 한 것이다. 그러나 아무 때나 신문고를 칠 수 있는 것은 아니었다. 서울에 사는 사람들은 먼저 담당 관원에게 호소해야 했다. 그래서 해결이 되지 않으면 사헌부를 찾아가고, 그래도 해결이 되지 않을 때에야 비로소 신문고를 칠 기회가 주어졌다. 지방에 사는 사람들도 고을 수령, 관찰사, 사헌부의 순으로 호소한 후에도 만족하지 못하게 되면 신문고를 칠 기회가 주어졌다.

○ 2문단: 신문고를 치기 위한 절차

「신문고를 치고자 하는 사람은 그것이 설치된 의금부의 당직청을 찾았다. 그러면 신문고를 지키는 영사(令史)가 의금부 관리에게 이 사실을 보고했다. 보고를 받은 관리는 사유를 확인하여 역모에 관한 일이면 바로 신문고를 치게 하였다. 그러나 정치의 득실이나 억울한 일에 대해서는 절차를 밟았다는 확인서를 조사한 다음에야 북 치는 것을 허락했다.」신문고를 치면 의금부의 관원이 왕에게 보고하였으며, 보고된 사안에 대해 왕이 지시를 내리면 해당 관청에서는 5일 안에 처리해야 했다. 신문고를 친 사람의 억울함이 사실이면 이를 해결해 주었고, 거짓이면 엄한 벌을 내렸으며, 그 일과 관련된 담당 관원에게는 철저하게 책임을 물었다.

○ 3문단: 신문고가 기능을 상실하게 된 이유

그러나 수령이나 관찰사 또는 서울의 해당 관원들은 자신들과 관련된 문제가 신문고를 통해 왕에게 알려지는 것을 꺼려서 백성들에게 압력을 행사하거나 회유를 통해 신문고를 치지 못하게 할 때가 많았다. 또한 중죄인을 다스리는 의금부에 대한 백성들의 두려움도 신문고에 접근하는 것을 어렵게 했다. 이러한 이유로 신문고는 결국 중종 이후 그 기능이 상실되어 유명무실해졌다.

○ 4문단: 상언과 격쟁의 개념과 특징

* 이목(귀 耳, 눈 目): 주의나 관심.
* 취조(취할 取, 고를 調: 범죄 사실을 밝히기 위하여 혐의자나 죄인을 조사함.

[A]

그러자 상언과 격쟁을 통해 억울함을 호소하는 백성들이 늘어나게 되었다. 상언은 왕의 행차가 있을 때 그 앞에 나아가 글을 올려 억울함을 호소하는 것이고, 격쟁은 왕이 있는 곳 근처에서 시끄럽게 징을 울려 왕의 이목*을 끈 다음, 말로 자신의 억울함을 호소하는 것으로 중국이나 일본에서는 찾아볼 수 없는 조선의 독특한 제도였다. 상언은 신문고에 비해 절차가 간편하여 일반 백성들이 이용하기 쉬운 것이었지만, 글을 알아야 한다는 점에서 주로 양반층이 이용하였다. 반면 격쟁은 글을 몰라도 되기 때문에 평민들이 많이 이용하였으나, 격쟁을 하는 사람은 먼저 형조의 취조*를 받아야 하는 부담을 감수해야 했다. 19세기에 들어서 세도정치로 인해 정치 기강이 문란해지고 백성들에 대한 지배층의 억압과 수탈이 심해지면서 상언과 격쟁에 대한 제약도 강화되었다.

○ 5문단: 억울함을 호소할 통로를 잃은 백성들의 대응 방법

▶ 주제: 조선 시대 백성들이 억울함을 호소했던 통로

그렇게 되자 어려움을 풀 길이 막힌 백성들은 지방관이나 악덕 지주들의 죄상을 폭로하기 위해 집단으로 상급 기관에 항의하거나, 물리적인 힘을 동원하여 대응하기도 했다.

[지문 해제] 이 글은 조선 시대에 백성들이 억울함을 호소할 수 있는 방법인 신문고와 상언, 격쟁을 설명하고 있다. 신문고는 억울한 일이 있을 때 북을 쳐서 왕에게 호소하는 방법이었으나 훗날 관리들의 압력과 의금부에 대한 백성들의 두려움으로 인해 그 기능을 상실하여 상언과 격쟁이 증가하였다. 상언은 왕이 행차할 때 글을 올려 호소하는 것이고, 격쟁은 왕이 있는 곳 근처에서 징을 울려 왕의 이목을 끈 다음 말로 호소하는 것이다. 그런데 이 역시 정치 기강이 문란해지고 지배층의 억압이 심해지면서 제약이 강화되어 백성들은 또 다른 방법으로 자신의 억울함을 풀기도 했다.

## 1 설명 방법 파악하기 | 정답 ① |

**윗글에 사용된 설명 방법으로 옳은 것을 〈보기〉에서 고른 것은?**

┌─────── 보 기 ───────┐
ㄱ. 대상의 진행 과정을 설명하고 있다. *신문고, 상언, 격쟁*  *절차*
ㄴ. 용어의 개념을 풀이하여 대상을 설명하고 있다. *1문단, 4문단*
ㄷ. 잘 알려진 사실에 빗대어 대상을 설명하고 있다. *유추*
ㄹ. 구체적인 사례를 열거하여 대상을 설명하고 있다.
└──────────────────┘

① ㄱ, ㄴ　　② ㄱ, ㄷ　　③ ㄴ, ㄷ
④ ㄴ, ㄹ　　⑤ ㄷ, ㄹ

✅ **정답 풀이**

이 글에서는 조선 시대 백성들이 억울함을 호소할 수 있던 통로였던 신문고, 상언, 격쟁의 개념을 풀이하고 있으며 (ㄴ), 각각의 진행 과정을 설명하고 있다(ㄱ).

## 2 세부 정보 파악하기 | 정답 ① |

**'신문고'에 대한 설명으로 적절하지 <u>않은</u> 것은?**

① 사헌부의 책임하에 두었다. *의금부*
② 사안에 따라 이용 절차가 달랐다. *2문단*
③ 중국의 제도를 모방하여 만들었다. *1문단*
④ 실제적으로 이용하기가 까다로웠다. *3문단*
⑤ 지방에 사는 사람도 이용할 수 있었다. *1문단*

✅ **정답 풀이**

1문단에서 사헌부는 신문고를 치기 전에 찾아가는 마지막 기관이며 사헌부에서도 일이 해결되지 않으면 신문고를 칠 기회가 주어진다고 하였다. 2문단에서 신문고는 의금부에 설치되어 있었고, 의금부 관리가 이와 관련한 사안들을 조사하여 신문고를 치게 한다고 하였다. 따라서 신문고는 의금부가 관리함을 알 수 있다.

❌ **오답 풀이**

② 2문단에서 역모에 관한 일이면 바로 신문고를 치게 하고, 정치의 득실이나 억울한 일에 대해서는 절차를 밟았다는 확인서를 조사한 후 북 치는 것을 허락했다고 하였으므로, 사안에 따라 이용 절차가 달랐음을 알 수 있다.
③ 1문단에서 신문고는 태종이 중국의 제도를 본떠 만든 것이라고 하였다.
④ 3문단에서 관원들이 백성들에게 압력을 행사하거나 회유하여 신문고를 치지 못하게 하고, 백성들도 의금부를 두려워하여 신문고에 접근하기 어려워졌다고 하였다.

⑤ 1문단에서 지방에 사는 사람들도 일정한 절차를 밟은 후에 만족하지 못하게 되면, 신문고를 칠 기회가 주어졌다고 하였다.

## 3 자료 해석 및 추론하기 | 정답 ② |

**[A]를 바탕으로 아래의 자료를 해석한 것으로 가장 적절한 것은?**

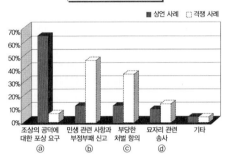

┌──── 상언과 격쟁의 사례 분석 ────┐
■ 상언 사례　□ 격쟁 사례
70%
60%
50%
40%
30%
20%
10%
조상의 공덕에  민생 관련 사항과  부당한  묘자리 관련  기타
대한 포상 요구  부정부패 신고  처벌 항의  송사
ⓐ　　ⓑ　　ⓒ　　ⓓ

① ⓐ: 격쟁이 적은 것은 ~~왕권이 더 강화되었기 때문~~ 이다. *ⓐ의 사안은 서민들의 삶과 동떨어짐*
② ⓐ: 상언의 비율이 높은 것은 주로 양반들과 관련된 내용이었기 때문이다.
③ ⓑ: 격쟁이 많은 것은 ~~왕에 대한 불만이 많았기 때문이다.~~ *ⓑ의 사안은 글을 모르는 평민들과 관련된 내용임*
④ ⓒ: 상언이 격쟁보다 적은 것은 ~~상언의 절차가 까다로웠기 때문이다.~~ *격쟁은 형조의 취조를 받아야 하는 부담감이 있음*
⑤ ⓓ: 상언과 격쟁의 비율이 비슷한 것은 ~~제약이 강화되었기 때문이다.~~ *제약이 강화된 시기는 19세기이나 제시된 자료만으로는 시대를 알 수 없음*

✅ **정답 풀이**

[A]에서 '상언'은 왕의 행차가 있을 때 그 앞에 나아가 글을 올리는 것으로, 글을 알아야 한다는 점에서 주로 양반층이 이용했다고 하였다. ⓐ는 주로 양반과 관련된 내용이므로 상언의 비율이 높았을 것이라고 추론할 수 있다.

❌ **오답 풀이**

① ⓐ에서 격쟁이 적은 이유는 사안이 평민들의 삶과는 다소 동떨어진 것이기 때문이다.
③ 격쟁이 상언에 비해 많은 것은, 사안이 주로 글을 모르는 평민들과 관련된 내용이었기 때문이다.
④ 상언이 격쟁보다 절차가 까다롭다는 내용은 없다. 오히려 격쟁이 먼저 형조의 취조를 받아야 하는 부담이 있다고 하였다.
⑤ [A]에서 19세기에 들어 정치 기강이 문란해지고 지배층의 억압과 수탈이 심해지면서 상언과 격쟁에 대한 제약이 강화되었다고 하였지만, 제시된 자료의 시대를 정확히 알 수 없으므로 '묘자리 관련 송사'의 상언과 격쟁의 비율이 비슷한 이유를 제약의 강화로 보는 것은 적절하지 않다.

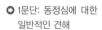

## 인문 02 칸트와 의무의 윤리학 _ 한국칸트학회

정답 1 ① 2 ④ 3 ②

**○ 1문단:** 동정심에 대한 일반적인 견해

대개 사람들은 동정심을 인간이 가지고 있는 일반적인 감정이라 생각하고, 동정심이
<sub>일반적으로 인간의 본성, 도덕성의 근거로 판단함</sub>
많은 사람을 도덕적으로 선한 사람이라고 여긴다. 맹자는 남의 어려운 처지를 동정하여
<sub>중국 전국 시대의 사상가</sub>
불쌍하게 여기는 마음을 측은지심(惻隱之心)*이라고 하였다. 그리고 이를 인간의 본성
<sub>측은지심</sub>
으로 ㉠간주(看做)하여 도덕적 가치를 판단하는 ㉡근거(根據)로 삼았다. 데이비드 흄도
<sub>영국의 철학자</sub>
인간은 본성적으로 동정심을 가지고 있으며 이것이 도덕성의 근거가 된다고 하였다.

**○ 2문단:** 도덕적 가치를 판단하는 칸트의 기준 – 의무 동기

그러나 칸트는 이러한 일반적인 ㉢견해(見解)와는 다른 입장을 보였다. 그에 따르면
<sub>독일의 계몽주의 사상가    동정심을 도덕성의 근거로 보는 견해</sub>
「도덕적 가치를 판단하는 기준은 동정심이 아닌 이성에 바탕을 둔 '의무 동기'이어야 한
<sub>「」: '의무 동기'를 강조한 칸트의 견해              핵심어</sub>
다. 의무 동기에 따라 행동한다는 것은 도덕적 의무감과 자신의 의지에 따라서 올바르
게 행동하는 것이다.」

**○ 3문단:** 의무 동기와 도덕적 가치에 대한 칸트의 견해

칸트는 인간에게는 마땅히 따라야 할 의무가 있으며 순수한 이성을 가지고 그 의무를
실천하려는 의지가 있다고 보았다. 그리고 그것이 도덕적으로 가장 중요하다고 생각했
다. 아무리 그 결과가 좋다 하더라도 의무 동기에서 벗어난 어떠한 의도나 목적도 그 행
<sub>의무 동기에서 벗어난 행위에 대한 칸트의 강경한 입장</sub>
위에 개입*되어서는 안 된다는 것이다. 따라서 칸트가 보기에 동정과 연민, 만족감 같은
감정이나 자기 이익, 욕구, 기호(嗜好)* 등에 따라 행동한다면 그것은 도덕적 가치가 부
족한 것이 된다.

**○ 4문단:** 칸트의 입장에서 도덕적으로 정당하다고 평가할 수 없는 사례

예를 들어 보자. '갑(甲)'이라는 사람이 빚진 돈을 갚기 위해 채권자를 찾아가는 길에
곤경에 처한 이웃을 만났다. 이웃의 고통을 본 '갑'은 연민과 동정의 감정이 생겨나 자기
가 가지고 있던 돈을 그 이웃을 돕는 데 사용하였다. 칸트는 이러한 '갑'의 행위는 의무
<sub>의무 동기에서 벗어난 어떠한 의도나 목적</sub>
동기에 따른 것이 아니기 때문에 도덕적으로 정당한 행위로 평가받을 수 없다고 하였
다. '갑'의 자선은 연민의 감정에 빠져서, 마땅히 채권자에게 돈을 되갚아야 한다는
㉣규범(規範)과 의무를 따르지 않았기 때문이다.

**○ 5문단:** 칸트의 견해에 대한 비판과 의의

이러한 칸트의 견해에 대해 일부에서는 '갑'의 행위는 타인을 돕겠다는 순수한 목적에
서 나온 것이며 결과적으로 선한 행동이기 때문에, '갑'에 대한 칸트의 평가는 지나치게
가혹하다고 비판하기도 한다. 또 도덕적 의무감에 따른 행위만이 가치가 있다는 칸트의
주장을 인간의 자연적 감정을 지나치게 ㉤배제(排除)한 것이라고 비판하기도 한다. 그
<sub>칸트의 주장이 비판을 받는 이유</sub>
러나 이러한 비판에도 불구하고 도덕적 가치에 대한 칸트의 견해는 사람으로서 마땅히
가져야 하는 의무와 그에 대한 실천 의지를 다시 생각해 보게 했다는 점에서 그 의의를
<sub>칸트 견해의 의의</sub>
찾을 수 있을 것이다.

* **측은지심**(슬퍼할 惻, 숨길 隱, 갈 之, 마음 心): 불쌍히 여기는 마음.
* **개입**(끼일 介, 들 入): 자신과 직접적인 관계가 없는 일에 끼어듦.
* **기호**(즐길 嗜, 좋을 好): 즐기고 좋아함.

▶ **주제:** 도덕적 가치 판단의 기준에 대한 칸트의 견해

**[지문 해제]** 칸트는 동정심을 도덕성의 근거로 보는 보편적인 견해와 달리 도덕적 가치의 판단 근거는 이성에 바탕을 둔 '의무 동기'이어야 한다고 주장했다. 인간으로서 마땅히 따라야 할 도덕적 의무와 순수한 이성을 가지고 이를 실천하는 것이 도덕적으로 가장 중요하다고 생각한 것이다. 따라서 결과가 좋다고 해도 동정이나 연민 등의 감정에 이끌린 행위이거나 자기 이익, 욕구, 기호에 따라 행동하는 것은 도덕적으로 정당하지 않다고 평가했다. 이러한 칸트의 주장에 대해 비판적인 견해도 있지만, 칸트의 주장은 도덕적 의무와 실천 의지를 되새겼다는 점에서 의의가 있다.

## 1 | 세부 정보 파악하기 | 정답 ① |

**윗글의 내용과 일치하지 <u>않는</u> 것은?**

① 자신의 의지에 감정, 욕구, 이익 등을 더한 것이 의무 동기이다.
 <sub>동정심이 아닌 이성에 바탕을 둠</sub>
② 칸트는 도덕적 의무를 지나치게 강조한다는 비판을 받기도 한다. <sub>5문단</sub>
③ 칸트는 행위의 동기를 도덕적 가치 판단의 중요한 요소로 생각한다. <sub>3문단</sub>
④ 사람들은 일반적으로 동정심이 많은 사람을 선한 사람이라고 평가한다. <sub>1문단</sub>
⑤ 데이비드 흄은 인간 본성에 바탕을 둔 동정심을 도덕성의 근거로 여겼다. <sub>1문단</sub>

✅ **정답 풀이**

2문단에서 동정심을 도덕적 가치 판단의 근거로 보는 일반적인 견해와 달리 칸트는 '동정심이 아닌 이성에 바탕을 둔' 것을 의무 동기라고 하였고, 3문단에서 '동정과 연민, 만족감 같은 감정이나 자기 이익, 욕구, 기호 등에 따라 행동'하는 것을 도덕적 가치가 부족한 것으로 판단했다. 그러므로 '자신의 의지에 감정, 욕구, 이익 등을 더한 것이 의무 동기'라는 진술은 적절하지 않다.

❌ **오답 풀이**

② 마지막 문단에서 '도덕적 의무감에 따른 행위만이 가치가 있다는 칸트의 주장을 인간의 자연적 감정을 지나치게 배제한 것이라고 비판하기도 한다.'라고 하였다.
③ 3문단에서 칸트는 '아무리 그 결과가 좋다 하더라도 ～ 동정과 연민, 만족감 같은 감정이나 자기 이익, 욕구, 기호(嗜好) 등에 따라 행동한다면 그것은 도덕적 가치가 부족한 것이 된다.'라고 보았다. 따라서 칸트는 행위의 결과가 아닌 동기를 도덕적 가치 판단의 중요한 요소로 생각했음을 알 수 있다.
④ 1문단에서 '대개 사람들은 동정심을 인간이 가지고 있는 일반적인 감정이라 생각하고, 동정심이 많은 사람을 도덕적으로 선한 사람이라고 여긴다.'라고 하였다.
⑤ 1문단에서 데이비드 흄은 '인간은 본성적으로 동정심을 가지고 있으며 이것이 도덕성의 근거가 된다'고 하였다.

## 2 | 다른 상황에 적용하기 | 정답 ④ |

**윗글을 바탕으로 할 때, 칸트가 가장 긍정적으로 평가할 만한 것은?**

① 자신의 회사를 홍보하기 위하여 자기 회사의 제품을 구호물자로 기증한 경우
 <sub>의무 동기에서 벗어난 의도나 목적의 개입</sub>
② 자신과 국가의 명예를 높이기 위해 부상에도 불구하고 올림픽 경기에 참가한 경우
 <sub>의무 동기에서 벗어난 의도나 목적의 개입</sub>
③ 자신의 이익을 위해 공장을 세웠는데 그 공장이 많은 실업자들에게 일자리를 제공한 경우
 <sub>의무 동기에서 벗어남</sub>
④ 이웃을 돕는 것은 인간으로서 마땅히 따라야 할 의무라고 생각하여 구호 활동에 참여한 경우
 <sub>마땅히 따라야 할 의무 동기</sub>
⑤ 텔레비전에 소개된 독거 노인이 불쌍하게 느껴져서 그 사람에게 익명으로 후원금을 전달한 경우
 <sub>동정과 연민에 따름 → 의무 동기에서 벗어남</sub>

✅ **정답 풀이**

3문단에 따르면 칸트는 인간에게는 마땅히 따라야 할 의무가 있으며, 순수한 이성을 가지고 그 의무를 실천하려는 의지가 도덕적으로 가장 중요하다고 생각하였다. 또한 이 의무 동기에서 벗어난 어떠한 의도나 목적(동정과 연민, 만족감 같은 감정이나 자기 이익, 욕구, 기호(嗜好) 등)도 그 행위에 개입되어서는 안 된다고 하였다. 따라서 이러한 칸트의 입장에서 가장 긍정적으로 평가할 수 있는 행위는 의무에 따라 실천한 ④이다.

❌ **오답 풀이**

① 자신의 회사를 홍보하기 위하여 구호물자를 기증한 것은 자신과 회사의 이익을 위한 행위이므로 칸트가 긍정적으로 평가하지 않을 것이다.
② 자신과 국가의 명예를 높이기 위해 올림픽 경기에 참가한 것은 의무 동기에서 벗어난 의도나 목적이 개입된 것이므로 칸트가 긍정적으로 평가하지 않을 것이다.
③ 결과적으로는 선한 행동이지만 공장을 세운 것은 자신의 이익을 위한 행위이므로 칸트가 긍정적으로 평가하지 않을 것이다.
⑤ 결과적으로는 선한 행동이지만 동정과 연민이라는 감정에 이끌려 한 행위이므로 칸트가 긍정적으로 평가하지 않을 것이다.

## 3 | 사전적 의미 파악하기 | 정답 ② |

**㉠~㉤의 사전적 뜻풀이가 바르지 <u>않은</u> 것은?**

① ㉠: 상태, 모양, 성질 따위가 그와 같다고 봄. 또는 그렇게 여김.
② ㉡: 사물의 가장 중심이 되는 부분.
 <sub>핵심(核心)</sub>
③ ㉢: 어떤 사물이나 현상에 대한 자기의 의견이나 생각.
④ ㉣: 인간이 행동하거나 판단할 때에 마땅히 따르고 지켜야 할 가치 판단의 기준.
⑤ ㉤: 받아들이지 아니하고 물리쳐 제외함.

✅ **정답 풀이**

㉡'근거(根據)'는 '어떤 일이나 의논, 의견에 그 근본이 됨. 또는 그런 까닭'이라는 의미이다. '사물의 가장 중심이 되는 부분'은 '핵심(核心)'의 사전적 의미이다.

● 1문단: 당파 싸움의
　　본질
* 당파(무리 黨, 물갈래
　派): 주의, 주장, 이해를
　같이하는 사람들이 뭉
　쳐 이룬 단체나 모임.
* 공순하다(공경할 恭, 순
　할 順--): 공손하고 온
　순하다.
* 관록(벼슬 官, 녹 祿):
　관리에게 주는 녹봉(祿
　俸: 옛날, 나라에서 벼
　슬아치들에게 주던 곡
　식, 돈 따위).
● 2문단: 직위와 관록의
　　싸움인 당파 싸움
* 붕당(벗 朋, 무리 黨):
　조선 시대에, 이념과 이
　해에 따라 이루어진 사
　림의 집단을 이르던 말.
● 3문단: 붕당의 형성
　　배경에 대한 부정적
　　평가
* 비열(낮을 卑, 못할 劣):
　사람의 하는 짓이나 성
　품이 천하고 졸렬함.
● 4문단: 탕평 정책에서
　　소외된 백성들
* 편당적(치우칠 偏, 무리
　黨, 과녁 的): 한 당파에
　치우친. 또는 그런 것.
* 권외(우리 圈, 밖 外):
　일정한 범위나 테두리
　의 밖.
● 5문단: 인재 선발 방
　　법의 개혁 요구
* 지엽적(가지 枝, 잎 葉,
　과녁 的): 본질적이거나
　중요하지 아니하고 부
　차적인. 또는 그런 것.
▶ 주제: 붕당의 폐단을
　　시정하고, 공평한 인
　　재 선발 방식을 마련
　　할 것을 촉구함.

㉠당파(黨派)*를 없애지 않고서는 전하의 뜻이 이루어지지 못할 것입니다. 신은 일찍이 당파 싸움이 음식 싸움이나 다름없다고 하였습니다. 가령 십여 명이 모여 앉아 연회(宴會)를 차리는 경우에 그들이 서로 예(禮)로써 사양하지 않고 각자가 남보다 많이 먹기 위하여 욕심을 낸다면 반드시 싸움이 벌어질 것입니다. 그러나 그들을 보고 물으면 "저 사람이 나보다 밥을 많이 먹고 술을 많이 마시기 때문이다."라고 말하지 않고, 분명히 "어른과 아이는 차례가 다른 법이거늘, 저 사람이 너무나 무례하게 굴며, 밥을 흐트러뜨리고 국을 흘려, 저 사람이 너무나 공순(恭順)하지* 못한 까닭이다."라고 할 것입니다. 이와 같은 변명은 그 어떤 구실이 있더라도 그 원인을 헤아리면 결국 서로 많이 먹기 위한 싸움에 지나지 않습니다.

당파 싸움이 이와 같습니다. 그들이 말로는 "저 사람의 직위가 나보다 높고 저 사람의 관록*이 나보다 많기 때문이다."라고 하지 않고, 반드시 "저 사람이 임금을 저버리고 국사(國事)를 그르쳐서 불충(不忠)하기 그지없고, 역모를 꾸미며, 개인의 이익에만 몰두하여 불순(不順)하기가 비할 데 없다."라고 말할 것입니다. 이와 같은 변명의 말들이 더러 근거가 있는 듯하더라도 그 근간을 헤아려 보면 직위와 관록의 싸움에 지나지 않습니다.

싸움을 결판내는 것은 힘입니다. 힘이 모자라면 응원할 이를 청하고, 응원하는 이들이 모이면 당파가 됩니다. 그러므로 당파를 보호하려는 심정은 응원을 구하기 위함이고, 응원을 구하려는 것은 힘을 모으기 위함이며, 힘을 모으려는 심리는 서로 많이 먹기 위함입니다. 이로써 본다면 붕당(朋黨)*은 그 출발부터가 너무나 비열*한 일이라고 하지 않을 수 없습니다.

이제 전하께서 크게 깨달으시어 탕평(蕩平) 정책을 실시함으로써 편당적(偏黨的)*인 악습을 일소(一掃)하려 하시는 것은 신의 천견(淺見)으로도 넉넉히 짐작할 수 있습니다. 그러나 일월(日月)같이 밝은 빛으로써 아직도 다 비추지 못하는 곳이 있다고 여길 따름입니다. 그것은 붕당의 권외*에 서 있는 서북 지방의 백성들이며, 신분상 하층에 속해 있는 빈천한 백성들입니다. 이들은 본래부터 붕당의 싸움과는 아무런 관련이 없었음에도 불구하고 오히려 탕평 정책의 혜택을 받을 수 있는 대상에 포함되지 못하고 있습니다.

앞으로 더욱 공평한 정책을 키우시어 편협하고 지엽적*인 인재 선발 방법을 개혁해야만 한 나라의 인재들이 빠짐없이 등용될 것입니다. 이보다 큰 국가의 행복이 어디에 또 있겠습니까?

[지문 해제] 이 글은 당파 싸움의 원인과 붕당의 출현 배경, 탕평 정책에 대한 글쓴이의 견해를 비유를 통해 호소하고 있는 상소문이다. 글쓴이는 당파 싸움은 자신이 더 많이 먹기 위해 다투는 음식 싸움과 다를 바가 없으며, 붕당이 만들어진 이유는 그 싸움에서 이겨 더 많이 먹기 위해 힘을 모으는 비열함에서 시작된 것이라고 비판하고 있다. 또한 탕평(蕩平) 정책의 시행에도 불구하고 인재 등용에서 배제된 서북 지역의 백성들과 하층민들을 고루 선발할 수 있는 정책이 마련되어야 국가의 행복이 보장될 것이라고 말하고 있다.

# 1 서술 방식 파악하기 | 정답 ⑤ |

윗글의 글쓰기 전략으로 적절한 것은?
① 상반된 두 현상의 특징을 대비한다.
② 문답 형식을 사용해 통념을 부정한다.
③ 현상의 변화 과정을 순서대로 서술한다.
④ 타인의 견해에 기대어 논지를 전개한다.
⑤ 유사한 상황에 빗대어 문제를 제시한다.

✔️ 정답 풀이

1문단에서 '당파 싸움이 음식 싸움이나 다름없다'고 하였으며, 2문단에서 이는 상대의 직위와 관록을 시기하면서도 불충하고 불순하기가 비할 데 없다고 말하고 있다. 즉 음식 싸움이라는 유사한 상황에 빗대어 당파 싸움의 문제를 제시하고 있다.

# 2 관점 파악 및 적용하기 | 정답 ④ |

〈보기〉의 '공자'의 입장에서 윗글에 나타난 당대 현실에 대해 할 말로 적절한 것은?

┤ 보 기 ├

공자(孔子)는 개인과 개인, 개인과 사회가 조화롭게 살아가는 세상을 이상으로 여겼다. 공자는 이렇게 조화를 이루며 살아가는 것을 예(禮)라고 말했으며, 이러한 예의 근본 취지를 지키는 것이 중요하다고 말했다. 그가 "예가 아니면 보지 말고, 예가 아니면 듣지 말고, 예가 아니면 말하지 말고, 예가 아니면 움직이지 말라."라고 말한 것은 이 때문이다.

① 관리와 백성 모두가 과거의 악습에 대한 미련을 버려야 예를 실현할 수 있습니다.
② 예를 바탕으로, 잘못된 것을 거리낌 없이 말할 수 없는 현실을 개혁해야 합니다.
③ 보고, 듣고, 말하고, 움직이는 것을 모두 예에 맞게 해야 여럿이 힘을 모아 당을 만들 수 있습니다.
④ 당으로 나뉘어 남을 음해하며 이익을 다투는 것을 그만두어야 예의 근본 취지를 지킬 수 있습니다.
⑤ 백성들의 원망을 귀담아 듣는 자세는 조화로운 사회의 건설을 위해 관리들이 반드시 지녀야 하는 것입니다.

✔️ 정답 풀이

〈보기〉에서 공자는 개인과 개인, 개인과 사회가 조화롭게 살아가는 것을 예(禮)라고 말했으며, 이러한 예의 근본 취

지를 지키는 것이 중요하다고 하였다. 공자의 입장에서 당대 현실을 바라보면 서로 다른 당파에 속한 관리들이 조화를 이루지 못한 채 상대를 음해하고, 직위와 관록을 얻기 위한 싸움을 벌이고 있으므로 ④와 같이 이야기할 수 있다.

❌ 오답 풀이

① 4문단의 '편당적인 악습'이라고 언급한 부분에서 관리들이 당파를 나누어 싸우는 것을 과거의 악습으로 해석할 수 있으나, 이는 일반 백성과는 관련이 없다.
② '잘못된 것을 거리낌 없이 말할 수 없는 현실'은 이 글의 내용과 직접적인 관련이 없다.
③ 글쓴이는 여럿이 힘을 모아 당을 만들고 당파 싸움을 일삼는 현실을 비판하고 있으므로 적절하지 않다.
⑤ 4문단에서 탕평 정책의 혜택을 받지 못하는 계층으로 '붕당의 권외에 서 있는 서북 지방의 백성들', '신분상 하층에 속해 있는 빈천한 백성들'을 언급하고 있다. 이는 관리들의 태도 변화를 요구하기 위한 것이 아니라 임금에게 편협하고 지엽적인 인재 선발 방법을 개혁하여 소외된 지역과 계층의 백성들 중에서도 인재를 등용해야 함을 건의하기 위한 것이다.

# 3 발화 의도 파악하기 | 정답 ⑤ |

㉠과 같이 말한 이유로 가장 적절한 것은?
① 상벌을 올바르게 시행해야 국가 기강이 바로 설 수 있기 때문에
② 왕의 자기반성이 선행되어야 신하들도 바른 길로 들어설 수 있기 때문에
③ 국가 재정이 충분해야 백성을 위한 다양한 정책을 펼칠 수 있기 때문에
④ 신하들의 특권을 보장해 주어야 그들이 나랏일에 집중할 수 있기 때문에
⑤ 공평한 정책을 펴서 인재 선발 방법을 개혁해야 국가가 발전할 수 있기 때문에

✔️ 정답 풀이

5문단의 '앞으로 더욱 공평한 정책을 키우시어 ~ 인재 선발 방법을 개혁해야만 한 나라의 인재들이 빠짐없이 등용될 것입니다. 이보다 큰 국가의 행복이 어디에 또 있겠습니까?'를 통해 ㉠과 같이 주장한 이유를 알 수 있다.

❌ 오답 풀이

① 당파를 없애야 하는 이유는 편당적인 악습을 없애기 위함이다.
② 붕당은 직위와 관록의 싸움에서 이기기 위해 신하들끼리 힘을 모아 당파를 만든 것에서 출발한 것이다.
③ 이 글에서 국가 재정에 대한 언급은 찾을 수 없다.
④ 탕평 정책은 당의 이익만을 추구하는 악습을 없애기 위한 조치로, 신하들의 특권 보장과는 거리가 멀다.

○ 1문단: 표준어를 기준으로 하는 한글 맞춤법의 원리

○ 2문단: 표준어를 적는 두 가지 방식

○ 3문단: 어법에 맞게 글자를 적는다는 것의 의미

* 상충(서로 相, 맞부딪칠 衝): 맞지 아니하고 서로 어긋남.
* 절충(꺾을 折, 속마음 衷): 서로 다른 사물이나 의견, 관점 따위를 알맞게 조절하여 서로 잘 어울리게 함.

○ 4문단: '소리대로 적되, 어법에 맞도록' 맞춤법을 적용하는 방법

* 실사(열매 實, 말 辭): 실질 형태소. 명사나 용언의 어간처럼 실질적인 뜻을 나타내는 형태소.

▶ 주제: 「한글 맞춤법」 총칙 제1항의 내용과 의미

한글 맞춤법의 원리는 '한글 맞춤법은 표준어를 소리대로 적되, 어법에 맞도록 함을 원칙으로 한다.'라는 「한글 맞춤법」 총칙 제1항에 나타나 있다. 이 조항은 한글 맞춤법을 적용하여 표기하는 대상이 표준어임을 분명히 하고 있다. 따라서 표준어가 정해지면 맞춤법은 이를 어떻게 적을지 결정하는 구실을 한다.

그런데 표준어를 글자로 적는 방식에는 두 가지가 있을 수 있다. 하나는 '소리 나는 대로' 적는 방식이요, 또 하나는 소리 나는 것과는 다소 멀어지더라도 눈으로 보아 '의미가 잘 드러나도록' 적는 방식이다. 이 두 방식이 상충*되는 면이 있는 듯하나 한글 맞춤법은 이 두 가지 방식을 적절히 조화시키고 있다. 즉 '소리대로 적되, 어법에 맞도록'이라는 제1항의 구절은 바로 이 두 방식의 절충*을 의미하는 것이다. 다시 말해 제1항은 '표준어를 소리 나는 대로 적는다는 원칙과, 어법에 맞게 적는다는 원칙에 어긋나지 않아야 한다.'는 내용을 담고 있는 것이다.

그렇다면 어법에 맞게 적는다는 것은 무슨 뜻인가? 뜻을 파악하기 쉽도록 적는다는 것이다. 그런데 어떻게 적는 것이 뜻을 파악하기 쉽도록 적는 것인가? 그것은 문장에서 뜻을 담당하는 실사(實辭)*를 밝혀 적는 방식일 것이다. 예컨대 '꼬치, 꼬츨, 끈또'처럼 적기보다 실사인 '꽃'을 밝혀 '꽃이, 꽃을, 꽃도'처럼 적는 것이다. '꼬치'와 같이 적는 방식은 소리 나는 대로 적어서 글자로 적기에는 편할 수 있다. 그러나 뜻을 담당하는 실사가 드러나지 않아 눈으로 뜻을 파악하기에는 큰 불편이 따른다. 체언과 용언 어간은 대표적인 실사이다. 실사를 밝혀 뜻을 파악하기 쉽도록 적는다는 것은 체언과 조사를 구별해서 적고 용언의 어간과 어미를 구별해서 적는다는 것이다. 바로 이러한 내용을 포괄하는 내용을 담고 있는 것이 '어법에 맞게' 적는다는 것이다.

정리하면, 제1항의 '소리대로 적되, 어법에 맞도록'이란 구절을 바르게 적용하는 방법은 다음과 같다. 첫째, 어느 쪽으로 적는 것이 어법에 맞는지(즉 뜻을 파악하기 쉬운지) 살펴 그에 따라 적고 둘째, 어느 쪽으로 적든지 어법에 맞는 정도에(뜻을 파악하는 데에) 별 차이가 없을 때에는 소리대로 적는다. 예컨대 '붙이다(우표를 ~)'와 '부치다(힘이 ~)'에서 전자는 동사 어간 '붙-'과 의미상의 연관성이 뚜렷하여 '붙이-'처럼 적어 줄 때 그 뜻을 파악하기 쉬운 이점이 있으므로 소리와 달리 '붙이다'로 적고, 후자는 전자와 달리, 굳이 소리와 다르게 적을 필요가 없으므로 '소리대로'의 원칙에 따라 '부치다'로 적는 것이다.

**[지문 해제]** 이 글은 「한글 맞춤법」 총칙 제1항의 내용을 소개하면서 '한글 맞춤법'의 원리를 개괄적으로 설명하고 있다. 「한글 맞춤법」 총칙 제1항이 규정한 '표준어를 소리대로 적되, 어법에 맞도록 함'의 원칙이 어떤 의미를 지니고 있는지 구체적인 사례를 통해 분석하고, 그에 따라 표준어를 바르게 적용하는 방법에 대해 설명하고 있다. 표준어를 소리대로 적지 않고 어법에 맞게 적는 경우와 그 이유를 상세히 밝히고 있으며, 두 가지 표기법의 사례를 밝혀 이해를 돕고 있다.

## 1 집필 의도 파악하기 | 정답 ④ |

**윗글의 집필 의도로 가장 알맞은 것은?**

① 한글 맞춤법의 문제점을 구체적으로 비판하고자 한다.

② 한글 맞춤법의 제정 배경을 역사적으로 살펴보고자 한다.

③ 한글 맞춤법 규정에 대한 다양한 평가를 소개하고자 한다.

④ 한글 맞춤법 규정을 바탕으로 맞춤법의 원리를 설명하고자 한다.

⑤ 한글 맞춤법 규정을 해설하면서 우리말의 우수성을 드러내고자 한다.

**✔ 정답 풀이**

이 글은 「한글 맞춤법」 총칙 제1항의 내용을 소개하면서 '한글 맞춤법'의 원리를 개괄적으로 설명하고 있다.

**✘ 오답 풀이**

① 한글 맞춤법의 문제점을 지적하고 비판하고 있는 글이 아니다.

② 한글 맞춤법의 제정에 관한 역사적 배경이 나타나 있지는 않다.

③ 한글 맞춤법 규정의 원리는 설명하고 있지만, 이에 대한 다양한 평가를 소개한 것은 아니다.

⑤ 「한글 맞춤법」 총칙 제1항에 대해 해설하고 있지만, 이를 통해 우리말의 우수성을 언급한 것은 아니다.

## 2 세부 정보 파악하기 | 정답 ⑤ |

**윗글의 내용과 일치하는 것은?**

① 한글 맞춤법은 표준어를 정하는 원칙을 규정한 것이다.
<br>'표준어를 어떻게 글로 적을까'에 대한 원칙을 규정해 놓은 것임

② 어법을 고려해 적으면 뜻을 파악하는 데에 어려움이 따른다.
<br>뜻을 파악하기 쉬움

③ 실사를 밝혀 적는다는 것은 소리 나는 대로 적는다는 의미이다.
<br>어법에 맞게 적는다

④ 소리 나는 대로 적는다는 것은 한글 맞춤법의 예외 조항이다.

⑤ 표준어를 글자로 적을 때에는 소리와 어법 두 가지를 고려한다.

**✔ 정답 풀이**

2문단에서 표준어를 글자로 적는 방식에는 소리 나는 대로 적는 방식과 의미가 잘 드러나도록 적는 방식이 있다고 하였다. 그리고 3문단에서 의미가 잘 드러나도록 적는 방식이 어법에 맞도록 적는 방식이라고 하였다. 따라서 한글 맞춤법은 소리와 어법 두 가지를 고려하여 표준어를 글자로 적는 방식을 규정한 것으로 볼 수 있다.

**✘ 오답 풀이**

① 1문단에 따르면 한글 맞춤법은 '표준어를 어떻게 글로 적을까'에 대한 원칙을 규정해 놓은 것이다. 한글 맞춤법이 표준어를 정하는 원칙을 규정한 것은 아니다.

② 3문단에서 표준어를 어법에 맞게 적는 것은 뜻을 파악하기 쉽도록 하기 위해서라고 하였다.

③ 3문단에서 표준어를 어법에 맞게 적는다는 것은 실사를 밝혀 뜻을 파악하기 쉽게 적는다는 의미라고 하였다.

④ 1, 4문단을 보면 표준어를 소리 나는 대로 적는다는 것은 한글 맞춤법의 원칙이지 예외 조항이 아니다.

## 3 반응의 적절성 파악하기 | 정답 ④ |

**윗글을 읽은 독자의 반응으로 적절하지 않은 것은?**

① '놀이'는 '놀다'와의 의미적 연관성이 있어 '노리'라고 적지 않고 '놀이'로 적는 것이겠군. <br>실사를 밝혀 적음

② '먹어', '먹은'을 '머거', '머근'처럼 적지 않는 이유는 '먹다'의 '먹-'이 실사이기 때문이겠군.

③ '국물'을 '궁물'로 적지 않는 이유는 '궁+물'보다 '국+물'이 의미가 더 잘 드러나기 때문이겠군. <br>실사를 밝혀 적어야 의미 파악이 쉬움

④ '물이 얼다'의 '얼음'을 '어름'으로 적지 않는 이유는 소리 나는 대로 적어야 의미 파악이 쉽기 때문이겠군. <br>실사를 밝혀 적어야

⑤ '반드시(~이겨라)'를 '반듯이(~앉아라)'와 구별하여 적는 것은 '반드시'가 '반듯하다'의 '반듯-'과 의미적 연관성이 없다고 여겨서 그랬겠군. <br>소리대로 적음 / 어법에 맞도록 적음

**✔ 정답 풀이**

'얼음'은 '얼다'와의 의미적 연관성을 고려한 말로, 실사 '얼-'에 '-음'이 결합된 단어이다. 소리 나는 대로 적는 '어름'이 아니라 '얼음'으로 적는 것은 뜻을 파악하기 쉽도록 하기 위함, 즉 어법에 맞게 하기 위함이다.

**✘ 오답 풀이**

① '놀이'와 '놀다'의 의미를 고려해 보면 이 둘은 의미적 연관성이 크기 때문에 '노리'라고 적지 않고 실사를 밝혀 적는다.

② '먹다'의 실사(어간)가 '먹-'이기 때문에 '머거', '머근'처럼 적지 않는다.

③ '궁물'로 소리 나지만 '국물'로 적는 이유는 실사를 밝혀 적어야 의미를 파악하기 쉽기 때문이다.

⑤ '반드시('꼭, 틀림없이, 기필코'의 뜻)'와 '반듯이('굽지 않고 바르게'의 뜻)'를 구별하여 적는 것은, '반듯하다'와 '반듯이'는 의미적 연관성이 있지만, '반드시'는 그렇지 않기 때문이다.

○ 1문단: 유추의 개념

무엇인가를 알아내는 사고 방법에는 여러 가지가 있는데 그중 하나가 유추이다. 유추란 어떤 사물이나 현상의 성질을 그와 비슷한 다른 사물이나 현상에 기초하여 미루어 짐작하는 것을 말한다. 이는 학문 또는 예술 활동에서뿐만 아니라 일상생활에서도 흔히 행하고 있는 사고법이다.

○ 2문단: 유추의 과정

유추는 '알고자 하는 특성의 확정-알고 있는 대상과의 비교-결론 내리기'의 과정을 통해 이루어진다.

○ 3문단: 유추의 과정을 보여 주는 예

『동물원에 가서 '백조'를 처음 본 어린아이가 그것이 날 수 있는가의 여부를 판단하는 과정을 생각해 보자. 이 경우 '알고자 하는 대상'과 그 '알고자 하는 특성'을 확정하면 '백조가 날 수 있는가?'가 된다. 그런데 그 아이가 자신이 이미 알고 있는 '비둘기'를 떠올리고는 백조와 비둘기 사이에 '깃털이 있다', '다리가 둘이다', '날개가 있다' 등의 공통점을 발견하였다. 이렇게 공통점을 발견하는 것이 바로 비교이다. 그 다음에 '비둘기는 난다'는 특성을 다시 확인한 후 '백조가 날 것이다'고 결론을 내리면 유추가 끝난다.』

○ 4문단: 유추의 한계에 대한 지적

많은 논리학자들은 유추가 판단을 그르치게 한다고 폄하*한다. 유추를 통해 알아낸 것이 옳다는 보장이 없기 때문이다. 위의 경우 '백조가 난다'는 것은 옳다. 그런데 똑같은 방법으로 '타조'에 대해 '타조가 난다'라는 결론을 내렸다면, 이는 사실에 어긋난다. 이는 공통점이 가장 많은 대상을 비교 대상으로 선택하지 못했기 때문이다. 이렇게 유추를 통해 알아낸 것은 옳을 가능성이 있다고는 할 수 있어도 틀림없다고는 할 수 없다.

○ 5문단: 유추를 통해 옳은 결론을 내릴 가능성을 높이는 '범위 좁히기'

결국 유추를 통해 옳은 결론을 내릴 가능성을 높이는 것이 중요한데, '범위 좁히기'의 과정을 통해 비교할 대상을 선정함으로써 그 가능성을 높일 수 있다. 만약 어린아이가 수많은 새 중에서 비둘기 말고, 타조와 더 많은 공통점을 갖고 있는 것, 예를 들면 '몸통에 비해 날개 크기가 작다'는 공통점을 하나 더 갖고 있는 '닭'을 가지고 유추를 했다면 '타조는 날지 못할 것이다'는 결론을 내렸을 것이다.

○ 6문단: 유추의 유용성과 의의

옳지 않은 결론을 내릴 가능성을 항상 안고 있음에도 불구하고 유추는 필요하다. 우리 인간은 모든 것을 알고 태어나지 않을 뿐만 아니라 어느 한순간에 모든 것을 알아내지는 못한다. 그런데도 인간이 많은 지식을 갖게 된 것은 유추와 같은 사고법을 가지고 있기 때문이다.

* 폄하(떨어뜨릴 貶, 아래 下): 가치를 깎아내림.

▶ 주제: 유추의 개념과 의의

[지문 해제] 이 글은 어떤 사물이나 현상의 성질을 그와 비슷한 다른 사물이나 현상에 기초하여 미루어 짐작하는 사고 방법인 '유추'에 대해 설명하고 있다. 유추의 과정은 '알고자 하는 특성의 확정-알고 있는 대상과의 비교-결론 내리기'의 과정을 통해 이루어지는데, '백조가 날 수 있는가'를 판단하는 어린아이의 유추 과정을 사례로 들고 있다. 그리고 유추를 통해 얻은 결론이 틀릴 수도 있다는 한계를 지적하고, 그것을 극복할 수 있는 방법인 '범위 좁히기'를 예를 들어 설명하고 있다. 유추가 잘못된 결론을 내릴 수 있는 한계를 갖고 있음에도 불구하고, 지식을 얻는 데 필요하다는 의의를 밝히고 있다.

## 1 설명 방식 파악하기 | 정답 ② |

**윗글에 대한 설명으로 가장 적절한 것은?**

① 유추의 ~~활용 사례들을~~ 분석하면서 그 유형을 소개하고 있다.

② 유추의 방법과 효용을 알려주면서 그 유용성을 강조하고 있다.

③ 유추에 대한 학문적 논의의 ~~과정~~을 시간 순서대로 소개하고 있다.

④ 유추의 문제점을 지적하면서 새로운 ~~사고~~ 방법의 필요성을 역설하고 있다.

⑤ 유추와 ~~여타 사고 방법들~~과의 차이점을 부각하면서 그 본질을 이해시키고 있다.

✔ 정답 풀이

이 글의 1~3문단에서는 유추의 개념과 방법을, 4~5문단에서는 유추의 한계와 보완 방법을 설명하고 있다. 마지막 문단에서는 유추가 한계를 갖고 있음에도 불구하고 인간은 모든 것을 알고 태어나지 않을 뿐만 아니라 어느 한순간에 모든 것을 알아내지는 못하기 때문에 유추가 필요하다며 그 유용성을 강조하고 있다.

✖ 오답 풀이

① 3문단에서 '백조가 날 수 있는가'에 대한 어린아이의 판단 과정을 사례로 들어 유추의 방법을 설명하고 있으나, 활용 사례들을 분석하여 그 유형을 소개하는 부분은 나타나 있지 않다.

③ 유추에 대한 학문적 논의는 나타나 있지 않으며 시간 순서에 따른 진술 역시 나타나지 않는다.

④ 4~5문단에서 유추의 한계를 지적하는 내용을 다루고 있으나, 새로운 사고 방법의 필요성을 역설하고 있지는 않다.

⑤ 유추와 여타 사고 방법들과의 차이점을 부각하여 유추의 본질을 설명하는 부분은 나타나 있지 않다.

## 2 구체적 상황에 적용하기 | 정답 ① |

**윗글을 바탕으로 〈보기〉의 내용을 이해한 것으로 적절하지 않은 것은?**

─┤ 보 기 ├─

화성에도 생명체가 존재할까? <sub>알고자 하는 특성의 확정</sub> 이에 대한 답을 얻기 위해서는 우리가 가장 잘 알고 있는 행성인 지구 <sub>비교 대상</sub> 와 비교함으로써 둘 사이의 공통점을 찾아보는 것이 필요할 것이다. 태양계의 다른 행성들에 비해 화성은 태양과의 거리가 지구와 가장 비슷하다. <sub>공통점 ①</sub> 화성은 대기 온도가 영하 76℃까지 떨어지기도 하지만 지구의 최저 기온과 크게 차이가 없는 편이다. <sub>공통점 ②</sub> 또한

화성에서는 지구에서와 같이 암석과 물의 존재가 확인되었다. <sub>공통점 ③</sub> 그런데 지구에는 생명체가 존재한다. <sub>지구의 특성을 다시 확인함</sub> 그러므로 화성에도 생명체가 존재할 가능성이 높다. <sub>결론</sub>

① '화성과 태양의 거리'를 확인함으로써 '알고자 하는 특성'을 확정했다. <sub>알고 있는 대상과의 비교</sub> <sub>화성에 생명체가 존재할까</sub>

② 비교할 대상으로 '지구'를 선택했다.

③ '암석과 물의 존재' 등의 특성은 비교의 결과 확인한 공통점이다.

④ 결론을 내리기 전에 '생명체가 존재한다'는 '지구'의 특성을 다시 확인하고 있다.

⑤ 최종적으로 내린 결론은 '화성에 생명체가 존재할 가능성이 높다'이다.

✔ 정답 풀이

〈보기〉는 '화성에도 생명체가 존재할 것이다'라는 결론을 내리기까지의 유추 과정을 보여 주는 구체적 사례이다. 유추의 과정은 크게 3단계로 되어 있는데, 맨 처음에 할 것은 '알고자 하는 특성의 확정'이다. 그런데 ①에서 말한 '화성과 태양의 거리를 확인함'은 두 번째 단계인 '알고 있는 대상과의 비교'를 통해 공통점을 파악하기 위한 과정에 해당한다. 이 과정을 통해 '태양과 지구', '태양과 화성' 사이의 거리가 비슷하다는 공통점을 파악하게 된다. 〈보기〉에서 '알고자 하는 특성의 확정'에 해당하는 것은 '화성에도 생명체가 존재할까?'이다.

✖ 오답 풀이

② 〈보기〉에서 '지구'를 비교 대상으로 삼아 '화성에도 생명체가 존재할까'를 유추하고 있다.

③ 〈보기〉에서 '화성에서는 지구에서와 같이 암석과 물의 존재가 확인되었다.'라며 화성과 지구의 공통점을 확인하고 있다.

④ 3문단을 보면 유추의 결론을 내리기 전에 '비둘기는 난다'는 '알고 있는 대상'의 특성을 확인하고 있다. 〈보기〉에서는 '지구에는 생명체가 존재한다'는 특성을 확인하고 있다.

⑤ 지구와의 비교를 통해 '화성에도 생명체가 존재할 가능성이 높다'는 결론을 내리고 있다.

| 인문 01~05 독해력 쑥쑥, 어휘 테스트 | | | | |
|---|---|---|---|---|
| 01 폄하 | 02 기호 | 03 익명 | 04 이목 | 05 봉당 |
| 06 지엽적 | 07 절충 | | 08 개입 | 09 권외 |
| 10 측은지심 | 11 ◯ | 12 ✕ | 13 ◯ | |
| 14 ◯ | 15 ✕ | 16 ⓒ | 17 ⓔ | 18 ⓜ |
| 19 ㉠ | 20 ㉡ | | | |

정답 **1** ⑤ **2** ②

● (가): 아이들의 언어
 습득 과정에 관한 행
 동주의 학자들의 견해

**가** 아이들은 어떻게 언어를 습득하는 걸까? 이 물음에 대해 ㉠행동주의 학자들은 아이
질문을 통한 독자의 호기심 유발
들이 다른 행동을 배울 때와 마찬가지로 지속적인 모방과 학습을 통해 언어를 습득한
언어 습득에 관한 행동주의 학자들의 견해
다고 주장한다. 이들의 주장에 따르면 아이들의 언어 습득은 '자극–반응–강화'의 과
중심 화제
정을 통해 이루어진다. 「예를 들어 아침에 출근하는 아빠를 보고 엄마가 '빠이빠이'라
「」: 행동주의 학자들의 견해를 뒷받침하는 사례
고 말하면(자극), 아이는 엄마의 말을 모방하여 '빠이빠이'라고 말하고(반응), 이에 대
해 부모는 칭찬이나 물적 보상(강화) 등으로 아이가 그 행동을 다시 하도록 격려하게
된다.」 바로 이런 경험을 통해 아이는 말을 배워간다. 즉 행동주의 학자들은 후천적인
경험이나 학습을 언어 습득의 요인*으로 본다.

● (나): 아이들의 언어
 습득 과정에 관한 촘
 스키의 견해

**나** 그러나 이러한 행동주의 학자들의 주장은 아이들의 언어 습득 과정을 후천적인 요
인으로만 파악하려 한다는 점에서 비판을 받는다. 미국의 언어학자 ㉡촘스키는 아이
행동주의 학자들의 주장 비판
들이 부모나 어른들로부터 한 번도 들어보지 않은 새로운 문장을 끊임없이 생성*해
촘스키가 행동주의 학자들을 비판하는 근거
낸다는 점을 근거로 들어 행동주의 학자들을 비판한다. 그는 아이들이 의식적인 노력
이나 훈련 없이도 모국어를 완벽하게 구사하는 이유가 태어나면서부터 두뇌 속에 '언
어습득장치(LAD)'라는 것을 가지고 있기 때문이라고 주장한다. 아이들이 언어를 접
하게 되면 이 장치가 작동하여 유한한 문법 규칙으로 무한한 문장을 만들어 낼 수 있
언어습득장치(LAD)                        사람의 두뇌 속에 언어습득장치가 있기 때문
는 능력을 발휘한다는 것이다. 그렇다면 인간은 죽을 때까지 끊임없이 언어 능력을
키우게 되는 것일까? 그렇지는 않다. 필요한 영양과 조건이 주어지면 팔다리가 성장
문답 형식으로 독자의 관심 유도
하다가 일정 시기에 이르면 성장이 멈추는 것처럼, 촘스키는 언어 능력 또한 일정한
조건만 충족되면 성장해 가다가 이른바 '한계 시기', 즉 사춘기에 접어드는 13세 무렵
에 이르면 성장을 멈춘다고 보았다.

● (다): 촘스키의 주장이
 갖는 의의

**다** 이러한 촘스키의 주장은 아이들이 선천적으로 지니고 태어나는 언어 능력에 주목함
으로써 행동주의 학자들의 주장만으로는 설명할 수 없었던 복잡한 언어 습득 과정을
지속적인 모방과 학습을 통해 언어 습득
효과적으로 설명해 주고 있다.

* 요인(구할 要, 인할 因):
 사물이나 사건이 성립
 되는 까닭. 또는 조건이
 되는 요소.
* 생성(날 生, 이룰 成): 사
 물이 생겨남. 또는 사물
 이 생겨 이루어지게 함.

▶ 주제: 아이들의 언어
 습득 과정

**[지문 해제]** 이 글은 아이들의 언어 습득 과정에 관하여 행동주의 학자들의 견해와 촘스키의 견해를 대비하여 설명하고 있다.
아이들이 후천적인 경험이나 학습을 통해서만 언어를 습득한다고 생각한 행동주의 학자들과 달리, 촘스키는 아이들의 두뇌 속에
언어습득장치(LAD)가 있어 한 번도 들어보지 않은 새로운 문장을 만들 수 있다고 주장하였다. 글쓴이는 촘스키의 주장이 아이들
의 선천적인 언어 능력에 주목함으로써 복잡한 언어 습득 과정을 효과적으로 설명해 주는 데에 의의가 있다고 밝히고 있다.

## 1 개괄적 정보 파악하기 | 정답 ⑤ |

**다음은 윗글을 정리한 것이다. 적절하지 않은 것은?**

| (가) | 행동주의 학자들의 주장 '자극-반응-강화'의 과정을 통해 언어 습득 | ……… ① |
|---|---|---|

↓

행동주의 학자들의 주장을 뒷받침하는 사례 예를 들어, 아침에 출근하는 ~ ……… ②

↓

| (나) | 행동주의 학자들에 대한 비판 아이들의 언어 습득을 후천적으로만 파악하려 함 | ……… ③ |

↓

촘스키의 주장 아이들의 두뇌 속에 언어습득장치(LAD)가 있음 ……… ④

↓

| (다) | 촘스키의 주장이 갖는 한계 | ……… ⑤ |

### ✔ 정답 풀이

(다)에서는 촘스키의 주장이 행동주의 학자들의 주장으로는 설명할 수 없었던 복잡한 언어 습득 과정을 효과적으로 설명해 주고 있다고 하였다. 따라서 (다)는 촘스키의 주장이 갖는 한계를 설명한 것이 아니라, (나)에서 설명하고 있는 촘스키의 주장을 요약 정리하고, 그 의의를 밝힌 것으로 볼 수 있다.

### ✘ 오답 풀이

① (가)에서는 언어 습득이 '자극-반응-강화'의 과정을 통해 이루어진다는 행동주의 학자들의 주장을 소개하고 있다.
② (가)에서는 출근하는 아빠에게 엄마가 하는 말(자극)을 듣고 아이가 모방(반응)을 하고 칭찬이나 물적 보상 등의 과정을 통해 언어를 습득하는 사례를 제시하고 있다.
③ (나)의 앞부분에서 행동주의 학자들의 주장에 대한 촘스키의 비판을 제시하고 있다.
④ (나)에서는 아이들의 선천적인 언어 습득 능력에 대한 촘스키의 주장을 제시하고 있다.

## 2 다른 상황에 적용하기 | 정답 ② |

**윗글을 바탕으로 〈보기〉를 이해할 때, 적절하지 않은 것은?**

┤ 보 기 ├

1970년 미국 캘리포니아에서는 생후 18개월부터 약 14세 때까지 방에 감금된 채 고립되어 살아 온 '지니'라는 소녀가 발견되었다. 지니는 갇혀 지내는 동안 외부로부터 철저하게 차단되어 언어를 접할

수 없었다. 발견 당시 지니는 '엄마', '지니', '미안해' 등 겨우 20개의 단어만 이해했다. 지니는 발견된 후 집중적인 언어 교육을 받았지만, 결국 정상적인 수준에 도달하지 못했다.

① ㉠의 견해에 따르면 '지니'는 감금 기간에 모방의 경험이 없었다고 보아야 하겠군. 지속적인 모방과 학습의 기회 상실
② ㉠의 견해에 따르면 '지니'의 사례는 아이들의 언어 습득 과정에서 부모의 적절한 역할 분담이 필요하다는 것을 보여 주는군.
③ ㉡의 견해에 따르면 '지니'는 '언어습득장치(LAD)'가 본격적으로 작동할 수 있는 기회를 갖지 못한 것이로군. 언어습득장치가 작동할 시기에 언어 접촉이 없었음
④ ㉡의 견해에 따르면 '지니'의 사례는 아이들의 언어 습득 능력이 일정한 시기에 이르면 성장을 멈춘다는 것을 보여 주는군. 13세 무렵에 이르면 언어 능력이 성장을 멈춤
⑤ ㉠, ㉡의 견해에 따르면 '지니'의 사례는 언어를 접할 수 있는 환경이 언어 습득에 중요하다는 것을 보여 주는군. ㉠: 언어 습득을 위한 후천적인 환경 ㉡: 언어를 접해야만 언어습득장치(LAD)가 작동함

### ✔ 정답 풀이

(가)에 부모의 말을 모방하고 학습하는 아이의 사례가 제시되어 있지만, 이는 '자극-반응-강화'의 과정을 설명하기 위해 사례를 든 것일 뿐, 아이들의 언어 습득 과정과 관련하여 부모의 역할 분담을 언급하기 위한 것이 아니다. 따라서 ㉠의 견해에 따라 언어 습득 과정에서 부모의 적절한 역할 분담이 필요하다는 것은 적절하지 않은 반응이다.

### ✘ 오답 풀이

① ㉠'행동주의 학자들'의 견해에 따르면, 아이들의 언어 습득은 '자극-반응-강화'의 과정을 통해 이루어진다. 〈보기〉에서 지니는 어렸을 때부터 고립되어 살았기 때문에 다른 사람과 접촉할 기회가 없었다. 따라서 감금된 동안 모방의 경험이 없었다고 볼 수 있다.
③ ㉡'촘스키'의 견해에 따르면, 아이들은 태어나면서부터 언어습득장치(LAD)를 가지고 있기 때문에 한 번도 들어보지 않은 새로운 문장을 끊임없이 생성해 낸다고 하였다. 〈보기〉에서 지니는 겨우 단어 20개를 이해하는 수준이라고 했으므로 '언어습득장치(LAD)'가 작동하지 못했다고 볼 수 있다. 이는 '언어습득장치(LAD)'가 본격적으로 작동할 시기에 언어 접촉이 없었기 때문이다.
④ 지니는 약 14세에 발견되어 집중적인 언어 교육을 받았지만, 결국 정상적인 수준에 도달하지 못했다. 이는 ㉡'촘스키'가 주장한 '한계 시기(13세 무렵)'와 관련된다고 볼 수 있다.
⑤ ㉠'행동주의 학자들'과 ㉡'촘스키' 모두 아이들이 어렸을 때 언어를 접촉할 수 있는 환경에 있어야 언어 습득이 가능하다고 생각하고 있다.

● 1문단: 도덕적 판단 기준으로서의 두 가지 관점

다음 상황을 생각해 보자. Ⓐ가 등교하는 길에 다리가 불편한 할머니가 횡단보도 건너는 것을 도와 달라고 하였다. 지금 학교에 가지 않으면 지각을 하여 벌점을 받게 된다. Ⓐ는 할머니를 도와야 할까, 아니면 학교에 가야 할까? 이런 상황을 도덕적 딜레마라 한다. 이런 상황에서 개인 행위의 옳고 그름을 판단하는 기준이 필요하다. 이러한 기준을 우리는 크게 두 가지 관점에서 제시할 수 있다. 하나는 ㉠의무론적 관점이고 다른 하나는 ㉡목적론적 관점이다.

● 2문단: 의무론적 관점의 특징

의무론적 관점은 행위에 대한 도덕적 판단이 도덕 법칙에 따라 이루어져야 한다고 보았다. 이 관점은 도덕 법칙을 지키려는 의지를 의무로 보았으며 결과와 무관하게 행위 자체의 옳고 그름에 주목하였다. 도덕 법칙은 언제나 타당하고 보편적인 것이기에 '왜'라는 질문은 성립하지 않는다. 따라서 좋지 않은 결과를 초래*하더라도 도덕 법칙은 지켜야 한다. 이런 의미에서 의무론적 관점을 법칙론이라고도 한다.

● 3문단: 의무론적 관점의 한계

그러나 의무론적 관점에는 한계가 있다. 두 개의 옳은 도덕 법칙이 충돌할 때 의무론적 관점에 따르면 결정을 내릴 수 없다. 예를 들어 1번 철로에는 3명의 인부가, 2번 철로에는 5명의 인부가 일을 하고 있을 때 브레이크가 고장 난 기차의 기관사는 어떤 길을 선택해야 할까? 의무론적 관점은 이 상황에서 어떤 철로를 선택해야 할지 결정을 내릴 수 없다.

● 4문단: 목적론적 관점의 특징

한편, 목적론적 관점은 행복이나 쾌락을 인간이 추구해야 할 목적으로 보았다. 이 관점은 오로지 최선의 결과를 가져오는 행위가 옳은 행위이며, 경험을 통하여 도덕을 얻을 수 있다고 생각하였다. 도덕은 '보다 많은 사람들에게 보다 많은 행복을 가져오는 행위'이다. 따라서 어떤 행위를 결정할 때는 미래에 있을 결과를 고려해야 한다. 이런 의미에서 목적론적 관점을 결과론이라고도 한다.

● 5문단: 목적론적 관점의 한계

그러나 목적론적 관점도 한계가 있다. 똑같은 결과라도 사람마다 판단이 달라질 수 있기 때문이다. 위의 예에서 1번 철로를 선택하는 것이 목적론적 관점에서는 옳은 선택이지만 1번 철로에 있던 인부의 가족에게 물었을 경우 대답은 달라질 것이다. 이런 문제 때문에 목적론적 관점은 도덕 법칙에 대해 많은 예외를 허용할 우려가 있다.

\* 초래(부를 招, 올 來): 어떤 결과를 가져오게 함.

▶ 주제: 의무론적 관점과 목적론적 관점의 특징과 한계

[지문 해제] 이 글은 의무론적 관점과 목적론적 관점의 특징과 한계에 대해 설명하고 있다. 도덕적 딜레마 상황에서 개인 행위의 옳고 그름을 판단하기 위해서는 기준이 필요한데, 그 기준은 크게 두 가지 관점에서 제시할 수 있다. 먼저 의무론적 관점에서는 도덕 법칙을 중요시한다. 그래서 결과와 상관없이 행위 자체의 옳고 그름을 따질 수 있지만 두 개의 옳은 도덕 법칙이 충돌할 때 결정을 내릴 수 없다는 한계가 있다. 다음으로 목적론적 관점에서는 최선의 결과를 강조한다. 그래서 많은 사람에게 많은 행복을 가져오는 행위를 옳다고 판단하는데, 똑같은 결과라도 사람에 따라 판단이 달라질 수 있다는 한계가 있다.

## 1 글의 전개 방식 파악하기 | 정답 ③ |

**윗글에 쓰인 전개 방식으로 적절한 것은?**

① 다른 대상과 비교하여 가설을 입증하고 있다.
② 통념의 문제점을 제시하며 주장을 강조하고 있다.
③ 중심 대상의 개념을 밝히고 사례를 들어 설명하고 있다.
④ 서로 다른 관점을 절충하면서 결론을 이끌어 내고 있다.
⑤ 관점의 문제점을 지적한 후 합리적인 대안을 제시하고 있다.

✅ **정답 풀이**

이 글은 중심 대상인 '의무론적 관점'과 '목적론적 관점'의 개념을 밝히고, 브레이크가 고장 난 기차의 기관사를 사례로 들어 두 관점에 대해 설명하고 있다.

## 2 세부 내용의 파악하기 | 정답 ④ |

**목적론적 관점을 다음과 같이 정리할 때 적절하지 않은 것은?**

질문 1. 목적론에서 옳다고 보는 행위는 무엇일까?
• 행복이나 쾌락을 가져오는 행위 ………… ①
• 최선의 결과를 가져오는 행위 …………… ②

질문 2. 목적론적 관점의 특징은 무엇일까?
• 도덕은 가능한 많은 행복을 추구하려는 의도를 지님. ……………………………… ③
• 어떤 행위를 위한 결정은 행위 자체를 바탕으로 내림. ……………………………… ④

질문 3. 목적론적 관점의 한계는 무엇일까?
• 도덕 법칙에 예외를 많이 허용할 수 있음. ‥ ⑤

✅ **정답 풀이**

4문단에서 목적론적 관점은 '오로지 최선의 결과를 가져오는 행위가 옳은 행위이며', '어떤 행위를 결정할 때는 미래에 있을 결과를 고려해야 한다'고 하였다. '결과와 무관하게 행위 자체의 옳고 그름에 주목'한 것은 2문단에서 언급한 의무론적 관점의 특징이다.

❌ **오답 풀이**

①, ② 4문단에서 '목적론적 관점은 행복이나 쾌락을 인간이 추구해야 할 목적으로 보았'고, '오로지 최선의 결과를 가져오는 행

위가 옳은 행위'라고 하였다.
③ 4문단에서 목적론적 관점에서의 '도덕은 보다 많은 사람들에게 보다 많은 행복을 가져오는 행위'라고 하였다.
⑤ 5문단에서 목적론적 관점은 '도덕 법칙에 대해 많은 예외를 허용할 우려가 있다'고 하였다.

## 3 구체적 상황에 적용하기 | 정답 ① |

**㉠(목적론적 관점), ㉡(의무론적 관점)에서 Ⓐ에게 할 수 있는 말로 적절하지 않은 것은?**

① ㉠: '왜'라는 질문에 답할 수 있게 행동하세요.
② ㉠: 누가 보더라도 옳다고 생각하는 기준에 따라 행동하세요. 2문단
③ ㉠: 나중에 일어날 일보다는 도덕을 지키려는 마음이 더 중요하지 않겠어요 2문단
④ ㉡: 당신의 선택의 목적과 결과를 고려해 행동하세요. 4문단
⑤ ㉡: 당신뿐 아니라 다른 사람도 같이 기쁠 수 있게 행동하세요. 4문단

✅ **정답 풀이**

2문단에서 의무론적 관점은 '행위에 대한 도덕적 판단이 도덕 법칙에 따라 이루어져야' 하며, '도덕 법칙은 언제나 타당하고 보편적인 것이기에 '왜'라는 질문은 성립하지 않는다'고 하였다. 따라서 '왜'라는 질문에 답할 수 있게 행동하라는 말은 의무론적 관점에서 Ⓐ에게 할 말로 적절하지 않다.

❌ **오답 풀이**

② 2문단에서 의무론적 관점에서의 '도덕 법칙은 언제나 타당하고 보편적인 것'이라고 하였다. 따라서 의무론적 관점에서는 Ⓐ에게 누가 보더라도 옳다고 생각하는 기준에 따라 행동하라고 말할 수 있다.
③ 2문단에서 의무론적 관점은 '도덕 법칙을 지키려는 의지를 의무로 보았으며 결과와 무관하게 행위 자체의 옳고 그름에 주목하였다'고 하였다. 따라서 의무론적 관점에서는 Ⓐ에게 나중에 일어날 일(결과)보다는 도덕을 지키려는 마음(의지)이 더 중요하다고 말할 수 있다.
④ 4문단에서 목적론적 관점은 '행복이나 쾌락을 인간이 추구해야 할 목적으로 보았'고, '어떤 행위를 결정할 때는 미래에 있을 결과를 고려해야 한다'고 하였다. 따라서 목적론적 관점에서는 Ⓐ에게 선택의 목적과 결과를 고려해 행동하라고 말할 수 있다.
⑤ 4문단에서 목적론적 관점에서의 도덕은 '보다 많은 사람들에게 보다 많은 행복을 가져오는 행위'라고 하였다. 따라서 목적론적 관점에서는 Ⓐ에게 많은 사람들과 행복을 위해 다른 사람도 같이 기쁠 수 있게 행동하라고 말할 수 있다.

# 정의로운 사회 _ 던컨

정답 **1** ⑤ **2** ①

○ 1문단: 정의로운 사회
의 개념에 대한 의문

○ 2문단: 정의로운 사회
에 대한 노직의 주장

○ 3문단: 정의로운 사회
에 대한 롤스의 주장

\* 누진세(여러 累, 나아갈
進, 세금 稅): 과세 대상
의 수량이나 값이 증가
함에 따라 점점 높은
세율을 적용하는 세금.
\* 해소(풀 解, 사라질 消):
어려운 일이나 문제가
되는 상태를 해결하여
없애 버림.

○ 4문단: 노직과 롤스의
공통점과 차이점

\* 합의(합할 合, 뜻 意):
서로 의견이 일치함. 또
는 그 의견.
\* 권익(권세 權, 더할 益):
권리와 그에 따르는 이
익.

▶ 주제: 정의로운 사회에
대한 두 가지 견해

사람들은 누구나 정의로운 사회에 살기를 원한다. 그렇다면 정의로운 사회란 무엇일까? 이에 대해 철학자 로버트 노직과 존 롤스는 서로 다른 견해를 보인다.
（중심 화제）

자유지상주의자인 노직은 타인에게 피해를 주지 않는 한, 개인의 모든 자유가 보장되는 사회를 정의로운 사회라고 말한다. 개인이 정당하게 얻은 결과를 온전히 소유할 （노직이 주장하는 '정의로운 사회'） 수 있도록 자유를 보장하는 것이 정의라는 것이다. 따라서 개인의 소유에 대해 국가가 （노직의 관점에서의 '정의'） 간섭하는 것은 소유권이라는 개인의 자유를 침해하는 것이기 때문에 정의롭지 못하다고 （개인의 자유를 침해함 → 정의로운 사회가 아님） 주장한다. 그렇기 때문에 노직은 선천적인 능력의 차이와 사회적 빈부 격차를 당연한 것으로 본다. 따라서 복지 제도나 누진세\* 등과 같은 국가의 간섭에 의한 재분배 시도에 （선천적인 능력 차이와 빈부 격차는 당연한 것이라고 생각하기 때문） 대해서는 강력하게 반대한다. 다만 빈부 격차를 해소\*하기 위한 사람들의 자발적 기부에 대해서는 인정한다.

롤스는 개인의 자유를 보장하면서도 사회적 약자를 배려하는 사회가 정의로운 사회라고 말한다. 롤스는 정의로운 사회가 되기 위해서는 세 가지 조건을 만족해야 한다고 （롤스가 주장하는 '정의로운 사회'） 주장한다. 첫 번째 조건은 사회 원칙을 정하는 데 있어서 사회 구성원 간의 합의\* 과정이 있어야 한다는 것이다. 이러한 합의를 통해 정의로운 세계의 규칙 또는 기준이 만들 （조건 ①） 어진다고 보았다. 두 번째 조건은 사회적 약자의 입장을 고려해야 한다는 것이다. 롤스 （조건 ②） 는 인간의 출생, 신체, 지위 등에는 우연의 요소가 많은 영향을 미칠 수 있다고 본다. 따라서 누구나 우연에 의해 사회적 약자가 될 수 있기 때문에 사회적 약자를 차별하는 것은 정당하지 못한 것이 된다. 마지막 조건은 개인이 정당하게 얻은 소유일지라도 그 이 （조건 ③） 익의 일부는 사회적 약자에게 돌아가야 한다는 것이다. 왜냐하면 사회적 약자가 될 가능성은 누구에게나 있으므로, 자발적 기부나 사회적 제도를 통해 사회적 약자의 처지를 최대한 배려하는 것이 사회 전체로 볼 때 공정하고 정의로운 것이기 때문이다.

노직과 롤스는 이윤 추구나 자유 경쟁 등을 허용한다는 면에서는 공통점을 보인다. （노직과 롤스의 공통점） 그러나 노직은 개인의 자유를 중시하여 사회적 약자의 자연적·사회적 불평등의 해결을 개인의 선택에 맡긴다. 반면에 롤스는 개인의 자유를 중시하는 한편, 사람들이 공정한 （노직과 롤스의 차이점） 규칙에 합의하는 과정도 중시하며, 자연적·사회적 불평등을 복지를 통해 보완해야 한다고 주장한다. 롤스의 주장은 소수의 권익\*을 위한 이론적 틀을 제시했으며, 평등의 이념을 확장시켜 복지 국가에 대한 이론적 근거를 마련했다고 할 수 있다. （롤스 주장의 의의）

[지문 해제] 정의로운 사회에 관한 두 철학자의 서로 다른 견해를 소개하고 있는 글이다. 노직은 개인의 자유가 보장되는 사회가 정의롭다고 여기고, 개인의 소유에 대해 국가가 간섭하는 것은 소유권이라는 개인의 자유를 침해하는 것이라고 주장하며 복지 제도나 누진세 등 국가의 간섭에 의한 재분배 시도를 반대하였다. 반면 롤스는 사회적 약자를 배려하는 사회를 정의롭다고 여기며 정의로운 사회를 위한 세 가지 조건을 제시하였다. 이에 따르면 사회 원칙은 구성원 간의 합의에 의해 정해져야 하고, 사회적 약자의 입장을 고려해야 하며, 개인 소유의 일부는 사회적 약자에게 돌아갈 수 있도록 해야 한다. 노직과 롤스는 이윤 추구와 자유 경쟁을 허용한다는 점에서 공통적이지만, 사회적 약자에 대한 대우나 사회적 불평등을 바라보는 관점에서는 상반된 견해를 보인다.

**1** 비판의 적절성 판단하기 | 정답 ⑤ |

윗글을 이해한 학생이 롤스의 입장에서 〈보기〉에 대해 제기할 수 있는 비판으로 가장 적절한 것은?

┤ 보 기 ├

　공리주의자인 벤담은 '최대 다수의 최대 행복'이 정의로운 것이라 주장했다. 따라서 다수의 최대 행복이 보장된다면 소수의 불행은 정당한 것이 되고, 반대로 다수의 불행이 나타나는 상황은 정의롭지 못한 것이 된다. 벤담은 걸인과 마주치는 대다수의 사람들은 부정적 감정을 느끼기 때문에, 거리에서 걸인을 사라지게 해야 한다며 걸인들을 모두 모아 한 곳에서 생활시키는 강제 수용소 설치를 제안했다.

① 다수의 처지를 배려할 때 사회 전체의 행복이 증가하지 않을까요?
② 문제를 강제로 해결하려고 하기보다는 스스로 해결하도록 맡겨 두어야 하지 않을까요? 롤스: 사회적 제도 통해 사회적 약자 배려
③ 감정적 차원에서 사람을 싫어하는 것은 인간적 도리를 지키지 않는 태도가 아닌가요?
④ 대다수의 사람들이 걸인에게 부정적 감정을 느낀다고 판단하는 것은 문제가 있지 않을까요?
⑤ 걸인이 된 것은 우연적 요소에 의한 것일 수도 있는데 그들을 차별하지 않아야 정의로운 것이 아닌가요?

✅ 정답 풀이

〈보기〉에서 벤담은 '최대 다수의 최대 행복'을 주장하며 다수의 사람들이 부정적 감정을 느끼는 대상인 걸인을 한 곳에서 생활시키는 강제 수용소 설치를 제안하였다. 3문단에서 롤스는 누구나 우연에 의해 사회적 약자가 될 수 있기 때문에 사회적 약자를 차별하는 것은 정당하지 못하다고 하였다. 따라서 롤스의 입장에서 본다면, 우연적 요소에 의해 걸인이 되었을 수도 있는 사람을 차별하는 것은 정의롭지 못하다고 비판할 수 있다.

❌ 오답 풀이

① 3문단에서 롤스는 다수가 아니라 사회적 약자를 배려해야 한다고 하였다.
② 3문단에서 롤스는 사회적 제도를 통해 사회적 약자를 배려해야 한다고 하였다. 따라서 문제를 스스로 해결하도록 맡겨 두어야 한다는 비판은 적절하지 않다.
③ 롤스는 공정하고 정의로운 사회를 위해 사회적 약자를 배려해야 한다고 하였지, 인간적 도리 때문에 배려해야 한다고 한 것이 아니다.
④ 롤스는 우연에 의해 사회적 약자가 될 수 있기 때문에 차별해서

는 안 된다고 하였을 뿐, 사람들의 감정에 관한 언급은 하지 않았다.

**2** 구체적 사례에 적용하기 | 정답 ① |

윗글의 노직, 롤스가 〈보기〉의 신문 기사를 읽은 후 보일 반응으로 적절하지 않은 것은?

┤ 보 기 ├

**'부상 투혼' ○○○, 또 다른 감동을 주다**
　프로 야구 선수 ○○○은 발목 부상에도 불구하고 등판하여 승리 투수가 되었다. ○○○은 1승을 올릴 때마다 1백 만 원씩 난치병 치료 재단에 기부하기로 했다. 2010년에는 다승왕 상금으로 받은 1천만 원을 내놓기도 했다. 몇 년에 걸쳐 난치병 치료를 위한 기금 1억 원을 여러 사람들과 함께 조성하여 난치병 치료 재단에 기부했다. 그에게 감동받은 팬들은 정부에 세금으로 난치병 환자를 지원하는 복지법 제정을 청원하고 있다. － △△신문

① 노직은 기부하는 행동 자체를 반대하겠군. 빈부 격차 해소를 위한 자발적 기부 인정
② 노직은 복지법이 제정되는 것을 반대하겠군. 2문단
③ 롤스는 복지법 제정으로 정의로운 사회가 이루어질 수 있다고 생각하겠군. 3문단
④ 롤스는 사회적 약자들을 위해 기부한 ○○○ 선수의 행동을 정의롭다고 판단하겠군. 3문단
⑤ 노직, 롤스는 모두 ○○○ 선수가 다승왕 상금을 받은 것은 자유 경쟁을 통해 얻은 결과라는 점에서 인정하겠군. 4문단

✅ 정답 풀이

〈보기〉의 프로 야구 선수는 자신의 노력으로 얻은 소득의 일부를 사회적 약자인 난치병 환자를 위해 사용하고 있다. 2문단에서 노직은 선천적인 능력의 차이와 사회적 빈부 격차를 당연한 것으로 보았지만, 빈부 격차를 해소하기 위한 사람들의 자발적 기부에 대해서는 인정한다고 하였다. 따라서 노직이 야구 선수의 기부하는 행동 자체를 반대할 것이라는 반응은 적절하지 않다.

❌ 오답 풀이

② 2문단에서 노직은 복지 제도나 누진세 등과 같은 국가의 간섭에 의한 재분배 시도에 대해 반대한다고 하였다.
③, ④ 3문단에서 롤스는 자발적 기부나 사회적 제도를 통해 사회적 약자의 처지를 최대한 배려하는 것이 공정하고 정의로운 것이라고 하였다.
⑤ 4문단에서 노직과 롤스는 이윤 추구나 자유 경쟁 등을 허용한다는 면에서는 공통점을 보인다고 하였다.

◎ 1문단: 근대 경험론의 탄생 배경

「중세 서양인들은 세계가 완전한 천상계와 불완전한 지상계로 이루어져 있다고 생각했다. 천체들은 5원소로 이루어져 있고 원운동을 하며, 천체들을 움직이는 힘은 신의 의지라고 생각했다.」 상상에 의존하는 이러한 세계관은 천체들을 직접 관측하고, 망원경으로 확인하면서 서서히 흔들렸다. 사람들은 머리로만 생각해 왔던 이상적 질서들이 '경험'을 통해 부정될 수 있다는 사실을 새삼 깨달았다. 근대 경험론은 이런 과정을 통해 탄생했다고 볼 수 있다.

◎ 2문단: 경험론의 개념

경험론이란 인간의 인식이나 지식의 근원*을 인간의 지각, 즉 경험에서 찾는 철학적 입장을 가리킨다. 굳이 '지혜는 경험의 딸이다.'라는 레오나르도 다빈치의 말이 아니더라도 경험이 어떤 가르침을 준다는 사실을 부인할 사람은 드물 것이다. 경험을 통해 무엇을 알게 되는 것은 모든 사람이 일상적으로 겪는 과정이기 때문에 이 입장을 거부하는 것은 쉽지 않다.

◎ 3문단: 합리론에 대립되는 경험론의 특징

경험론의 전통은 멀리 고대 그리스의 소피스트, 키레네 학파까지 올라가지만, ㉠합리론에 대립되는 본격적인 ㉡경험론은 프랜시스 베이컨이 체계를 세웠다. 사실 이 두 사상은 모두 자연과학 발전의 영향을 받았지만, 그 발전의 핵심 동력*은 다르게 파악하며 철학적 토대를 닦아나갔다. 「경험론자들은 관찰과 실험에 입각한 귀납적 방법이, 합리론자들은 이성적 사고에 기반을 둔 연역적 추론이 각각 자연과학의 발전을 이끌었다고 여겼다.」

◎ 4문단: 경험론이 지닌 한계

경험론자들은 귀납법을 통해 구체적이고 개별적인 사례들에서 인간과 자연에 대한 보편적인 법칙을 알아갈 수 있다고 생각했다. 하지만 조금 더 생각해 보면 경험론은 한계가 있음을 알 수 있다. 예를 들어 똑같은 장소를 걸어서 지나친 여행자와 기차를 타고 지나친 여행자를 생각해 보자. 장소는 동일하지만 두 여행자가 그 장소를 바라봤던 경험은 분명 다를 것이다. 그런 점에서 경험의 세계는 절대적으로 확신하기가 어려운 것이다. 그러므로 자신의 경험에 오류가 있을 수도 있음을 받아들이는 겸허*한 태도가 필요하다.

\* 근원(뿌리 根, 근원 源): 사물이 비롯되는 근본이나 원인.
\* 동력(움직일 動, 힘 力): 어떤 일을 발전시키고 밀고 나가는 힘.

◎ 5문단: 경험론이 근대 철학에 미친 영향

그럼에도 불구하고 인간에게 있어 의미 있고 근거 있는 인식은 경험에서 출발한다는 경험론의 입장은 여전히 설득력이 있다. 그리고 근대 이후 철학들은 경험론에서 바라본 경험의 의미를 존중하면서 그 의미를 나름대로 확장했다. 칸트의 관념론은 '정신의 경험'까지, 라캉의 구조론은 '무의식의 경험'까지 의미를 넓힌 것이다. 이처럼 근대 이후 철학의 상당 부분은 경험론의 영향 아래 진행되었다고 해도 과언*이 아니다.

\* 겸허(겸손할 謙, 빌 虛): 스스로 자신을 낮추고 비우는 태도가 있음.
\* 과언(지날 過, 말씀 言): 지나치게 말을 함. 또는 그 말.

[지문 해제] 인간의 인식이나 지식의 근원을 인간의 지각, 즉 경험에서 찾는 철학적 입장인 경험론은 사람들이 머리로만 생각해 왔던 이상적 질서들이 '경험'을 통해 부정될 수 있다는 사실을 깨닫게 되면서 탄생했다. 경험론자들은 관찰과 실험에 입각한 귀납적 방법이, 합리론자들은 이성적 사고에 기반을 둔 연역적 추론이 각각 자연과학의 발전을 이끌었다고 여겼다. 그런데 경험의 세계는 절대적으로 확신하기가 어려운 한계가 있으므로, 자신의 경험에 오류가 있을 수도 있음을 받아들이는 겸허한 태도가 필요하다. 근대 이후 철학들은 경험론에서 바라본 경험의 의미를 존중하면서 그 의미를 확장했다는 점에서 경험론의 입장은 여전히 설득력이 있다.

▶ 주제: 경험론의 특징과 한계 및 의의

## 1 세부 정보 파악하기 | 정답 ① |

**윗글에서 확인할 수 있는 내용으로 적절하지 않은 것은?**
① 경험론의 종류
② 경험론의 개념 2문단
③ 경험론의 배경 1문단
④ 경험론의 한계 4문단
⑤ 경험론의 의의 5문단

**✔ 정답 풀이**

이 글에서는 합리론에 대립되는 경험론의 개념 및 철학적 입장과 그 한계 및 의의에 대해 설명하고 있다. 그러나 경험론의 종류에 대해서는 언급하지 않았다.

**✖ 오답 풀이**

② 2문단에서 경험론이란 인간의 인식이나 지식의 근원을 인간의 지각, 즉 경험에서 찾는 철학적 입장을 가리킨다고 하였다.
③ 1문단에서 근대 경험론의 탄생 배경을 설명하고 있다.
④ 4문단에서 경험론의 한계로, 경험의 세계는 절대적으로 확신하기 어렵다는 점을 들었다.
⑤ 5문단에서 근대 이후 철학들은 경험론에서 바라본 경험의 의미를 존중하면서 그 의미를 나름대로 확장했다고 하였다.

## 2 핵심 정보 파악하기 | 정답 ⑤ |

**㉠과 ㉡에 대한 설명으로 적절하지 않은 것은?**
합리론 경험론
① ㉠은 이성적 사고에 기반한 연역법을 사용한다. 3문단
② ㉡은 귀납적 방법을 통해 보편적 지식을 추구한다. 4문단
③ ㉡은 머리로만 생각해 왔던 이상적 질서를 부정한다. 1문단
④ ㉡은 절대적이고 완전한 지식을 만들어 내기 어렵다. 4문단
⑤ ㉠은 ㉡과 달리 근대 자연과학의 발전에서 영향을 받았다. ㉠, ㉡ 모두 근대 자연과학 발전의 영향을 받음

**✔ 정답 풀이**

3문단에서 '두 사상은 모두 자연과학 발전의 영향을 받았'으며, '경험론자들은 관찰과 실험에 입각한 귀납적 방법이, 합리론자들은 이성적 사고에 기반을 둔 연역적 추론이 각각 자연과학의 발전을 이끌었다고' 했다. 따라서 ㉠과 ㉡ 모두 자연과학의 발전에서 영향을 받았다고 볼 수 있다.

**✖ 오답 풀이**

① 3문단에서 합리론자들은 이성적 사고에 기반을 둔 연역적 추론이 자연과학의 발전을 이끌었다고 여겼다고 하였다.
② 4문단에서 경험론자들은 귀납법을 통해 구체적이고 개별적인 사례들에서 인간과 자연에 대한 보편적인 법칙을 알아갈 수 있다고 생각했다고 하였다.
③ 1문단에서 사람들은 머리로만 생각해 왔던 이상적 질서들이 '경험'을 통해 부정될 수 있다는 사실을 새삼 깨달았다고 하였다.

④ 4문단에서 경험론의 한계에 대해 언급하면서, 경험의 세계는 절대적으로 확신하기가 어렵다는 점을 지적하였다.

## 3 구체적 사례 이해 및 활용하기 | 정답 ② |

**〈보기〉의 사례를 윗글에 활용하려고 할 때, 그 활용 방안으로 가장 적절한 것은?**

┤ 보 기 ├

　옛날 인도의 어떤 왕이 여러 명의 장님을 불러 손으로 코끼리를 만져 보고 각자 코끼리에 대해 말해 보도록 했다. 배를 만진 이는 장독, 등을 만진 이는 평상, 다리를 만진 이는 절구와 같다고 제각기 다른 말을 했다. 이에 왕은 "보아라. 코끼리는 하나이거늘 저 장님들은 제각기 자기가 알고 있는 것만을 코끼리로 알고 있구나. 진리를 아는 것도 또한 이와 같은 것이니라."라고 하였다.

① 경험이야말로 진리를 얻을 수 있는 가장 빠른 길이라는 사실을 이야기하는 사례로 활용한다.
② 경험에는 오류가 있을 수도 있음을 인정하는 겸허한 태도를 지녀야 함을 강조하는 사례로 활용한다.
③ 지각이 부족한 사람들의 경험은 머리로만 생각하는 사고에 미치지 못함을 증명하는 사례로 활용한다.
④ 하나의 대상이 그 의미를 확장해 나가면서 차츰 철학의 발전을 유도하게 됨을 보여 주는 사례로 활용한다.
⑤ 개별적인 개인의 경험을 모두 모은다면 보편적인 지식으로 전환될 수 있음을 알려주는 사례로 활용한다.

**✔ 정답 풀이**

〈보기〉의 사례에서 장님들은 하나의 대상인 코끼리를 만져 보며 자신들이 만진 부위에 따라 각기 다른 말을 하였다. 이는 손으로 만져 본 일부 경험만을 토대로 판단한 것이기 때문에 제각기 다른 반응을 보인 것으로, 4문단에서 언급한 '경험의 세계는 절대적으로 확신하기 어려운 것'이라는 내용을 뒷받침하는 사례에 해당한다.

**✖ 오답 풀이**

① 장님들이 직접 손으로 만져 본 경험도 제각기 다르듯 진리를 아는 것도 또한 이와 같다고 하였으므로 적절하지 않다.
③ 이 글과 〈보기〉의 사례와 직접적인 관련이 없는 내용이다.
④ 〈보기〉의 사례는 하나의 대상이 그 의미를 확장해 나가면서 발전을 유도하는 것과는 관련이 없다.
⑤ 〈보기〉의 사례에 언급된 장님들의 개별적인 경험을 모두 모은다고 해서 보편적인 지식으로 전환된다고 보기는 어렵다.

○ 1문단: 삶이 역사와
관계를 맺는 세 가지
유형

역사가 삶을 가르치고 삶을 규정하는 조건이라면, 삶이 역사와 어떤 방식으로 관계를 가질 때 역사의 올바른 의미가 드러나는 것일까? 역사는 삶에 기여해야 한다. 삶이 역사와 관계를 맺는 것을 '기념비적 역사', '골동품적 역사', '비판적 역사'로 나누어 볼 수 있다.
　　　　　중심 화제
　　　　역사와 삶의 관계를 세 가지 관점으로 유형화

○ 2문단: 기념비적 역사
의 특징

㉠기념비적 역사는 과거의 위대함에 대한 회상을 통해 새로운 위대함의 가능성을 촉진하는 역사이다. 이는 '인간'의 개념을 더욱 확대하고 아름답게 성취하게 하여 인간 현존의 모습을 보다 차원 높게 만든다. 그러나 기념비적 역사를 통해 과거의 위대함이 우상 숭배적으로 찬양되어 생성과 변화가 무시된다면, 역사적 상황이나 시대적 필요와 아무 관련이 없는 특정한 위대함에 대한 광신주의가 탄생할 것이다. 과거에 대한 일방적 의미 규정, 특정한 역사적 위대함에 대한 숭배와 모방의 강요는 기념비적 역사가 지닌 위험이다.
　　　기념비적 역사의 개념
　　　기념비적 역사의 장점
　　　기념비적 역사의 단점

○ 3문단: 골동품적 역사
의 특징

㉡골동품적 역사는 오래된 과거를 찾아 보존하면서 전승하는 역사이다. 여기에서는 실증적 사실의 확인은 중요하지 않다. 골동품적 역사는 전통과 매개되어, 인간은 이를 통해 비로소 자신의 유래를 알고 자신을 이해하며 더욱 확장하게 된다. 비범한 대상에 대한 관심에서 시작하는 기념비적 역사와는 달리 골동품적 역사는 일상적 습관과 관습을 규정하고 보존하며, 민족의 역사적 고유성 속에서 민족 구성원 모두를 결합시키는 귀속성의 감정을 만들어 낸다. 이는 골동품적 역사를 통해 현재의 인간이 전통과 유래를 인식함으로써 행복을 느낀다는 것이다. 그러나 골동품적 역사는 과거에 대한 미라(mirra)적 숭배로 미래적 삶에 대한 뿌리를 송두리째 뽑아낼 수 있다. 이와 함께 그것은 굳은 관습으로 전락*할 수 있다. 즉 골동품적 역사는 삶을 단지 보존할 줄만 알 뿐 생산할 줄은 모르게 되는 것이다.
　　　골동품적 역사의 개념
　　　골동품적 역사의 장점 ①
　　　골동품적 역사의 장점 ②
　　　골동품적 역사의 단점

* 전락(구를 轉, 떨어질
落): 아래로 굴러떨어
짐. 나쁜 상태나 타락한
상태에 빠짐.
* 숭상(높을 崇, 오히려
尙): 높여 소중히 여김.
* 고착화(굳을 固, 붙을
着, 될 化): 어떤 상황이
나 현상이 굳어져 변하
지 않는 상태가 됨. 또
는 그렇게 함.

○ 4문단: 비판적 역사의
특징

㉢비판적 역사는 과거를 숭상*하거나 보존하기 위해서가 아니라 과거를 부정하기 위한 역사이다. 비판적 역사의 유용성은 과거의 절대화와 고착화*에 대항하여 삶을 과거의 폭력으로부터 해방시킨다는 데 있다. 역사적 전통은 인간에 의해 창출된 것이므로 그 안에는 판결 받아야 할 정치적 특권, 지배적 관습 등이 존재한다. 비판적 역사는 이들을 폭로하고 파괴한다. 이때 판결 기준은 절대적이고 선험적*인 정의가 아니라 자기 자신의 욕구에 따른 삶 자체이다. 비판적 역사는 보존되고 전승된 과거와 투쟁을 벌여 새로운 관습과 본능을 창안*하고자 한다. 인간은 비판적 역사를 통해 능동적이고 주체적으로 자신이 원하는 과거를 만들고 정당화하는 것이다. 비판적 역사 역시 위험성을 가지고 있다. 억압과 지배로부터 해방의 의지를 품었으나, 새로운 삶의 가능성을 위한 과거 부정의 척도*를 세울 수 없는 비판적 역사가는 단지 과거만을 파괴하는 결과를 초래할 수 있다.
　　　비판적 역사의 개념
　　　비판적 역사의 장점
　　　비판적 역사의 단점

* 선험적(먼저 先, 증험할
驗, 과녁 的): 경험하기
이전에 인간이 본질적
으로 지니고 있어, 대상
을 인식하는 근거가 되
는 것.
* 창안(비롯할 創, 책상
案): 어떤 방안, 물건 따
위를 처음으로 생각하
여 냄. 또는 그런 생각
이나 방안.
* 척도(자 尺, 법도 度):
평가하거나 측정할 때
의거할 기준.

[지문 해제] 삶과 맺는 관계를 기준으로 역사를 세 가지 유형으로 나눠 그 특징을 설명하고 있는 글이다. '기념비적 역사'는 과거의 위대함에 대한 회상을 통해 새로운 위대함의 가능성을 촉진하는 역사로, 인간 현존의 모습을 보다 차원 높게 만들 수 있지만, 우상 숭배나 광신주의로 나타날 수 있다. '골동품적 역사'는 오래된 과거를 보존하며 전승하는 역사로, 민족 구성원들에게 귀속성을 느끼게 해 주고 전통을 인식하게 한다. 그러나 굳은 관습으로 전락할 수 있어 삶을 단지 보존할 뿐 생

인간은 기념비적, 골동품적, 비판적 관점에서 과거를 사용하여 자신이 원하는 역사를 만들어 내야 한다. 이를 통해 역사는 우리의 삶에 의미 있고 유용한 것으로 기능해야 하는 것이다.

○ 5문단: 역사를 사용하는 바람직한 방법

▶ 주제: 역사가 삶 속에서 관계를 맺는 다양한 유형

산을 하지 못하게 될 수 있다. '비판적 역사'는 과거를 숭상하거나 보존하기 위해서가 아니라 과거를 부정하기 위한 역사로, 삶을 과거로부터 해방시키고 새로운 관습을 만들어 낼 수 있으며 주체적으로 원하는 과거를 만들 수도 있다. 그러나 무능한 비판적 역사가는 과거를 파괴하는 결과를 초래할 수도 있다.

## 1 글의 전개 방식 파악하기 | 정답 ① |

**윗글의 내용 전개 방식으로 가장 적절한 것은?**

① 중심 화제를 관점에 따라 유형화하고 각각의 장 · 단점을 설명하고 있다.
   삶과 역사의 관계 / 기념비적 역사, 골동품적 역사, 비판적 역사
② 중심 화제와 관련한 논의 내용을 정리하고 새로운 이론을 제시하고 있다.
③ 중심 화제를 다룬 두 이론의 차이를 설명하고 구체적 사례에 적용하고 있다. 세 이론
④ 중심 화제에 대한 통념의 문제점을 지적하고 반대되는 견해를 제시하고 있다.
⑤ 중심 화제의 개념을 정의하며 이론을 소개하고 이론의 발전 가능성을 언급하고 있다.

✓ 정답 풀이

이 글의 중심 화제는 삶과 역사의 관계로, 글쓴이는 이를 기념비적 역사 · 골동품적 역사 · 비판적 역사로 유형화하고 각각의 장점과 단점을 설명하고 있다.

✗ 오답 풀이

② 중심 화제와 관련된 내용 외에 새로운 이론은 제시하고 있지 않다.
③ 중심 화제를 세 가지로 유형화하였으며, 구체적 사례에 적용하고 있지 않다.
④ 중심 화제에 대한 통념의 문제점과 반대되는 견해는 제시하고 있지 않다.
⑤ 중심 화제를 유형화하여 각각의 개념은 정의하고 있지만, 이론의 발전 가능성을 언급하고 있지는 않다.

## 2 세부 정보 파악하기 | 정답 ④ |

**㉠~㉢에 대한 설명으로 적절하지 않은 것은?**

① ㉠은 과거의 비범한 대상에 주목한다. 3문단
② ㉡은 민족 구성원들의 결속력을 강화할 수 있다. 3문단
③ ㉠, ㉢은 과거에 대한 인식을 바탕으로 새로운 것을 형성하고자 한다. 2문단, 4문단
④ ㉠과 달리 ㉡, ㉢은 실제적 검증 과정을 중심으로 과거를 해석한다.

⑤ ㉢과 달리 ㉠, ㉡은 과거에 긍정적인 가치를 부여한다.
   과거를 찾아 보존하고 전승 / 과거를 부정하기 ㉡, 과거의 위대함에 대한 회상 / 위한 역사

✓ 정답 풀이

3문단을 보면 ㉡'골동품적 역사'는 오래된 과거를 찾아 보존하면서 전승하는 역사로, 실증적 사실의 확인은 중요하지 않다고 하였다. 또한 ㉠'기념비적 역사'와 ㉢'비판적 역사'에서는 과거에 대한 실증적 확인에 대해 어떠한 태도를 보이는지는 이 글을 통해 확인할 수 없다.

✗ 오답 풀이

① 3문단에서 ㉠'기념비적 역사'는 비범한 대상에 대한 관심에서 시작한다고 하였다.
② 3문단에서 ㉡'골동품적 역사'는 민족의 역사적 고유성 속에서 민족 구성원 모두를 결합시키는 귀속성의 감정을 만들어 낸다고 하였다.
③ 2문단에서 ㉠'기념비적 역사'는 과거의 위대함에 대한 회상을 통해 새로운 위대함의 가능성을 촉진하는 역사라고 하였다. 그리고 4문단에서 ㉢'비판적 역사'는 보존되고 전승된 과거와 투쟁을 벌여 새로운 관습과 본능을 창안하고자 한다고 하였다. 따라서 ㉠과 ㉢은 과거에 대한 인식을 바탕으로 새로운 것을 형성하고자 한다고 볼 수 있다.
⑤ 4문단에서 ㉢'비판적 역사'는 과거를 숭상하거나 보존하기 위해서가 아니라 과거를 부정하기 위한 역사라고 하였다. 반면 2문단에서 ㉠'기념비적 역사'는 과거의 위대함에 주목하고, 3문단에서 ㉡'골동품적 역사'는 과거를 찾아 보존하면서 전승한다고 하였다. 따라서 ㉢과 달리 ㉠과 ㉡은 과거에 긍정적인 가치를 부여하고 있다고 볼 수 있다.

| 인문 06~10 | 독해력 쑥쑥, 어휘 테스트 | | | |
|---|---|---|---|---|
| 01 해소 | 02 과언 | 03 권익 | 04 요인 | 05 겸허 |
| 06 청원 | 07 고착화 | 08 초래 | 09 창안 | 10 전락 |
| 11 ○ | 12 ○ | 13 × | 14 ○ | 15 ○ |
| 16 ㉢ | 17 ㉣ | 18 ㉤ | 19 ㉠ | 20 ㉡ |

○ 1문단: 사회 현상을 대하는 제도주의자와 문화주의자의 관점 차이

어떤 사회 현상이 나타나는 경우 그러한 현상은 '제도'의 탓일까, 아니면 '문화'의 탓일까? 이 논쟁은 정치학을 비롯한 모든 사회과학에서 두루 다루는 주제이다. 정치학에서 제도주의자들은 보다 선진화된 사회를 만들기 위해서 제도의 정비가 중요하다고 주장한다.
<sub>사회 현상의 원인을 제도의 탓으로 보는 사람들</sub>
하지만 문화주의자들은 실제적인 '운용*의 묘*'를 살리는 문화가 제도의 정비보다
<sub>사회 현상의 원인을 문화의 탓으로 보는 사람들</sub>
중요하다고 주장한다.

○ 2문단: 투입과 산출로 정치 문화를 유형화한 문화주의자

문화주의자들은 문화를 가치, 신념, 인식 등의 총체*로서 정치적 행동과 행위를 특정
<sub>문화주의자들의 '문화'에 대한 정의</sub>
한 방향으로 움직여 일정한 행동양식을 만들어 내는 것으로 정의한다. 이러한 문화에 대한 정의를 바탕으로 이들은 국민이 정부에게 하는 정치적 요구인 투입과 정부가 생산하는 정책인 산출*을 기반으로 정치 문화를 편협형, 신민형, 참여형의 세 가지로 유형화
<sub>정치 문화 유형의 분류 기준</sub>     <sub>중심 화제</sub>
하였다.

○ 3문단: 편협형 정치 문화의 특징

편협형 정치 문화는 투입과 산출에 대한 개념이 모두 존재하지 않는 정치 문화이다.
<sub>편협형 정치 문화의 특징 ①</sub>
투입이 없으며, 정부도 산출에 대한 개념이 없어서 적극적 참여자로서의 자아가 있을
<sub>특징 ②</sub>
수 없다. 사실상 정치 체계에 대한 인식이 국민들에게 존재할 수 없는 사회이다. 샤머니
<sub>특징 ③</sub>
즘에 의한 신정 정치, 부족 또는 지역 사회 등 전통적인 원시 사회가 이에 해당한다.
<sub>편협형 정치 문화를 엿볼 수 있는 사회</sub>

○ 4문단: 신민형 정치 문화의 특징

다음으로 신민형 정치 문화는 투입이 존재하지 않으며, 따라서 적극적 참여자로서의
<sub>신민형 정치 문화의 특징 ①</sub>    <sub>특징 ②</sub>
자아가 형성되지 못한 사회이다. 이런 상황에서 산출이 존재한다는 의미는 국민이 정부가 해 주는 대로 받는다는 것을 의미한다. 이들 국민은 정부에 복종하는 성향이 강하다. 하지만 편협형 정치 문화와 달리 이들 국민은 정치 체계에 대한 최소한의 인식은 있는
<sub>특징 ③</sub>
상태이다. 일반적으로 독재 국가의 정치 체계가 이에 해당한다.
<sub>신민형 정치 문화를 엿볼 수 있는 정치 체계</sub>

○ 5문단: 참여형 정치 문화의 특징

마지막으로 참여형 정치 문화는 국민들이 자신들의 요구 사항을 표출할 줄도 알고,
<sub>참여형 정치 문화의 특징 ①</sub>
정부는 그러한 국민들의 요구에 응답하는 사회이다. 따라서 국민들은 적극적인 참여자
<sub>특징 ②</sub>
로서의 자아가 형성되어 있으며, 그러한 적극적 참여자들로 형성된 정치 체계가 존재하는 사회이다. 이는 선진 민주주의 사회로서 현대의 바람직한 민주주의 사회상이다.
<sub>참여형 정치 문화를 엿볼 수 있는 사회</sub>

* 운용(돌 運, 쓸 用): 무엇을 움직이게 하거나 부리어 씀.

○ 6문단: 정치 문화 유형 연구의 의의

정치 문화 유형 연구는 어떤 사회가 민주주의를 제대로 구현하기 위해서 우선적으로
<sub>정치 문화 유형 연구의 의의</sub>
필요한 것이 무엇인가 하는 질문에 대한 답을 제시하고 있다. 문화주의자들은 국가를 특정 제도의 장단점에 의해서가 아니라 국가의 구성 요소들이 민주주의라는 보편적인 목적을 위해 얼마나 잘 기능하고 있는가를 기준으로 평가하고 있는 것이다.

* 묘(묘할 妙): 말할 수 없이 빼어나고 훌륭함. 또는 매우 교묘함.

* 총체(거느릴 總, 몸 體): 있는 것들을 모두 하나로 합친 전부 또는 전체.

* 산출(낳을 産, 날 出): 어떤 것이 생산되어 나옴.

▶ 주제: 정치 문화의 세 가지 유형

[지문 해제] 문화주의자들의 관점에서 유형화한 세 가지 정치 문화 유형을 통해 바람직한 민주주의 사회의 모습을 소개하고 있는 글이다. 문화주의자들은 자신들의 문화에 대한 정의를 바탕으로 투입과 산출을 기반으로 한 정치 문화의 세 가지 유형을 제시하였다. 투입과 산출에 대한 개념이 존재하지 않는 '편협형 정치 문화'는 전통적인 원시 사회에서 볼 수 있으며, 독재 국가에서 볼 수 있는 '신민형 정치 문화'는 투입이 없이 산출만 존재한다. 이는 국민이 정부가 해 주는 대로 받는다는 것을 의미하며 정부에 복종하는 성향이 강하다는 특징이 있다. '참여형 정치 문화'는 국민들이 요구하고 정부가 응답하는 사회로, 국민들은 적극적 참여자로서의 자아가 형성되어 있기 때문에 가장 바람직한 민주주의 사회상이라고 볼 수 있다. 이와 같은 정치 문화 유형 연구는 민주주의를 구현하기 위해 무엇이 필요한가에 대해 답을 제시할 수 있다는 점에서 의의가 있다.

**1** 구체적 사례에 적용하기　　　|정답 ① |

윗글과 〈보기〉를 읽은 학생의 반응으로 적절하지 <u>않은</u> 것은?

─────| 보 기 |─────

독재 국가에서 선거 혁명을 통해 민주주의를 이루어 가는 갑국은 종교별 투표 성향이 강한 나라이 *(신민형)* *(참여형)* 다. 갑국은 새로운 정부를 구성하려고 대통령 선거에서 한 표라도 많으면 당선되는 단순 다수 대표제를 실시하였다. 그 결과 ○○교의 지지를 받은 A가 유효 투표수의 1/3을 득표하여 대통령에 당선되었다. 그러자 정책의 결정과 시행 과정에서 국민적 합의가 잘 이루어지지 않는 문제점이 발생하였다. 현재 차기 대통령 선거를 앞두고 갑국의 여러 시민 단체들은 1차 투표에서 과반수 득표를 못하면 2차 결선 투표를 실시하는 <u>절대 다수 대표제를 채택하자</u> *(제도 개선을 통해 문제를 해결하고자 함)* 고 요구하고 있다. 하지만 정부는 아직 이것에 대해 본격적으로 검토하지 않고 있다. *(산출이 없음)*

① 갑국은 투입보다 산출이 활성화되어 있군. *(국민의 정치적 요구)* *(정부의 정책)* *(갑국은 투입은 있으나 산출이 없음)*
② A는 투표 성향과 투표 제도 때문에 당선되었군.
③ 갑국은 신민형에서 참여형으로 정치 문화가 변하고 있군.
④ 시민 단체들은 정치적 현상을 제도 개선으로 해결하고자 하는군. *(절대 다수 대표제를 채택하고자 함)*
⑤ 문화주의자들은 문제 해결 방법을 제도주의들과는 다르게 제시하겠군. *('운용의 묘'를 살리는 문화를 중심으로 문제 해결 방법을 제시함)* *(제도 개선으로 정치 현상을 해결하려 함)*

✅ 정답 풀이

2문단에서 국민이 정부에게 하는 정치적 요구를 투입이라고 하였고, 정부가 생산하는 정책을 산출이라고 하였다. 〈보기〉의 갑국에서는 국민들이 차기 대통령 선거를 앞두고 절대 다수 대표제를 채택하자고 요구하고 있지만, 정부는 이것에 대해 본격적으로 검토하지 않고 있다. 이는 투입(국민의 정치적 요구)은 있으나 산출(정부의 정책)이 없는 상황이므로, 갑국이 투입보다 산출이 활성화되어 있다는 내용의 ①은 적절하지 않다.

❌ 오답 풀이

② 〈보기〉의 갑국은 종교별 투표 성향이 강한 나라이고 단순 다수 대표제를 실시하고 있다. 그리고 그 결과 특정 종교의 지지를 받은 A가 유효 투표수의 1/3을 득표하여 당선되었다. 따라서 A는 투표 성향과 투표 제도 때문에 당선되었다고 볼 수 있다.
③ 〈보기〉의 갑국은 독재 국가에서 선거 혁명을 통해 민주주의를 이루어 가는 나라이다. 따라서 신민형에서 참여형으로 정치 문화가 변하고 있다고 볼 수 있다.

④ 〈보기〉에서 갑국의 시민 단체들은 A가 대통령이 된 뒤 문제점이 발생하자 단순 다수 대표제 대신 절대 다수 대표제를 채택하자고 요구하고 있다. 이는 정치적 현상을 제도 개선으로 해결하고자 하는 것이다.
⑤ 갑국의 시민 단체들은 제도주의자들처럼 제도를 개선하여 정치 현상을 해결하려 한다. 그러나 1문단에서 언급한 것처럼 문화주의자들은 제도의 정비보다 실제적인 '운용의 묘'를 살리는 문화를 중심으로 문제 해결 방법을 제시할 것이다.

**2** 글쓴이의 의도 파악하기　　　|정답 ① |

윗글을 통해 글쓴이가 궁극적으로 말하고자 하는 것은?
① 정치 발전을 위해서는 국민이 적극적으로 정치에 참여해야 한다.
② 정치 제도보다 정치 제도를 운영하는 운영자의 가치관이 중요하다. *(적극적 참여자로서 국민들의 자아 형성이 중요함)*
③ 정치 문화의 유형을 구분하는 기준을 투입에서 산출로 바꾸어야 한다. *(투입과 산출을 기반으로 유형화함)*
④ 정치에 정부가 과도하게 개입하는 것은 정치 발전에 도움이 되지 않는다. *(정부의 정치 개입은 이 글에서 확인할 수 없음)*
⑤ 정치 제도를 개선하는 것이 당면한 사회적 문제를 해결하는 데 효과적이다. *(제도주의자들의 입장)*

✅ 정답 풀이

이 글에서는 정치 문화의 세 가지 유형을 소개한 후, 각각의 특징을 살펴보고 있다. 5문단에서 참여형 정치 문화가 선진 민주주의 사회로서 현대의 바람직한 민주주의 사회상이라고 하였다. 그리고 6문단에서 정치 문화 유형 연구는 어떤 사회가 민주주의를 제대로 구현하기 위해서 우선적으로 필요한 것이 무엇인가 하는 질문에 대한 답을 제시하고 있다고 하였다. 따라서 글쓴이가 궁극적으로 말하고자 하는 것은 정치 발전을 위해서는 국민이 적극적으로 정치에 참여해야 한다는 것이다.

❌ 오답 풀이

② 글쓴이는 정치 제도를 운영하는 운영자의 가치관보다 적극적 참여자로서 국민들의 자아 형성이 중요하다고 보고 있다.
③ 2문단에서 문화주의자들은 국민이 정부에게 하는 정치적 요구인 투입과 정부가 생산하는 정책인 산출을 기반으로 정치 문화를 세 가지로 유형화하였다고 하였다. 또한 글쓴이가 바람직한 정치 문화 유형으로 제시한 참여형 정치 문화에서는 투입과 산출이 모두 중요하다고 보고 있다.
④ 정치에 정부가 개입하는 정도는 이 글에서 언급한 정치 문화의 세 가지 유형에서 확인할 수 없다.
⑤ 1문단을 고려하면 정치 제도를 개선하여 당면한 사회적 문제를 해결하려는 것은 제도주의자들의 입장이다.

# 협동조합, 참 쉽다 _ 이대중

● 1문단: 협동조합의 개념

[A]
「안전한 농산물을 농민들로부터 직접 공급받고 싶었던 K씨는 자신과 뜻이 같은 사람들이 주위에 있음을 알게 되었다. K씨는 이들과 함께 일정 금액의 출자금*을 내어 단체를 만들었다. K씨는 이 단체를 통해 안전한 농산물을 농민들로부터 직접 구매할 수 있었고, 농민들은 중간의 유통 비용 없이 적절한 대가를 받고 농산물을 공급할 수 있었다. 이 단체에서는 출자금의 일부를 미리 농민에게 지불하여 농민들이 더욱 안정적으로 농산물을 생산할 수 있도록 도왔다., 이 사례와 같이 뜻을 같이하는 사람들이 일정 금액을 모아 공동의 경제, 사회, 문화적 수요와 요구를 충족시키기 위해 자발적으로 결성한 조직을 '협동조합'이라고 한다.
(협동조합의 사례 / 협동조합의 개념 / 중심 화제)

● 2문단: 협동조합의 주요 특징

「협동조합은 5인 이상의 사람들이 모여 출자금을 내면 누구나 만들 수 있으며, 가입과 탈퇴도 자유롭다. 협동조합은 평등한 협력체이기 때문에 사업의 목적이 이윤의 추구가 아니라 조합원 간의 상호부조에 있다. 그래서 모든 조합원이 협동조합을 공동으로 소유하고, 출자금을 통해 협동조합에 필요한 자본을 조성하는 데 공정하게 참여한다. 그리고 조합 내에서 발생한 수익은 협동조합의 발전과 조합원의 권익 증진*을 위해 사용한다.
(협동조합의 특징 / 특징 ① / 특징 ③ / 특징 ④ / 특징 ⑤ / 특징 ⑥)

● 3문단: 주식회사와 구별되는 협동조합의 장점

이윤 추구를 목적으로 하는 주식회사와 달리 협동조합은 '조합원'을 중심으로 운영된다. 주식회사는 주식을 가진 비율에 따라 의사 결정권이 부여되므로 주식을 많이 가진 대주주*가 의사를 결정하는 경우가 많다. 반면 협동조합에서는 대체로 조합원 한 사람에게 한 표의 의사 결정권이 부여되므로, 조합원의 의사가 존중된다. 따라서 이런 구조로 인해 조합원이 추구하는 공동의 가치인 일자리 창출이나 사회적 약자 보호, 그리고 지역 사회 발전과 같은 사회적 가치를 실현하는 데 유리하다.
(협동조합의 장점 / 장점 ②)

* 출자금(날 出, 재물 資, 쇠 金): 자금으로 낸 돈.
* 증진(불을 增, 나아갈 進): 기운이나 세력 따위가 점점 더 늘어 가고 나아감.

● 4문단: 협동조합의 단점 및 극복 방안

그러나 협동조합은 구조적 특성상 신속한 자본 조달이 어렵다는 단점을 지닌다. 의사 결정의 기간도 상대적으로 길어 급변하는 상황에 신속하게 대처하기가 어려울 수 있다. 또 이윤 추구에 몰두하여 협동조합의 기본 정신을 잃어버렸을 경우 지속되기 힘들다. 이를 극복하기 위해서는 조합원들이 분명한 목표와 가치를 서로 공유해야 하며, 협동조합 간의 긴밀한 협력을 통해 지속적인 발전 방안을 모색*해야 한다.
(협동조합의 단점 ① / 단점 ② / 단점 ③ / 협동조합의 단점 극복 방안 ① / 극복 방안 ②)

* 대주주(큰 大, 그루 株, 주인 主): 한 회사의 주식 가운데 많은 몫을 가지고 있는 주주.
* 모색(찾을 摸, 찾을 索): 일이나 사건 따위를 해결할 수 있는 방법이나 실마리를 더듬어 찾음.

▶ 주제: 협동조합의 개념과 특징

[지문 해제] 이 글은 협동조합의 개념과 특징에 대해 설명하고 있다. 협동조합은 뜻을 같이하는 사람들이 일정 금액을 모아 공동의 경제, 사회, 문화적 수요와 요구를 충족시키기 위해 자발적으로 결성한 조직이다. 이러한 협동조합은 가입과 탈퇴가 자유롭고, 사업의 목적이 조합원 간의 상호부조에 있기 때문에 모든 조합원이 협동조합을 공동으로 소유하고, 출자금을 통해 자본 조성에 공정하게 참여한다. 또 모든 조합원의 의사가 존중되는 구조이기 때문에 조합원이 추구하는 공동의 가치인 일자리 창출이나 사회적 약자 보호, 지역 사회 발전과 같은 사회적 가치를 실현하는 데 유리하다. 그러나 신속한 자본 조달이 어렵고, 의사 결정 기간이 길어 변화하는 상황에 신속한 대응이 어려울 수 있으며, 기본 정신을 상실할 경우 지속되기 힘들다는 단점이 있다. 이러한 단점을 극복하려면 조합원들이 분명한 목표와 가치를 공유해야 하며, 협동조합 간의 긴밀한 협력을 통해 발전 방안을 모색해야 한다.

## 1 자료를 바탕으로 내용 이해하기 │ 정답 ① │

**윗글을 바탕으로 〈보기〉를 이해한 내용으로 적절하지 않은 것은?**

┌─── 보 기 ───┐

'바르사'라는 약칭으로도 불리는 스페인의 명문 축구 구단 'FC 바르셀로나'는 협동조합이다. 이 협동조합은 20만 명 가까운 조합원이 주인이다. 출자금 150유로를 내면 누구나 바르사의 조합원이 될 수 있는데, 바르사의 조합원은 축구 경기 입장료 할인 혜택을 받을 수 있다. 18세 이상이면서 1년 넘게 조합원으로 활동하면 누구나 이사회에 참석할 수 있고, 6년마다 열리는 클럽 회장 선거에 참여해 한 표를 행사할 수 있다. 바르사에서 발생한 수익금은 유소년 축구 클럽 육성과 시설 개선에 쓰인다. 구단이 안정적으로 운영되던 시절에는 유니폼에 공익성 광고를 대가 없이 새기기도 하였다.

└──────────────┘

① 6년마다 클럽 회장 선거가 있다는 것을 통해 바르사는 조합원에 의해 소유주가 선정된다는 것을 알 수 있군.
<sub>바르사 조합원 = 소유주</sub>

② 출자금 150유로를 내면 누구나 조합원이 될 수 있다는 것을 통해 바르사는 가입이 자유롭다는 것을 알 수 있군.
<sub>2문단</sub>

③ 광고료를 받지 않고 유니폼에 공익성 광고를 새겼다는 것을 통해 바르사의 목적이 이윤 추구에 있지 않다는 것을 알 수 있군.
<sub>2문단</sub>

④ 수익금이 유소년 클럽 육성과 시설 개선에 쓰인다는 것을 통해 바르사에서는 수익금을 조합의 발전에 활용한다는 것을 알 수 있군.
<sub>2문단</sub>

⑤ 일정한 자격을 갖춘 조합원이라면 클럽 회장 선거에서 한 표를 행사할 수 있다는 것을 통해 바르사에서는 조합원의 의사가 존중된다는 것을 알 수 있군.
<sub>3문단</sub>

✔️ **정답 풀이**

2문단에서 '모든 조합원이 협동조합을 공동으로 소유'한다고 하였다. 이를 통해 협동조합의 소유주는 한 사람이 아닌 조합원 모두임을 알 수 있다. 〈보기〉에 언급된 바르사도 협동조합이므로 바르사 소유주는 조합원 전체이다. 또 바르사의 클럽 회장 선거를 통해 선정되는 것은 소유주가 아니라 회장이다.

❌ **오답 풀이**

② 2문단에서 협동조합은 5인 이상의 사람들이 모여 출자금을 내

---

면 누구나 만들 수 있으며, 가입과 탈퇴가 자유롭다고 하였다.

③ 2문단에서 협동조합은 평등한 협력체이기 때문에 사업의 목적이 이윤의 추구가 아니라 조합원 간의 상호부조에 있다고 하였다.

④ 2문단에서 조합 내에서 발생한 수익은 협동조합의 발전과 조합원의 권익 증진을 위해 사용한다고 하였다.

⑤ 3문단에서 조합원 한 사람에게 한 표의 의사 결정권이 부여되므로, 조합원의 의사가 존중된다고 하였다.

## 2 구체적 사례에 적용하기 │ 정답 ⑤ │

**[A]를 참고할 때 '협동조합'의 사례로 가장 적절한 것은?**

① 재활용품 재생 업체에서 새로운 공정을 개발하여 환경 보호에 이바지하였다. <sub>출자금×, 공동의 수요와 요구를 위한 조직 ×</sub>

② 아파트 주민들이 돈을 모아 형편이 어려운 학생들에게 장학금을 전달하였다. <sub>공동의 수요와 요구를 위한 조직×</sub>

③ 농촌 지역에 공장이 있는 식품 회사가 수익금의 일부를 지역 사회에 기부하였다. <sub>이윤 추구를 목적으로 하는 기업 / 뜻을 같이 하는 사람들×</sub>

④ 대학 연구소에서 지역의 특산품을 이용한 가공 식품을 개발하여 지역 경제를 발전시켰다. <sub>공동의 수요와 요구를 위한 조직×, 출자금×</sub>

⑤ 컴퓨터를 배우고 싶어 하는 노인들이 일정 금액을 모아 컴퓨터 수업을 들을 수 있는 단체를 만들었다. <sub>뜻을 같이 하는 사람들 / 출자금 / 공동의 요구 사항 / 자발적으로 결성한 조직</sub>

✔️ **정답 풀이**

[A]의 마지막 부분에서 협동조합의 개념을 '뜻을 같이 하는 사람들이 일정 금액을 모아 공동의 경제, 사회, 문화적 수요와 요구를 충족시키기 위해 자발적으로 결성한 조직'이라고 하였다. 이를 바탕으로 뜻을 같이하는 사람들이 일정 금액을 모은다는 점, 공동의 수요와 요구를 위해 자발적으로 결성한 조직이라는 점이 협동조합을 구성하는 핵심 사항임을 알 수 있다. ⑤에서 컴퓨터를 배우고 싶어 하는 노인들이 일정 금액을 모으고 컴퓨터 수업을 들을 수 있는 단체를 만들었다는 것은 이러한 협동조합의 구성 요건을 모두 갖춘 것이라고 볼 수 있다.

❌ **오답 풀이**

① 출자금에 대한 언급이 없고, 공동의 수요와 요구를 위해 결성한 조직이 아니다.

② 장학금만 모아 전달한 것일 뿐 공동의 수요와 요구를 위해 조직을 결성한 것은 아니다.

③ 뜻을 같이하는 사람들이 일정 금액을 모은다는 점이 드러나지 않으며, 식품 회사는 이윤 추구를 목적으로 하는 기업에 해당하므로 협동조합의 사례가 될 수 없다.

④ 공동의 수요와 요구를 위해 조직을 결성한 내용이 없으며, 일정 금액을 모은다는 점도 드러나지 않았다.

## 일탈의 원인 _ 김성권 외

정답 **1** ② **2** ③ **3** ②

- **1문단:** 일탈의 개념과 일탈의 원인 연구의 관점

- **2문단:** 개인적 관점에서의 일탈의 원인 – '좌절-공격 이론'

- **3, 4문단:** 사회적 관점에서의 일탈의 원인 – '낙인이론'

---

\* **일탈**(달아날 逸, 벗을 脫): 사회적인 규범으로부터 벗어나는 일.

\* **규명**(꼴 糾, 밝을 明): 어떤 사실을 자세히 따져서 바로 밝힘.

\* **낙인**(지질 烙, 도장 印): 다시 씻기 어려운 불명예스럽고 욕된 판정이나 평판을 이르는 말.

\* **조명**(비출 照, 밝을 明): 어떤 대상을 일정한 관점으로 바라봄.

\* **간과**(볼 看, 지날 過): 큰 관심 없이 대강 보아 넘김.

---

▶ **주제:** 개인적·사회적 관점에서 규명한 일탈의 원인

일탈\*은 일반적으로 사회의 규범을 어긴 행위라고 규정할 수 있다. 그런데 우리는 왜 일탈을 하게 되는 것일까? 학자들은 이 질문에 답하기 위해 많은 연구를 해 왔다. 일탈의 원인을 규명(糾明)\*하려는 이러한 연구는 크게 개인적 관점과 사회적 관점으로 나뉜다.

일탈의 원인을 개인의 문제로 본 이론들은 주로 일탈자의 생물학적 특성이나 심리적 요인에 주목(注目)하였다. 그 중에서 '좌절-공격 이론'은 개인의 심리적 요인에서 일탈의 원인을 찾는 대표적 이론의 하나였다. 이 이론에서는 일탈의 원인을 개인의 심리적 욕구의 좌절로 보았다. 심리적 욕구가 충족되지 않으면 사람은 본능적으로 욕구 충족을 방해하는 대상에 대해 ㉠공격적인 행동을 하게 된다는 것이다. 만일 그 대상을 찾지 못하거나, 찾더라도 그 대상이 자기보다 훨씬 강하다고 생각되면 그것을 대체할 수 있는 다른 대상이라도 찾아 분풀이를 한다고 보았다. 일탈은 결국 심리적 욕구의 좌절에서 비롯된 반응이라는 것이다. 이 이론은 일탈의 원인을 밝히면서 인간의 심리를 주목하게 해 주었다. 그러나 일탈 자체가 사회 구조와 깊이 관련되어 있음에도 불구하고 이 이론은 일탈의 궁극적인 책임을 개인에게서만 찾으려 했다는 점에서 충분한 설득력을 얻지 못했다.

한편, 일탈의 원인을 사회적인 맥락 속에서 파악하려고 했던 이론들도 있었다. 그중에서도 '낙인\*이론'은 일탈에 대한 새로운 관점을 제시해 주었다. 이 이론에서는 일탈을 낙인의 결과로 보았다. 낙인이란 어떤 행동을 규범에서 벗어난 것으로 규정(規定)하는 행위이다. 규범에 어긋나는 크고 작은 행동은 누구나 할 수 있다. 하지만 이러한 행동을 했다고 그들 모두가 사회에서 일탈자로 낙인찍히는 것은 아니다. 사람들로부터 이 행동이 잘못된 것이라고 낙인찍히고 비난을 받게 되면 이것이 비로소 일탈이 된다는 것이다. 예를 들어 동성동본(同姓同本)끼리 결혼하는 경우 아무도 이 결혼을 문제 삼지 않으면 이것이 크게 문제될 것이 없지만, 사람들이 이것을 문제가 있다고 낙인찍으면 이것도 일탈 행위가 된다는 것이다. 따라서 낙인이론에서는 어떤 행동의 성격보다 그 행동이 일어나는 상황과 여건을 더욱 중요하게 보았고, 그에 따라 일탈이 매우 상대적인 것임을 부각(浮刻)해 주었다.

또한 낙인이론은 한번 낙인이 찍히면 그 낙인에서 벗어나기가 쉽지 않다는 것에도 관심을 가졌다. 그래서 일탈자로 낙인찍힌 자는 결국 사회적 역할을 수행하는 데 지장을 받게 되고, 사회 적응에 어려움을 겪게 되어 이후에도 일탈이 지속된다고 보았다. 낙인이론은 이와 같이 일탈이 낙인에 의한 사회적 결과물임을 강조함으로써 일탈의 원인을 개인이 아닌 사회적 관계 속에서 조명\*할 수 있게 해 주었다. 하지만 낙인이론은 이미 규범을 어긴 사람에 대한 사회적 반응에만 초점을 맞추어 애초의 행동을 유발(誘發)시킨 다른 원인에 대해서는 간과\*하고 있다는 한계도 가지고 있다.

**[지문 해제]** 일탈의 원인을 개인적 관점과 사회적 관점으로 나누고 두 이론의 의의와 한계를 밝히고 있는 글이다. 개인적 관점의 대표 이론 중 하나인 '좌절-공격 이론'은 일탈의 원인을 개인의 심리적 욕구의 좌절로 본 것으로, 인간의 심리적 요인에 주목하게 하였지만 사회 구조에 대한 고려가 없다는 점에서 설득력을 얻지 못했다. 한편 사회적 관점의 이론 중 하나인 '낙인이론'은 일탈을 낙인에 의한 사회적 결과물로 보아 일탈에 대한 새로운 관점을 제시하였다. 그러나 '낙인이론'은 규범을 어긴 사람에 대한 사회적 반응에만 초점을 맞추어, 행동을 유발시킨 다른 원인에 대해서는 간과하고 있다.

**1** 글쓴이의 집필 의도 파악하기 | 정답 ② |

윗글의 집필 의도로 가장 적절한 것은?
① 이론이 형성되는 역사적 과정을 보여 준다.
② 대비되는 관점을 지닌 두 이론을 소개한다.
③ 특정 이론의 문제점에 대한 글쓴이의 대안을 제시한다.
    좌절-공격 이론 ↔ 낙인 이론
한다.
④ 기존 이론을 뒷받침할 수 있는 새로운 근거를 제시한다.
⑤ 두 이론의 공통점을 확대 적용하여 새로운 사실을 밝힌다.

✔️ 정답 풀이

이 글에서는 일탈의 원인이 개인의 생물학적 특성이나 심리적 요인에 있다고 본 '좌절-공격 이론'과 일탈의 원인이 사회적인 맥락 속에 있다고 본 '낙인이론'을 개인적 관점과 사회적 관점으로 나누어 설명하고 있다. 따라서 대비되는 관점을 지닌 두 이론을 소개하고 있다고 할 수 있다.

**2** 구체적 사례에 적용하기 | 정답 ③ |

'좌절-공격 이론'의 관점에서 ㉠에 대해 설명한 내용으로 적절한 것은?
① 욕구 충족의 포기
② 심리적 안정감의 표현
③ 욕구의 좌절로 인한 반응
④ 사회적 적응을 위한 실천
⑤ 열세한 대상에 대한 보호

✔️ 정답 풀이

2문단에서 '좌절-공격 이론'은 일탈의 원인을 개인의 심리적 욕구의 좌절로 본다면서 심리적 욕구가 충족되지 않으면 사람은 본능적으로 욕구 충족을 방해하는 대상에 대해 공격적인 행동을 하게 된다고 하였다. 따라서 ㉠은 욕구의 좌절로 인한 반응으로 해석할 수 있다.

❌ 오답 풀이

①, ⑤ 2문단에서 욕구 충족을 방해하는 대상이 자기보다 훨씬 강하다고 생각되면 그것을 대체할 수 있는 다른 대상이라도 찾아 분풀이를 한다고 보았다고 하였다. 이는 욕구 충족을 포기하거나, 열세한 대상을 보호하는 것과는 거리가 멀다.
② '좌절-공격 이론'에서 ㉠이 나타나는 이유는 심리적 욕구가 충족되지 않았기 때문이다.
④ 4문단에 언급된 것처럼 사회적 적응은 '좌절-공격 이론'이 아닌 '낙인이론'과 관련된 것이다.

**3** 반응의 적절성 파악하기 | 정답 ② |

〈보기〉는 '신입 사원 ○○의 하루'를 만화로 구성한 것이다. '낙인이론'의 입장에서 〈보기〉를 이해한 내용으로 적절하지 않은 것은?

① 낙인 때문에 '○○'가 앞으로 일탈 행동을 지속할 가능성이 커지겠군. 4문단
② '○○'가 지각을 하게 된 원인을 개인의 심리적 요인에서 찾을 수 있겠군.  '낙인이론'에서는 일탈의 원인을 사회적인 맥락 속에서 파악함
③ '○○'는 회사에서 게으르고 불성실한 사람이라는 낙인을 벗기가 쉽지 않겠군. 4문단
④ 만약 직장 사람들이 '○○'를 낙인찍지 않았다면 그의 지각은 일탈로 보기 어렵겠군. 3문단
⑤ 일탈자라는 낙인 때문에 '○○'는 앞으로 사회적 역할을 수행하는 데 지장이 있겠군. 4문단

✔️ 정답 풀이

〈보기〉의 신입 사원 '○○'는 한 번의 지각으로 인해 직장에서 일탈자로 낙인찍혔다. 4문단에서 '낙인이론'은 '일탈이 낙인에 의한 사회적 결과물임을 강조함으로써 일탈의 원인을 개인이 아닌 사회적 관계 속에서 조명할 수 있게 해 주었다.'라고 하였다. 따라서 '낙인이론'의 입장에서 〈보기〉의 신입 사원 '○○'가 지각한 원인을 개인의 심리적 요인에서 찾는다는 진술은 적절하지 않다. 일탈의 원인을 개인의 심리적 요인에서 찾는 것은 '좌절-공격 이론'에 해당한다.

❌ 오답 풀이

①, ③ 4문단에서 '낙인이론'에서는 한번 낙인이 찍히면 그 낙인에서 벗어나기가 쉽지 않고, 사회 적응에 어려움을 겪게 되어 이후에도 일탈이 지속된다고 보았다고 하였다.
④ 3문단에서 사람들이 특정 행위에 대해 문제가 있다고 낙인찍으면 그것이 비로소 일탈 행위가 된다고 하였다.
⑤ 4문단에서 일탈자로 낙인찍힌 자는 결국 사회적 역할을 수행하는 데 지장을 받게 된다고 하였다.

- **(가)**: 인터넷 뉴스가 무료로 제공되는 것에 대한 의문
- **(나)**: 무료 인터넷 뉴스의 경제학적 배경

**가** 신문이나 잡지는 대부분 유료로 판매된다. 반면에 인터넷 뉴스 사이트는 신문이나 잡지의 기사와 같거나 비슷한 내용을 무료로 제공한다. 왜 이런 현상이 발생하는 것일까?
　　　　　　　　　　　　　　　　　　　　　　인터넷 뉴스의 무료 제공

**나** 이 현상 속에는 경제학적 배경이 숨어 있다. 대체로 상품의 가격은 그 상품을 생산하는 데 드는 비용의 언저리에서 결정된다. 생산 비용이 많이 들면 들수록 상품의 가격이 상승하는 것이다. 그런데 인터넷에 게재되는 기사를 생산하는 데 드는 비용은 0에 가깝다. 기자가 컴퓨터로 작성한 기사를 신문사 편집실로 보내 종이 신문에 게재하고, 그 기사를 그대로 재활용하여 인터넷 뉴스 사이트에 올리기 때문이다. 또한 인터넷 뉴스 사이트 방문자 수가 증가하면 사이트에 걸어 놓은 광고에 대한 수입도 증가하게 된다. 이러한 이유로 신문사들은 경쟁적으로 인터넷 뉴스 사이트를 개설하여 무료로 운영했던 것이다.
　　인터넷 뉴스 사이트의 무료화가 가능했던 배경 ①　　배경 ②

- **(다)**: 무료 인터넷 뉴스로 인한 문제점

**다** 그런데 무료 인터넷 뉴스 사이트를 이용하는 사람들이 폭발적으로 늘어나면서 돈을 지불하고 신문이나 잡지를 구독하는 사람들이 점점 줄어들기 시작했다. 그 결과 언론사들의 수익률이 감소하여 재정이 악화되었다. 문제는 여기서 그치지 않는다. 언론사들의 재정적 악화는 깊이 있고 정확한 뉴스를 생산하는 그들의 능력을 저하시키거나 사라지게 할 수도 있다. 결국 그로 인한 피해는 뉴스를 이용하는 소비자에게로 되돌아 올 것이다.
　　언론사의 재정 악화　　인터넷 뉴스 무료 제공이 야기할 수 있는 문제

- **(라)**: 인터넷 뉴스 유료화의 어려움

* **각인**(새길 刻, 도장 印): 머릿속에 새겨 넣듯 깊이 기억됨. 또는 그 기억.
* **토로**(토할 吐, 이슬 露): 마음에 있는 것을 죄다 드러내어서 말함.

**라** 그래서 언론사들, 특히 신문사들의 재정 악화 개선을 위해 인터넷 뉴스를 유료화해야 한다는 의견이 있다. 하지만 그러한 주장을 현실화하는 것은 그리 간단하지 않다. 소비자들은 어떤 상품을 구매할 때 그 상품의 가격이 얼마 정도면 구입할 것이고, 얼마 이상이면 구입하지 않겠다는 마음의 선을 긋는다. 이 선의 최대치가 바로 최대지불의사(willingness to pay)이다. 소비자들의 머릿속에 한 번 각인*된 최대지불의사는 좀처럼 변하지 않는 특성이 있다. 인터넷 뉴스의 경우 오랫동안 소비자에게 무료로 제공되었고, 그러는 사이 인터넷 뉴스에 대한 소비자들의 최대지불의사도 0으로 굳어진 것이다. 그런데 이제 와서 무료로 이용하던 정보를 유료화한다면 소비자들은 여러 이유를 들어 불만을 토로*할 것이다.
　　인터넷 뉴스 유료화 방안의 걸림돌

- **(마)**: 인터넷 뉴스 유료화 문제의 실마리 제공

**마** 해외 신문 중 일부 경제 전문지는 이러한 문제를 성공적으로 해결했다. 그들은 매우 전문화되고 깊이 있는 기사를 작성하여 소비자에게 제공하는 대신 인터넷 뉴스 사이트를 유료화했다. 그럼에도 불구하고 많은 소비자들이 기꺼이 돈을 지불하고 이들 사이트의 기사를 이용하고 있다. 전문화되고 맞춤화된 뉴스일수록 유료화 잠재력이 높은 것이다. 이처럼 제대로 된 뉴스를 만드는 공급자와 제값을 내고 제대로 된 뉴스를 소비하는 수요자가 만나는 순간 문제 해결의 실마리를 찾을 수 있을 것이다.
　　인터넷 뉴스 유료화의 어려움　　인터넷 뉴스 유료화의 해결 방법　　글쓴이의 주장

- ▶ **주제**: 인터넷 뉴스의 무료화로 인한 문제점과 해결 방안

**[지문 해제]** 이 글은 무료로 제공되는 인터넷 뉴스에 관해 설명하고 있다. 인터넷에 게재되는 기사는 생산하는 데 드는 비용이 0에 가깝기 때문에 신문사에서 경쟁적으로 인터넷 뉴스 사이트를 열어 무료로 운영하였으나 이로 인해 돈을 지불하고 신문이나 잡지를 구독하는 사람들이 줄어 언론사 재정의 악화를 가져오게 되었다. 이러한 재정의 악화는 정확한 뉴스를 생산하는 능력을 저하시키고 그러한 피해가 결국 소비자에게 돌아오는 악순환을 가져올 수 있다. 그래서 언론사들은 인터넷 뉴스를 유료화하고자 하나 이미 소비자들의 최대지불의사가 0으로 굳어져버렸기 때문에 많은 어려움이 따른다. 전문화되고 깊이 있는 기사를 만드는 공급자와 그러한 뉴스를 소비하는 수요자가 만나면 이 문제를 해결할 수 있을 것이다.

## 1
서술 방식 파악하기 | 정답 ④ |

**(가)~(마)에 대한 설명으로 적절하지 <u>않은</u> 것은?**
① (가): 현상을 제시하고 있다.
　　무료로 제공되는 인터넷 뉴스
② (나): 현상의 발생 원인을 분석하고 있다.
　　인터넷 기사 생산 비용이 0에 가까움 → 언론사가 무료 인터넷 사이트 운영
③ (다): 현상의 문제점을 지적하고 있다.
　　언론사의 재정 악화 → 소비자의 피해
④ (라): 현상의 긍정적 측면을 강조하고 있다.
⑤ (마): 문제의 해결 방안을 시사하고 있다.
　　전문화된 뉴스 공급과 그러한 뉴스를 원하는 소비자의 만남

✅ 정답 풀이

(라)에서는 인터넷 뉴스를 유료화하는 데 따르는 어려움에 대해 설명하고 있다.

❌ 오답 풀이
① 오프라인상에서 유료로 판매되는 기사가 온라인상에서는 무료로 제공되는 현상을 제시하고 있다.
② 인터넷 기사를 생산하는 비용이 0에 가깝기 때문에 신문사들이 경쟁적으로 인터넷 뉴스 사이트를 열어 무료로 운영하게 된 것을 무료 인터넷 뉴스의 발생 원인으로 분석하고 있다.
③ 무료 기사를 이용하는 사람들이 폭발적으로 늘어나면서 돈을 지불하고 기사를 이용하는 사람들이 줄어 언론사의 재정이 악화되었고, 이것이 정확한 뉴스를 생산하는 능력을 저하시켜 결국 소비자에게 피해가 돌아올 수 있다고 하였다.
⑤ 전문화되고 맞춤화된 뉴스를 만드는 공급자와 그러한 뉴스를 소비하는 수요자의 만남을 통한 유료화 방안을 제시함으로써 문제의 해결 방안을 시사하고 있다.

## 2
글의 전제 추론하기 | 정답 ② |

**글쓴이의 견해에 바탕이 되는 경제관으로 적절하지 <u>않은</u> 것은?**
① 경제적 이해 관계는 사회 현상의 변화를 초래한다.
② 상품의 가격이 상승할수록 소비자의 수요가 증가(감소)한다.
③ 소비자들의 최대지불의사는 상품의 구매 결정과 밀접한 관련이 있다. (라)
④ 일반적으로 상품의 가격은 상품 생산의 비용과 가까운 수준에서 결정된다. (나)
⑤ 적정 수준의 상품 가격이 형성될 때, 소비자의 권익과 생산자의 이익이 보장된다. (다), (마)

✅ 정답 풀이

(라)에서 '최대지불의사'에 대해 언급하면서 이미 인터넷 뉴스에 대한 소비자들의 최대지불의사가 0원으로 굳어져 있음을 설명하고 있다. 따라서 인터넷 뉴스를 유료화하면 인터넷 뉴스를 보는 사람들의 숫자는 감소하게 될 것이라

고 추측할 수 있다. 이는 상품의 가격이 상승할수록 소비자의 수요가 감소한다는 관점이 해당한다.

❌ 오답 풀이
① 생산 비용이 거의 들어가지 않은 인터넷 뉴스로 광고 수입 등을 얻을 수 있어 경쟁적으로 무료 인터넷 뉴스 사이트를 만들던 신문사들이 이로 인해 재정이 악화됨에 따라 유료화하기 위한 방안을 고심하고, 소비자들은 기존에 무료로 제공되던 인터넷 뉴스가 유료화될 경우 구독하지 않을 것으로 예상된다는 점 등에서 경제적 이해 관계가 사회 현상의 변화를 초래함을 알 수 있다.
③ (라)에서 설명한 어떤 상품을 구매할 때 그 상품의 가격이 얼마 정도면 구입할 것이고, 얼마 이상이면 구입하지 않겠다는 최대지불의사는 상품의 구매 결정과 밀접한 관련을 맺게 된다.
④ (나)에서 상품의 가격이 생산 비용의 언저리에서 결정되는 경제학적 배경 때문에 신문사들이 인터넷 뉴스 사이트를 개설하여 무료로 운영했다고 하였다.
⑤ (다)에서 무료 인터넷 뉴스로 인한 피해가 언론사와 소비자 모두에게 닥칠 수 있다고 하였고, (마)에서 제대로 된 뉴스를 만드는 공급자와 제값을 내고 제대로 된 뉴스를 소비하는 수요자가 만나는 순간 문제 해결의 실마리를 찾을 수 있다고 하였다. 이를 고려하면 적정 수준의 상품 가격이 소비자와 생산자 모두에게 이익이 됨을 추리할 수 있다.

## 3
반응의 적절성 파악하기 | 정답 ⑤ |

**윗글을 읽은 학생들의 반응으로 적절하지 <u>않은</u> 것은?**
① 정보를 이용할 때 정보의 가치에 상응하는 이용료를 지불하는 것은 당연한 거라고 생각해. (마)
② 현재 무료인 인터넷 뉴스 사이트를 유료화하려면 먼저 전문적이고 깊이 있는 기사를 제공해야만 해. (마)
③ 인터넷 뉴스가 광고를 통해 수익을 내는 경우도 있으니, 신문사의 재정을 악화시키는 것만은 아니야. (나)
④ 인터넷 뉴스 사이트 유료화가 정확하고 공정한 기사를 양산하는 결과에 직결되는 것은 아니라고 생각해. 이 글에서 언급하지 않음
⑤ 인터넷 뉴스만 보는 독자들의 행위가 질 나쁜 뉴스를 생산하게 만드는 근본적인 원인이니까, 종이 신문을 많이 구독해야겠어.

✅ 정답 풀이

(마)에서는 전문화되고 맞춤화된 뉴스를 유료로 제공하여 공급자와 수요자 모두에게 이익을 줄 수 방안을 모색하는 것이 문제 해결의 실마리라고 하였다. 이를 고려하면 인터넷 뉴스만 보는 독자들의 행위가 질이 떨어지는 뉴스를 생산하게 만드는 근본적인 원인이라고 본 점과, 종이 신문을 많이 구독하여 문제를 해결해야 한다는 ⑤는 적절하지 않다.

# 구매 후의 광고 탐색 _ 김재휘

**○ 1문단: 구매 과정에서 소비자들이 겪는 갈등**

소비자들은 어떤 제품이나 서비스를 선택할 때 쉽사리 결정을 내리지 못한다. 이를테면 '기능은 만족스럽지만 가격이 비싸거나, 반대로 가격은 만족스러운데 기능은 그렇지 않다거나 하는 경우'를 들 수 있다. 이처럼 소비자들은 구매 과정에서 흔히 갈등을 겪게 되는데, 그중 가장 대표적인 것이 '접근−접근 갈등'이다. 이는 둘 이상의 바람직한 대안 중에서 하나만을 골라야 하는 경우에 어느 것을 선택해야 할지 결정하지 못해 발생하는 갈등이다. ㉠이때 판매자는 대안들을 함께 묶어 제공함으로써 소비자가 겪는 '접근−접근 갈등'을 해소할 수 있다.

**○ 2문단: 심리적 불편함과 인지 부조화 이론**

그런데 다른 대안*들을 함께 묶어 제공받지 못한 상태에서 하나의 대안만을 선택해야 했던 경우, 소비자들은 선택하지 않은 대안에 대한 아쉬움 때문에 심리적으로 불편함을 느끼게 된다. 소비자들은 이러한 심리적 불편함을 없애려 하는데, 이는 인지* 부조화 이론으로 설명할 수 있다. 이 이론에 따르면 사람들은 자신의 생각과 태도가 자신이 한 행동과 서로 일치하기를 바라는데, 그렇지 않으면 심리적 긴장 상태가 발생하게 된다는 것이다. 이런 경우 사람들은 긴장 상태를 해소하기 위해 생각과 행동을 일치시키려 한다. 그렇다면 제품을 구입한 행동과 제품 구입 후에 자신의 선택이 최선이 아닐지도 모른다는 생각 사이의 부조화는 어떻게 극복될 수 있을까?

**○ 3문단: 구매 후 광고를 통한 인지 부조화의 해소**

인지 부조화 상태를 겪고 있는 소비자는 이를 해소하기 위해 선택하지 않은 제품의 단점을 찾아내거나 그 제품의 장점을 무시하기도 한다. 하지만 일반적으로는 자신의 구매 행동을 지지하는 부가 정보들을 찾아냄으로써 현명한 선택을 했다는 것을 스스로에게 확신시킨다. 특히 자동차나 아파트처럼 고가의 재화를 구매했을 경우에는 구매 직후의 인지 부조화가 심화되므로 이를 해소하려는 노력도 더 크게 나타난다. 이때 광고가 중요한 역할을 한다. 소비자들은 광고를 통해 자신이 선택한 제품의 장점을 재확인하거나 새로운 선택 이유를 찾아내려고 하는 것이다. 제품을 구매한 고객들을 대상으로 한 광고는 전달할 수 있는 정보가 제한적인 매체보다는 많은 정보를 담을 수 있는 매체를 활용하는 것이 효과적이다.

**＊대안(대신할 代, 책상案):** 어떤 안(案)을 대신하는 안.

**＊인지(알 認, 알 知):** 자극을 받아들이고, 저장하고, 인출하는 일련의 정신 과정.

**＊구축(얽을 構, 쌓을 築):** 체제, 체계 따위의 기초를 닦아 세움.

**○ 4문단: 구매 후 광고의 효과**

소비자들이 구매 후에 광고를 탐색하는 것은 인지 부조화를 감소시키고자 하는 노력인데, 기업 입장에서는 또 다른 효과들을 가져오기도 한다. 구매 후 광고는 제품을 구매한 소비자들에게 자신의 구매 행동이 옳았다는 확신이나 만족을 심어주기 때문에 회사의 이미지를 높이고 브랜드 충성심을 구축*하는 데 크게 기여한다. 따라서 구매 후 광고는 재구매를 유도하거나 긍정적 입소문을 확산시켜 광고의 효과를 극대화할 수 있다. 따라서 기업은 제품을 판매한 이후에도 소비자와 제품의 우호적인 관계가 유지될 수 있도록 지속적으로 광고를 노출할 필요가 있다.

**▶ 주제: 인지 부조화 이론과 구매 후 광고의 기능**

**[지문 해제]** 이 글은 소비자의 구매 행위로 인해 발생하는 인지 부조화와 이를 해소하는 방법의 하나인 구매 후 광고에 대해 설명하고 있다. 소비자들은 둘 이상의 대안 중 하나만을 구매해야 하는 상황에서 갈등을 겪는다. 그래서 소비자들은 선택하지 않은 대안에 대한 아쉬움으로 심리적 불편함을 느끼는데, 이는 자신의 생각이나 태도가 행동과 서로 일치하지 않아 발생하는 인지 부조화 때문이다. 소비자는 이러한 인지 부조화 상태를 해소하기 위해 자신의 구매 행동을 지지하는 부가 정보를 광고를 통해 확인하며, 자신의 선택이 옳았음을 스스로에게 확신시킨다. 이와 같은 구매 후 광고는 기업의 입장에서 구매자들에게 확신을 심어줄 뿐만 아니라 회사 이미지, 브랜드 충성심, 긍정적 입소문 등 광고의 효과를 극대화하는 데 도움을 준다.

## 1 세부 정보 파악하기 | 정답 ⑤ |

**윗글에 대한 이해로 적절한 것은?**

① 제품을 구매한 소비자는 자신이 ~~구매한~~ 제품의 광고에 더 이상 주목하지 않는다. 3문단
② 구매 후 광고를 적극적으로 탐색하면 소비자의 브랜드 충성심이 ~~형성되지~~ 않는다. 4문단
③ 구매한 제품에 만족하는 소비자는 그 제품의 단점을 광고를 통해 ~~확인~~하고 싶어 한다. 3문단
④ 인지 부조화가 발생하게 되면 소비자가 어떤 제품을 구매할지 ~~쉽게~~ 결정하지 못한다. 2문단
⑤ 소비자는 자신의 구매 행위가 최선이었다는 확신이 없을 경우 심리적 긴장 상태를 겪게 된다. 2문단

### ✔ 정답 풀이

2문단에서 인지 부조화 이론을 설명하면서 사람들은 자신의 생각과 태도가 자신이 한 행동과 서로 일치하지 않을 때 심리적 긴장 상태를 느낀다고 하였다. 그리고 제품을 구입한 행동과 제품 구입 후에 자신의 선택이 최선이 아닐지도 모른다는 생각 사이의 부조화가 발생한다고 하였다. 이를 고려하면 소비자는 자신의 구매 행위가 최선이었다는 확신이 없을 경우 심리적 긴장 상태를 겪게 된다고 추측할 수 있다.

### ✘ 오답 풀이

① 3문단에서 인지 부조화 상태를 겪고 있는 소비자는 이를 해소하기 위해 자신의 구매 행동을 지지하는 부가 정보들을 찾아내는데, 이때 광고가 중요한 역할을 한다고 하였다.
② 4문단에서 구매 후 광고는 제품을 구매한 소비자들에게 자신의 구매 행동이 옳았다는 확신을 심어주기 때문에 회사의 이미지를 높이고 브랜드 충성심을 구축하는 데 기여한다고 하였다.
③ 3문단에서 인지 부조화 상태를 겪고 있는 소비자들은 광고를 통해 자신이 선택한 제품의 장점을 재확인하려고 한다고 하였다.
④ 2문단에서 인지 부조화는 제품을 구입한 행동과 제품 구입 후에 자신의 선택이 최선이 아닐지도 모른다는 생각 사이에서 발생한다고 하였다. 그런데 소비자가 어떤 제품을 구매할지 결정하지 못하는 것은 제품 구매 이전에 발생하는 사안이다.

## 2 구체적 사례에 적용하기 | 정답 ⑤ |

**㉠의 예로 가장 적절한 것은?**

① 소비자는 공짜를 좋아하는 경향이 있으므로, 탄산음료를 판매할 때 두 개를 한 개 값으로 주는 1+1 전략을 활용한다.
　하나의 대안을 공짜로 줌
② 소비자는 어떤 사은품을 주는지 주의 깊게 살펴보는 경우가 많으므로, 냄비를 판매하면서 사은품으로 프라이팬을 제공한다.
　냄비와 프라이팬 중 하나를 골라야 하는 상황이 아님
③ 소비자는 바지를 살 때 그에 어울리는 티셔츠를 함께 구입하려는 경향이 있으므로, 바지와 티셔츠를 인접하여 나란히 진열한다.
　대안들을 함께 묶어 제공하는 것이 아님
④ 소비자는 어떻게 하면 저렴한 가격으로 물건을 구입할 수 있을지 고심하는 경향이 있으므로, 저녁 무렵에는 야채를 반값에 판매한다.
　대안들을 함께 묶어 제공하는 것이 아님
⑤ 소비자는 중식을 먹을 때 짜장면과 짬뽕을 두고 선택을 망설이는 경우가 많으므로, 두 음식을 다 먹을 수 있는 짬짜면을 메뉴에 추가한다.
　대안들을 함께 묶어 제공함

### ✔ 정답 풀이

1문단에서 '접근-접근 갈등'은 둘 이상의 바람직한 대안 중에서 하나만을 골라야 하는 경우 어느 것을 선택해야 할지 결정하지 못해 발생하는 갈등이라고 하였다. 또 이는 판매자가 대안들을 함께 묶어 제공함으로써 해소할 수 있다고 하였다. 그러므로 둘 이상의 바람직한 대안들이 함께 묶여 제공됨으로써 갈등이 해결되는 사례를 골라야 한다. ⑤에서 짜장면과 짬뽕은 모두 소비자에게 바람직한 대안이며, 짬짜면은 이 둘을 함께 묶어 제공하게 된 경우이므로 ㉠의 예로 적절하다.

### ✘ 오답 풀이

① 탄산음료 두 개를 한 개 값으로 주는 1+1 전략은 하나의 대안을 공짜로 하나 더 주는 것이므로, 둘 이상의 대안을 묶어 제공하는 것이 아니다.
② 소비자가 냄비와 프라이팬 중 하나만을 골라야 하는 경우가 아니므로 '접근-접근 갈등'에 해당하지 않는다.
③ 소비자가 바지와 티셔츠 중 하나만을 골라야 하는 경우가 아니므로 '접근-접근 갈등'에 해당하지 않는다. 또 바지와 티셔츠를 인접하여 진열하는 것은 대안들을 함께 묶어 제공하는 경우라고 볼 수 없다.
④ 야채를 반값에 판매하는 것은 둘 이상의 바람직한 대안을 묶어 제공하는 것이 아니며, 소비자가 여러 대안 중 하나만을 골라야 하는 경우가 아니므로 '접근-접근 갈등'에도 해당하지 않는다.

| 사회 01~05 | 독해력 쑥쑥, 어휘 테스트 | | | |
|---|---|---|---|---|
| 01 규명 | 02 일탈 | 03 총체 | 04 산출 | 05 인지 |
| 06 모색 | 07 대안 | 08 양산 | 09 간과 | 10 토로 |
| 11 ○ | 12 × | 13 ○ | 14 × | 15 ○ |
| 16 ㉢ | 17 ㉣ | 18 ㉺ | 19 ㉠ | 20 ㉡ |

# 루소의 사회계약론 _ 김성은

- **1문단:** 루소 이전의 사상가들이 가지고 있던 엘리트 의식

루소 이전의 사상가들은 대부분 자신들이 남들보다 잘나고 똑똑하다고 확신했다. 그래서 그들은 지저분한 몰골*에 무식하기 이를 데 없는 민중을 보며, 믿을 수 있는 인간은 극소수에 불과하다고 생각하였다. 그러므로 그들은 특출*한 한두 사람이 세상을 지배하는 것이 옳다고 보았으며, "어떻게 해야 저들을 번듯한 인간으로 살게 해 줄 수 있을까?'를 푹신한 안락의자에 앉아 하인이 가져온 차를 마시며 고민하였다.

- **2문단:** 민중을 통제의 대상으로 여겼던 사상가들

그런데 그들은 민중의 불쌍한 처지를 걱정한 것이 아니라 철없는 민중들의 '무질서'를 두려워했다. 무식하고 이기적인 사람들을 어떻게 통제해야 사회 질서가 유지될 수 있을까? 이것이 바로 루소 이전 사상가들의 진짜 고민이었다. 결국 답은 한 가지뿐이었다. 말 안 듣는 아이에게는 매가 약이듯이 민중들을 다스리기 위해서는 폭력이 필요하다고 생각했다. '㉠복종하지 않고 멋대로 굴면 죽음뿐이다!' 사람들에게 공포심을 심어 주는 것만큼 효과적인 것은 없었다. 그래서 왕에게 반항한 죄인은 군중이 보는 앞에서 잔인하게 처형했다. 이러한 사회에서 민중들은 자신들의 생각을 자유롭게 펼치지 못했다. 그러므로 루소 이전의 지배층과 민중 사이의 '사회 계약'은 일종의 수직적인 계약으로 볼 수 있다. 그 계약은 단지 아랫사람이 윗사람에게 즉 모든 민중이 왕에게 철저히 복종하겠다는 맹세였을 뿐이다.

- **3문단:** 지배층과 민중을 수평적 관계로 바라본 루소

*몰골: 볼품없는 모양새.
*특출(수컷 特, 날 出): 특별히 뛰어남.
*엘리트: 사회에서 뛰어난 능력이 있다고 인정한 사람. 또는 지도적 위치에 있는 사람.

그러나 루소는 이와는 완전히 다르게 생각했다. 그는 힘으로 민중들을 억누르고 공포심을 일으켜서 질서를 유지하려는 사상가들의 생각을 거부했다. 루소는 가난하고 배운 것 없는 사람들의 착한 마음을 믿었으며, 평범한 사람들이 서로 도와서 행복한 사회를 만들 수 있을 것이라고 생각했다. 즉 그는, 지배 계급의 힘에 눌려서 아무 일 없이 조용하기만 한 사회가 아니라 사람들이 서로 도우며 소중한 가치를 추구하는 한 차원 높은 '질서'를 꿈꾸었던 것이다. 루소가 주장했던 사회 계약은 '자유롭게 행동하는 사람들'을 함께 묶는 수평적인 계약이었다. 그는 사람들이 스스로 뭉쳐서 창조한 공동체를 통해서 개인의 잠재력을 최대한 발휘할 수 있다고 생각했다. 이처럼 루소 이전의 사상가들이 오로지 '통제'만을 생각했던 것에 비해 루소는 '협동'을 떠올렸다.

- **4문단:** 개인과 사회의 공동 이익을 고민한 루소의 「사회계약론」

개인은 왜 자기 마음대로 행동하지 않고 사회 질서를 지키며 사회 발전을 위해 노력해야 하는가? 그것은 누가 시켜서 강제로 따르는 것이 아니라 그렇게 하는 것이 개인과 사회 모두에게 이익이 되기 때문이다. 루소는 「사회계약론」에서 어떻게 해야 개인과 공동체가 모두 이익을 누릴 수 있을까 하는 문제를 놓고 끊임없이 고민했다. 그는 민중을 내려다보며 한심해 하는 엘리트*가 아니라 민중의 입장에서 생각한 최초의 사상가였던 것이다.

- ▶ **주제:** 민중의 입장에서 생각한 루소의 사회계약론

**[지문 해제]** 이 글은 루소의 사상과 그의 저서 「사회계약론」의 의의를 소개하고 있다. 루소 이전의 사상가들은 지배층과 민중 사이를 수직적인 관계로 인식하여, 민중들의 무질서를 다스리기 위한 무력 통제에만 관심을 두었다. 반면, 루소는 사람들의 선한 마음을 믿고, 지배층과 민중을 수평적인 관계로 바라보며 한 차원 높은 질서를 꿈꾸었다. 루소 이전의 사상가들이 '통제'만 생각했던 것과는 달리, 루소는 '협동'을 생각한 것이다. 이러한 점에서 루소는 민중의 입장에서 사회 계약을 고민한 최초의 사상가라 할 수 있다.

## 1 세부 내용 파악하기 | 정답 ④ |

**윗글의 내용과 일치하지 않는 것은?**

① 루소 이전의 사상가들은 자신들이 민중보다 더 지적이라고 생각했다. 1문단
② 루소는 공동체 구성원이 수평적 계약 관계를 이루어야 한다고 생각했다. 3문단
③ 루소 이전의 사상가들은 뛰어난 사람들이 민중을 지배해야 한다고 생각했다. 1문단
④ 루소는 이상적인 공동체를 만들기 위해서는 **민중의 양보**가 필요하다고 생각했다.
   민중의 '협동'
⑤ 루소는 사람들의 착한 마음을 믿었기 때문에 민중들의 협동이 가능하다고 생각했다. 3문단

✅ **정답 풀이**

3문단과 4문단에서 개인과 공동체가 모두 이익을 누릴 수 있는 문제를 놓고 끊임없이 고민하였던 루소는 한 차원 높은 질서를 위해 지배층과 민중을 수평적 관계로 보고, 민중의 '양보'가 아닌 민중의 '협동'이 필요하다고 보았음을 알 수 있다.

❌ **오답 풀이**

①, ③ 1문단에서 루소 이전의 사상가들은 자신들이 남들보다 잘나고 똑똑하다고 확신하고, 무식한 민중을 보며 특출한 한두 사람이 세상을 지배하는 것이 옳다고 보았다고 하였다.
② 3문단에서 루소가 주장한 사회 계약은 '자유롭게 행동하는 사람들'을 함께 묶는 수평적 계약이라고 하였다.
⑤ 3문단에서 루소는 가난하고 배운 것 없는 사람들의 착한 마음을 믿었으며, 평범한 사람들이 서로 도와서 행복한 사회를 만들 수 있을 것이라고 생각했다고 하였다.

## 2 구체적 상황에 적용하기 | 정답 ④ |

**윗글을 참고할 때, 루소가 말한 '사회 계약'의 의미와 가장 유사한 것은?**

① 가족회의에서 결정한 여행을 어머니의 입원으로 **아버지가 취소한 경우** 결정이 모두에게 이익인지 알 수 없음
   수평적 관계 X
② 주민 대표가 주민들의 합의 없이 어두운 골목에 가로등을 설치한 경우 가로등이 누구에게 어떤 이익을 주었는지
   수평적 관계 X                                      알 수 없음
③ 체육 대회에서 학급 반장의 주도로 우승하여 학급 반장이 공로상을 받는 경우
   수직적 관계   반장에게만 이익이 돌아감
④ 마을 청년회에서 주민들의 동의를 얻어 운영한 도서관이 주민 모두에게 만족을 준 경우
⑤ 회사가 경쟁력을 높이기 위해서 마련한 **연수회에 참여한 사원들에게 가산점을 주는** 경우 회사와 사원들은
   연수에 참여한 사원들에게만 이익이 돌아감                수직적 관계

✅ **정답 풀이**

루소의 사회 계약은 '자유롭게 행동하는 사람들'을 함께 묶는 수평적 계약으로, 개인과 사회 모두가 이익을 누릴 수 있어야 한다. ④에서 마을 청년회가 주민들의 동의를 얻은 것은 수평적 관계에서 이루어진 것이며, 도서관이 주민 모두에게 만족을 주었으므로 루소의 사회 계약과 유사하다.

❌ **오답 풀이**

① 회의를 통해 결정한 사안을 아버지가 일방적으로 취소했으므로 수평적 관계로 볼 수 없으며, 이 결정이 모두에게 이익인지 알 수 없다.
② 주민들의 합의가 없었으므로 수평적 관계로 볼 수 없으며, 가로등이 누구에게 어떤 이익을 주었는지도 알 수 없다.
③ 학급 반장이 주도하였다는 것은 수직적 관계로 볼 수 있으며, 이로 인한 이익도 반장에게만 돌아갔다.
⑤ 회사와 사원들은 수직적 관계이며, 연수에 참여한 사원들에게만 이익이 돌아갔다.

## 3 문맥적 의미 파악하기 | 정답 ⑤ |

**㉠과 〈보기〉의 @의 성격을 가장 적절하게 말한 것은?**
루소 이전의 사상가들이 무지한 민중들에게 강요한 복종

┤ 보 기 ├

남들은 자유를 사랑한다지마는, 나는 @복종을 좋아하여요.
                                능동적, 적극적 복종
자유를 모르는 것은 아니지만, 당신에게는 복종만 하고 싶어요.

복종하고 싶은 데 복종하는 것은 아름다운 자유보다도 달콤합니다. 그것이 나의 행복입니다.

그러나 당신이 나더러 다른 사람을 복종하라면 그것만은 복종할 수가 없습니다.

다른 사람을 복종하려면 당신에게 복종할 수가 없는 까닭입니다.

– 한용운, 「복종」 –

① ㉠과 @는 모두 강제적이다.
   강제적
② ㉠과 @는 모두 능동적이다.
        능동적
③ ㉠은 적극적인데 반해, @는 소극적이다.
                        적극적
④ ㉠은 배타적인데 반해, @는 타협적이다.
                        타협적
⑤ ㉠은 타율적인데 반해, @는 자율적이다.

✅ **정답 풀이**

㉠은 루소 이전의 사상가들이 무지한 민중들에게 강요하였던 '복종'이며, @는 시적 화자가 사랑하는 '당신'에게 기꺼이 하려고 하는 '복종'이다. 따라서 ㉠에는 다른 사람에 의해 강요된 타율성이 깔려 있다면, @에는 스스로 행동하려는 자율성이 깔려 있다고 볼 수 있다.

○ 1문단: 한국 사회의
　　다문화 사회로의 변화

○ 2문단: 다문화 사회의
　　세 가지 패러다임과
　　한국 사회에 필요한
　　모형

＊ 패러다임(paradigm):
　어떤 한 시대 사람들의
　견해나 사고를 근본적으
　로 규정하고 있는 테두
　리로서의 인식 체계.

＊ 입지(설 立, 땅 地): 개
　인이나 단체 따위가 차
　지하고 있는 기반이나
　지위.

＊ 주류(주인 主, 흐를 流):
　조직이나 단체 따위의
　내부에서 다수파를 이
　르는 말.

＊ 조장(도울 助, 길 長):
　바람직하지 않은 일을
　더 심해지도록 부추김.

○ 3문단: 다문화 모형의
　　두 가지 개념과 한국
　　사회가 지향해야 할
　　목표

○ 4문단: 다문화 사회로
　　가기 위한 단계별 정
　　책의 필요성

▶ 주제: 다문화 사회의
　　유형과 올바른 정책
　　방향

　　한국 사회는 구성원의 출신국이나 인종 등을 보면 이제 더 이상 단일 민족 국가라고 부를 수 없는 것이 현실이다. 이러한 변화에 대응하기 위해 우선 다문화 사회의 주요 패러다임\*에 대해 살펴보고, 다문화 사회로서의 궁극적 지향점을 생각해 보기로 하자.
중심 화제

　　다문화 사회를 정의하는 패러다임에는 (가)차별 배제 모형, (나)동화 모형, (다)다문화 모형이 있다. 이 세 모형은 외국인과 이민자를 받아들이는 데 있어 국가가 어떠한 정책과 제도를 채택하고 있는지에 따라 분류한 것이다. 먼저 차별 배제 모형은 국가가 특
다문화 사회 패러다임의 분류 기준
정 경제 영역에만 외국인이나 이민자를 받아들이고, 복지 및 사회적 영역에서는 받아들
차별 배제 모형의 개념
이지 않는 배타적인 모형이다. 그러나 경제적 세계화의 거대한 흐름과 결혼 이민자의
역접: 모형의 한계와 문제점을 제시
증대와 맞물려 점차 그 입지\*가 제한되고 있다. 그리고 동화 모형은 외국인이나 이민자
차별 배제 모형의 한계
의 모든 면이 주류 사회와 똑같아져야 한다는 모형이다. 그러나 이 모형은 외국인이나
동화 모형의 개념
이민자의 정체성을 무시하였다는 비판과 함께 그들에 대한 불이익과 편견을 간과했다는
동화 모형의 한계
비난을 받고 있다. 이 두 모형과 달리, 다문화 모형은 다른 인종과 민족에 대해 포용적
다문화 모형의 개념
인 태도를 취하는 모형으로, 외국인이나 이민자가 그들만의 문화를 지키는 것을 인정하고 장려하며, 정책의 목표를 '동화'가 아닌 '공존'에 두고 있다. 따라서 지금까지 살펴본 모형들을 바탕으로 할 때, 현재 급속하게 변화하는 세계 속에서 한국 사회는 다문화 모
글쓴이의 주장
형에 초점을 두고 접근할 필요가 있다.

　　다문화 모형은 다시 문화다원주의와 다문화주의로 나눌 수 있다. 문화다원주의와 다문화주의는 다양성을 인정하고 사회적 통합을 추구한다는 점에서는 유사하다. 그러나
문화다원주의와 다문화주의의 공통점
㉠문화다원주의는 주류\* 사회가 존재함을 분명히 하면서 문화의 다양성과 다원성을 인
문화다원주의의 특징
정하는 정도의 소극적인 다문화 모형이다. 이에 비해 보다 발달된 개념인 ㉡다문화주의는 주류 사회의 중요성을 부각하기보다는 다양한 문화가 평등하게 인정되어야 함을 강
다문화주의의 특징
조한다. 주류 사회 안에서 외국인과 이민자의 문화를 인정한다는 점에서 문화다원주의는 매력적으로 보일 수 있다. 그러나 '단일 민족 국가'라는 인식이 강하게 작용하는 한국 사회에서 외국인과 이민자에 대한 차별적 태도와 이중적 기준 적용의 문제를 해소하고 조
바람직한 다문화 사회로 나아가기 위해 한국 사회가 해결해야 할 문제점
와 소통을 지향하기 위해서 한국 사회는 다문화주의라는 목표를 지향해야 할 것이다.

　　그러나 사회 조직 내의 다양성을 강조하기만 하고, 다양성과 다문화적인 요소들을 제대로 운영하지 못하면 오히려 사회에 극심한 혼란만 더하게 되어, 사회의 통합이 아닌 분열을 조장\*할 수 있다. 따라서 한 사회의 다문화에 대한 목표가 정해지면, 그에 따른 정책들을 적정한 단계에 맞추어 진행해야 문제가 최소화될 수 있다. 그러므로 우리는 장기적 목표를 다문화주의에 두고, 단·중기적으로 실시할 수 있는 단계별 정책 목표와
글쓴이의 주장
구체적 사업을 정하고 추진해야 한다.

**[지문 해제]** 이 글은 다문화 사회를 세 가지 모형으로 구분하고, 각각의 개념과 한계를 설명한 뒤 한국 사회가 나아갈 방향이 무엇인지를 고찰하고 있다. 다문화 사회를 정의하는 패러다임에는 크게 차별 배제 모형, 동화 모형, 다문화 모형이 있는데, 글쓴이는 한국 사회는 이민자들과의 '공존'에 정책의 목표를 둔 다문화 모형이 필요하다고 주장하고 있다. 다문화 모형은 다시 문화다원주의와 다문화주의로 나눌 수 있으며, 다문화주의가 문화다원주의보다 다양한 문화를 평등하게 인정하는 등 목표가 적극적이라는 점에서 한국 사회가 지향할 만한 가치가 있다고 보았다. 하지만 정책을 잘못 운영하면 극심한 혼란만 초래할 수 있으므로, 분명한 목표를 정하고 단계별로 정책을 수립해야 함을 강조하였다.

## 1 세부 정보 파악하기 | 정답 ③ |

**윗글을 통해 답을 구할 수 있는 물음이 아닌 것은?**

① 다문화 모형의 정책 목표는 무엇인가? 2문단
외국인이나 이민자와의 공존

② 다문화주의를 지향해야 하는 이유는 무엇인가? 3문단
외국인과 이민자에 대한 차별적 태도를 해소하고 조화와 소통을 지향하기 위해

③ 다문화 관련 정책 중 현재 시행되고 있는 것들은 무엇인가?

④ 다문화 사회를 정의하는 패러다임에는 어떤 것들이 있는가? 2문단
차별 배제 모형, 동화 모형, 다문화 모형

⑤ 다문화 모형에 초점을 두고 접근해야 하는 필요성은 무엇인가? 2문단
급속하게 변화하는 세계 속에서 한국 사회는 다른 인종과 민족에 대해 포용적인 태도를 취하는 다문화 모형에 초점을 두고 접근할 필요가 있음

**✅ 정답 풀이**

4문단에서 적정한 단계에 맞춘 다문화 정책의 필요성과 '우리는 장기적 목표를 다문화주의에 두고, 단·중기적으로 실시할 수 있는 단계별 정책 목표와 구체적 사업을 정하고 추진해야 한다'고 언급하였을 뿐, 현재 어떤 다문화 정책이 시행되고 있는지는 제시하지 않았다.

**❌ 오답 풀이**

① 2문단에서 다문화 모형의 정책 목표는 외국인이나 이민자와의 '공존'이라고 하였다.

② 3문단에서 외국인과 이민자에 대한 차별적 태도를 해소하고 조화와 소통을 지향하기 위해서 한국 사회는 다문화주의를 지향해야 한다고 하였다.

④ 2문단에서 다문화 사회를 정의하는 패러다임에는 차별 배제 모형, 동화 모형, 다문화 모형이 있다고 하였다.

⑤ 2문단에서 급속하게 변화하는 세계 속에서 한국 사회는 다른 인종과 민족에 대해 포용적인 태도를 취하는 다문화 모형에 초점을 두고 접근할 필요가 있다고 하였다.

## 2 구체적 사례에 적용하기 | 정답 ③ |

**(가)~(다)에 해당하는 사례를 〈보기〉에서 골라 바르게 배열한 것은?**

┤ 보 기 ├

ㄱ. A국은 이민자들이 A국의 언어를 습득할 수 있도록 돕고, 이민자의 자녀가 정규 학교에 취학하는 것을 지원했다. 동화 모형
주류 사회에 동화되도록 함

ㄴ. B국은 인력난으로 인해 외국인 노동자를 대거 받아들였지만, 그들에게 영주권이나 시민권을 주는 데는 상당한 제약을 가했다. 차별 배제 모형
특정 경제 영역에서만 받아들임 / 복지 및 사회적 영역에서는 받아들이지 않음

ㄷ. C국은 이민자들이 출신국에 따른 특성을 간직하면서 전체 사회를 조화롭게 구성할 수 있도록 정책을 폈다. 다문화 모형
고유 문화를 인정함

| | (가) | (나) | (다) |
|---|---|---|---|
| ① | ㄱ | ㄴ | ㄷ |
| ② | ㄱ | ㄷ | ㄴ |
| ③ | ㄴ | ㄱ | ㄷ |
| ④ | ㄴ | ㄷ | ㄱ |
| ⑤ | ㄷ | ㄴ | ㄱ |

**✅ 정답 풀이**

ㄱ은 이민자들이 주류 사회와 똑같아지도록 언어 습득을 돕고 자녀의 취학을 지원하고 있으므로 '동화 모형'에 해당한다. ㄴ은 인력난을 해소하기 위해 외국인 노동자를 받아들일 뿐 다른 영역에서는 배타적인 입장을 취하고 있으므로 '차별 배제 모형'에 해당한다. ㄷ은 이민자들이 출신국에 따른 특성을 유지하면서 전체 사회를 조화롭게 구성할 수 있게 하고 있으므로 '다문화 모형'에 해당한다.

## 3 개념 간 공통점과 차이점 파악하기 | 정답 ① |

**㉠과 ㉡에 대한 설명으로 적절하지 않은 것은?**

① ㉠은 ㉡에 비해 다양한 문화적 가치들을 공유할 것을 강조한다. 다양한 문화적 가치의 공유는 ㉠과 ㉡의 공통된 목표임

② ㉠은 ㉡과 달리 주류 문화의 중요성을 부각하는 정책을 고수한다.

③ ㉡은 ㉠과 달리 주류 사회와 외국인이나 이민자들 간의 대등한 관계를 중시한다.

④ ㉡은 ㉠에 비해 외국인이나 이민자들의 고유문화를 유지하도록 하는 데 적극적이다.

⑤ ㉠과 ㉡은 모두 사회 구성원의 공존을 추구한다.

**✅ 정답 풀이**

3문단에서 ㉠ '문화다원주의'와 ㉡ '다문화주의'는 모두 다문화 모형에 속하며, 다양성을 인정하고 사회적 통합을 추구한다는 점에서 유사하다고 하였다. 따라서 다양한 문화적 가치의 공유는 ㉠과 ㉡의 공통된 목표라고 할 수 있다.

**❌ 오답 풀이**

② 문화다원주의는 주류 사회의 존재를 분명히 한다고 하였다.

③ 다문화주의는 다양한 문화가 평등하게 인정되어야 함을 강조한다고 하였다.

④ 문화다원주의는 문화의 다양성과 다원성을 인정하는 정도의 소극적인 다문화 모형이고, 다문화주의는 다양한 문화가 평등하게 인정되는 것을 강조한다고 하였다.

⑤ 문화다원주의와 다문화주의는 모두 사회 구성원의 공존을 추구하는 다문화 모형에 포함된다고 하였다.

- (가): 관심의 경제학이 등장한 배경

**가** 전통적인 경제학에서는 인간은 합리적이므로 충분한 정보가 주어진다면 합리적 의사 결정이 이루어질 수 있을 것으로 보았다. 그러나 인터넷의 등장 이후 원하는 정보에 쉽게 접할 수 있는 환경이 되면서 의사 결정 모델의 초점은 크게 달라졌다. 이제는 정보는 오히려 풍부하되 정보를 다루기 위한 시간이 부족하기 때문에 모든 정보에 주의를 기울일 수 없게 된 것이다. 이러한 변화를 바탕으로 새롭게 등장한 것이 관심의 경제학이다.

- (나): 관심의 경제학에 담겨 있는 기본 인식

**나** 관심의 경제학은 인간의 관심 그 자체가 경제적인 가치를 가지고 있다는 인식에서 출발한다. 현대 사회에서는 인터넷이 기업을 알릴 수 있는 중요한 수단으로 자리 잡아 많은 기업이 홈페이지를 보유하고 있다. 그런데 홈페이지에 실린 정보는 개인이 인터넷에 접속하여 적극적으로 탐색함으로써 노출된다. 따라서 이제는 정보를 일방적으로 밀어 보내는 것이 아니라 개인의 관심을 끌어당기는 것이 중요하게 되었다. 이러한 관심이 기업의 이익 창출로 이어질 수 있다고 보아 개인의 관심에 경제적 가치를 부여하게 된 것이다.

* 보유(지킬 保, 있을 有): 가지고 있거나 간직하고 있음.

- (다): 인터넷의 등장으로 소비자와 기업의 관계에 나타난 근본 변화

**다** 개인의 관심을 끌기 위한 경쟁이 일반화되면서 소비자와 기업의 관계도 근본적으로 변화되었다. 공급자 중심의 사고가 지배했던 과거에는 계획부터 생산, 출하*, 유통에 이르기까지 정보는 생산을 중심으로 관리되었고, 여기서 소비자에 관한 정보는 그다지 중요한 변수가 아니었다. 그러나 인터넷의 등장 이후 소비자는 상품에 대한 정보를 많이 가지게 되어 기업과 소비자 사이의 정보의 비대칭성이 완화되었을 뿐 아니라 소비자가 상품을 선택할 수 있는 범위 역시 넓어졌다. 따라서 기업은 이제 소비자를 이해하는 방향으로 점차 재구조화되고 있으며, 그 과정의 핵심은 소비자의 관심을 자신의 상품으로 유인하고 유지하는 것이다.

* 출하(날 出, 연 荷): 생산자가 생산품을 시장으로 내어보냄.

- (라): 소비자의 의사 결정에 중요한 영향을 주는 요소들

**라** 그렇다면 이러한 상황에서 소비자의 관심을 유인하고 유지하기 위해 필요한 요소는 무엇일까? 인터넷에서는 소비자가 현실 공간에서의 상거래보다 훨씬 다양한 기업과 상품을 접할 수 있다. 그리고 현실 공간에서와는 달리 인터넷상에서는 대면*하지 않은 상태에서 상거래가 이루어진다. 따라서 ㉠기업과 상품에 대한 평판이나 신뢰가 개인의 의사 결정 과정에서 이전보다 중요한 역할을 수행하게 된다.

* 대면(대할 對, 낯 面): 서로 얼굴을 마주 보고 대함.

- (마): 평판과 신뢰를 얻기 위한 기업들의 노력

**마** '평판*'은 개인이 선택할 수 있는 대안들 중에서 특정한 선택으로 관심을 집중시키는 역할을 한다. 이런 맥락에서 기업은 좋은 평판을 쌓기 위한 투자를 늘리고 있으며 기업과 제품의 상표 경쟁력(브랜드 파워) 구축에 힘을 쏟는다. '신뢰' 역시 개인의 관심을 한쪽으로 집중시킨다. 기업은 개인 정보를 보호하고 대금 결제에 있어 위험 요소를 제거하는 등의 노력을 통해 신뢰를 얻으려 한다. 개인은 신뢰할 수 있는 기업들로 선택의 범위를 한정시킴으로써 관심 또는 시간이라는 희소* 자원을 효과적으로 사용할 수 있게 된다.

* 평판(평할 評, 판가름할 判): 세상 사람들의 비평.
* 희소(드물 稀, 적을 少): 매우 드물고 적음.

▶ 주제: 관심의 경제학의 등장 배경과 주요 개념

**[지문 해제]** 이 글은 인간의 관심 자체가 경제적 가치를 가지고 있다는 '관심의 경제학'에 대해 설명하고 있다. 인터넷의 등장으로 개인들이 예전보다 많은 정보를 얻을 수 있게 됨에 따라, 기업과 소비자 사이에 존재하던 정보의 비대칭성이 완화되고 소비자가 상품을 선택할 수 있는 범위가 넓어졌다. 이에 따라 기업은 개인의 관심을 유인하고 유지하는 것이 중요하게 되었고, 소비자의 관심을 이끌어 내기 위해 '평판'과 '신뢰'를 쌓으려고 노력하게 되었다.

## 1 세부 정보 파악하기 | 정답 ④ |

**윗글의 내용과 일치하지 않는 것은?**

① 인터넷의 등장 이후 소비자가 상품을 선택할 수 있는 범위가 넓어졌다.(다)

② 현대 사회에서 기업은 개인의 관심을 끌어당기는 것을 중시하고 있다.(나)

③ 인터넷에서는 현실 공간과는 달리 대면하지 않은 상태에서 상거래가 이루어진다.(라)

④ 현대 사회에서는 소비자에 관한 정보보다는 **생산을 중심으로 한 정보가 중시되고 있다.**
공급자 중심의 사고가 지배했던 과거

⑤ 전통적인 경제학에서는 충분한 정보가 주어지면 합리적 의사 결정이 이루어질 수 있을 것으로 보았다.(가)

✔ 정답 풀이

(다)에서 공급자 중심의 사고가 지배했던 과거에는 생산을 중심으로 정보가 관리되었지만, 인터넷의 등장 이후에는 소비자가 상품에 대한 정보를 이전보다 더 많이 가지게 되어, 기업은 소비자를 이해하는 방향으로 점차 재구조화되고 있다고 하였다.

## 2 전개 방식 파악하기 | 정답 ⑤ |

**(가)~(마)에 대한 설명으로 적절하지 않은 것은?**

① (가): 관심의 경제학이 등장하게 된 **배경**을 제시하고 있다.
인터넷의 등장 이후 시간 부족으로 모든 정보에 주의를 기울일 수 없게 되면서 등장

② (나): 관심의 경제학에 담겨 있는 **기본적인 인식**을 밝히고 있다.
인간의 관심 자체가 경제적인 가치를 가지고 있음

③ (다): **과거와 현재**의 비교를 통해 소비자와 기업의 관계 변화를 설명하고 있다.
「공급자 중심의 사고 지배
개인의 관심을 끌기 위한 경쟁이 일반화

④ (라): 현대 사회에서 **개인의 의사 결정에 중요한** 영향을 주는 요소들을 제시하고 있다.
기업과 상품에 대한 평판과 신뢰

⑤ (마): 관심의 경제학의 **의의를** 확인하고 **주요 내용**을 정리하고 있다.

✔ 정답 풀이

(마)에서는 (라)에서 언급한 '평판'과 '신뢰'를 상세히 설명하고 있을 뿐, 관심의 경제학이 지닌 의의를 확인하거나 주요 내용을 정리하고 있지는 않다.

✖ 오답 풀이

① 인터넷 등장 이후 시간이 부족하기 때문에 모든 정보에 주의를 기울일 수 없게 되면서 등장한 것이 관심의 경제학이라고 설명하고 있다.

② 관심의 경제학은 인간의 관심 자체가 경제적인 가치를 가지고

있다는 인식에서 출발한다고 설명하고 있다.

③ 공급자 중심의 사고가 지배했던 과거와 달리, 개인의 관심을 끌기 위한 경쟁이 일반화되면서 소비자와 기업의 관계가 근본적으로 변화하였다고 설명하고 있다.

④ 현대 사회에서 소비자의 관심을 유인하고 유지하기 위해서는 기업과 상품에 대한 평판과 신뢰가 중요하다고 설명하고 있다.

## 3 구체적 사례에 적용하기 | 정답 ④ |

**㉠을 고려하여 기업의 홈페이지를 제작하려 한다.**
**Ⓐ~Ⓔ 항목에 대한 계획으로 적절하지 않은 것은?**

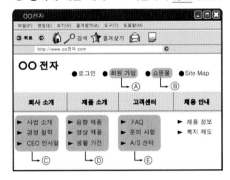

① Ⓐ: 회원들의 개인 정보가 철저하게 보호되고 있음을 강조한다.(마)

② Ⓑ: 대금 결제의 안전성을 보장할 수 있는 시스템을 도입한다.(마)

③ Ⓒ: 끊임없는 기술 개발로 브랜드 파워를 구축하고 있음을 강조한다.(마)

④ Ⓓ: 가격대별로 제품을 배열하여 **물품의 재고 관리가 용이하도록** 한다.
기업의 입장에서 업무 효율성을 높이기 위함

⑤ Ⓔ: 문의나 불만이 접수되면 담당자가 바로 처리할 수 있는 프로그램을 설치한다.
소비자들의 평판과 신뢰가 좋아짐

✔ 정답 풀이

㉠의 내용을 고려하여 기업의 홈페이지를 제작한다면 소비자의 평판과 신뢰를 얻을 수 있는 방향으로 계획을 세워야 한다. Ⓓ에서 물품의 재고 관리가 용이하도록 홈페이지를 구성하는 것은 기업의 입장에서 업무의 효율성을 고려한 것이지, 소비자의 평판과 신뢰를 이끌어 내기 위한 것은 아니다.

✖ 오답 풀이

①, ② (마)에서 기업은 개인 정보를 보호하고 대금 결제에 있어 위험 요소를 제거함으로써 소비자의 신뢰를 얻으려 한다고 하였다.

③ (마)에서 기업은 좋은 평판을 얻기 위해 기업과 제품의 상표 경쟁력(브랜드 파워) 구축에 힘을 쏟는다고 하였다.

⑤ 소비자들의 문의나 불만을 담당자가 바로 처리하게 되면 소비자들의 평판과 신뢰는 당연히 좋아질 것이다.

**○ 1문단:** 패놉티콘의 기원과 구조적 특징

18세기 영국의 공리주의자인 벤담이 처음 제안한 원형 감옥인 패놉티콘은 한 명의 간수가 수백 명의 죄수를 감시할 수 있다. 전체적으로 동심원 구조로 되어 있는 패놉티콘은 간수가 있는 중앙의 공간을 항상 어둡게 유지하여 죄수는 자신이 감시당하고 있다는 사실은커녕 간수의 존재 자체도 알 수 없었다. 반면 바깥쪽의 둥그런 감옥에는 건물 내부를 향한 창이 있어서 자신들의 모습이 간수에게 시시각각 포착되어 죄수들은 늘 감시받고 있다는 느낌을 가지게 되었다. 벤담은 이런 패놉티콘의 구조는 죄수들에게 규율과 감시를 내면화해서 스스로를 감시하게 하기 때문에 최소 비용으로 최대 효과를 볼 수 있는 획기적인 방법이라 주장하였다.

**○ 2문단:** 전자 패놉티콘 사회의 특징

**\* 흡사(마치 恰, 같을 似):** 거의 같을 정도로 비슷한 모양.

[A]
1970년대 중반 이른바 정보 혁명의 시대가 도래하면서 '전자 감시'가 패놉티콘을 통한 감시와 흡사\*하다는 인식이 급속히 퍼지면서 당시에는 큰 관심을 끌지 못했던 벤담의 패놉티콘은 다시 주목을 받기 시작했다. 우리가 살아가고 있는 정보화 사회에서는 컴퓨터 데이터베이스를 통해 막대한 양의 정보가 수집되고 있으며 CCTV는 도로와 거리, 건물 내·외에 자리 잡고 우리의 일상을 지켜보고 있다. 또한 신용 카드와 같은 전자 결제를 통해 나의 소비 정보가 고스란히 드러나고, 심지어는 전화 통화, 문자 내용까지도 저장되어 필요할 땐 다시 복원할 수 있다. 바야흐로 정보 수집을 통한 다양한 감시와 통제, 즉 '전자 패놉티콘'의 시대가 시작된 것이다.

**○ 3문단:** 패놉티콘과 전자 패놉티콘의 공통점과 차이점

**\* 기제(베틀 機, 마를 制):** 인간의 행동에 영향을 미치는 심리의 작용이나 원리.
**\* 방대(클 尨, 클 大하다):** 규모나 양이 매우 크거나 많음.

여기서 '정보'는 벤담의 패놉티콘에서의 '시선'을 대신해서 규율과 통제의 기제\*로 작용한다. 일단 이 둘은 '불확실성'의 공통점이 있다. 죄수가 늘 자신을 보고 있다고 생각하는 간수 때문에 매사의 행동에 조심하는 것처럼, 정보가 수집되는 사람은 자신에 대한 정보가 언제, 어떻게 열람될지 확신할 수 없기 때문에 자신의 행동에 주의를 기울인다. 이 둘의 또 다른 공통점으로 '비대칭성'을 들 수 있다. 패놉티콘에 죄수는 볼 수 없고 간수만 볼 수 있게 만든 시선의 비대칭성이 있다면 전자 패놉티콘에는 수집된 정보에 대한 접근의 비대칭성이 존재한다. 방대\*하게 수집된 정보를 열람할 때 접근자의 신분에 따른 차등\*을 두는 것이다.

**○ 4문단:** 전자 패놉티콘 사회에 대처하는 방안

**\* 차등(어긋날 差, 가지런할 等):** 고르거나 가지런하지 않고 차별이 있음. 또는 그렇게 대함.

정보 혁명의 시대를 거쳐 정보의 바다인 21세기를 살아가는 우리는 '전자 패놉티콘'에 어떻게 대처해야 할까? 단순히 생각해 보면 전자 패놉티콘의 두 가지 부정적인 속성을 해결하면 의외로 답은 간단할 수 있다. 우리를 막연한 불안감, 불확실성에 떨게 하는 무차별적인 정보의 과다 수집을 금하고, 이미 수집된 정보에 대한 접근을 좀 더 평등하게 만드는 것이다. 공유할 수 있는 정보를 투명하게 공개할 때 보통 사람들이 권력자를 감시하는 ㉠역감시의 결과도 낳을 수 있고 이는 투명한 사회를 향한 첫걸음이 될 것이다.

**▶ 주제:** 전자 패놉티콘 사회의 특징과 대처 방안

**[지문 해제]** 이 글은 18세기 벤담이 처음 제안한 원형 감옥인 패놉티콘을 소개하며, '전자 패놉티콘'의 특징에 대해 고찰하고 있다. 전자 패놉티콘에서 '정보'는 벤담의 패놉티콘에서의 '시선'을 대신하여 규율과 통제의 기제로 작용하는데, 패놉티콘과 전자 패놉티콘은 '불확실성'과 '비대칭성'이라는 공통점이 있다. 이러한 '불확실성'과 '비대칭성'은 전자 패놉티콘의 부정적인 속성에 해당하며, 이를 해결하기 위해서는 무차별적인 정보의 과다 수집을 금하고 이미 수집된 정보에 대한 접근을 좀 더 평등하게 만들어야 한다.

**1** 자료를 활용하여 비판적으로 이해하기 | 정답 ③ |

〈보기〉의 자료를 활용하여 〈조건〉에 맞게 구상한 내용으로 가장 적절한 것은?

┤ 보 기 ├

서구에서는 19세기 초엽부터 정부가 주체가 되어 국민에 대한 대대적인 조사 활동을 벌였는데, 나이, 가족 수, 가구, 수입, 주거 환경, 범죄 기록, 작업 환경, 질병 등의 광범위한 조사였다. 정부는 이 조사 결과를 분석하여 새로운 법률과 정책을 위한 기초 자료로 활용하였는데, 이는 오늘날 모든 국민에게 기초적인 삶의 질을 보장하는 복지 사회로 가는 초석이 되었다.

┤ 조 건 ├

• 목적: [A]에 대한 비판적 고찰을 담을 것.
• 표현: 문맥에 맞는 비유적 표현을 활용할 것.

① 정보화 사회의 역기능만을 중점적으로 다루고 해결책을 제시한 글쓴이의 태도는 문제가 있어. 좀 더 새로운 시각이 필요하겠어. _비유적 표현 ✕_
② 소 잃고 외양간 고친다는 말이 있잖아. _비유적 표현_ 이미 정보화 사회의 폐해는 돌이킬 수 없는 지경이 되어 버렸는데 낙관적 전망만 해서는 안 되겠지.
③ 양날의 검처럼 쓰는 사람에 따라 이로울 수도 불 _비유적 표현_ 리할 수도 있는 거야. 사회 현상에 대해 한쪽 면만 보고 편협한 생각을 하는 것은 문제가 있어. _비판적 고찰_
④ 시간은 천금이라고 했어. 복지 국가 건설이라는 커 _비유적 표현_ 다란 목표를 실현하기 위해서 국민 개개인의 희생이 어느 정도 필요하다는 의견은 타당성이 있어.
⑤ 구슬이 서 말이라도 꿰어야 보배라는 말처럼 아무 _비유적 표현_ 리 좋은 정책이라도 기초가 부실하다면 그 효과는 오래가지 않을 것이라는 생각에 전적으로 동감해.

✔ 정답 풀이

③에서는 전자 패놉티콘의 감시 기능을 '양날의 검'이라고 비유적으로 표현하고 있다. 또한 전자 패놉티콘의 감시 기능에만 주목한 [A]에 대해 감시 기능의 순기능 사례인 〈보기〉의 자료를 활용하여, '사회 현상에 대해 한쪽 면만 보고 편협한 생각을 하는 것은 문제가 있어.'라며 비판적으로 고찰하고 있다.

✖ 오답 풀이

① 문맥에 맞는 비유적 표현을 활용하지 않았으며, [A]에서 글쓴이가 해결책을 제시하고 있지도 않으므로 적절하지 않다.

② '소 잃고 외양간 고친다'는 비유적 표현을 활용하였으나, [A]에서 글쓴이가 낙관적 전망을 한 것은 아니므로 적절하지 않다.
③ '시간은 천금'이라는 비유적 표현을 활용하였으나 문맥에 맞지 않으며, [A]에 국민 개개인의 희생이 어느 정도 필요하다는 의견도 없으므로 적절하지 않다.
④ '구슬이 서 말이라도 꿰어야 보배'라는 비유적 표현을 활용하였으나 문맥에 맞지 않으며, [A]에 아무리 좋은 정책이라도 기초가 부실하다면 그 효과가 오래가지 않을 것이라는 내용도 없으므로 적절하지 않다.

**2** 구체적 사례에 적용하기 | 정답 ⑤ |

㉠의 예로 가장 적절한 것은?

① 쓰레기를 무단으로 버리는 장소에 CCTV를 설치 _일반 사람들을 감시하기 위함 → 역감시✕_ 하자 쓰레기 무단 투기가 급격하게 줄어들었다.
② 학교 폭력 신고함을 각 교실마다 설치하고 수시로 _권력자를 감시하는 것이 아님_ 확인하자 학교 폭력 건수가 눈에 띄게 감소하였다.
③ 백화점을 찾은 고객의 카드 사용 내역을 정밀하게 분석하여 소비 형태에 따른 마케팅 전략을 수립하였다. _정보 접근의 비대칭성이 존재함_
④ 신호를 무시하고 무단 횡단을 하는 장소에 경찰관을 상시 배치하자 사람들이 무단 횡단을 하지 않 _보통 사람들을 감시하기 위함 → 역감시✕_ 게 되었다.
⑤ 일 년마다 고위 공직자의 재산을 공공기관에 등록하게 하고 신고 재산을 언론이 공개하자 공직자의 비리가 많이 줄었다.

✔ 정답 풀이

4문단에 따르면 ㉠은 정보를 투명하게 공개하여 보통 사람들이 권력자를 감시하는 것을 의미한다. 따라서 일 년마다 고위 공직자의 재산을 공공기관에 등록하게 하고, 이를 언론을 통해 공개하면 보통 사람들이 권력자들의 비리 여부를 감시할 수 있다는 내용의 ⑤가 ㉠의 사례로 가장 적절하다.

✖ 오답 풀이

① CCTV를 통해 보통 사람들의 일상을 감시하는 것이므로 역감시라고 볼 수 없다.
② 학교 폭력 신고함을 설치하는 것이 권력자를 감시하는 것은 아니므로 역감시라고 볼 수 없다.
③ 고객의 카드 사용 내역을 분석하여 마케팅 전략을 수립하는 것에는 정보 접근의 비대칭성이 존재하므로 역감시라고 볼 수 없다.
④ 경찰관을 상시 배치하는 것은 보통 사람들을 감시하기 위한 것이므로 역감시라고 볼 수 없다.

## 물질적 풍요와 행복감 _ 이정전

○ 1문단: 물질적 풍요와 행복의 관계에 대한 의문

세계의 여러 나라는 경제 성장이 국민 소득을 높여 주고 물질적인 풍요를 가져다주는 것으로 보고, 이와 관련된 여러 지표\*를 바탕으로 국가를 경영\*하고 있다. 만일, 경제 성장으로 인해 우리의 소득이 증가하고 또 물질적인 풍요가 이루어진다면 우리는 행복한 생활을 누리게 되는 것일까?
　　　　　　　　　　　중심 화제: 반박하고자 하는 통념 제시

○ 2문단: 행복감에 대한 이스털린 교수의 연구 결과

이러한 의문을 처음 제기한 사람은 미국의 이스털린 교수이다. 그는 여러 국가를 대상으로 다년간의 조사를 실시하여 사람들이 느끼는 행복감을 지수화(指數化)하였다. 그 결과 한 국가 내에서는 소득이 높은 사람이 낮은 사람에 비해 행복하다고 응답하는 편
　　　　　　　　부유한 사람이 가난한 사람보다 행복하다는 일반적 인식은 옳은 것임
이었으나, 국가별 비교에서는 이와 다른 결과가 나타났다. 즉, 소득 수준이 높은 국가의
　　　　　　　　　일반적인 통념에서 벗어나는 연구 결과 두 가지
국민들이 느끼는 행복 지수와 소득 수준이 낮은 국가의 국민들이 느끼는 행복 지수가
거의 비슷하게 나온 것이다. 아울러 한 국가 내에서 가난했던 시기와 부유해진 이후의
　　　　　　결과 ① – 부유한 국가와 가난한 국가의 국민들이 느끼는 행복감은 비슷함
행복감을 비교해도 행복감을 느끼는 사람의 비율이 별로 달라지지 않았다는 사실을 확
　　　　　　　결과 ② – 경제 성장으로 부유해져도 행복한 사람이 많아지는 것은 아님
인했다.

○ 3문단: '이스털린의 역설'의 개념

이처럼 최저의 생활 수준만 벗어나 일정한 수준에 다다르면 경제 성장은 개인의 행복에 이바지하지 못하게 되는데, 이러한 현상을 가리켜 ㉠'이스털린의 역설'이라 부른다.

○ 4문단: 경제력에 비례하지 않는 행복

만일 행복이 경제력과 비례한다면 소득 수준이 높을수록 더 행복해져야 하고 또 국민 소득이 높을수록 사회 전체가 행복해져야 할 것이다. 그러나 이스털린의 조사에서 확인할 수 있듯이, 행복과 경제력은 비례하지 않는다. 즉, 사회 전체의 차원의 소득 수준이 높아진다고 해서 행복하게 느끼는 사람의 비율이 함께 증가하지 않는 것이다.

○ 5문단: 분배와 자아실현을 위한 정책의 필요성

이스털린 이후에도 많은 학자들은 행복과 소득의 관련성에 관심을 갖고 왜 이러한 괴리 현상이 나타나는지 연구했다. 이들은 우선 사람들이 행복을 자신의 절대적인 수준이 아닌 다른 사람과 비교한 상대적인 수준에서 느끼는 것으로 보았다. 그리고 시간이 지나면서 늘어난 자신의 소득에 적응하게 되면 행복감이 이전보다 둔화\*된다고 보았다. 또 '인간 욕구 단계설'을 근거로 소득이 높아지면 의식주와 같은 기본 욕구보다 성취감과 같은 자아실현 욕구가 강해지므로 행복의 질이 달라진다고 해석했다. 이러한 연구 결과를 바탕으로 이들은 부유한 국가일수록 경제 성장보다는 분배 정책과 함께 자아실현의 기회를 늘려주는 정책을 펴야 한다고 주장하고 있다.

\* 지표(가리킬 指, 우듬지 標): 방향이나 목적, 기준 따위를 나타내는 표지.
\* 경영(날 經, 경영할 營): 기업이나 사업 따위를 관리하고 운영함.
\* 둔화(무딜 鈍, 될 化): 느리고 무디어짐.

○ 6문단: 경제 성장과 비례하지 않는 행복감

1인당 국민소득이 1만 달러에서 2만 달러로 올라간다고 해도 사람들이 그만큼 더 행복해진다고 말하기는 어렵다. 즉, 경제 성장이 사람들의 소득 수준을 전반적으로 향상시켜 경제적인 부유함을 더 누릴 수 있게 할 수는 있어도 행복감마저 그만큼 더 높여 줄

▶ 주제: 행복이 경제적 성장에 비례하지 않는다는 '이스털린의 역설'

수는 없는 것이다. 한 마디로 　　　　　　　ⓐ　　　　　　　

**[지문 해제]** 경제 성장으로 인한 물질적 풍요와 행복감이 비례하는가에 대해 고찰하고 있는 글이다. 부유할수록 행복하다는 것이 일반적인 통념이지만, 이스털린의 역설에 따르면 일정한 소득 이상이 되면 더 이상 경제적인 요소가 개인의 행복에 도움을 주지 못한다고 한다. 경제 성장이 소득을 높여 물질적인 풍요로움을 누릴 수 있게 해 주지만, 행복을 높이는 데에는 한계가 있으므로, 어느 정도 경제적인 성장을 이룬 국가에서는 성장보다는 분배와 국민의 자아실현에 관심을 기울여야 한다.

## 1 세부 정보 파악하기 | 정답 ③ |

**윗글의 내용과 일치하지 <u>않는</u> 것은?**

① 이스털린은 사람이 느끼는 행복감을 지수로 만들었다. 2문단

② 이스털린 이후에도 행복과 소득의 상관성에 대한 연구가 이루어졌다. 5문단

③ 이스털린의 국가별 비교 조사에서는 가난한 국가의 국민일수록 행복감이 높음을 보여 주고 있다.

④ 이스털린과 같은 관점의 연구자는 부유한 국가일수록 분배 정책을 기본으로 삼아야 한다고 주장한다. 5문단

⑤ 이스털린은 한 국가 안에서 소득 수준이 서로 다른 두 시기의 행복감이 별다른 차이가 없다고 보았다. 2문단

**✔ 정답 풀이**

2문단에서 '소득 수준이 높은 국가(부유한 국가)의 국민들이 느끼는 행복 지수와 소득 수준이 낮은 국가(가난한 국가)의 국민들이 느끼는 행복 지수(행복감)가 거의 비슷하게' 나왔다고 하였을 뿐, 가난한 국가의 국민들일수록 행복감이 높다고 하지는 않았다.

**✘ 오답 풀이**

④ 5문단에서 행복과 소득의 관련성을 연구한 학자들은 소득이 일정 수준 이상으로 높아진 부유한 국가일수록 경제 성장보다는 분배 정책과 자아실현의 기회를 늘려주는 정책을 펴야 한다고 주장하고 있다고 하였다.

## 2 핵심 개념을 이해하고 적용하기 | 정답 ⑤ |

**㉠을 그래프로 가장 잘 나타낸 것은?**

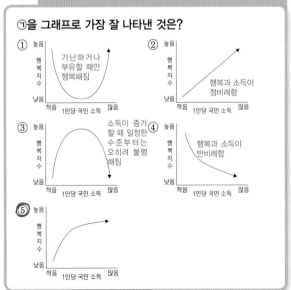

① 높음 / 행복 지수 / 낮음 — 적음 1인당 국민 소득 많음 · 가난하거나 부유할 때만 행복해짐

② 높음 / 행복 지수 / 낮음 — 적음 1인당 국민 소득 많음 · 행복과 소득이 정비례함

③ 높음 / 행복 지수 / 낮음 — 적음 1인당 국민 소득 많음 · 소득이 증가할 때 일정한 수준부터는 오히려 불행해짐

④ 높음 / 행복 지수 / 낮음 — 적음 1인당 국민 소득 많음 · 행복과 소득이 반비례함

⑤ 높음 / 행복 지수 / 낮음 — 적음 1인당 국민 소득 많음

**✔ 정답 풀이**

3문단에서 '이스털린 역설'은, 소득이 높아져 국민들이 최저의 생활 수준에서 벗어나 일정한 수준에 다다르게 되면 경제 성장이 더 이상 개인의 행복에 도움을 주지 못하는 현상이라고 하였다. 따라서 소득이 증가하여 일정한 수준에 다다른 이후에는 행복 지수가 지속적으로 증가하지 않는 ⑤의 그래프가 이스털린의 역설을 나타낸 것으로 가장 적절하다.

## 3 추론의 적절성 파악하기 | 정답 ① |

**글의 흐름을 고려할 때, ⓐ에 들어갈 말로 가장 적절한 것은?**

① 행복은 소득과 꼭 정비례하는 것은 아니다.

② 개인은 자아를 실현할 때 행복을 얻게 되는 것이다.

③ 국가가 국민의 행복감을 좌우할 수 있는 것은 아니다. 국가가 정책을 통해 국민의 행복감을 높일 수 있다고 봄

④ 개개인의 마음가짐이 행복을 결정한다고 말할 수 있다. 이 글을 통해 알 수 없음

⑤ 행복은 성장보다 분배를 더 중시할 때 이루어질 수 있다.

**✔ 정답 풀이**

2문단과 3문단에서 언급한 '이스털린의 역설'에 따르면, 행복과 경제력은 비례하지 않으며, 소득 수준이 높아진다고 해서 행복한 사람들의 비율이 함께 증가하지는 않는다. 따라서 높은 소득과 행복이 반드시 정비례하는 관계가 아님을 알 수 있다. 6문단에서 경제 성장이 소득 수준을 향상시켜 경제적 부유함을 더 누릴 수 있게 할 수는 있어도 행복감마저 그만큼 높여 줄 수는 없다고 하였다.

**✘ 오답 풀이**

② 5문단에서 소득이 높아지면 자아실현에 대한 욕구가 강해진다고는 하였으나, 글의 흐름과는 거리가 멀다.

③ 5문단을 고려하면 국가가 정책을 통해 국민의 행복감을 높일 수 있다고 보고 있다고 추측할 수 있다.

④ 개개인의 마음가짐과 행복의 관계는 이 글을 통해 알 수 없다.

⑤ 5문단을 고려하면 부유한 국가의 경우에만 해당하는 정책이라고 볼 수 있다.

### 사회 06~10 독해력 쑥쑥, 어휘 테스트

| 01 둔화 | 02 희소 | 03 기제 | 04 입지 | 05 엘리트 |
| --- | --- | --- | --- | --- |
| 06 방대 | 07 대면 | 08 조장 | 09 차등 | 10 평판 |
| 11 ○ | 12 × | 13 × | 14 ○ | 15 ○ |
| 16 ㉢ | 17 ㉣ | 18 ㉤ | 19 ㉠ | 20 ㉡ |

정답 **1** ① **2** ② **3** ⑤

● 1문단: 지구 자기장의 개념과 소멸 예측

\* 추정(옮을 推. 정할 定): 미루어 생각하여 판정함.

\* 대류(대할 對, 흐를 流): 기체나 액체에서, 물질이 이동함으로써 열이 전달되는 현상.

● 2문단: 지구 자기장이 사라질 때 발생할 수 있는 문제 ① − 생명체들이 생명을 유지하기 힘듦

● 3문단: 동물들에 대한 자기장 감지 실험

\* 추세(달릴 趨, 기세 勢): 어떤 현상이 일정한 방향으로 나아가는 경향.

\* 유입(흐를 流, 들 入): 액체나 기체, 열 따위가 어떤 곳으로 흘러듦.

● 4문단: 지구 자기장이 사라질 때 발생할 수 있는 문제 ② − 생명체들이 태양의 유해한 고에너지 입자에 노출됨

● 5문단: 지구상의 생명체를 위해 반드시 필요한 지구 자기장

▶ 주제: 지구 자기장의 역할과 의의

지구는 하나의 커다란 자석이라고 할 수 있다. 지구와 지구 주위에 나타나는 자석으로서의 성질을 '지구 자기'라 하고, 지구 자기가 영향을 미치는 영역을 '지구 자기장'이라 한다. 많은 지질학자들은 '다이나모 이론'으로 지구 자기장의 생성을 설명한다. 지구는 중심에서부터 보면 내핵, 외핵, 맨틀, 그리고 가장 바깥층인 지각으로 이루어진 구조이다. 「다이나모 이론에 따르면 액체 상태로 추정*되는 외핵에는 많은 양의 철 이온이 포함되어 있는데, 외핵의 끊임없는 대류* 활동으로 이온이 움직여 전류가 발생하고, 이 전류가 지구 자기장을 만든다는 것이다.」 그런데 과학자들은 지구상의 대부분의 지역에서 자기력이 지난 수세기 동안 꾸준히 감소해 왔으며, 이를 근거로 지금의 추세*라면 언젠가는 지구 자기장이 사라질지도 모른다고 예측한다.

「만약 지구 자기장이 사라진다면 어떤 일이 벌어질까?」 그렇게 된다면 지구상의 많은 생명체들은 생명을 유지하기 힘들 것이다. 「왜냐하면 ㉠지구 자기장은 방향을 찾거나 먼 거리를 이동하는 동물들에게 꼭 필요하며, 우주에서 날아오는 유해 물질로부터 생명체를 지켜 주기 때문이다.」

[A]

「과학자들은 먼 거리를 오가며 편지를 전달해 주던 비둘기가 어떻게 방향을 찾는지 알고 싶어 했다.」 「그들은 비둘기가 자기장을 감지할 수 있는 물질을 갖고 있으며, 이것이 지구 자기장을 감지하여 방향을 찾도록 해 준다고 생각했다.」 「이를 확인하기 위해 비둘기를 해부한 결과 머릿속에서 자석의 역할을 하는 물질을 발견하였다. 또한 비둘기 몸에 다른 자석을 붙여 지구 자기장을 감지하지 못하게 하면 방향을 제대로 찾지 못한다는 것을 밝혀냈다.」 철새나 고래 등 장거리 이동을 하는 동물들을 대상으로 실시한 비슷한 실험에서도 같은 결론을 얻었다.」 「이를 통해 체내에 자석과 같은 물질을 갖고 있는 많은 생물들이 지구 자기장에 반응하여 방향을 찾거나 이동한다는 것을 알게 되었다.」

지구 자기장이 사라진다고 할 때 발생할 수 있는 또 다른 문제는, 태양에서 뿜어내는 고에너지 입자에 생명체들이 고스란히 노출된다는 점이다. 태양은 지구에 꼭 필요한 빛과 열을 제공하지만, 한편으로는 인체에 해로운 고에너지 입자를 뿜어낸다. 고에너지 입자가 태양으로부터 날아와 지구에 도달하면, ㉡지구 자기장에 의해 만들어진 보호막이 태양의 빛과 열은 통과시키고 고에너지 입자가 지구로 유입*되는 것을 차단한다. 만약 이 보호막이 사라져 고에너지 입자가 생명체의 피부에 그대로 와 닿는다면 체내 염색체에 이상을 일으키고, 암을 비롯한 갖가지 질병을 유발할 가능성이 매우 높다.

지구 자기장은 우리 눈에 보이지 않아 느낄 수는 없지만, 많은 생물들은 이미 지구 자기장에 의존하여 살아가고 있다. 지구 자기장은 지구상의 생명체를 위해 반드시 존재해야 한다.

**[지문 해제]** 이 글은 지구 자기장의 개념과 생성 원리, 그리고 지구 자기장이 지구상의 생명체들에게 미치는 영향력 등을 소개하고 있다. 특히 지구의 자기력이 감소하고 있어 언젠가는 지구 자기장이 사라질 것이라는 과학자들의 견해를 토대로, 지구 자기장이 사라졌을 때 발생할 수 있는 문제들에 대해 언급하고 있다. 만약 지구 자기장이 사라진다면 먼 거리를 이동하는 동물들은 방향을 제대로 찾지 못하게 되고, 생명체들은 태양이 뿜어내는 고에너지 입자에 노출되어 염색체 이상이나 질병이 생겨날 것이라고 밝히고 있다.

## 1  세부 정보 파악하기 | 정답 ① |

**윗글에서 언급한 내용을 〈보기〉에서 찾아 바르게 묶은 것은?**

┌─── 보 기 ├───
가. 지구 자기장의 역할 2~4문단
나. 지구 자기장의 생성 원리 1문단
다. 지구 자기장이 ~~흐르는~~ 방향
라. 지구 자기력의 ~~지역별~~ 격차
└─────────

① 가, 나　　　② 가, 다　　　③ 가, 라
④ 나, 라　　　⑤ 다, 라

✅ **정답 풀이**

가. 2~4문단에서 지구 자기장은 체내에 자석과 같은 물질을 갖고 있는 동물들이 방향을 찾고 먼 거리를 이동하는 데 꼭 필요하며, 태양에서 뿜어져 나오는 고에너지 입자로부터 지구 생명체를 보호하는 보호막의 역할을 한다고 하였다.

나. 1문단에서 외핵의 대류 활동으로 전류가 발생하고, 이 전류가 지구 자기장을 만든다고 하였다.

❌ **오답 풀이**

다. 동물들이 지구 자기장을 감지하여 방향을 찾는다고 하였지만, 지구 자기장이 흐르는 방향에 대해서는 언급하지 않았다.

라. 지상상 대부분의 지역에서 자기력이 꾸준히 감소하고 있다고 하였을 뿐, 지구 자기력의 지역별 격차에 대해서는 언급하지 않았다.

## 2  글의 구조 파악하기 | 정답 ② |

**과학자들이 ㉠과 같은 판단을 내리기까지의 과정이 [A]에 제시되었다고 할 때, 다음 중 [A]의 내용과 관계 없는 것은?**

┌─────────────┐
│ **현상에 대해 의구심을 갖고,** │ …… ①
│ 비둘기가 어떻게 방향을 찾는가? │
│ **탐구할 문제를 인식한다.** │
└─────────────┘
　　　　↓
┌─────────────┐
│ 문제와 관련된 학설이 있는지 탐색한다. │ …… ②
└─────────────┘
　　　　↓
┌─────────────┐
│ 문제에 대해 가설을 설정한다. │ …… ③
└─────────────┘
　　　　↓
┌─────────────┐
│ **실험을 통해 가설을 검증한다.** │ …… ④
│ 비둘기 해부 │
└─────────────┘
　　　　↓
┌─────────────┐
│ 검증된 가설을 일반화한다. │ …… ⑤
└─────────────┘

✅ **정답 풀이**

[A]에는 실험을 통해 가설을 검증하고, 검증한 가설을 일반화하는 과학자들의 탐구 과정이 제시되어 있다. 하지만 문제와 관련된 기존의 학설을 탐색하고 있지는 않다.

❌ **오답 풀이**

① 비둘기가 어떻게 방향을 찾는지에 대해 알고 싶어 하는 것은 현상에 대해 의구심을 갖고 탐구할 문제를 인식하는 것이다.

③ 비둘기가 자기장을 감지할 수 있는 물질을 갖고 있고, 이것이 지구 자기장을 감지하여 방향을 찾도록 해 준다는 가설을 설정하였다.

④ 비둘기를 해부하여 머릿속에서 자석 역할을 하는 물질을 발견했고, 비둘기 몸에 다른 자석을 붙여 지구 자기장을 감지하지 못하게 하면 방향을 찾지 못한다는 것도 밝혀냈다. 또한 철새와 고래 등을 대상으로 비슷한 실험을 실시하여 가설을 검증했다.

⑤ 과학자들은 여러 실험 결과를 통해 체내에 자석과 같은 물질을 갖고 있는 많은 생물들이 지구 자기장에 반응하여 방향을 찾거나 이동한다고 일반화하였다.

## 3  유사한 상황에 적용하기 | 정답 ⑤ |

**㉡의 내용을 고려했을 때, 보호막의 기능과 가장 유사한 것은?**

① 운전자가 안전을 위해 착용하는 ~~안전띠~~
　보호막 역할×
② 어항 속에 산소를 공급해 주는 ~~산소 발생기~~
　보호막 역할×
③ ~~적군에 발각되지 않기 위해~~ 얼굴에 바르는 위장 크림
　숨겨 주는 역할
④ 공항에서 보안 검색을 위해 사용하는 ~~엑스레이 투시기~~
　위험 물질을 검색하는 역할
⑤ 필요한 물질은 통과시키고 불필요한 물질은 걸러내는 여과 장치

✅ **정답 풀이**

지구 자기장에 의해 만들어진 보호막은 지구에 꼭 필요한 빛과 열은 통과시키고, 인체에 해로운 고에너지 입자는 차단하는 역할을 한다. 즉 필요한 물질은 통과시키고 불필요한 물질은 차단하는 여과 장치의 역할을 한다고 볼 수 있다.

❌ **오답 풀이**

① 안전띠는 운전자의 안전을 위한 역할을 할 뿐, 보호막의 역할을 하는 것이 아니다.

② 산소 발생기는 어항 속 생명체들의 생존을 위해 산소를 공급하는 역할을 할 뿐, 보호막의 역할을 하는 것이 아니다.

③ 위장 크림은 적군에게 발각되지 않게 숨겨 주는 역할을 할 뿐, 보호막의 역할을 하는 것이 아니다.

④ 엑스레이 투시기는 보안을 위하여 위험 물질을 검색하는 역할을 할 뿐, 보호막의 역할을 하는 것이 아니다.

● 1문단: 형태보다 색을 우선적으로 인지하는 어린이들

● 2문단: 어린이들이 좋아하는 색과 활용 사례

● 3문단: 색이 인체에 미치는 영향 ① – '백의 고혈압 환자'의 예

● 4문단: 색이 인체에 미치는 영향 ② – '핑크색 감방'의 예

＊ 관장(주관할 管, 손바닥 掌): 일을 맡아서 주관함.

＊ 성향(성품 性, 향할 向): 성질에 따른 경향.

＊ 입증(설 立, 증거 證): 어떤 증거 따위를 내세워 증명함.

● 5문단: 색이 인체에 미치는 영향 ③ – 파란색의 기억력 활성화와 진정 사례

「유치원생들 앞에 **빨간색** 세모와 초록색 원이 그려진 큰 깃발을 세웠다. 선생님이 **빨**간색 원 그림을 내 보이면서, 이것과 같은 깃발 아래 모이라고 말했다. 어린이들은 과연 어디로 갈까. 놀랍게도 어린이들은 별다른 고민 없이 빨간색 세모로 몰려든다.」 이 실험
『: 구체적인 사례를 들어 독자의 관심 유도
은 어린이들이 형태보다 색을 우선적으로 인지한다는 사실을 알려 준다.

그렇다면 어린이들이 가장 선호하는 색은 무엇일까? 실험 결과에 따르면 어린이들이 가장 좋아하는 색은 빨강이며, 그 다음으로는 노랑, 핑크, 보라, 주황 순이었다. 주로 차가운 느낌이 들지 않는 따뜻한 색과 중성색계가 상위에 꼽혔다. 따라서 어린이들이 거부감을 많이 느끼는 소아과 병원이나, 어린이들을 주 고객으로 하는 상업 공간에는 빨강, 노랑, 핑크, 주황처럼 어린이가 좋아하면서도 밝은 느낌을 주는 색을 칠하는 것이 좋다.
색에 대한 선호도를 이용한 사례

색채 응용 분야의 이론가였던 파버 비렌은 색이 인간의 심리에 미치는 영향이 단순히 심리적인 차원을 넘어 인체에 생물학적으로 직접 작용한다고 말했다. 색에 민감한 반응을 하는 사람들의 예를 보자. 평상시에는 혈압이 정상인데, 막상 병원에 가서 혈압을 재 보면 고혈압인 경우가 있다. 이런 사람들을 '백의(白衣) 고혈압 환자'라고 하는데, 통계
색이 인체에 생물학적으로 영향을 미치는 사례 ①
에 따르면 병원에서 고혈압으로 분류되는 환자의 약 30%가 이런 증상을 보인다고 한다. 정상 혈압인 사람이 병원에만 가면 혈압이 오르는 이유는 의사나 간호사가 자신의 혈압을 재는 행위를 보고 너무 긴장하거나 당황하기 때문이다. 주목할 만한 것은 이 같은 증상의 주된 이유가 의사나 간호사, 혹은 병에 대한 막연한 두려움 때문이 아니라 병원 어디서나 흔히 볼 수 있는 흰색 가운 때문이라는 사실이다.

또한 시신경에서 흡수된 색이 자율신경계에도 영향을 준다는 사실이 밝혀졌다. 자율신경계는 소화, 호흡, 땀 분비, 심장 박동처럼 의식적으로 제어할 수 없는 몸의 움직임을 관장*한다. 미국의 한 대학에서 다음과 같은 실험을 했다. 교도소 안에 통제하기 어려운 수감자들을 위해 '핑크색 감방'을 설치하고, 수감자가 규율을 어기거나 공격적인
사례 ②
행동을 보일 때 적어도 30분 동안 이 감방에 있게 했다. 10여 분이 지나자 수감자의 적대감, 공격적 행동 그리고 일반적인 폭력 성향*이 약화됐다. 이 실험을 한 연구팀은 핑크색이 자율신경계에 영향을 미쳐 심장 박동의 급격한 상승을 억제했고, 사람의 에너지를 서서히 약화시키는 작용을 했다고 설명했다.

2002년 국내 한 방송사의 다큐멘터리 프로그램에서 실시한 실험 결과도 주목할 만하다. 여러 색에 노출된 실험 대상자들의 뇌를 컴퓨터단층촬영(CT)했더니, 파란색 계열에
사례 ③
노출된 사람은 기억력을 활성화하는 두정엽의 움직임이 활발해졌다. 또한 2009년 1월 영국에서는 성인 1,000명을 대상으로 실험을 했는데, 파란색을 본 사람은 심장 박동수와 땀 분비량이 줄어 몸이 편안해지는 진정 작용이 일어났다고 한다.
사례 ④

**[지문 해제]** 이 글은 색이 사람에게 미치는 영향과 일상생활에서 색이 어떻게 활용될 수 있는가를 소개하고 있다. 어린이들은 사물의 형태보다는 색에 먼저 반응하는데, 이를 활용하여 어린이 고객을 대상으로 하는 장소를 아이들이 좋아하는 색으로 꾸미면 효과를 볼 수 있다. 또한 색은 심리적인 차원을 넘어 인체에 생물학적으로 작용한다. 이처럼 색은 사람에게 미치는 영향이 입증되고 있으며, 이것이 기업의 상품 판매 전략이나 범죄 예방 등의 다양한 분야에서 활용되고 있다.

이처럼 색이 사람에게 미치는 영향은 다양한 실험과 연구 결과를 통해 입증*되고 있으며, 기업의 상품 판매 전략이나 범죄 예방, 질병 치료 등에 중요한 요소로 활용되고 있다.

◐ 6문단: 다양한 분야에서 활용되는 색
▶ 주제: 색이 인간에게 미치는 영향

---

**1** 전개 방식 파악하기 　｜정답 ②｜

**윗글의 설명 방식에 해당하는 것을 〈보기〉에서 골라 바르게 묶은 것은?**

┤ 보기 ├
ㄱ. 현상이 일어나는 원인을 제시하여 이해를 돕고 있다. _색을 접할 때 나타나는 현상_
ㄴ. 과학적인 근거를 들어서 이론의 한계를 지적하고 있다.
ㄷ. 구체적 실험 사례를 제시하여 글의 객관성을 높이고 있다. _어린이, 백의 고혈압 환자, 교도소의 핑크색 감방, 다큐멘터리 프로그램_
ㄹ. 유추의 방법을 활용하여 대상이 지닌 특성을 드러내고 있다.

① ㄱ, ㄴ　　　② ㄱ, ㄷ　　　③ ㄴ, ㄷ
④ ㄴ, ㄹ　　　⑤ ㄷ, ㄹ

✓ 정답 풀이
ㄱ. 실험에서 어린이들이 빨간색 세모로 몰려드는 원인, 정상 혈압인 사람이 병원에만 가면 혈압이 오르는 이유 등 색을 접할 때 나타나는 현상을 제시하고, 그러한 현상이 나타나는 원인을 설명하여 독자의 이해를 돕고 있다.
ㄷ. 어린이, 백의 고혈압 환자, 교도소의 핑크색 감방, 다큐멘터리 프로그램 등의 구체적인 실험 사례를 제시하여 글의 객관성을 높이고 있다.

✗ 오답 풀이
ㄴ. 색이 인간에게 미치는 영향을 연구한 글로, 이러한 이론이 갖는 한계에 대해서는 언급하고 있지 않다.
ㄹ. 유추란 두 개의 사물이 여러 면에서 비슷하다는 것을 근거로 다른 속성도 유사할 것이라고 추론하는 것이다. 이 글에서는 색이 인간에게 미치는 영향을 설명하기 위해 유추의 방법을 활용하고 있지는 않다.

---

**2** 구체적 사례에 적용하기 　｜정답 ⑤｜

**〈보기〉는 주택의 평면도이다. 윗글을 참고하여 집 꾸미기 계획을 세울 때, 적절하지 않은 것은?**

┤ 보기 ├

큰아들방 ㉠　　㉢ 막내방　　㉡ 할아버지방　　㉣ 거실　　㉤ 부부 침실

① ㉠: 고등학생인 큰아들의 방에는 학습에 도움이 될 수 있도록 파란색 계열의 책상과 책꽂이를 놓는다. _5문단_
② ㉡: 혈압 상승에 주의해야 될 할아버지의 방은 되도록이면 백색 계열의 벽지나 가구를 피하여 구성한다. _3문단_
③ ㉢: 유치원생인 막내의 방에는 어린이들이 선호하는 노랑이나 핑크색의 침대와 옷장을 놓는다. _2문단_
④ ㉣: 가족의 휴식 공간인 거실에는 파란색 계열의 양탄자를 깔아서 편안한 분위기를 연출한다. _5문단_
⑤ ㉤: 일찍 출근해야 하는 맞벌이 부부의 침실은 편안한 상태에서 숙면을 취해야 하므로 붉은색의 조명을 설치한다. _붉은색이 숙면에 미치는 영향에 대해 언급하지 않음_

✓ 정답 풀이
이 글에서는 어린이들이 빨간색을 좋아한다고 했을 뿐, 붉은색이 사람에게 어떤 영향을 미치는지, 붉은색이 숙면에 도움이 되는지에 대한 내용은 확인할 수 없다.

✗ 오답 풀이
① 5문단에서 파란색이 기억력에 도움이 된다는 내용을 확인할 수 있으므로 공부하는 학생의 방에 파란색을 이용하면 좋을 것이다.
② 3문단에 흰색이 사람의 혈압을 높이는 사례가 나와 있으므로, 할아버지의 방에는 백색 계열은 피하는 것이 좋다.
③ 2문단을 통해 노랑과 핑크가 어린이들이 선호하는 색임을 알 수 있다.
④ 5문단에서 파란색이 사람의 심장 박동수와 땀 분비량을 줄여 진정 작용을 일으킨다고 하였다.

# 우주정거장의 폐수 처리 _ 최완섭 외

정답  1 ③  2 ①  3 ②

○ 1문단: 우주정거장에서의 폐수 여과에 대한 의문

○ 2문단: 구심력과 원심력의 원리

* 여과(거를 濾, 지날 過): 거름종이나 여과기를 써서 액체 속에 들어 있는 침전물이나 입자를 걸러 내는 일.

○ 3문단: 원심력을 이용한 폐수 여과의 원리

* 가상(거짓 假, 생각할 想): 사실이 아니거나 사실 여부가 분명하지 않은 것을 사실이라고 가정하여 생각함.

○ 4문단: 운동과 힘, 운동 방향의 원리 이해의 필요성

* 관성(버릇 慣, 성품 性): 물체가 밖의 힘을 받지 않는 한 정지 또는 등속도 운동의 상태를 지속하려는 성질.

▶ 주제: 원심력을 이용한 폐수 여과의 원리

인간의 몸은 약 70%의 물로 구성되며, 물은 영양소와 산소를 몸 전체에 운반하고 노폐물을 소변, 땀 등을 통해 몸 밖으로 내보낸다. 이러한 물이 절대적으로 한정된 달 기지나 우주정거장에서는 버려진 물을 여과*하여 사용해야 한다. 물을 지구에서 우주로 실어 나르기에는 너무 큰 비용이 발생하기 때문이다. 일반적으로 중력이 작용하는 지구에서는 폐수가 필터를 통해 아래로 이동하며 여과된다. 달 기지에서도 물이 아래로 흘러 필터를 통과하지만, 중력이 낮아 그 속도가 매우 느리다. 그렇다면 중력이 거의 없는 우주정거장에서는 어떻게 폐수를 여과할까?
지구에서의 폐수 여과 방법
우주정거장에서의 폐수 여과 방법에 대한 궁금증

가장 좋은 방법은 중력처럼 작용하는 힘을 만들어 주는 것이다. 뉴턴의 운동 법칙에 의하면, 외부의 힘이 작용하지 않을 때 운동하는 물체는 등속직선운동을 한다. 물체의 운동 방향을 바꾸려면 외부의 힘이 필요하다. 그리고 운동 방향에 수직으로 일정한 크기의 외부 힘이 작용하면 물체는 등속원운동을 하게 된다. 이렇게 원의 중심 방향으로 작용하여 원운동을 유지하는 힘이 구심력이다. 구심력과 반대 방향인 원심력은 원운동을 하는 물체가 중심 밖으로 나가려는 가상*의 힘으로, 어떤 힘이 존재하는 것이 아니라 물체가 등속직선운동하려는 관성*에 의한 효과이다. 그리고 사람이 회전하는 물체 안에 있다면 원심력을 중력처럼 인식하게 된다.
직선으로 움직이는 물체의 방향과 속력이 변하지 않는 운동
원 모양으로 움직이는 물체의 운동
자신의 운동 상태를 그대로 유지하려는 성질

중력이 거의 없는 우주 공간에서는 이 원심력을 이용해 물을 여과할 수 있다. 회전하는 우주정거장의 외곽에 거주하는 우주인은 등속직선운동을 하려는 관성을 가지고 있다. 회전하는 우주정거장은 우주인을 나가지 못하게 잡아두고, 우주인은 원심력을 정거장의 바깥에서 자신을 끌어당기는 중력처럼 인식하게 된다. 폐수에도 원심력이 작용할 것이고, 이 힘을 이용해 지구에서처럼 폐수를 여과할 수 있다. 즉 수만 명이 살아갈 거대한 우주 거주 시설은 다량의 폐수를 정화해야 하고 이를 위해서는 회전 운동을 통해 원심력을 만들어 내야 한다.
원심력

이렇듯 우리가 알고 있는 물체의 운동과 힘, 운동 방향 등의 원리를 이해하면, 인간이 생존하기 힘든 우주 공간에서도 살아갈 수 있는 것이다. 문제는 거대한 우주정거장을 어떻게 만들고, 회전시킬 것이냐 하는 것이다. 우리의 미래 세대가 영화 속의 우주정거장을 건설할 날을 기대한다.
우주정거장 건설에 대한 기대

[지문 해제] 이 글은 중력이 작용하는 지구와 달리 중력이 거의 없는 우주정거장에서는 폐수를 어떻게 여과하는지에 대한 의문을 원심력의 원리를 바탕으로 설명하고 있다. 회전하는 우주정거장은 우주인을 나가지 못하게 잡아두는데, 이때 우주인은 원심력을 우주정거장의 바깥에서 자신을 끌어당기는 중력처럼 인식하게 된다. 이처럼 폐수에도 원심력이 작용할 것이고, 이 힘을 이용해 지구에서처럼 폐수를 여과할 수 있다. 그러나 이를 위해서는 먼저 거대한 우주정거장을 어떻게 만들고 회전시킬 것인지에 대한 문제가 남게 된다.

## 1 논지 전개 방식 파악하기     | 정답 ③ |

**윗글의 논지 전개 방식을 〈보기〉에서 모두 고른 것은?**

┌─────────── 보 기 ───────────┐

ㄱ. 다른 대상과의 ~~비교를 통해~~ ~~가설을 입증~~하고 있다.
　　　　　　　　　　　원심력

ㄴ. 과학적 원리를 적용하여 해결 방안을 제시하고
　　있다.

ㄷ. 예상되는 상황을 제시하여 독자의 관심을 유도
　　우주정거장을 어떻게 만들고, 회전시킬 것인가
　　하고 있다.

ㄹ. ~~통념의 문제점을 지적~~하고 ~~새로운 이론을 주장~~
　　하고 있다.

└─────────────────────────────┘

① ㄱ, ㄴ　　　② ㄱ, ㄷ　　　**③ ㄴ, ㄷ**
④ ㄴ, ㄹ　　　⑤ ㄷ, ㄹ

**✔ 정답 풀이**

ㄴ. 이 글은 원운동을 하는 물체가 중심 밖으로 나가려는 가상의 힘인 원심력의 과학적인 원리를 이용하여 중력이 거의 없는 우주 공간에서 물을 여과할 수 있는 방안에 대해 설명하고 있다.

ㄷ. 물체의 운동과 힘, 운동 방향 등의 원리를 이해하면 우주 공간에서도 인간이 살아갈 수 있으나, 거대한 우주정거장을 어떻게 건설하고 회전시킬 것인가 하는 예상되는 문제 상황을 제시하여 독자의 관심을 유도하고 있다.

**✘ 오답 풀이**

ㄱ. 중력이 작용하는 지구와 중력이 거의 없는 우주 공간을 비교하고 있으나, 이것이 가설을 입증하는 데 중요한 원리로 활용되고 있지는 않다.

ㄹ. 통념이란 일반적으로 대다수 사람들이 그렇다고 생각하는 것으로, 이 글에서는 통념을 비판하는 내용이 나타나 있지 않으며 새로운 이론을 주장하고 있는 것도 아니다.

## 2 세부 내용 파악하기     | 정답 ① |

**윗글을 통해 알 수 있는 내용으로 적절하지 않은 것은?**

**① 원심력은 물체의 회전 운동을 발생시킨다.**
② 중력의 크기는 물의 여과 속도에 영향을 미친다. 1문단
③ 물체의 운동 방향이 변하려면 외부의 힘이 있어야 한다. 2문단
④ 회전하는 물체 안의 사람은 원심력을 중력처럼 인식한다. 2문단
⑤ 지구에서 물이 흐르는 이유는 중력이 존재하기 때문이다. 1문단

**✔ 정답 풀이**

2문단에서 '원심력은 원운동을 하는 물체가 중심 밖으로 나가려는 가상의 힘으로, 어떤 힘이 존재하는 것이 아니라 물체가 등속직선운동하려는 관성에 의한 효과'라고 하였다. 따라서 원심력이 물체의 회전 운동을 발생시킨다는 ①은 적절하지 않다.

**✘ 오답 풀이**

② 1문단에서 달 기지에서도 물이 아래로 흐르지만 중력이 낮아 그 속도가 매우 느리다고 하였다. 따라서 중력의 크기는 물의 여과 속도에 영향을 미친다는 것을 알 수 있다.

③ 2문단에서 물체의 운동 방향을 바꾸려면 외부의 힘이 필요하다고 하였다.

④ 2문단에서 사람이 회전하는 물체 안에 있다면 원심력을 중력처럼 인식하게 된다고 하였다.

⑤ 1문단에서 일반적으로 중력이 작용하는 지구에서는 폐수가 필터를 통해 아래로 이동하여 여과된다고 하였다. 따라서 지구에서 물이 흐르는 이유는 중력이 존재하기 때문임을 알 수 있다.

## 3 구체적 상황에 적용하기     | 정답 ② |

**윗글의 내용으로 볼 때, 〈보기〉의 '물'의 이동 방향으로 적절한 것은?**

┌─────────── 보 기 ───────────┐

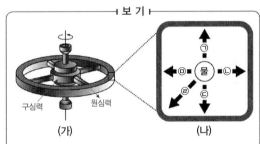

구심력　　　　　원심력

(가)　　　　　　　　(나)

(가)는 중력이 거의 없는 상태에서 회전하는 우주정거장이고, (나)는 (가)의 외곽에 있는 구조물의 종단면이다.

└─────────────────────────────┘

① ㉠　　　　**② ㉡**　　　　③ ㉢
④ ㉣　　　　⑤ ㉤

**✔ 정답 풀이**

2문단에서 구심력과 반대 방향인 원심력은 원운동을 하는 물체가 중심 밖으로 나가려는 가상의 힘이라고 하였고, 3문단에서 폐수에도 원심력이 작용할 것이고, 이 힘을 이용해 지구에서처럼 폐수를 여과할 수 있다고 하였다. 〈보기〉에서 (가)가 회전하는 우주정거장이므로 (가)의 외곽에 있는 구조물에 위치한 (나)의 물은 밖으로 나가려는 원심력을 중력처럼 인식하여 정거장의 바깥인 ㉡ 방향으로 이동하게 된다.

＊방사(놓을 放, 궁술 射): 물체에서 열이나 전자기파를 사방으로 방출함.
＊도관(이끌 導, 피리 管): 물이나 수증기 따위가 통하도록 만든 관.
＊조사(비출 照, 궁술 射): 햇빛 따위가 내리쬠.
＊개시(열 開, 처음 始): 행동이나 일 따위를 시작함.
＊교란(어지러울 攪, 어지러울 亂): 마음이나 상황 따위를 뒤흔들어서 어지럽고 혼란하게 함.

　1980년대에 생물물리학 분야에서 하나의 전기가 될 만한 일이 일어났는데, 그것은 바로 생체에서 방사＊되는 미약한 빛, 즉 광자에 대한 연구의 활성화였다. 생체에서 방사되는 광자를 '생체광자'라고 하는데, 이는 화학적 반응 현상인 생체발광에 의해 생겨나는 빛과는 다른 것으로, 빛의 세기는 매우 미약하지만 세포들 간의 통신도 이 빛을 주고받으면서 이루어지는 것으로 밝혀졌다.

　이 빛이 통신에 이용되고 있다면 그 통로는 과연 무엇일까? 최근의 연구 결과에 따르면, 세포 내의 단백질군(群)과 물이 결합하여 만들어진 '물－단백질 도관(導管)＊'이 세포핵과 세포벽을 연결하면서 동시에 세포와 세포를 연결하는 통신망을 구성한다. 단백질을 둘러싸고 있는 물은 광섬유처럼 빛이 통과하기에 적절한 구조를 지니고 있다. 이 도관을 통해 생체 정보가 실려 있는 파동, 즉 생체광자가 통과하는데, 그 주파수는 적외선 영역에 근접한다.

　그렇다면 생체는 어떻게 이 미약한 신호를 주위의 잡음 신호와 구분하여 감지할 수 있을까? 그 실마리는 북미산 나방에 대한 연구에서 찾을 수 있다. 이 나방의 암컷은 페로몬을 분비하여 수나방을 유인하는데, 이 페로몬의 농도는 수 km에 분자 한두 개일 정도로 매우 낮다. ㉮이렇게 낮은 농도로는 방향을 감지하는 것이 불가능할 텐데, 수나방은 어떻게 암나방이 있는 곳을 알아내는 것일까? 캘러한의 연구에 의하면, 수나방은 냄새를 맡고 암나방에게 날아가는 것이 아니라 페로몬에서 방사되는 특유의 미약한 전자기파를 감지하고서 암나방에게 날아가는 것임이 밝혀졌다. ㉯캘러한은 페로몬을 병 속에 넣고 밀봉한 채로 자외선이나 가시광선을 쪼이면 수나방이 이 병을 향해 날아오다가도, 빛을 쪼이는 것을 중단하면 언제 그랬냐는 듯이 아무 반응도 보이지 않는다는 사실을 밝혀냈다. 이를 토대로 그는 빛의 조사(照射)＊에 의해 페로몬으로부터 모종의 신호가 방사되고, 수나방은 이를 수신할 수 있는 기능을 가지고 있다는 결론을 얻어냈다. 그는 수나방의 더듬이가 안테나 구조로 되어 있다는 사실과 수나방의 비행 방식이 비행기가 유도전파 신호를 따라 날아가는 것과 같다는 사실, 그리고 수나방의 더듬이가 적외선을 수신하기에 알맞은 구조를 갖추고 있다는 것도 밝혀냈다. 즉, 수나방의 안테나가 특정 주파수의 전자파에 대해 공진을 일으키기 쉬운 구조로 되어 있기 때문에, 주변의 잡음 신호가 아무리 많아도 특정 주파수의 미약한 전자파를 수신할 수 있다는 것이다.

　포프는 생체광자의 발생지로 DNA를 들고 있다. 그는 DNA에서 방사되는 광자에 의해 세포 분열을 개시＊하라는 정보도 전달되는 것으로 보고 있으며, 이 DNA에 광자가 저장되어 있는 것이 아닌가 하는 가설도 제안한 바 있다.

　앞서 언급한 캘러한과 포프의 연구를 비롯한 여러 연구에서 생명 현상이 화학적 반응

[지문 해제] 이 글은 세포들 간의 통신 역할을 하는 생체광자의 특성을 캘러한과 포프의 연구 결과를 바탕으로 설명하고, 생명 현상이 화학적 반응에 의해서만 일어나는 것이 아니라는 점을 밝히고 있다. 특히 캘러한의 연구를 바탕으로 생물들이 전자파를 이용하여 서로 통신하고 있음을 입증하여, 생물체들이 생체광자와 주변의 잡음을 구별할 수 있다는 사실을 중심으로 글을 전개하고 있다.

에 의해서만 일어나는 것은 아니라는 점이 밝혀졌다. 이 세계의 모든 생물체가 전자파를 이용하여 교신하고 있다고 가정해 보자. 만일 자연계에 존재하는 모든 생물들의 전자파가 인간에 의해 만들어지는 전자파 잡음에 의해 교란\*된다면 그 영향은 치명적일 것으로 추정된다.

전자파 잡음이 생태계에 미칠 영향에 대한 우려

5문단: 캘러한과 포프의 연구 성과와 전자파 잡음이 생태계에 미칠 영향

▶ 주제: 캘러한과 포프의 연구를 통해 살펴본 생체광자의 작용 원리

Ⅲ · 과학

## 1 정보 간의 관계 파악하기 | 정답 ⑤ |

**㉮에 대한 대답으로 적절한 것은?**

① 수나방의 후각이 매우 발달되어 있기 때문이다.
더듬이에 의해 소통이 가능한 것임
② 암나방이 분비하는 페로몬의 농도가 주기적으로 변하기 때문이다. 수나방의 더듬이 때문에 수나방은 암나방의 위치를 알 수 있음
③ 수나방은 다른 빛에는 반응하지 않지만 적외선에는 반응하기 때문이다.
④ 생체광자는 주변의 잡음 신호와 공진하면서 전파성이 커지기 때문이다.
⑤ 수나방의 더듬이는 특정 주파수의 전자기파에 공진을 일으키기 쉬운 구조로 되어 있기 때문이다.

**✓ 정답 풀이**

3문단의 캘러한의 연구에 따르면 암나방의 페로몬에서는 미약한 전자기파가 방사되고, 수나방의 더듬이가 일종의 안테나 구실을 하면서 이 전자기파를 감지함으로써 둘 사이의 통신이 이루어진다. 즉 수나방의 더듬이가 암나방의 페로몬에서 방사되는 전자기파에 공진을 일으키기 쉬운 구조로 되어 있기 때문에 암나방과 수나방의 통신이 가능하게 되고 수나방이 암나방의 위치를 알아낸다는 것이다.

**✗ 오답 풀이**

① 수나방의 후각이 아니라 더듬이에 의해 소통이 가능한 것이다.
② 암나방이 분비하는 페로몬의 농도 변화 때문이 아니라 안테나 구조로 되어 있는 수나방의 더듬이 때문에 수나방은 암나방의 위치를 알 수 있다.
③ 수나방의 더듬이가 적외선을 수신하기에 알맞은 구조라는 언급은 있으나, 수나방이 다른 빛에는 반응하지 않고 적외선에만 반응한다는 내용은 이 글에 나와 있지 않다.
④ 수나방의 안테나가 특정 주파수의 전자파(암나방의 페로몬에서 방사되는)에 대해 공진한다는 것이지, 생체광자가 주변의 잡음 신호와 공진한다는 것은 아니다. 주변의 잡음 신호는 오히려 생체광자의 수신을 방해한다.

## 2 추론의 적절성 파악하기 | 정답 ① |

**결론 도출 과정이 ㉯와 유사한 것은?**
귀납 추론
① 주차장에 CCTV가 설치되기 이전에는 도난 사고가 빈번했었는데 CCTV 설치 이후로는 급격히 줄어들었다. 이로 보건대 CCTV는 도난 사고를 감소시키는 효과가 있다.
구체적인 관찰 결과 / 일반적인 결론 / 귀납 추론
② 독서하는 태도나 습관이 안 좋으면 눈이 나빠질 확률이 높다고 한다. 수현이는 독서할 때의 태도나 습관이 좋지 않은 편이니 앞으로 눈이 나빠질 가능성이 높다.
일반적인 전제 / 개별적인 특성 / 결론 / 연역 추론
③ 만약 담배를 많이 피우면 폐가 손상될 것이다. 그런데 우리 삼촌은 담배를 많이 피우지 않는 편이다. 따라서 우리 삼촌의 폐는 손상되지 않았을 것이다.
전건(만약 담배를 많이 피우면)을 부정하고 후건(폐가 손상될 것이다.)을 그대로 제시하여 발생하는 '전건(前件) 부정의 오류'
④ 사후에 영혼의 세계가 있다는 것은 아무도 증명하지 못한다. 이를 감안하면, 우리가 죽은 후에도 영혼이 불멸한다는 말은 거짓이라고 말할 수밖에 없다.
어떤 주장이 증명된 바가 없다는 것을 근거로 주장의 진위를 판단하는 '무지의 오류'
⑤ 경민이의 지갑에는 100원짜리 동전이 다섯 개 있다. 그러므로 경민이는 지갑에서 100원짜리 동전 여섯 개를 꺼내지는 못할 것이다.
하나의 명제로부터 결론을 도출한 이단 논법

**✓ 정답 풀이**

캘러한은 페로몬에 자외선이나 가시광선을 쪼이면 수나방이 날아오지만, 빛을 쪼이지 않으면 날아오지 않는다는 점에 착안하여 빛을 쪼인다는 조건이 수나방이 날아오는 행동과 연관성을 가질 것이라고 추리하였다. 이는 'A라는 조건에서 B라는 결과가 나타나고 A와 반대되는 조건에서 B와는 반대되는 결과가 나타나는 것으로 보아, A라는 조건과 B라는 결과는 서로 밀접하게 연관되어 있다.'는 식의 추론 방식이 적용된 것이다. 구체적인 관찰 결과를 바탕으로 일반적인 결론을 도출한 귀납 추론의 형태이다. ①도 CCTV를 설치했을 때와 하지 않았을 때의 사례를 통해 CCTV와 도난 사고 감소의 연관성을 이끌어 낸 귀납 추론으로 ㉯와 결론 도출 과정이 유사하다.

정답 및 해설 • 49

# 과학 05 용액과 물의 끓는점 _ 줌달

정답 **1** ① **2** ③

○ 1문단: 스프를 넣은 물의 끓는점이 높은 이유에 대한 의문

○ 2문단: 액체 증기압의 개념

○ 3문단: 용액의 증기압과 용액의 농도 및 온도, 용매의 관계

* 응축(엉길 凝, 줄일 縮): 기체가 액체로 변함. 또는 그런 현상.
* 밀폐(빽빽할 密, 닫을 閉): 샐 틈이 없이 꼭 막거나 닫음.

○ 4문단: 스프를 넣은 물의 끓는점이 높은 이유 – 용액의 증기압 변화

* 용매(흐를 溶, 매개할 媒): 어떤 액체에 물질을 녹여서 용액을 만들 때 그 액체를 가리키는 말.
* 정의(정할 定, 옳을 義): 어떤 말이나 사물의 뜻을 명백히 밝혀 규정함.

▶ 주제: 용액의 증기압 변화를 통해 살펴본 용액과 순수한 물의 끓는점

라면을 끓일 때, 스프를 미리 넣으면 물만 끓일 때보다 끓는데 더 오랜 시간이 걸린다. 이것은 스프가 물에 녹으면 물의 끓는점이 높아져서 더 많은 열을 가해야 하기 때문이다. 그렇다면 스프를 넣은 물의 끓는점이 순수한 물의 끓는점보다 높은 이유는 무엇일까?

밀폐된 용기 속에 물을 담아 두면 물 분자들은 표면에서 일정한 속도로 증발한다. 이 과정에서 액체 상태의 물이 기체 상태로 변하기 때문에 물의 양은 점점 줄어든다. 그렇지만 일정 시간이 지나면 물의 양은 더 이상 줄어들지 않는다. 그 이유는 물에서 증발하는 분자 수와 물로 돌아오는 분자 수가 같아지기 때문이다. 기체 상태의 분자들이 액체로 돌아오는 과정을 응축이라 하는데, 밀폐된 용기 속에서 증발된 기체 분자 수가 많아질수록 응축 속도가 빨라져 결국 증발 속도와 같아진다. 증발 속도와 응축 속도가 같은 때를 평형 상태라고 하는데, 이때부터 물의 양은 더 이상 줄어들지 않는다. 평형 상태에서 증기가 나타내는 압력을 액체의 증기압이라고 한다.

라면 스프를 넣은 물은 일종의 용액인데, 용액의 증기압은 용액의 농도와 온도, 용매의 종류에 따라 변한다. 순수한 용매만 있을 때에는 용매의 표면 전체에서 증발이 일어난다. 그러나 용액은 표면에서 비휘발성 용질이 차지하는 부분만큼 증발이 일어나지 않아, 용액의 증기압은 순수한 용매의 증기압보다 낮아진다. 용액에 비휘발성 용질이 많이 녹아 있을수록, 즉 용액의 농도가 진할수록 표면에서 증발하는 용매 분자 수가 적어지기 때문에 용액의 증기압이 더 낮아진다. 한편 온도가 높아지면 분자의 운동이 활발해져서 증발하는 용매 분자 수가 많아지고, 이에 따라 용액의 증기압도 높아진다.

라면 스프를 넣은 물의 끓는점이 높아지는 이유는 용액의 증기압 변화를 통해 설명할 수 있다. '끓는다'는 것을 과학적으로 정의하면 액체의 증기압이 대기압과 같아져서 액체 내부에서 기체 상태로 변한 분자들(기포)이 액체의 표면 바깥으로 나오는 것이라고 할 수 있다. 그러므로 끓는점은 액체의 증기압이 대기압과 같아지는 온도로 정의할 수 있다. 비휘발성 용질을 녹인 용액은 순수한 용매보다 증기압이 낮기 때문에 더 높은 온도가 되어야 용액의 증기압과 대기압이 같아진다. 라면 스프를 넣은 물이 순수한 물에 비해 끓는점이 높은 이유는 이 때문이다. 반면 높은 산에 올라가면 대기압이 낮아지기 때문에 평지보다 액체의 증기압이 낮은 상태에서도 끓게 되는 것이다.

[지문 해제] 이 글은 용액의 끓는점이 순수한 물의 끓는점보다 높은 이유를 증기압을 통해 설명하고 있다. 액체 상태의 물이 기체 상태로 변하는 증발 속도와 기체 상태의 분자들이 액체 상태로 돌아오는 응축 속도가 같은 때를 평형 상태라고 한다. 이 평형 상태에서 증기가 나타내는 압력을 증기압이라 하는데, 용액의 증기압은 용액의 농도와 온도, 용매의 종류에 따라 변하게 된다. 용액의 농도가 진할수록 증기압이 낮아지고, 용액의 온도가 높아지면 증기압도 높아진다. 끓는점은 액체의 증기압과 대기압이 같아지는 온도로 정의할 수 있다. 비휘발성 용질을 녹인 용액은 순수한 용매보다 증기압이 낮기 때문에 더 높은 온도가 되어야 용액의 증기압과 대기압이 같아진다. 이러한 이유 때문에 라면 스프를 넣고 끓인 물이 순수한 물에 비해 끓는점이 높은 것이다.

## 1 세부 정보 파악하기 | 정답 ① |

온도가 일정한 밀폐된 용기 속에 용액을 넣고 관찰한다고 할 때, 이에 대한 설명으로 적절하지 <u>않은</u> 것은?

① 증발이 계속되면 응축 속도는 <s>느려진다.</s>
　　　　　　　　　　　　　빨라진다
② 용액의 증발 속도는 일정하게 유지된다. 2문단
③ 평형 상태에서 증발 속도는 응축 속도와 같다. 2문단
④ 증발 속도가 응축 속도보다 빠르면 용액이 줄어든다. 2문단
⑤ 용액의 농도가 진할수록 증발하는 용매 분자 수가 적어진다. 3문단

✅ **정답 풀이**

2문단에서 밀폐된 용기 속에서 증발된 기체 분자 수가 많아질수록 응축 속도가 빨라져 결국 증발 속도와 같아지는 평형 상태가 된다고 하였다. 따라서 증발이 계속되면 응축 속도가 느려진다는 ①은 적절하지 않다.

❌ **오답 풀이**

② 2문단에서 밀폐된 용기 속에 물을 담아 두면 물 분자들은 표면에서 일정한 속도로 증발한다고 하였다.
③ 2문단에서 증발 속도와 응축 속도가 같은 때를 평형 상태라고 한다고 하였다.
④ 2문단에서 물이 증발하는 과정에서 액체 상태의 물이 기체 상태로 변하기 때문에 물의 양은 점점 줄어든다고 하였다. 이를 통해 증발 속도가 응축 속도보다 빠르면 용액의 양이 줄어든다는 것을 알 수 있다.
⑤ 3문단에서 용액의 농도가 진할수록 표면에서 증발하는 용매 분자 수가 적어지기 때문에 용액의 증기압이 더 낮아진다고 하였다.

---

① (가)에서는 표면 전체에서 증발이 일어난다. 3문단
② (나)의 표면에서 ⓑ가 차지하는 부분만큼 증발이 일어나지 않는다. 3문단
③ (나)에서 ⓑ의 수가 많아질수록 용액의 증기압이 <s>높아진다.</s>
　　　　　　　　　　　　　　　　　　　낮아진다
④ (가)는 (나)보다 ⓐ의 수가 줄어드는 속도가 빠르다.
　　　　　　　　　　　(가)가 (나)보다 증발이 더 잘 됨
⑤ (가)와 (나) 모두 온도가 높아지면 증발되는 ⓐ의 수가 많아진다. 3문단

✅ **정답 풀이**

(가)는 순수한 물(용매)만 있는 상태이고, (나)는 물에 비휘발성 용질이 녹아 있는 상태이다. 3문단에서 용액에 비휘발성 용질이 많이 녹아 있을수록, 즉 용액의 농도가 진할수록 용액의 증기압이 더 낮아진다고 하였다. 따라서 (나)에서 비휘발성 용질 분자(ⓑ)의 수가 많아질수록 용액의 증기압은 더 낮아지게 된다.

❌ **오답 풀이**

① 3문단에서 순수한 용매만 있을 때에는 용매의 표면 전체에서 증발이 일어난다고 하였다.
② 3문단에서 용액은 표면에서 비휘발성 용질이 차지하는 부분만큼 증발이 일어나지 않는다고 하였다.
④ 순수한 물이 비휘발성 용질을 녹인 용액보다 더 증발이 잘 되기 때문에 ⓐ가 더 빨리 줄어들 것이다.
⑤ 3문단에서 온도가 높아지면 분자의 운동이 활발해져서 증발하는 용매 분자 수가 많아진다고 하였다.

---

## 2 자료를 통해 내용 이해하기 | 정답 ③ |

다음은 윗글과 관련된 자료이다. (가)와 (나)에 대한 설명으로 적절하지 <u>않은</u> 것은?

┤ 보기 ├

아래 모형은 순수한 물인 (가)와 물에 비휘발성 용질을 녹인 (나)를 나타낸 것이다. (가)와 (나)는 동일한 조건에 있다.

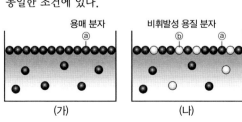

용매 분자 　　　　비휘발성 용질 분자
(가)　　　　　　　(나)

Ⅲ · 과학

# 지구에 충돌구가 적은 원인 _ 최변각 외

정답  **1** ①  **2** ⑤  **3** ②

○ 1문단: 지구에 있는 충돌구의 수가 달에 비해 적은 원인에 대한 문제 제기

지구에서 망원경으로 달을 보면 화산 분화구와 같이 생긴 수많은 구덩이들을 발견할 수 있다. 과거에는 이 구덩이들을 화산 폭발에 의해 생성된 분화구로 생각하였다. 그러나 이 구덩이들은 화산 분화구가 아니라 소행성이나 혜성 등이 충돌해서 생긴 것으로 밝혀졌다. 이처럼 소행성이나 혜성이 천체의 표면에 충돌하여 만들어진 구덩이를 충돌구라 한다. 지구에도 이런 충돌구들이 있는데,「지구보다 표면적이 더 좁은 달에 비해 지구에 있는 충돌구의 수가 훨씬 적다. ㉠그 원인은 무엇일까?」

○ 2문단: 지구 대기로 인한 충돌구 수와 크기의 감소

먼저 지구 대기와 관련하여 그 이유를 설명할 수 있다. 크기가 크지 않은 소행성이나 혜성이 지구 대기권에 수평에 가까운 각도로 접근할 경우, 지구의 대기권에 진입*조차 하지 못하고 튕겨져 나가버린다. 소행성이나 혜성이 매우 크거나 단단해서 대기권에 진입하더라도 대기와의 마찰로 인해 타버리거나 속도가 줄어 지구 표면에 생기는 충돌구의 수나 크기는 감소한다.

○ 3문단: 바다로 인한 충돌구 수의 감소

지구 표면의 3분의 2가 바다인 것도 지구의 충돌구 수가 적은 것과 관련이 있다. 대기와의 마찰로 어느 정도 속도가 줄어든 충돌체가 바다로 떨어질 경우, 바닷물은 대기보다도 훨씬 효율적으로 충격을 완화시킬 수 있다. 따라서 바다에 떨어진 소행성이나 혜성은 바다 밑바닥에 그 흔적을 미미*하게 남기거나 아예 남기지 않을 수도 있다.

○ 4문단: 지질 활동으로 인한 충돌구 수의 감소

* 진입(나아갈 進, 들 入): 향하여 내처 들어감.
* 미미(작을 微, 작을 微 하다): 보잘것없이 아주 작음. 뚜렷하지 않고 희미함.

지구에 충돌구가 적은 보다 핵심적인 이유는 지구가 지질학적으로 살아 있는 행성이라는 사실과 관련이 있다. 지구에서는 여러 가지 지질 활동이 끊임없이 일어나고 있는데, 이러한 지질 활동에 의해서 충돌구들이 사라지게 되는 것이다. 지구의 충돌구들을 조사해 보면 오래된 것보다 비교적 최근의 것들이 훨씬 많은 사실은 이를 뒷받침해 준다. 지구에서 충돌구를 사라지게 하는 지질 활동으로는 비, 바람 등에 의한 풍화 작용, 화산 활동 등이 있으며, 가장 중요하게는 판의 이동을 들 수 있다.

○ 5문단: 판의 이동으로 인한 지질 활동의 영향으로 사라진 충돌구

* 지각(땅 地, 껍질 殼): 지구의 바깥쪽을 차지하는 부분.

지구 표면은 10여 개의 크고 작은 판(plate)으로 나뉘어 있다. 지각과 맨틀의 상부를 일부 포함하는 지구의 판들은 서로 다른 방향으로 일 년에 수 센티미터를 이동하면서 지구 표면에 거대한 규모의 지진, 화산 활동, 산맥과 해구의 형성 등 여러 가지 지질 활동을 일으킨다. 판의 이동으로 인한 지질 활동은 오랜 세월이 지나면서 대륙의 모양까지도 변화시키는데, 이 과정에서 많은 수의 충돌구가 사라지게 된다.

○ 6문단: 해양 지각과 함께 사라지는 바다 밑 충돌구

바다의 밑바닥에 생긴 충돌구 역시 판의 이동에 의해 사라지게 된다.「바다 밑을 형성하는 해양 지각은 해령이라고 불리는 해저 산맥에서 생성되는데, 이것도 판의 이동에 따라 서서히 이동을 하게 된다. 이 해양 지각*은 수명이 약 2억 년을 넘는 일이 없기 때문에 그 시간의 범위 내에서 서서히 이동하다가 대륙을 만나 맨틀 속으로 사라져 버린다.」이런 이유로 바다 밑바닥에 충돌구가 만들어진다 하더라도 시간이 2억 년 이상 흘러 버리면 충돌구는 이 해양 지각과 함께 사라지게 되는 것이다.

▶ 주제: 지구에 있는 충돌구의 수가 적은 원인

**[지문 해제]** 이 글은 지구보다 표면적이 더 좁은 달에 비해 지구의 충돌구의 개수가 훨씬 적은 원인을 과학적으로 분석하고 있다. 충돌구는 소행성이나 혜성이 천체의 표면에 충돌하여 만들어지는데, 지구는 달과 달리 대기와 바닷물, 지질 활동 등의 영향으로 충돌구의 수와 크기가 적다고 하였다. 혜성이나 소행성들이 지구로 떨어질 때 튕겨버리거나 마찰로 태워서 부피나 속도를 줄이는 대기의 역할과, 지구 표면의 3분의 2를 차지하면서 대기보다 훨씬 효율적으로 충격을 완화시키는 바닷물의 역할, 그리고 여러 가지 지질 활동의 역할, 특히 판의 이동으로 인한 지질 활동으로 충돌구들이 사라지는 현상을 중점적으로 언급하고 있다.

## 1 서술상 특징 파악하기 | 정답 ① |

**윗글의 서술상의 특징으로 가장 적절한 것은?**

① **특정한 현상이 나타난 원인을 분석적으로 설명하고 있다.**
　달에 비해 지구에 충돌구가 적게 나타남
② 구체적인 ~~실험~~ 결과들로부터 과학적 원리를 도출하고 있다.
③ 현상에 대한 ~~이론~~의 변모 과정을 ~~통시적~~으로 고찰하고 있다.
④ ~~가설을~~ 설정한 후 유사한 ~~조건~~들을 적용하여 검증하고 있다.
⑤ 현상에 대한 ~~대립된~~ 견해를 소개한 후 ~~차이점~~을 제시하고 있다.

✅ 정답 풀이

이 글은 지구보다 표면적이 더 좁은 달에 비해 지구에 충돌구가 적게 나타나는 원인을 지구 대기와 바닷물, 판의 이동을 비롯한 여러 가지 지질 활동 등으로 나누어 분석적으로 설명하고 있다.

❌ 오답 풀이

② 구체적인 실험 결과를 제시한 것이 아니라, 어떻게 해서 대기와 바닷물, 지질 활동이 지구의 충돌구 수를 감소시킬 수 있는지를 설명하고 있다.
③ 지구의 충돌구 수에 대한 어떤 이론을 제시한 것도 아니고, 그 이론의 변모 과정을 통시적으로 고찰하고 있지도 않다.
④ 지구의 충돌구 수에 대한 어떤 가설이 제시된 것도 아니고, 그 가설을 유사한 조건들에 적용하여 검증하고 있는 것도 아니다.
⑤ 지구의 충돌구 수가 적은 현상에 대한 대립된 견해가 소개된 것도 아니고, 서로 다른 견해들끼리의 차이점을 설명한 것도 아니다.

## 2 세부 정보 파악하기 | 정답 ⑤ |

**㉠에 해당하지 않는 것은?**

① 비, 바람 등에 의한 풍화 작용 4문단
② 판의 이동으로 인한 해양 지각의 소멸 6문단
③ 거대한 규모의 화산 폭발과 같은 지질 활동 4문단
④ 소행성이나 혜성 등을 튕겨내거나 태우는 대기의 역할 2문단
⑤ **소행성이나 혜성 등이 ~~태양계~~ 행성과 충돌하는 빈도수 감소** 이 글에 언급되지 않음

✅ 정답 풀이

소행성이나 혜성 등이 태양계 행성과 충돌하는 빈도수가 감소하고 있다는 내용은 이 글에 언급되어 있지 않다.

❌ 오답 풀이

①, ③ 4문단에서 비, 바람 등의 풍화 작용이나 화산 활동이 지구에서 충돌구를 사라지게 하는 지질 활동들이라고 하였다.
② 6문단에서 판의 이동으로 해양 지각이 소멸하면 충돌구도 함께 사라진다고 하였다.
④ 2문단에서 지구 대기는 대기권에 접근하는 소행성이나 혜성을 튕겨내거나, 대기권에 진입하더라도 태우거나 진입 속도를 줄여 충돌구의 수나 크기를 감소시킨다고 하였다.

## 3 구체적 상황에 적용하기 | 정답 ② |

**윗글을 읽은 학생들이 〈보기〉를 접한 후 보인 반응으로 적절하지 않은 것은?**

┌─────── 보 기 ───────┐

○ 미국 애리조나에 있는 배린저 충돌구
○ 지름:1km가 조금 넘는 작은 충돌구
○ 생성 연대:약 5억 년 전

└──────────────────┘

① 이 지역은 지질 활동이 심하지 않았었나 보군. 4문단
② **판의 이동이 있었다면 이 충돌구는 더 ~~커졌겠군~~.**
③ 지구 대기층이 없었다면 이 충돌구는 좀 더 컸겠군. 2문단
④ 이 충돌구가 바다에 생성되었더라면 이미 없어졌겠군. 6문단
⑤ 지질 활동이 오랜 시간 동안 진행된다면 이 충돌구가 없어질 수도 있겠군. 5문단

✅ 정답 풀이

5문단에서 판의 이동으로 인한 지질 활동은 오랜 세월이 지나면서 대륙의 모양을 변화시키고 그 과정에서 많은 충돌구가 사라진다고 하였다. 따라서 판의 이동이 있었다면 충돌구가 사라질 수는 있어도 더 커질 수는 없다.

❌ 오답 풀이

①, ⑤ 4, 5문단에서 판의 이동을 비롯한 지질 활동으로 인해 충돌구들이 사라지게 된다고 하였으므로, 지질 활동이 심했거나 장기간 이루어졌다면 이 충돌구는 사라졌을 것이다.
③ 2문단에서 지구의 대기는 지구 표면에 생기는 충돌구의 수나 크기를 감소시킨다고 하였다.
④ 6문단에서 바다 밑바닥에 만들어지는 충돌구는 2억 년 이상 지나면 해양 지각과 함께 사라진다고 하였다. 그런데 〈보기〉의 충돌구는 약 5억 년 전에 생성되었다고 했으므로 이 충돌구가 바다에 생성되었다면 이미 사라졌을 것이다.

● 1문단: 비가 올 때 뛰면 비가 더 세차게 느껴지는 현상

● 2문단: 상대속도, 상대속력의 개념

● 3문단: 상대속도와 상대운동량의 관계

● 4문단: 뛰면서 맞는 빗방울이 더 세게 느껴지는 이유

● 5문단: 사람이 맞는 빗물의 전체 양 계산법

＊감지(느낄 感, 알 知): 느끼어 앎.

▶ 주제: 상대속도, 상대속력, 상대운동량의 개념

갑자기 비가 쏟아지면 길을 가던 사람들은 비를 피하기 위해 뛰기 시작한다. 우산 없이 뛰어 본 사람은 바람이 없는 날 솔솔 내리는 비가, 뛸 때에는 더 세차게 느꼈던 적이 있을 것이다. 천천히 걷는 사람보다 뛰는 사람은 비가 더 강하고 앞쪽에서 오는 것 같이 느낀다. 같은 빗줄기로 내리는 경우에도 뛰는 사람들이 많은데, ㉠뛰면 비가 더 세차게 느껴질 텐데 과연 비를 덜 맞을까 하는 의문이 생긴다.

비를 피하기 위해 뛰는 것에 대한 의문

이 문제를 풀려면 '상대속도'와 '상대속력'의 개념을 이해해야 한다. 상대위치가 어느 방향으로 얼마나 빨리 바뀌는가를 나타내는 것이 '상대속도'이고 그것의 크기가 '상대속력'이다. 「기차역에서 나란히 정차한 두 기차 가운데 한 기차에 타고 있는 사람이 다른 기차가 움직이는 것을 보고 자기가 탄 기차가 움직인다고 착각하는 경우가 종종 있다. 「」: 상대속도와 상대속력을 보여 주는 사례 무심코 자기의 위치를 움직이는 기차에 대한 상대위치로 감지＊하였기 때문이다. 자기 기차에 대한 상대위치를 생각하면 다른 기차가 움직이고, 다른 기차에 대한 상대 위치를 생각하면 자기 기차가 움직인다. 다른 기차가 앞으로 가면 자기는 상대적으로 뒤로 가고, 자기 기차가 앞으로 가면 다른 기차가 상대적으로 뒤로 간다. 만약 두 기차가 같은 속력으로 같은 방향으로 가면 두 기차의 서로에 대한 상대위치가 바뀌지 않으므로 상대속도의 크기는 0이다.」

얼굴에 빗방울을 맞았을 때, 힘(충격량)을 느끼는 것은 빗방울이 내 얼굴에 맞아서 상대운동량(질량×상대속도)이 변하기 때문이다. 상대운동량이 커질수록 충격량이 커진다. 빗방울이 얼굴에 닿으면 빗방울의 상대운동량이 0이 된다. 그런데 얼굴에 닿기 전의 상대속도가 클수록 상대운동량이 크고 따라서 빗방울이 얼굴에 닿을 때 변화가 더 커서 충격량이 더 크다. 겨울에 눈싸움을 할 때 같은 무게의 눈뭉치라도 세게 던질수록 맞으면 더 아픈 것은 이 때문이다.

상대운동량의 변화가 더 크기 때문이다

위에서 말한 바와 같이 수직으로 내리는 빗방울을 천천히 걸으면서 맞는 것보다 뛰면서 맞는 경우 더 세게 느끼는 것은, 빗방울의 사람에 대한 상대속력이 더 커지기 때문이다. 또 비가 앞에서 오는 것 같이 느끼는 것은 빗방울의 사람에 대한 상대속도가 앞에서 오는 방향이기 때문이다. 우산을 그 방향으로 기울여야 좋은 방패가 된다.

비가 오는 방향

사람이 맞는 빗물의 전체 양은 '단위시간에 맞는 빗물의 양×가는 데 걸리는 시간'이다. 뛰어가면 빗방울의 사람에 대한 상대속력이 커지므로 단위시간(예를 들어 1초)에 맞는 빗물의 양은 오히려 더 많아진다. 그러나 뛰어가면 목적지까지 가는 데 걸리는 시간은 줄어든다. 단위시간에 맞는 빗물의 양이 증가하는 것보다 시간이 더 많이 줄기 때문에 목적지까지 가는 동안 맞는 빗물의 양은 빨리 뛸수록 줄어든다.

**[지문 해제]** 이 글은 비가 올 때 뛰면 비가 더 세차게 느껴지는데 과연 비를 덜 맞을까라는 의문으로 시작한다. 이 의문을 해결할 실마리로 상대위치가 어느 방향으로 얼마나 빨리 바뀌는가를 나타내는 '상대속도'와 그것의 크기인 '상대속력'에 대해 설명하고 있다. 얼굴에 빗방울을 맞았을 때 힘(충격량)을 느끼는 것은 빗방울의 상대운동량이 변하기 때문이며, 이 상대운동량이 커질수록 충격량이 커진다. 그리고 뛰게 되면 상대속력이 더 커져서 빗방울이 더 세게 느껴지는 것이다. 뛰어가면 단위시간에 맞는 빗물의 양은 많아지지만, 목적지까지 가는 데 걸리는 시간이 줄어들게 되므로 맞는 빗물의 양은 빨리 뛸수록 줄어든다.

## 1 세부 정보 파악하기 | 정답 ③ |

**윗글의 내용과 일치하지 않는 것은?**
① 상대속도에는 방향 개념이 들어 있다. 2문단
② 상대속력은 상대속도의 크기를 나타낸다. 2문단
③ 뛰어가면 단위시간에 맞는 빗물의 양이 ~~줄어든다.~~ 많아진다
④ 비가 오는 방향으로 우산을 기울여야 비를 덜 맞는다. 4문단
⑤ 비가 올 때 뛰면 목적지까지 가는 시간이 줄기 때문에 비를 덜 맞는다. 5문단

**✓ 정답 풀이**

마지막 문단에서 뛰어가면 빗방울의 사람에 대한 상대속력이 커지기 때문에 단위시간에 맞는 빗물의 양은 오히려 더 많아진다고 하였다. 따라서 뛰어가면 단위시간에 맞는 빗물의 양이 줄어든다는 ③의 진술은 적절하지 않다.

**✗ 오답 풀이**

① 2문단에서 상대위치가 어느 방향으로 얼마나 빨리 바뀌는가를 나타내는 것이 상대속도라고 하였다. 따라서 상대속도에는 방향 개념이 들어 있다고 볼 수 있다.
② 2문단에서 상대속도의 크기가 상대속력이라고 하였다.
④ 4문단에서 비가 앞에서 오는 것 같이 느끼는 것은 빗방울의 사람에 대한 상대속도가 앞에서 오는 방향이기 때문이라며 우산을 비가 오는 방향으로 기울여야 좋은 방패가 된다고 하였다.
⑤ 5문단에서 뛰어가면 단위시간에 맞는 빗물의 양이 증가하는 것보다 목적지까지 가는 데 걸리는 시간이 더 많이 줄기 때문에 목적지까지 가는 동안 맞는 빗물의 양은 빨리 뛸수록 줄어든다고 하였다.

## 2 현상의 원인 추론하기 | 정답 ④ |

**⊙의 이유로 적절한 것은?**
① 빗방울의 질량이 더 커지기 때문에
② 빗방울의 상대위치가 달라지기 때문에
③ 빗방울의 상대운동량이 0이 되기 때문에
④ 빗방울의 상대운동량의 변화가 더 크기 때문에
⑤ 빗방울의 사람에 대한 상대속도가 작아지기 때문에

**✓ 정답 풀이**

3문단과 4문단에서 비가 올 때 뛰면 빗방울이 더 세차게 느껴지는 현상의 원인을 설명하고 있다. 비가 올 때 뛰어가면 사람에 대한 빗방울의 상대속력(상대속도의 크기)이 커짐에 따라 상대운동량도 커지므로, 걸어갈 때보다 충격량이 더 커져서 비가 더 세차게 느껴지는 것이다.

**✗ 오답 풀이**

① 뛰면 비가 더 세차게 느껴지는 이유는 상대속도의 영향이지 질량의 영향이 아니다. 걷거나 뛰거나 빗방울의 질량에는 변화가 없다.
② 빗방울의 상대위치와의 직접적인 연관성은 확인하기 어렵다.
③ 걸을 때나 뛸 때나 빗방울이 얼굴에 닿으면 상대운동량이 0이 되는 것은 마찬가지다.
⑤ 빗방울의 사람에 대한 상대속력이 커지기 때문에 뛰면서 맞는 경우 더 세게 느껴진다고 하였다. 이때 뛰게 되면 빗방울의 사람에 대한 상대속도는 더 커진다.

## 3 구체적 사례에 적용하기 | 정답 ② |

**윗글을 참고할 때 〈보기〉에 대한 설명으로 적절한 것은?**

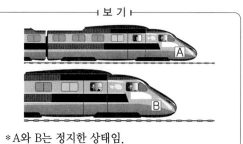

| 보 기 |

*A와 B는 정지한 상태임.

① A의 승객은 B가 뒤로 가면 자신이 ~~뒤~~로 간다고 생각한다. 앞
②A가 앞으로 가면 A의 승객은 B가 상대적으로 뒤로 간다고 생각한다.
③ A와 B가 같은 속력으로 달리면 ~~방향이 달라도~~ 상대위치는 변하지 않는다. 같은 방향
④ A와 B가 같은 방향으로 달리면 ~~속력이 달라도~~ 상대위치는 변하지 않는다. 같은 속력
⑤ A와 B가 속력이 같으면 같은 방향으로 달릴 때와 반대 방향으로 달릴 때의 상대속도는 ~~같다.~~ 달라진다

**✓ 정답 풀이**

2문단에서 상대위치와 상대속도, 상대속력에 대한 내용을 설명하고 있으므로 이를 참고하면, A가 앞으로 가면 A의 승객은 B가 상대적으로 뒤로 간다고 생각한다. 이것은 자신의 위치를 다른 기차에 대한 상대위치로 감지하였기 때문이다.

**✗ 오답 풀이**

① A의 승객은 B가 뒤로 가면 자신은 앞으로 간다고 생각할 것이다.
③, ④ 2문단의 마지막 부분을 통해, A와 B가 같은 속력으로 같은 방향으로 갈 때 상대위치가 바뀌지 않음을 알 수 있다.
⑤ A와 B가 같은 속력이라고 하여도 방향이 다르면 상대속도가 달라지는데, 이는 상대속도에 방향의 개념이 들어 있기 때문이다.

- **1문단:** 특정 환경이나 공간 배치를 아름답게 생각하는 현상에 대한 의문
- **2문단:** 조망과 피신 이론
- **3문단:** 조망과 피신 이론이 제공하는 구체적인 예측

* **배치(配, 置):** 사람이나 물자 따위를 일정한 자리에 알맞게 나누어 둠.
* **조망(바라볼 眺, 바랄 望):** 먼 곳을 바라봄. 또는 그런 경치.

- **4문단:** 라이트가 설계한 집의 진화 미학적 특징

* **심오(깊을 深, 속 奧):** 사상이나 이론 따위가 깊이가 있고 오묘함.
* **선사(선물 膳, 줄 賜):** 남에게 선물을 줌.

- **5문단:** 진화의 관점에서 본 자연의 아름다움

▶ **주제:** 진화의 관점에서 본 조망과 피신 이론

사람들은 사막보다 푸른 초원을 더 아름답다고 생각한다. 이처럼 인간이 왜 특정한 환경이나 공간적 배치*를 더 아름답다고 생각하는지 ⊙일반적인 설명이 필요하다.

조경 연구자 제이 애플턴의 '조망*과 피신' 이론에 따르면, 인간은 남들에게 들키지 않고 바깥을 내다볼 수 있는 곳을 선호하게끔 진화했다. 장애물에 가리지 않는 열린 시야는 물이나 음식물 같은 자원을 찾거나 포식자나 악당이 다가오는 것을 재빨리 알아차리는 데 유리하다. 눈이 달려 있지 않은 머리 위나 등 뒤를 가려 주는 피난처는 나를 포식자나 악당으로부터 보호해 준다. 산등성이에 난 동굴, 저 푸른 초원 위의 그림 같은 집, 동화 속 공주가 사는 성채, 한쪽 벽면이 통유리로 된 2층 카페 등은 모두 조망과 피신을 동시에 제공하기 때문에 우리의 마음을 사로잡는다. 풍수지리설에서 배산임수(背山臨水), 즉 뒤로 산이나 언덕을 등지고 앞에 강이나 개울을 바라보는 집을 높게 쳐 주는 것에도 심오*한 진화적 근거가 깔려 있는 셈이다.

'조망과 피신' 이론은 그저 재미로 흘려듣는 이야기가 아니다. 그것은 잘 몰랐던 사실에 대한 구체적인 예측을 제공하는 과학 이론이다. 첫째, 사람들은 어떤 공간의 한복판보다는 언저리를 선호할 것이다. 언저리에서 그 공간 전체를 가장 잘 조망할 수 있기 때문이다. 둘째, 나무 그늘이나 지붕, 차양, 파라솔 아래처럼 머리 위를 가려 주는 곳을 측면이나 후면만 가려 주는 곳보다 선호할 것이다. 셋째, 온몸을 사방으로 드러내는 곳보다 측면이나 후면을 가려 주는 곳을 더 선호할 것이다. 이 예측들을 직접 검증하고 싶다면, 지금 바로 한적한 별다방에 가서 줄지어 들어오는 손님들이 과연 어떤 테이블부터 채우는지 살펴보시라.

20세기의 위대한 건축가 프랭크 로이드 라이트의 작품들은 진화 미학으로 잘 설명된다. 라이트가 설계한 집은 정문에서 낮은 천장, 붙박이 벽난로, 널찍한 통유리창이 어우러지면서 바깥 풍경에 대한 조망과 아늑한 보금자리를 동시에 선사*해 준다. 특히 천장의 높이를 제각각 다르게 하고 지붕 바로 아래에 주요한 생활공간을 몰아넣음으로써 마치 울창한 나무 그늘 아래에 사는 듯한 느낌을 준다. 라이트는 그의 대표작인 「낙수장(落水莊, Falling Waters)」을 계곡의 폭포 바로 위에 세움으로써 피신처에서 느끼는 안락한 기분을 한층 강화시켰다.

자연의 아름다움이란 자연 그 자체에 깃든 외부적 실재가 아니다. 잡식성 영장류인 인간이 오랜 세월 진화하면서 생존과 번식에 유리했던 특정한 환경을 잘 찾아가게끔 그 환경에 대해 느끼는 긍정적인 정서일 뿐이다.

**[지문 해제]** 이 글은 '조망과 피신' 이론을 통해 자연에 대한 인간의 생각을 진화 미학적 측면에서 설명하고 있다. '조망과 피신' 이론은 잡식성 영장류인 인간이 오랜 세월 진화하면서 생존과 번식에 유리했던 환경을 아름답게 느낀다고 설명하고 있다. 이 이론에 따르면 인간은 어떤 공간의 한복판보다는 언저리를 선호하고 머리 위를 가려 주는 곳을 측면이나 후면만 가려 주는 곳보다 선호하며, 온몸을 사방으로 드러내는 것보다는 측면이나 후면이라도 가려 주는 것을 더 선호한다. 이는 인간이 생존과 번식의 문제로 인하여 유리한 자연 환경을 선택하도록 진화해 왔기 때문이다.

## 1 세부 정보 파악하기 | 정답 ③ |

**윗글의 내용과 일치하지 <u>않는</u> 것은?**
2문단, 3문단
① 인간의 일상적인 행동에도 진화적 근거가 깔려 있다.
② 라이트의 대표작인 「낙수장」은 진화 미학으로 설명할 수 있다. 4문단
③ 사람들은 주거지를 선택할 때 조망보다 안락함을 우선한다.
조망과 피신을 동시에 제공하는 공간을 선호함
④ '조망과 피신' 이론은 몰랐던 사실에 대해 예측을 제공한다. 3문단
⑤ 사람들은 지붕이 있는 곳을 측면만 가려주는 곳보다 좋아한다. 3문단

✔ 정답 풀이

2문단을 보면 인간은 자신이 머물 환경을 선택할 때 남들에게 들키지 않고 바깥을 내다볼 수 있는 조망과 피신을 동시에 제공하는 공간을 선호한다는 것을 알 수 있다. 따라서 조망과 피신의 조건이 갖추어지지 않으면 안락함을 느낄 수 없을 것이다.

## 2 구체적 상황에 적용하기 | 정답 ⑤ |

**다음은 어떤 지역의 지도이다. 윗글을 참고하여 A 지역을 평가한 것으로 적절하지 <u>않은</u> 것은?**

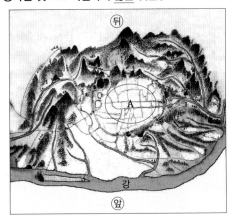

① 앞쪽의 위험을 빨리 알 수 있어 살기에 적당하겠군.
조망이 유리함
② 옆쪽은 산들이 가려주어 보호의 기능을 제공하는군.
산들이 둘러쌈
③ 앞쪽은 강으로 시야가 열려 있어 자원을 찾기 쉽겠군. 2문단
④ 뒤쪽의 산들이 뒤를 막아주어 피난처로 안성맞춤이군. 2문단
⑤ 한복판은 사방을 둘러볼 수 있어 주거지로 가장 좋아하겠군.

A 지역은 전형적인 배산임수(背山臨水) 지형으로, 뒤에는 산이 가려 주고 앞에는 강이 있기 때문에 시야가 확보되어 안정감을 느낄 수 있는 곳이다. 그러나 3문단에서 사람들은 어떤 공간의 한복판보다는 언저리를 선호한다고 했다. 따라서 사람들은 A 지역의 한복판보다는 언저리를 주거지로 선호할 것이다.

✘ 오답 풀이

① 앞쪽의 조망이 유리하여, 위험을 빨리 알아챌 수 있는 조건이다.
② 옆쪽에는 산들이 둘러싸고 있기 때문에 보호의 기능을 제공한다.
③ 2문단의 '장애물에 가리지 않는 열린 시야는 물이나 음식물 같은 자원을 찾'는 데 유리하다는 내용을 통해 알 수 있다.
④ 2문단의 '머리 위나 등 뒤를 가려 주는 피난처는 나를 포식자나 악당으로부터 보호해 준다.'를 통해 알 수 있다.

## 3 개괄적 정보 파악하기 | 정답 ② |

**㉠을 이해한 것으로 가장 적절한 것은?**
① 공간적 배치를 바꿀 수 있는 곳을 아름답다고 느낀다. 공간적 배치를 바꾸는 것은 이 글에서 언급하지 않음
② 종족을 보존하는 데 적합한 곳을 아름답다고 생각한다.
③ 자연 자체의 아름다움이 드러난 곳을 아름답다고 인식한다.
④ 주변의 정보가 잘 드러나지 않는 곳을 아름답다고 파악한다.
⑤ 지형이 단순하지 않고 적당히 복잡한 곳을 아름답다고 여긴다. 지형의 단순·복잡은 '조망과 피신' 이론과 관련이 없음

✔ 정답 풀이

마지막 문단에서 인간이 생각하는 자연의 아름다움이란 진화 과정에서 생존과 번식에 유리한 환경에 대해 느끼는 긍정적인 정서라고 했다. 따라서 이러한 관점에서는 종족을 보존하는 데 적합한 곳을 아름답다고 생각할 수 있다.

✘ 오답 풀이

① 자신을 잘 가려 줄 수 있고 상대방을 잘 볼 수 있는 공간을 선호한다고 설명했을 뿐, 공간적 배치를 바꾸는 것에 대한 설명은 이 글에 나와 있지 않다.
③ 마지막 문단에서 인간이 느끼는 자연의 아름다움은 자연 자체에 깃든 외부적 실재가 아니라고 했다.
④ '조망과 피신' 이론에 따르면 인간은 조망이 잘 되고 자신은 덜 드러나는 곳을 선호하는 것이지, 주변의 정보가 잘 드러나지 않는 곳을 선호하는 것은 아니다.
⑤ 지형이 단순하거나 복잡한 것은 이 글에서 설명한 '조망과 피신' 이론과는 관련이 없다.

○ **(가):** 후각 텔레비전을 개발하려고 한 시도

**가** 일본의 한 가전 회사가 냄새를 전달하는 후각 텔레비전을 개발하겠다고 하여 화제가 된 적이 있었다. 이를테면 피자 광고가 나올 때는 피자 냄새도 전달하여 시청자가 더 실감나게 느낄 수 있도록 하겠다는 것이었다. 그러나 3D입체 영상과 음향이 나오는 텔레비전이 상용화된 지금에도 후각 텔레비전에 대한 이야기는 아이디어 수준에 머무르고 있다. 후각 텔레비전의 개발이 어려운 이유는 후각이 시각이나 청각과는 근본적으로 다른 특성을 가지고 있기 때문이다.

○ **(나):** 시·청각과 후각의 인지상의 차이

**나** 시각으로 인지되는 빛이나 청각으로 인지되는 소리는 파장으로 나타낼 수 있다. 빛과 소리는 물리적으로 표현될 수 있는 실체이기 때문에 신호의 변환과 송신*이 비교적 자유롭다. 그리고 신호의 강약 변화만 파악하면 감각적으로 인지할 수 있다. 반면에 후각의 대상이 되는 냄새는 화학적인 결합을 통해 만들어지는 것이기 때문에 변환과 송신이 어렵고, 감각으로 인지하는 과정도 시각이나 청각에 비해 복잡하다.

○ **(다):** 후각이 냄새를 인지하는 과정

**다** 후각이 냄새를 인지하는 과정은 다음과 같다. 먼저 냄새 분자가 호흡을 통해 콧구멍으로 들어 온 후 콧구멍 깊숙한 곳에 있는 후각 상피 쪽으로 이동을 하게 된다. 여기에서 냄새 분자는 후각 상피를 둘러싸고 있는 점막을 통해 후각 세포 쪽으로 이동하게 된다. 점막은 물과 복합 지방으로 구성되어 냄새 분자를 잘 녹인다. 점막으로 녹아 들어간 냄새 분자는 후각 세포의 끝에 있는 후각 수용체 중 꼭 맞는 것과 결합한다. 그러면 후각 세포는 후각 수용체와 결합한 냄새 분자를 전기 신호로 바꾸어 후신경을 통해 뇌로 전달한다. 이때 어느 후신경을 통해 신호가 들어오느냐에 따라 뇌에서는 각각 다른 냄새로 인지하게 된다.

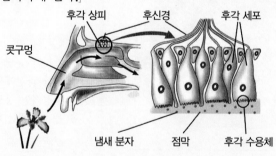

후각 상피   후신경   후각 세포
콧구멍
냄새 분자   점막   후각 수용체

○ **(라):** 인간과 개의 후각 인지 능력 비교

**라** 인간의 후각은 0.001ppm 정도 되는 극히 낮은 농도의 냄새까지 알아낼 수 있고, 3,000여 가지의 냄새를 구별할 수 있을 만큼 예민하다. 그렇지만 이것도 다른 동물에 비해서는 많이 무딘 편이다. 인간은 문명의 발달에 따라 후각의 의존도가 낮아졌지만, 다른 동물들은 지금도 적을 감지하는 데 가장 효과적인 수단으로 후각을 이용한다. 개의 경우, 후각 상피의 표면적이 130cm²로, 3cm²인 인간에 비해 넓고 후각 세포도 그만큼 더 많기 때문에 냄새를 인지하는 능력이 인간보다 훨씬 더 우수하다.

* **송신**(보낼 送, 믿을 信): 주로 전기적 수단을 이용하여 전신, 전화, 방송 따위의 신호를 보냄.
* **유용**(있을 有, 쓸 用): 쓸모가 있음.

**마** 지금까지 후각에 대해 많은 연구를 했지만 아직도 후각과 냄새 분자에 대해 밝히지 못한 부분이 많다. 냄새 분자는 <u>화학 반응으로 인해 분자 구조가 조금만 달라져도 냄새의 성질이 달라진다.</u> 그리고 <u>두 냄새 분자가 동시에 후각 수용체를 자극하면 제3의 냄새로 인지되는 경우도 있다.</u> 이와 같은 현상을 완전하게 이해하기 위해서는 <u>후각을 자극하는 냄새 분자의 구조를 밝히고, 어떤 후각 수용체가 어떤 냄새를 인지할 수 있는지 알아내야 한다.</u> 만약 이 연구 결과를 바탕으로 냄새 분자를 인공적으로 만들 수 있다면 그 기술은 후각 텔레비전에 사용되는 것은 물론 악취 제거나, 향기를 이용한 치료 등에도 유용*하게 사용될 수 있을 것이다.

※ (마): 후각과 냄새 분자 연구의 전망

▶ 주제: 후각의 특성과 앞으로의 연구 전망

**[지문 해제]** 화학적인 결합을 통해 만들어지는 냄새는 변환과 송신이 어렵고, 빛이나 소리보다 인지하기가 어렵다. 후각은 시각이나 청각과는 근본적으로 다른 특성을 가지고 있기 때문이다. 이 글은 후각이 어떠한 과정을 거쳐 냄새를 인지하는지, 인간의 후각이 갖는 특징은 무엇인지 살펴보고, 후각과 냄새 분자에 관한 연구 과제와 응용 분야에 대해 소개하고 있다.

---

**1** 반응의 적절성 파악하기 | 정답 ④ |

윗글을 읽은 학생이 다음 내용에 대해 보인 반응으로 가장 적절한 것은?

┤ 보 기 ├

**생활 상식**

질문: 얼마 전에 축농증 수술을 했습니다. 이제 냄새를 잘 맡을 수 있게 되어 좋은데, 악취에 민감해졌습니다. 집안의 악취를 어떻게 하면 제거할 수 있을까요?

답변: 악취를 없애는 방법은 환기를 하는 방법, 탈취제로 냄새 분자를 산화시키거나 분해하는 화학적인 방법, 숯과 같은 물질로 냄새 분자를 흡수하는 방법이 있습니다.

　사람들이 많이 쓰는 방향제는 악취보다 강한 향기를 뿜어 악취를 덜 느끼도록 하는 방법입니다.

① 질문자는 현재 후각 세포가 손상된 상태이겠군.
（후각 세포가 손상되지 않음）
② 질문자는 후각 상피의 면적이 일반인보다 좁겠군.
（일반인과 비교할 근거가 없음）
③ 숯은 후각 텔레비전을 만들 때 핵심적인 재료가 되겠군.
④ 탈취제는 냄새 분자의 구조를 변화시켜 냄새의 성질을 바꾼 것이겠군.
⑤ 방향제는 두 냄새가 합해져 냄새가 없어지는 원리를 이용한 것이겠군.
（강한 향기를 뿜어 악취를 덜 느끼도록 하는 방법임）

**✔ 정답 풀이**

'답변'에서 탈취제를 사용하는 것은 냄새 분자를 산화시키거나 분해하는 화학적인 방법이라고 하였다. (마)에 따르면 '냄새 분자는 화학 반응으로 인해 분자 구조가 조금만 달라져도 냄새의 성질이 달라진다.'라고 하였다.

**✘ 오답 풀이**

① 질문자는 축농증 수술 후 냄새를 잘 맡을 수 있게 되었다고 했으므로 현재 후각 세포가 손상된 상태는 아니다.
② 축농증 수술 후 악취에 민감해졌다고 한 질문자는 수술 전보다 후각 상피의 면적이 넓어졌다고 볼 수 있으나 일반인과 비교하여 판단할 근거는 없다.
③ 냄새 분자를 흡수하는 기능을 지닌 숯이 후각 텔레비전 개발에 어떻게 이용될지 이 글을 통해서는 알 수 없다.
⑤ '답변'에서 방향제는 두 냄새를 합해 냄새를 없애는 것이 아니라 악취보다 강한 향기를 뿜어 악취를 덜 느끼도록 하는 방법이라고 하였다.

---

**2** 세부 정보 파악하기 | 정답 ⑤ |

〈보기〉는 냄새 분자가 인지되는 과정을 나타낸 것이다.
（(다)에 제시됨）
ⓐ~ⓒ에 대한 설명으로 적절하지 <u>않은</u> 것은?

┤ 보 기 ├

콧구멍 → 점막 → 후각 세포 → 후신경 → 뇌
물과 복합 지방으로　　：　　：　　：　냄새 분자를
구성되어 냄새 분자　ⓐ　ⓑ　ⓒ　뇌로 전달
를 잘 녹임
　　　후각 수용체와 결합한 냄새 분자를 전기 신호로 바꿈

① ⓐ는 물과 복합 지방으로 구성되어 있다.
② ⓐ는 냄새 분자를 잘 녹이는 성질을 가지고 있다.
③ ⓑ의 끝에 있는 후각 수용체가 냄새 분자와 결합한다.
④ ⓑ는 냄새 분자를 전기 신호로 바꾼다.
⑤ ⓒ를 통과하는 신호의 강도에 따라 다른 냄새로 인지된다.

**✔ 정답 풀이**

(다)의 마지막 부분에서 '어느 후신경을 통해 신호가 들어오느냐에 따라 뇌에서는 각각 다른 냄새로 인지하게 된다.'라고 하였으므로 후신경을 통과하는 신호의 강도에 따라 다른 냄새로 인지된다는 진술은 적절하지 않다.

○ 1문단: 바이러스의 개념과 특징

○ 2문단: 박테리오파지의 발견

○ 3문단: 박테리오파지의 구성

＊숙주(묵을 宿, 주인 主): 기생 생물에게 영양을 공급하는 생물.

＊기생(부칠 寄, 날 生): 서로 다른 종류의 생물이 함께 생활하며, 한쪽이 이익을 얻고 다른 쪽이 해를 입고 있는 일. 또는 그런 생활 형태.

○ 4문단: 박테리오파지의 복제 과정

＊다당류(많을 多, 사탕 糖, 무리 類): 가수 분해에 의하여 한 분자에서 두 개 이상의 단당류를 생성하는 탄수화물을 통틀어 이르는 말.

＊복제(겹칠 複, 지을 製): 본디의 것과 똑같은 것을 만듦. 또는 그렇게 만든 것.

○ 5문단: 박테리오파지의 종류

＊여부(줄 與, 아닐 否): 그러함과 그러하지 아니함.

＊형성(모양 形, 이룰 成): 어떤 형상을 이룸.

▶ 주제: 박테리오파지의 특징과 증식

바이러스란 스스로는 증식할 수 없고 숙주＊ 세포에 기생＊해야만 증식할 수 있는 감염성 병원체를 일컫는다. 바이러스는 자신의 존속을 위한 최소한의 물질만을 가지고 있기 때문에 거의 모든 생명 활동에서 숙주 세포를 이용한다. 바이러스를 구성하는 기본 물질은 유전 정보를 담은 유전 물질과 이를 둘러싼 단백질 껍질이다.

1915년 영국의 세균학자 트워트는 포도상 구균을 연구하던 중, 세균 덩어리가 녹는 것처럼 투명하게 변하는 현상을 관찰했다. 뒤이어 1917년 프랑스에서 활동하던 데렐은 이질을 연구하던 중 환자의 분변에 이질균을 녹이는 물질이 포함되어 있다는 것을 발견하고, 이 미지의 존재를 '박테리오파지'라고 불렀다. 박테리오파지는 바이러스의 일종으로 '세균을 잡아먹는 존재'라는 뜻이다.

박테리오파지는 머리와 꼬리, 꼬리 섬유로 구성되어 있다. 「머리는 다면체로 되어 있고, 그 밑에는 길쭉한 꼬리가, 꼬리 밑에는 갈고리 모양의 꼬리 섬유가 붙어 있다. 머리에는 박테리오파지의 핵심이라 할 수 있는 유전 물질이 있는데, 이 유전 물질은 단백질 껍질로 보호되어 있다. 꼬리는 머릿속의 유전 물질이 세균으로 이동하는 통로 역할을 하며, 꼬리 섬유는 세균에 단단히 달라붙는 기능을 한다.」

머리 / 꼬리 / 꼬리 섬유

박테리오파지는 증식을 위해 세균을 이용한다. 「박테리오파지가 세균을 만나면 우선 꼬리 섬유가 세균의 세포막 표면에 존재하는 특정한 단백질, 다당류＊ 등을 인식하여 복제＊를 위해 이용할 수 있는 세균인지의 여부＊를 확인한다. 그리고 이용이 가능한 세균일 경우 갈고리 모양의 꼬리 섬유로 세균의 표면에 단단히 달라붙는다. 세균 표면에 자리를 잡은 박테리오파지는 머리에 들어 있는 유전 물질만을 세균 내부로 침투시킨다. 세균 내부로 침투한 박테리오파지의 유전 물질은 세균 내부의 DNA를 분해한다. 그리고 세균의 내부 물질과 여러 효소 등을 이용하여 새로운 박테리오파지를 형성＊할 유전 물질과 단백질을 만들어 낸다.」 이렇게 만들어진 유전 물질과 단백질이 조립되면 새로운 박테리오파지가 복제되는 것이다.

박테리오파지에는 '독성 파지'와 '용원성 파지'가 있다. 독성 파지는 충분한 양의 박테리오파지가 복제되면 복제를 중단하고 세균의 세포벽을 파괴하는 효소를 만든다. 그리고 그 효소로 세균의 세포벽을 터뜨리고 외부로 쏟아져 나온다. 이와 달리 용원성 파지는 세균을 이용하는 것은 독성 파지와 같지만 세균을 파괴하지는 않는다. 대신 세균 속에서 계속 기생하여 세균이 분열함에 따라 같이 늘어난다.

[지문 해제] 이 글은 세균성 바이러스인 '박테리오파지'의 특성과 증식 과정을 설명하고 있다. 박테리오파지는 바이러스의 일종으로 세균을 연구하는 과정에서 발견되었으며, 머리, 꼬리, 꼬리 섬유로 구성되어 있다. 머리에는 단백질 껍질로 보호된 유전 물질이 있고, 꼬리는 유전 물질이 이동하는 통로 역할을 하며, 꼬리 섬유는 세균에 달라붙는 기능을 한다. 그리고 증식을 위해 세균을 이용하는데, 박테리오파지의 머리에 있는 유전 물질이 세균 내부에 침투해 DNA를 분해하고 유전 물질과 단백질을 조립하여 새로운 박테리오파지가 복제된다. 박테리오파지에는 세균 내에서 복제를 한 후 세포벽을 터뜨리고 나오는 '독성 파지'와 세균 속에서 계속 기생하면서 세포 분열과 함께 증식하는 '용원성 파지'가 있다.

## 1 구체적 사례에 적용하기 | 정답 ④ |

윗글을 바탕으로 〈보기〉의 [A]~[E]를 이해한 것으로 적절하지 않은 것은?

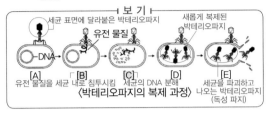

┌─────────────── 보 기 ───────────────┐
세균 표면에 달라붙은 박테리오파지 / 새롭게 복제된 박테리오파지 / 유전 물질 / DNA / [A] 유전 물질을 세균 내로 침투시킴 / [B] / [C] 세균의 DNA 분해 / [D] / [E] 세균을 파괴하고 나오는 박테리오파지 (독성 파지)
〈박테리오파지의 복제 과정〉
└──────────────────────────────────┘

① [A]: 꼬리 섬유가 세포막 표면의 단백질, 다당류 등을 인식한 결과에 따라 유전 물질의 침투 여부가 결정되겠군. 4문단
② [B]: 박테리오파지의 머릿속에 있는 유전 물질은 꼬리를 통해 세균 안으로 유입되겠군. 4문단
③ [C]: 세균에 침투한 유전 물질은 세균의 내부 물질과 효소 등을 이용해 복제에 필요한 유전 물질과 단백질을 만들겠군. 4문단
④ [D]: 세균 속에서 기생하다 세균이 분열하는 과정에서 새로운 박테리오파지가 복제되겠군. 용원성 파지
⑤ [E]: 복제된 박테리오파지가 세포 밖으로 터져 나오는 것을 보니 독성 파지가 증식된 것이겠군. 5문단

✔️ 정답 풀이

5문단을 고려하면 〈보기〉는 복제된 박테리오파지가 세포벽을 터뜨리고 외부로 쏟아져 나오는 '독성 파지'임을 알 수 있다. [D]는 [C]의 과정에서 만든 유전 물질과 단백질을 조합하여 새로운 박테리오파지를 복제하는 과정이다. 그런데 ④에서 세균 속에서 기생하다 세균이 분열하는 과정에서 새로운 박테리오파지가 복제된다는 것은 '용원성 파지'에 대한 설명이다. 따라서 '독성 파지'의 분열 과정에 대한 설명으로 적절하지 않다.

❌ 오답 풀이

① 4문단에서 꼬리 섬유는 세포막 표면에 존재하는 특정 단백질, 다당류 등을 인식하여 복제를 위해 이용할 수 있는 세균인지의 여부를 확인한다고 하였다.
② 4문단에서 세균 표면에 자리를 잡은 박테리오파지는 머리에 들어 있는 유전 물질만을 세균 내부에 침투시킨다고 하였다.
③ 4문단에서 세균 내부로 침투한 박테리오파지의 유전 물질은 세균 내부의 DNA를 분해하고, 세균의 내부 물질과 여러 효소 등을 이용하여 새로운 박테리오파지를 형성할 유전 물질과 단백질을 만들어 낸다고 하였다.
⑤ 5문단에서 독성 파지는 충분한 양의 박테리오파지가 복제되면 세균의 세포벽을 파괴하는 효소를 만든 뒤, 그 효소로 세균의 세포벽을 터뜨리고 외부로 쏟아져 나온다고 하였다.

## 2 세부 정보 파악하기 | 정답 ⑤ |

윗글에서 언급된 '박테리오파지'에 대한 설명으로 적절하지 않은 것은?

① 세균을 숙주 세포로 삼아서 기생하는 바이러스이다. 2문단
② 머리에 있는 유전 물질은 단백질 껍질로 보호되어 있다. 3문단
③ 이질균을 녹이는 물질을 발견한 데렐에 의해 명명되었다. 2문단
④ 꼬리 섬유는 세균의 표면에 단단히 달라붙는 기능을 한다. 3문단
⑤ 세포막 표면에 존재하는 특정 단백질을 복제하여 증식한다. 세포막 표면에 존재하는 특정한 단백질은 박테리오파지의 꼬리 섬유가 복제에 이용할 수 있는 세균인지의 여부를 가리기 위해 인식하는 것임

✔️ 정답 풀이

4문단에서 박테리오파지는 유전 물질만을 세균 내부로 침투시켜 세균 내부의 DNA를 분해한다고 하였다. 그리고 세균의 내부 물질과 여러 효소 등을 이용하여 새로운 박테리오파지를 형성할 유전 물질과 단백질을 만들어 내고, 이들이 조립되어 새로운 박테리오파지가 복제되는 것이라고 하였다. 따라서 세포막 표면에 존재하는 특정 단백질을 복제하여 증식한다는 진술은 적절하지 않다. 4문단에 따르면 세포막 표면에 존재하는 특정한 단백질은 박테리오파지의 꼬리 섬유가 복제에 이용할 수 있는 세균인지의 여부를 가리기 위해 인식하는 것이다.

❌ 오답 풀이

① 2문단에서 박테리오파지는 바이러스의 일종이라고 하였고, 1문단에서 바이러스는 스스로는 증식할 수 없고 숙주 세포에 기생해야만 증식할 수 있다고 하였다.
② 3문단에서 박테리오파지의 머리에는 유전 물질이 있고, 이는 단백질 껍질로 보호되어 있다고 하였다.
③ 2문단에서 데렐이 이질을 연구하던 중에 이질균을 녹이는 물질을 발견하고 그것을 '박테리오파지'라고 불렀다고 하였다.
④ 3문단에서 박테리오파지의 꼬리 섬유는 세균에 단단히 달라붙는 기능을 한다고 하였다. 그리고 4문단에서 꼬리 섬유가 세포막 표면의 특정한 단백질 등을 인식하여 이용이 가능한 세균인지 확인하고, 이용이 가능한 세균의 표면에 단단히 달라붙는다고 하였다.

| 과학 06~10 | 독해력 쑥쑥, 어휘 테스트 | | | |
|---|---|---|---|---|
| 01 고찰 | 02 형성 | 03 선사 | 04 복제 | 05 변모 |
| 06 여부 | 07 유용 | 08 조망 | 09 기생 | 10 진입 |
| 11 ○ | 12 × | 13 ○ | 14 × | 15 × |
| 16 ㉢ | 17 ㉣ | 18 ㉺ | 19 ㉠ | 20 ㉡ |

● 1문단: 도르래의 원리
를 이용한 엘리베이터

● 2문단: 엘리베이터의
구조

● 3문단: 엘리베이터를
움직이는 힘 – 장력

＊감당(헤아릴 勘, 당할
當): 일 따위를 맡아서
능히 해냄.

＊분산(나눌 分, 흩을 散):
갈라져 흩어짐. 또는 그
렇게 되게 함.

● 4문단: 추락 사고를
방지하는 역회전 방지
장치

＊특허(특별할 特, 허락할
許): 특정인에 대하여
새로운 일정한 권리, 능
력을 주거나 포괄적인
법령 관계를 설정하는
행정 행위.

＊낙하(떨어질 落, 아래
下): 높은 데서 낮은 데
로 떨어짐.

＊이치(다스릴 理, 보낼
致): 사물의 정당한 조
리(條理). 또는 도리에
맞는 취지.

▶ 주제: 엘리베이터의
작동 원리

엘리베이터는 도르래의 원리를 이용한 것이다. 도르래는 고정 도르래와 움직 도르래가 있다. 고정 도르래는 우물물을 긷는 것처럼 힘의 방향을 바꿀 때 사용한다. 반면 움직 도르래는 힘의 방향을 바꿀 수 없지만 작은 힘으로 큰 무게를 움직일 때 사용한다. 이 두 가지 중 엘리베이터는 고정 도르래를 이용한 것이다.

엘리베이터의 움직임을 이해하기 위해 그 구조를 살펴보자. 우선 도르래는 수직 통로의 맨 위에 고정되어 있다. 이 도르래는 전동기의 출력 장치와 연결되어 엘리베이터를 움직이는 에너지를 전달한다. 그 옆에는 보조 도르래가 있다. 엘리베이터의 힘은 끈을 통해 작용하는데 한쪽 끈에는 사람들이 타는 엘리베이터 박스가, 다른 쪽 끈에는 평형추가 달려 있다. 엘리베이터 박스와 평형추는 전동기의 힘으로 아래, 혹은 위로 움직인다.

엘리베이터가 움직일 때 끈의 각 부분에는 양쪽으로 잡아당기는 힘이 존재하게 되며, 이 힘을 장력이라 부른다. 장력은 서로 잡아당길 때 생기는 힘으로, 밀거나 누르는 힘인 압축력과 다르다. 또한 장력의 두 힘은 혼자서는 존재할 수 없는 힘들이다. 줄다리기를 생각해 보면 쉽게 이해할 수 있다. 줄다리기의 경우 한쪽에서 가만히 있으면 줄은 일방적으로 다른 쪽으로 끌려갈 것이다. 엘리베이터 박스와 평형추 사이의 힘도 마찬가지다. 엘리베이터 박스만 있고 평형추가 없다면 다른 쪽은 엘리베이터 박스 쪽으로 끌려가 버릴 것이다. 이런 상태로 엘리베이터를 운행한다면 엘리베이터 박스의 무게를 전동기의 힘으로만 감당*해야 한다. 그런데 다른 쪽에 엘리베이터 박스와 평형을 이룰 수 있는 추가 있다면 그 무게만큼 전동기가 부담해야 할 힘은 분산*될 것이다.

도르래의 원리를 엘리베이터에 이용할 때 가장 문제가 되었던 것은 추락 사고다. 1861년 오티스라는 발명가가 이러한 문제를 해결한다. 그는 '역회전 방지 장치'로 엘리베이터 특허*를 받았고, 고층 건물 시대의 서막을 화려하게 열었다. 보통 '엘리베이터 브레이크'라고 부르는 이 장치 덕분에 엘리베이터가 천천히 움직일 경우에는 도르래가 양방향으로 움직이지만 추락 상황같이 빠른 속도로 움직일 때는 도르래의 움직임을 멈춰 낙하*를 방지한다. 이와 같은 원리는 자동차의 안전벨트를 생각하면 좀 더 쉽게 이해할 수 있다. 즉 안전벨트를 서서히 잡아당기면 벨트가 자연스럽게 풀리지만, 힘을 주어 확 잡아당기면 벨트가 당겨오지 않는 것과 같은 이치*다.

[지문 해제] 이 글은 엘리베이터의 작동 원리를 설명하고 있다. 엘리베이터는 힘의 방향을 바꿀 수 있는 고정 도르래를 이용한 것으로, 엘리베이터는 도르래와 연결된 전동기, 보조 도르래, 평형추로 구성되어 있다. 엘리베이터가 작동하는 힘은 끈의 각 부분에서 양쪽으로 잡아당기는 장력이며, 오티스가 엘리베이터의 추락 사고를 막기 위한 역회전 방지 장치를 개발하면서 고층 건물 시대가 가능해지게 되었다.

## 1 전개 방식 파악하기 | 정답 ① |

윗글의 전개 방식으로 적절한 설명을 〈보기〉에서 고른 것은?

┤보기├

ㄱ. 용어의 개념을 설명하여 독자의 이해를 돕고 있다.
   장력의 개념
ㄴ. 친숙한 예를 들어 대상의 작동 원리를 밝히고 있다.
   자동차의 안전벨트
ㄷ. 전문가의 견해를 인용하며 화제를 제시하고 있다.
ㄹ. 시간적 순서에 따라 단계적으로 서술하고 있다.

① ㄱ, ㄴ    ② ㄱ, ㄷ    ③ ㄴ, ㄷ
④ ㄴ, ㄹ    ⑤ ㄷ, ㄹ

✅ 정답 풀이

3문단에서 장력의 개념을 설명하여 엘리베이터 작동 원리에 대한 독자의 이해를 돕고 있다(ㄱ).
4문단에서 자동차의 안전벨트라는 친숙한 예를 활용하여 '역회전 방지 장치'의 작동 원리를 밝히고 있다(ㄴ).

## 2 문단의 중심 내용 파악하기 | 정답 ③ |

윗글의 내용을 흐름에 따라 정리할 때, ⓐ~ⓒ에 적절한 것은?

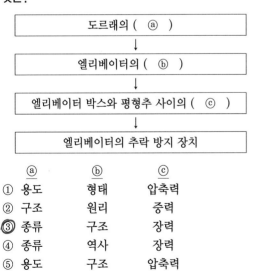

|  | ⓐ | ⓑ | ⓒ |
|---|---|---|---|
| ① | 용도 | 형태 | 압축력 |
| ② | 구조 | 원리 | 중력 |
| ③ | 종류 | 구조 | 장력 |
| ④ | 종류 | 역사 | 장력 |
| ⑤ | 용도 | 구조 | 압축력 |

✅ 정답 풀이

1문단에서는 고정 도르래와 움직 도르래라는 도르래의 종류를 설명하고 있고, 2문단에서는 엘리베이터의 구조를 설명하고 있다. 3문단에서는 전동기가 부담해야 할 힘을 분산시키는 엘리베이터 박스와 평형추 사이의 장력에 대

해 설명하고 있으며, 4문단에서는 엘리베이터의 추락 방지 장치인 역회전 방지 장치로 고층 건물 시대가 가능하게 되었다고 설명하고 있다.

## 3 핵심 정보를 이해하고 적용하기 | 정답 ④ |

다음은 윗글의 엘리베이터 원리를 나타낸 것이다. 이에 대한 설명으로 적절하지 않은 것은?

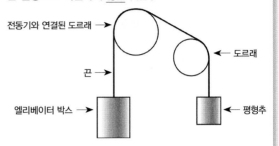

① 전동기와 연결된 도르래는 고정 도르래이다.
   1문단, 2문단
② 엘리베이터 박스가 내려가면 평형추는 올라간다.
③ 평형추는 엘리베이터 박스를 당겨주는 역할을 한다.
④ 평형추보다 엘리베이터 박스가 가벼워야 추락 방지가 쉽다.
   엘리베이터의 추락 방지는 '역회전 방지 장치'로 가능함
⑤ 평형추는 전동기가 부담해야 할 힘을 줄여주는 역할을 한다. 3문단

✅ 정답 풀이

3문단에서 엘리베이터 박스와 평형을 이루는 추가 있다면 전동기가 부담해야 할 힘이 분산된다고 하였다. 그러나 평형추보다 엘리베이터 박스가 가벼워야 추락을 방지하기 쉽다는 것은 이 글과 〈보기〉를 통해서는 알 수 없는 내용이다. 4문단에서 '역회전 방지 장치'로 엘리베이터의 낙하를 방지할 수 있다고 하였다.

❌ 오답 풀이

① 1문단에서 엘리베이터에서 사용하는 도르래는 고정 도르래라고 하였고, 2문단에서 이 도르래는 전동기의 출력 장치와 연결되어 엘리베이터를 움직이는 에너지를 전달한다고 하였다.
② 2문단과 3문단을 고려하면 엘리베이터 박스의 반대쪽 끈에는 평형추가 달려 있으며, 끈의 각 부분에는 양쪽으로 잡아당기는 장력이 작용하게 됨을 알 수 있다. 엘리베이터 박스와 평형추 사이의 힘은 균형을 이루게 되므로, 엘리베이터 박스가 내려가면 평형추는 올라가게 될 것이다.
③ 3문단을 고려하면 평형추는 장력에 의해 반대쪽 끈의 엘리베이터 박스를 당겨주는 역할을 하게 될 것이다.
⑤ 3문단에서 평형추가 없다면 다른 쪽 엘리베이터 박스 쪽으로 끌려갈 것이지만, 다른 쪽에 엘리베이터 박스와 평형을 이룰 수 있는 추가 있다면 그 무게만큼 전동기가 부담해야 할 힘은 분산될 것이라고 하였다.

● 1문단: 전자동 세탁기의
구조

어머니가 세탁기 버튼을 눌러 놓고는 텔레비전 드라마를 보고 있다. 우리가 이러한 모습을 볼 수 있는 이유는 바로 전자동 세탁기의 등장 때문이다. 전자동 세탁기는 세탁조 안에 탈수조가 있으며 탈수조 바닥에는 물과 빨랫감을 회전시키는 세탁판이 있다. (○: 전자동 세탁기의 구조) 그리고 세탁조 밑에 클러치가 있는데, 클러치는 모터와 연결되어 있어서 모터의 힘을 세탁판이나 탈수조에 전달한다. (클러치의 기능) 마이크로컴퓨터는 이 장치들을 제어하여 빨래를 하게 한다. (마이크로컴퓨터의 기능) 「그렇다면 빨래로부터 주부들의 ㉠손을 놓게 한 전자동 세탁기는 어떻게 빨래를 하는가?」 (『』: 화제에 대한 궁금증을 유발하면서 독자의 주의를 환기함)

● 2문단: 전자동 세탁기의
세탁 과정 ①

＊공회전(빌 空 돌 回, 구를 轉): 기계 따위가 일을 하지 않는 상태에서, 기관을 움직이는 것.
＊소재(본디 素, 재목 材): 어떤 것을 만드는 데 바탕이 되는 재료.

전자동 세탁기에 빨랫감을 넣고 버튼을 누르면 물이 들어오기 전에 세탁판이 2~3회 공회전을 한다. (세탁 과정 ①) 물이 없는 상태에서 세탁판이 공회전＊하면 빨랫감의 무게로 인해 회전에 저항하는 힘이 생긴다. 마이크로컴퓨터는 이 힘을 측정하여 빨랫감의 양을 감지하고 빨래에 필요한 물의 양을 판단한다. 공회전이 끝나면 소량의 물이 세탁조로 들어가고 (세탁 과정 ②) 다시 세탁판이 회전한다. 이때 마이크로컴퓨터는 빨랫감에 물이 흡수되는 정도를 측정해 빨랫감이 어떤 소재＊인가를 판단하여 빨래 시간을 결정한다. 빨래 시간이 결정되면 세탁조에 물이 채워진다. (세탁 과정 ③) 마이크로컴퓨터는 채워진 물의 투과도를 인식하여 빨랫감의 더러운 정도를 판단한 후 빨래 시간을 조정한다. (빨래 전의 단계: 세탁판 공회전 → 소량의 물 투입 후 세탁판 회전 → 세탁조에 물이 채워짐)

● 3문단: 전자동 세탁기의
세탁 과정 ②

빨래 시간의 조정이 끝나면 본격적인 세탁이 시작된다. 먼저 세탁판이 회전하면서 강한 물살을 일으킨다. (세탁 과정 ④) 이 때 발생하는 원심력, 그리고 물살과 빨랫감이 부딪치며 만들어 내는 마찰력이 빨랫감의 때를 뺀다. (세탁의 원리) 세탁이 끝나면 세탁조에 연결되어 있는 배수구로 물을 내보낸 후, 세탁조에 물을 채워 빨랫감을 헹구고 다시 배수＊를 한다. 헹굼과 배수 (세탁 과정 ⑤) 는 마이크로컴퓨터에 입력된 프로그램에 따라 반복적으로 이루어진다. 「이 과정이 끝나면 클러치는 세탁판에 전달되던 모터의 힘을 탈수조에 전달한다. 탈수조는 모터의 힘을 받아 회전하면서 원심력을 만들고 그 힘으로 빨랫감의 탈수＊가 이루어진다.」 (『』: 탈수의 원리) (세탁 과정 ⑥) (본격적인 세탁: 세탁판의 회전에 따른 강한 물살로 때를 뺌 → 헹굼과 배수 반복 → 탈수)

● 4문단: 전자동 세탁기의
진동과 소음을 줄이는
원리

＊배수(밀칠 排, 물 水): 안에 있거나 고여 있는 물을 밖으로 퍼내거나 다른 곳으로 내보냄.
＊탈수(벗을 脫, 물 水): 어떤 물체 안에 들어 있는 물기를 뺌. 또는 물기가 빠짐.

▶ 주제: 전자동 세탁기의
구조와 작동 원리

탈수조가 빠르게 회전하기 때문에 소음이 발생하고 전자동 세탁기는 심하게 흔들린다. (소음과 진동) 이러한 문제를 해결하는 장치가 유체밸런스와 네 개의 지지봉이다. 유체밸런스는 탈수조 윗면에 링처럼 부착되어 있는 것으로 이 안에는 소금물이 들어 있다. (유체밸런스의 위치와 모양) 「탈수조의 빨랫감이 한쪽으로 몰려서 탈수조가 기울어지면 기울어진 반대 방향으로 유체밸런스의 소금물이 흘러 탈수조의 균형을 잡는다.」 (『』: 유체밸런스의 기능) 이러한 원리로 유체밸런스는 균형을 잃기 쉬운 탈수조를 안정적으로 회전하도록 하여 소음을 감소시킨다. 「지지봉은 세탁조를 움직이지 않게 지탱하면서 탈수조의 회전으로 인한 세탁조에 전달되는 충격을 흡수하여 진동과 소음을 줄인다.」 (『』: 지지봉의 기능)

[지문 해제] 이 글은 전자동 세탁기의 구조와 작동 원리에 대해 소개하고 있다. 전자동 세탁기 속 마이크로컴퓨터가 빨래를 하기 전에 빨래에 필요한 물의 양과 시간을 결정하고, 세탁이 시작되면 세탁판이 회전하면서 만들어 내는 원심력과 마찰력으로 빨랫감의 때를 뺀다. 마이크로컴퓨터에 입력된 프로그램에 따라 헹굼과 배수를 반복적으로 시행한 후 탈수가 진행된다. 또한 전자동 세탁기에는 빨래를 하는 과정에서 발생하는 소음과 진동을 해결하기 위한 장치인 유체밸런스와 지지봉이 있다.

## 1 글쓰기 전략 파악하기 | 정답 ④ |

**윗글의 글쓰기 전략으로 적절하지 <u>않은</u> 것은?**

① 세탁기가 작동하는 원리를 설명한다. 2문단, 3문단
② 세탁기를 구성하는 장치들의 기능을 소개한다. 1문단, 4문단
③ 세탁기가 작동하는 과정에 따라 내용을 전개한다. 2문단, 3문단
④ 세탁기 기술의 발전 방향에 대한 전망을 제시한다.
⑤ 세탁기와 관련된 일상의 상황을 들어 글을 시작한다. 1문단

✔ 정답 풀이

이 글은 전자동 세탁기의 구조와 작동 원리 등에 대해 설명하고 있지만, 세탁기 기술의 발전 방향에 대한 전망을 제시하고 있지는 않다.

✘ 오답 풀이

① 2문단에서 빨래를 하기 전에 물의 양과 빨래 시간을 조절하는 원리를, 3문단에서 세탁과 탈수를 진행하는 원리를 설명하고 있다.
② 1문단에서 전자동 세탁기를 구성하는 장치들을 소개하고, 이 장치들의 기능을 설명하고 있다.
③ 2, 3문단에서 전자동 세탁기의 작동 과정에 따라 세탁 전 조정 단계부터 탈수까지의 과정을 설명하고 있다.
⑤ 1문단에서 세탁기와 관련된 일상의 상황을 들고 있다.

## 2 개괄적 정보 파악하기 | 정답 ③ |

**윗글을 읽은 학생이 〈보기〉를 보고 설명한 내용으로 적절하지 <u>않은</u> 것은?**

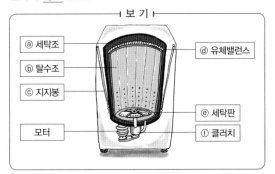

⊢ 보 기 ⊢
ⓐ 세탁조
ⓑ 탈수조
ⓒ 지지봉
모터
ⓓ 유체밸런스
ⓔ 세탁판
ⓕ 클러치

① 세탁과 헹굼을 할 때에는 ⓐ에 물이 채워져 있다. 2문단, 3문단
② ⓒ는 ⓑ가 회전할 때 생기는 진동과 소음을 줄여준다. 4문단
③ ⓓ는 세탁 과정에서 ⓐ(ⓑ)가 안정적으로 회전하도록 한다.
④ ⓔ가 돌면 세탁을 하는 데 필요한 원심력과 마찰력이 생긴다. 3문단
⑤ ⓕ는 모터의 힘을 빨래 단계에 따라 ⓑ나 ⓔ에 전달한다. 3문단

✔ 정답 풀이

4문단에서 유체밸런스는 탈수조가 회전할 때, 탈수조가 안정적으로 회전하도록 하여 소음을 감소시킨다고 하였다. 따라서 ⓓ '유체밸런스'는 ⓐ '세탁조'가 아니라 ⓑ '탈수조'가 안정적으로 회전하도록 하는 것이다.

✘ 오답 풀이

① 2문단에서 빨래 시간이 결정되면 ⓐ '세탁조'에 물이 채워진다고 하였고, 3문단에서도 세탁조에 물을 채워 빨랫감을 헹구고 다시 배수를 한다고 하였다.
② 4문단에서 ⓒ '지지봉'은 세탁조를 지탱하면서 ⓑ '탈수조'의 회전으로 인한 세탁조에 전달되는 충격을 흡수하여 진동과 소음을 줄인다고 하였다.
④ 3문단에서 세탁할 때에 ⓔ '세탁판'은 회전을 하면서 강한 물살을 일으키고, 이때 발생하는 원심력과 물살과 빨랫감이 부딪치며 만들어 내는 마찰력이 빨랫감의 때를 뺀다고 하였다.
⑤ 3문단에서 헹굼과 배수의 과정이 끝나면 ⓕ '클러치'는 ⓔ '세탁판'에 전달되던 모터의 힘을 ⓑ '탈수조'에 전달한다고 하였다.

## 3 관용적 의미 파악하기 | 정답 ④ |

**〈보기〉를 참조할 때, ㉠과 유사한 예로 볼 수 <u>없는</u> 것은?**

⊢ 보 기 ⊢
㉠은 '손(을)'과 '놓다'가 결합하여, 각 단어가 지닌 원래 의미와는 다른 새로운 의미, 즉 '하던 일을 그만두거나 잠시 멈추다.'의 뜻을 나타낸다. 이렇게 두 개 이상의 단어가 만나 새로운 의미를 가지는 경우가 있다. 관용적 표현

① 어제부터 모두들 그 식당에 발을 끊었다. 오가지 않거나 관계를 끊다.
② 모든 학생들이 선생님 말씀에 귀를 기울였다. 남의 이야기에 관심을 가지다.
③ 결국은 결승전에서 우리 편이 무릎을 꿇었다. 굴복하거나 항복하다.
④ 조용히 눈을 감고 미래의 자신의 모습을 생각했다.
⑤ 장에 가신 아버지가 오시기를 목을 빼고 기다렸다. 몹시 초조하게 기다리다.

✔ 정답 풀이

㉠은 둘 이상의 낱말이 결합하여 제3의 새로운 뜻을 나타내는 관용적 표현이다. ④의 '눈을 감고'는 눈꺼풀을 내려 눈동자를 덮는 것을 의미하므로, 단어의 본래 의미가 사용된 것일 뿐, 관용적 표현이 아니다.

✘ 오답 풀이

① '오가지 않거나 관계를 끊다.'라는 뜻을 가진 관용적 표현이다.
② '남의 이야기에 관심을 가지다.'라는 뜻을 가진 관용적 표현이다.
③ '굴복하거나 항복하다.'라는 뜻을 가진 관용적 표현이다.
⑤ '몹시 초조하게 기다리다.'라는 뜻을 가진 관용적 표현이다.

# 기술 03 패킷 교환 방식 _ 진혜진

○ 1문단: 패킷 교환 방식의 개념

일상에서 편지를 보낼 때는 편지 한 통이 통째로 전달된다. 그러나 네트워크상에서의 이메일(e-mail)은 그 내용이 조각조각으로 나뉘어 전송된다. 이렇게 나뉜 조각이 수신자에게 전송된 후 재결합되어 수신자는 한 통의 이메일을 받아볼 수 있다. 이러한 정보 전달 방식을 패킷 교환 방식이라 한다.

○ 2문단: 패킷의 개념과 구성상 특징

'패킷'이란 네트워크상에서 정보를 보낼 때 전송하기 쉽도록 데이터를 작은 단위로 나누어 놓은 것을 말한다. 패킷은 크게 헤더부와 데이터 영역으로 구분된다. 헤더부에는 메시지가 최종적으로 전달될 주소와 패킷의 일련번호 등의 정보가 들어 있고, 데이터 영역에는 메시지 자체의 내용이 들어 있다.

○ 3문단: 패킷 교환 방식의 전송 원리

패킷 교환은 다음과 같은 순서로 진행된다. 먼저 긴 메시지는 여러 개의 패킷으로 나뉘고 각 패킷에는 헤더가 부착*된다. 각각의 패킷은 버퍼와 여러 개의 노드로 이루어진 '패킷 교환망'을 지나게 된다. 패킷이 한꺼번에 많이 나가면 경로가 막힐 수도 있기 때문에 패킷들은 우선 '버퍼'라는 기억 장치에 잠시 저장된다. 버퍼는 패킷이 원활하게 전송될 수 있도록 먼저 도착한 패킷을 보내고 나머지 패킷들을 잠시 저장해 둔다. 이후 각각의 패킷들은 '노드'라고 불리는 여러 개의 통신 지점을 지나간다. 노드 하나에도 여러 개의 경로가 연결되어 있어서 패킷들은 서로 흩어져 여러 개의 노드와 경로를 통해 이동하게 된다. 패킷 교환망을 지나온 각 패킷들은 수신지에 일련번호의 순서와 상관없이 개별적으로 도착한다. 수신지에 모두 도착하면 패킷들은 일련번호의 순서에 맞게 원래의 메시지로 재결합된다. 만약 수신지에서 일련번호 순서대로 재결합이 되지 못했거나 패킷이 모두 전송되지 못했을 경우 '발신 후 수신 불능*'이나 '수신 후 에러 메시지'를 받을 수도 있다.

○ 4문단: 패킷 교환 방식의 장점

*부착(붙을 附, 붙을 着): 떨어지지 아니하게 붙음. 또는 그렇게 붙이거나 닮.

*불능(아니 不, 능할 能): 할 수 없음.

*과부하(지날 過, 질 負, 멜 荷): 일을 너무 많이 맡은 상태.

*지연(늦을 遲, 끌 延): 무슨 일을 더디게 끌어 시간을 늦춤. 또는 시간이 늦추어짐.

▶ 주제: 패킷 교환 방식의 정보 전송 원리

패킷 교환 방식은 작은 단위로 나눠진 패킷들이 여러 개의 노드를 통해서 서로 다른 경로로 전송된 후 나중에 합쳐지기 때문에 기존의 정보 전송 방식에 비해 많은 양의 데이터를 빠르게 전송할 수 있다. 패킷들이 각기 다른 경로로 전송되기 때문에 데이터 전송 시 하나의 경로에 과부하*가 발생하여 전송이 지연*되더라도 다른 경로를 통해 패킷을 전송할 수 있다는 장점이 있다. 이 방식을 활용하면 패킷들을 기기의 처리 속도에 맞추어 전송할 수 있어서 처리 속도가 다른 기기들 간에도 정보 전송이 가능하다. 또한 보내야 할 데이터가 큰 경우에도 패킷으로 나뉘어 전송되므로 정보를 원활하게 전송할 수 있다.

[지문 해제] 이 글은 네트워크상에서 이메일의 내용이 조각조각 나뉘어 전송되는 방식인 패킷 교환 방식에 대해 설명하고 있다. 패킷이란 네트워크상에서 정보를 보낼 때 전송하기 쉽도록 데이터를 작은 단위로 나누어 놓은 것으로, 크게 헤더부와 데이터 영역으로 구분된다. 패킷 교환은 먼저 긴 메시지가 여러 개의 패킷으로 나뉘고, 각 패킷에는 헤더가 부착된다. 각각의 패킷은 기억 장치인 버퍼와 여러 개의 노드로 이루어진 패킷 교환망을 지나게 된다. 패킷 교환망을 지나온 각 패킷들은 일련번호의 순서와 상관없이 개별적으로 수신지에 도착한다. 수신지에 모두 도착하면 일련번호의 순서에 맞게 원래의 메시지로 재결합된다. 이러한 패킷 교환 방식은 많은 양의 데이터를 빠르게 전송할 수 있으며, 하나의 경로에 과부하가 발생하면 다른 경로를 통해 패킷을 전송할 수 있다는 장점이 있다. 그리고 처리 속도가 다른 기기들 간에도 정보 전송이 가능하며, 데이터가 큰 경우에도 정보를 원활하게 전송할 수 있다.

## 1

| 정답 ④ |

**윗글의 표제와 부제로 가장 적절한 것은?**

① 이메일 전송의 원리
- 이메일과 일반 ~~우편~~ 전송 방식의 차이점을 중심으로
② 패킷의 구조와 ~~생성 원리~~
- 헤더부와 데이터 영역의 역할과 특징을 중심으로
③ 네트워크상에서의 ~~정보 생성 방법~~
- 패킷 교환 방식의 장점과 ~~단점~~을 중심으로
④ 네트워크상에서의 정보 전송 원리
- 패킷 교환 방식에서의 데이터 전송 원리를 중심으로
⑤ 정보 전달의 속도를 높여주는 패킷 교환 방식
- 정보 전송의 ~~역사적 발전 양상~~을 중심으로

✔ **정답 풀이**

이 글은 네트워크상에서 정보를 전송할 때 하나의 메시지를 여러 개의 패킷으로 나누어 전송하는 패킷 교환 방식의 원리에 대해 설명하고 있다. 1문단에서는 패킷 교환 방식의 개념에 대해, 2문단에서는 패킷의 개념과 구성에 대해 설명하였으며 3문단에서는 패킷 교환 방식에서의 데이터 전송 원리에 대해, 4문단에서는 패킷 교환 방식의 장점에 대해 설명하였다. 따라서 글 전체의 내용을 가장 잘 압축적으로 나타내는 표제와 부제로는 '네트워크상에서의 정보 전송 원리 – 패킷 교환 방식에서의 데이터 전송 원리를 중심으로'가 가장 적절하다.

✖ **오답 풀이**

① 이 글은 패킷 교환 방식에 대해 중점적으로 설명하고 있다. 1문단의 첫째와 둘째 문장에서 이메일과 일상에서 편지를 보낼 때의 차이점에 대해 언급하였으나, 이는 네트워크상에서의 정보 전송 원리인 패킷 교환 방식에 대해 설명하기 위한 내용의 일부일 뿐이다.
② 이 글은 패킷 교환 방식의 전송 원리를 중점적으로 설명하고 있다. 2문단에서 '패킷은 크게 헤더부와 데이터 영역으로 구분된다.'라며 패킷의 구조에 대해 언급하였으나, 패킷의 생성 원리에 대해서는 언급하지 않았다. '헤더부와 데이터 영역의 역할과 특징'은 2문단에 제시된 내용의 일부일 뿐, 글 전체의 내용을 포괄하는 부제로 적절하지 않다.
③ 이 글에서는 정보 생성 방법이 아니라 정보 전달 방식인 패킷 교환 방식에 대해 설명하였으며, 패킷 교환 방식의 단점은 언급하지 않았다. 4문단에서 패킷 교환 방식의 장점에 대해 언급하고 있을 뿐이다.
⑤ 이 글에서는 정보 전송의 역사적 발전 양상에 대해서는 언급하지 않았다.

## 2

| 정답 ⑤ |

**〈보기〉는 패킷 교환 방식을 그림으로 표현한 것이다. ⓐ~ⓓ에 대한 설명으로 적절하지 않은 것은?**

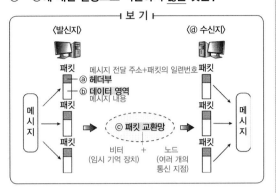

┤ 보 기 ├

① ⓐ: 패킷이 최종적으로 전달되어야 할 주소와 패킷의 일련번호에 대한 정보가 포함되어 있다. 2문단
② ⓑ: 전달하고자 하는 메시지의 내용이 포함되어 있다. 2문단
③ ⓒ: 패킷이 원활하게 전송될 수 있도록 패킷을 잠시 저장해 두는 장치가 있다. 3문단
④ ⓒ: 패킷들이 이곳을 통과할 때는 여러 개의 노드와 경로를 거쳐 이동한다. 3문단
⑤ ⓓ: 패킷들이 이곳에 일련번호의 ~~순서대로~~ 도착하지 않았을 경우 '발신 후 수신 불능' 메시지를 받을 수 있다.

✔ **정답 풀이**

3문단에서 '패킷 교환망을 지나온 각 패킷들은 수신지에 일련번호의 순서와 상관없이 개별적으로 도착'하고, '수신지에 모두 도착하면 패킷들은 일련번호의 순서에 맞게 원래의 메시지로 재결합된다.'라고 하였다. '만약 수신지에서 일련번호 순서대로 재결합되지 못했거나 패킷이 모두 전송되지 못했을 경우 '발신 후 수신 불능'이나 '수신 후 에러 메시지'를 받을 수도 있다.'라고 하였다. 따라서 패킷들이 ⓓ의 수신지에 일련번호 순서대로 재결합되지 않았을 경우에만 '발신 후 수신 불능' 메시지를 받게 된다.

✖ **오답 풀이**

① 2문단에서 패킷의 헤더부에는 메시지가 최종적으로 전달될 주소와 패킷의 일련번호 등의 정보가 들어 있다고 하였다.
② 2문단에서 패킷의 데이터 영역에는 메시지 자체의 내용이 들어 있다고 하였다.
③, ④ 3문단에서 패킷 교환망은 버퍼와 여러 개의 노드로 이루어져 있고, 버퍼는 패킷이 원활하게 전송될 수 있도록 먼저 도착한 패킷을 보내고 나머지 패킷들을 잠시 저장해 두며, 패킷들은 서로 흩어져 여러 개의 노드와 경로를 통해 이동하게 된다고 하였다.

○ (가): 적정기술의 개념

**가** 1970년대 이후부터 세계적으로 '적정기술(Appropriate Technology)'에 대한 활발한 논의가 있어 왔다. 넓은 의미로 적정기술은 <u>인간 사회의 환경, 윤리, 도덕, 문화, 사회, 정치, 경제적인 측면들을 두루 고려하여 인간의 삶의 질을 향상시킬 수 있는 기술이다.</u> 좁은 의미로는 가난한 자들의 삶의 질을 향상시키는 기술이다.
좁은 의미의 '적정기술'

○ (나): 항아리 냉장고가 나오게 된 배경

**나** 적정기술이 사용된 대표적 사례는 아바(Abba, M. B.)가 고안*한 항아리 냉장고이다. 아프리카 나이지리아의 시골 농장에는 전기, 교통, 물이 부족하다. 이곳에서 가장 <u>중요한 문제 중의 하나는 곡물을 저장할 시설이 없다는 것이다.</u>
↑ 항아리 냉장고가 나오게 된 배경

○ (다): 항아리 냉장고에 적용된 원리

**다** 이를 해결하기 위해 그는 항아리 두 개와 모래흙 그리고 물만 있으면 채소나 과일을 아바 장기간 보관할 수 있는 저온조를 만들었다. 이것은 <u>물이 증발할 때 열을 빼앗아 가는 간단한 원리를 이용했다.</u> 한여름에 몸에 물을 뿌리고 시간이 지나면 시원해지는데, 항아리 냉장고에 적용된 원리 이는 물이 증발하면서 몸의 열을 빼앗아 가기 때문이다. 항아리의 물이 모두 증발하면 다시 보충해서 사용하면 된다.

○ (라): 항아리 냉장고의 효과

**라** 토마토의 경우 항아리 냉장고 없이 2~3일 정도 저장이 가능하지만, 항아리 냉장고를 사용하면 21일 정도 저장이 가능하다. 이 덕분에 이 지역 사람들은 <u>신선한 과일을 장기간 보관해서 시장에 판매해 많은 수익을 올릴 수 있었다.</u>
항아리 냉장고의 효과

○ (마): 적정기술의 특성과 한계

**마** 적정기술은 새로운 기술이 아니다. 우리가 알고 있는 여러 기술 중의 하나로, <u>어떤 지역의 직면한 문제를 해결하는 데 적절하게 사용된 기술이다.</u> 1970년 이후 적정기술 적정기술의 특징 을 기반으로 많은 제품이 개발되어 현지에 보급되어 왔지만 그 성과에 대해서는 여전히 논란이 있다. 이는 <u>기술의 보급만으로는 특정 지역의 빈곤 탈출과 경제적 자립을 이룰 수 없기 때문이다.</u> 빈곤 지역의 문제 해결을 위해서는 기술 개발 이외에도 지역 적정기술의 한계 문화에 대한 이해와 현지인의 교육까지도 필요하다.

＊ 고안(살필 **考**, 책상 **案**): 연구하여 새로운 안을 생각해 냄. 또는 그 안.

**[지문 해제]** 이 글은 삶의 질을 향상시키는 '적정기술'의 개념과 사례, 한계 등을 밝히고 있다. 적정기술은 새로운 기술이 아니라 우리가 알고 있는 여러 기술 중의 하나로, 어떤 지역의 직면한 문제를 해결하는 데 적절하게 사용한 기술임을 아바(Abba, M. B.)가 고안한 항아리 냉장고를 사례로 들어 설명하고 있다. 적정기술의 보급만으로는 특정 지역의 경제적 빈곤 해결과 자립을 이룰 수 없기 때문에 기술 개발 이외에도 지역 문화에 대한 이해와 현지인에 대한 교육이 필요하다고 하였다.

▶ 주제: 적정기술의 효과와 한계

## 1 중심 내용 파악하기 | 정답 ⑤ |

**(가)~(마)의 중심 내용으로 적절하지 않은 것은?**

① (가): 적정기술의 개념
　인간의 삶의 질을 향상시킬 수 있는 기술
② (나): 항아리 냉장고가 나오게 된 배경
　아프리카 나이지리아에든 곡물을 저장할 시설이 없음
③ (다): 항아리 냉장고에 적용된 원리
　물이 증발할 때 열을 빼앗아 가는 원리
④ (라): 항아리 냉장고의 효과
　신선한 과일을 장기간 보관할 수 있음
⑤ (마): 적정기술의 ~~전망~~

✔️ **정답 풀이**

(마)에서는 적정기술의 특성을 언급한 후, 기술의 보급만으로는 특정 지역의 빈곤과 경제 문제를 해결할 수 없다며 적정 기술의 한계를 밝히고 있다. 그러나 적정기술의 미래를 전망하는 내용은 찾을 수 없다.

## 2 자료 활용하여 대상 이해하기 | 정답 ④ |

**'항아리 냉장고'에 대해 〈보기〉와 같은 보충 자료를 찾았다. 물음에 답하시오.**

┤ 보 기 ├

[A] 항아리 냉장고를 만드는 방법은 간단하다. 우선 큰 항아리 안에 작은 항아리를 넣는다. 그리고 그 사이에 젖은 모래를 넣는다. 그 다음에는 젖은 천으로 안쪽 항아리를 덮는다. 그러면 수분이 바깥 항아리의 표면을 통해 공기 중으로 증발하면서, 안쪽 항아리의 내부 온도가 떨어진다. 온도가 떨어지면 높은 온도에서 왕성하게 번식하던 해로운 미생물의 활동을 막을 수 있다. 또 젖은 모래는 단열 기능도 한다.

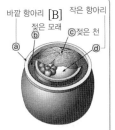
바깥 항아리 [B] 작은 항아리
ⓐ 젖은 모래 ⓒ젖은 천 ⓓ
ⓑ

**(다)와 [A]를 바탕으로 [B]에 대한 이해로 적절하지 않은 것은?**

① ⓐ는 외부로 수증기가 나갈 수 있는 재료로 만들어야 하는군.
② ⓑ는 수분 보충만 이루어지면 계속 사용할 수 있겠군.
③ ⓑ는 ⓓ의 온도를 떨어뜨리고 그 온도를 유지하는 역할을 하는군.
④ ⓒ는 ⓓ에 있는 과일이 상하지 않도록 ~~밀봉하는~~ 역할을 하는군.
⑤ ⓓ에 있는 과일은 미생물의 활동이 줄어들어 오랫동안 보관할 수 있겠군.

✔️ **정답 풀이**

(다)에서 항아리 냉장고는 물이 증발할 때 열을 빼앗아 가는 원리를 이용한 것이라고 하였고, [A]에서 젖은 천으로 안쪽 항아리를 덮으면 수분이 증발하면서, 안쪽 항아리의 내부 온도가 떨어진다고 하였다. 따라서 항아리 냉장고 안에 있는 채소나 과일이 상하지 않는 것은 증발의 원리를 활용해 내부를 차갑게 해 주었기 때문이다.

❌ **오답 풀이**

① 수분이 바깥 항아리의 표면을 통해 공기 중으로 증발해야 하므로, ⓐ '바깥 항아리'는 수증기가 빠져나갈 수 있는 재료로 만들어야 할 것이다.
② (다)에서 '항아리의 물이 모두 증발하면 다시 보충해서 사용하면 된다.'라고 하였으므로, ⓑ '젖은 모래'에 물만 부어 주면 계속 사용할 수 있을 것이다.
③ [A]에서 항아리 사이에 ⓑ '젖은 모래'를 넣으면 수분이 증발하여 안쪽 항아리 내부 온도가 떨어지고, 단열 기능도 한다고 하였다.
⑤ 젖은 모래의 수분이 증발하면서 ⓓ '안쪽 항아리'의 내부 온도가 떨어져 높은 온도에서 왕성하게 번식하던 해로운 미생물의 활동을 막을 수 있다고 하였다.

## 3 유사한 사례에 적용하기 | 정답 ③ |

**'항아리 냉장고'와 유사한 사례로 가장 적절한 것은?**
　가난한 사람들의 삶을 개선하기 위함
① 인공위성과 전자 지도를 활용해 모르는 길을 쉽고 정확하게 찾아갈 수 있도록 한 내비게이션
② 엔진과 전기모터를 상황에 따라 사용함으로써 유해 가스를 적게 배출하도록 만든 자동차
③ 가운데가 빈 드럼통에 줄을 매달아 굴려 **차량 없이도 많은 물을 옮길 수 있도록** 한 물통
　가난한 사람들도 많은 물을 나를 수 있게 함
④ 발광 다이오드를 사용함으로써 두께를 줄이고 화질을 개선한 텔레비전
⑤ 나노 기술을 통해 소량으로도 은의 탁월한 항균 효과를 살린 세탁기

✔️ **정답 풀이**

항아리 냉장고는 가난한 지역 사람들의 삶을 개선하기 위해 그들이 이용할 수 있도록 간단한 원리를 적용해 쉽게 만들었다는 특징이 있다. ③의 경우도 드럼통에 줄만 매달면 쉽게 만들어 차량이 없는 사람들도 많은 물을 나를 수 있게 한다는 점에서 항아리 냉장고와 유사한 적정기술이 적용된 사례라고 볼 수 있다.

❌ **오답 풀이**

①, ②, ④, ⑤ 가난한 사람들의 삶을 개선하기 위해 만든 것이 아니며, 구현 원리나 기술도 복잡하다.

◐ 1문단: 지역난방에 대한 궁금증

◐ 2문단: 지역난방의 개념과 과정 ① – 중온수의 공급과 관리

◐ 3문단: 지역난방의 과정 ② – 물의 순환을 통한 난방

◐ 4문단: 온도 조절기와 난방 계량기의 기능

◐ 5문단: 지역난방의 과정 ③ – 중온수와 난방수의 재가열 과정

◐ 6문단: 효율적인 난방 방식인 지역난방

＊난방(따뜻할 煖, 방 房): 실내의 온도를 높여 따뜻하게 하는 일.

＊부과(구실 賦, 매길 課): 세금이나 부담금 따위를 매기어 부담하게 함.

▶ 주제: 효율적인 난방 방식인 지역난방의 원리와 의의

　　최근 많은 대단지 아파트는 지역난방의 방식을 이용하여 난방을 하고 있다. 지역난방이란 무엇이며, 어떤 과정으로 난방＊을 하는 것일까?
중심 화제

　　지역난방은 열병합 발전소나 쓰레기 소각장 등 열을 생산하는 시설에서 만든 중온수를 이용하여 난방하는 방식이다. 중온수는 높은 압력에서 100℃ 이상의 온도를 유지하
지역난방의 개념　　　　　　　　　　　　　　　중온수의 개념
는 물을 말한다. 열병합 발전소는 아파트 2m 밖에 설치된 최초 차단 밸브까지 115℃의 중온수를 공급하는데 이때 열손실을 최소화하기 위해 도로, 하천 등에 묻혀 있는 이중
　　　　　　　　　　　　　　　　　　　중온수의 열손실을 최소화하기 위한 방법
보온관을 이용한다. 그리고 최초 차단 밸브 이후부터는 아파트의 관리 사무소에서 중온수를 관리한다. 중온수는 아파트 내의 기계실에 있는 판형 열교환기의 전열판을 통과하
　　　　　　　　　　　　　　　　　　　　　중온수의 기능
면서 아파트의 각 세대를 난방하기 위해 순환하는 물을 데운다.

　　이때 열병합 발전소에서 보낸 중온수와 아파트를 순환하는 물은 섞이지 않고, 판형 열교환기를 서로 반대 방향으로 통과하면서 열을 주고받는다. 이 과정에서 ⌈아파트를 순
환하고 온 45℃ 정도의 물은 온도가 60℃까지 높아져 아파트 온수관을 통해 세대에 제
⌈ ⌉: 열교환을 통한 난방 과정
공되고, 이 물이 세대에 설치된 온수 분배기를 거쳐 난방이 필요한 방들을 따뜻하게 만드는 것이다.⌋

　　각 세대에는 온도 조절기가 설치되어 있는데, 세대에서 설정한 온도가 되면 온도 센
서가 이를 감지하여 온수의 공급을 멈추게 하고, 온도가 낮아지면 다시 온수를 공급하
　　　　　　　　　　　　　　온도 조절기의 기능
여 실내 온도가 일정하게 유지되도록 한다. 이렇게 세대에서 사용한 온수가 난방 계량
기를 통과하면 흘러간 물의 양이 자동으로 측정되어 사용한 양만큼 요금이 부과＊된다.
　　　　　　　　　　　　난방 계량기의 기능

　　한편 열교환을 마친 중온수는 열을 빼앗겨 65℃ 정도로 온도가 낮아진다. 이 물은 회
회수관 → 열병합 발전소 → 재가열 → 아파트 기계실
수관을 통해 열병합 발전소로 돌아가고, 재가열 과정을 거쳐 다시 아파트 기계실에 공급된다. 또한 각 세대의 난방수로 쓰이면서 온도가 낮아진 아파트의 물은 환수관을 통
하여 아파트 기계실로 돌아오고, 이 물이 판형 열교환기 내의 전열판을 거치면서 데워
　　　　　　　　　　　　　　환수관 → 아파트 기계실 → 전열판(판형 열교환기 내) → 재가열
지는 과정을 반복함으로써 지속적인 난방이 가능해지는 것이다.

　　이러한 지역난방은 난방을 위해 별도의 연료를 사용하는 것이 아니라 전기를 생산하거나 쓰레기를 소각하는 과정에서 발생하는 열을 이용하기 때문에 경제적이면서 친환경
　　　　　　　　　　　　　　　　　　　　　　　　　　　　　　　지역난방의 장점 ①
적이다. 또한 아파트나 개별 세대에 보일러와 같은 개별 난방 시설을 따로 설치할 필요가 없기 때문에 안전하고 편리하다. 따라서 지역난방은 에너지 원료의 97%를 수입에
　　　　　　　　　　　장점 ②　　　　　　　　　　　　　　　　지역난방의 의의
의존하고 있는 우리나라에 효율적인 난방 방식이라고 할 수 있다.

**[지문 해제]** 최근 대단지 아파트에서 많이 이용되는 지역난방의 개념과 원리, 장점 등을 설명한 글이다. 지역난방은 중온수를 이용하여 난방하는 방식으로, 높은 압력에서 100℃ 이상을 유지하는 중온수는 열교환을 통해 아파트를 순환하는 물을 데운다. 이때 중온수는 열병합 발전소나 쓰레기 소각장에서 발생하는 열을 이용하여 가열하므로 지역난방은 경제적이며 친환경적이라는 장점이 있다. 또한 지역난방은 개별 난방 시설을 설치할 필요가 없어 안전하고 편리하며, 에너지 원료를 수입에 의존하는 우리나라에 효율적인 난방 방식이라고 할 수 있다.

**1** 세부 정보 파악하기 | 정답 ① |

윗글을 바탕으로 〈보기〉를 이해할 때, 적절하지 <u>않은</u> 것은?

┤ 보 기 ├

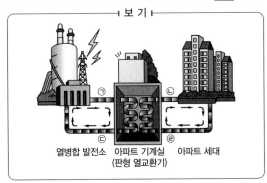

열병합 발전소    아파트 기계실    아파트 세대
(판형 열교환기)

① ㉠ 지점을 통과하는 물은 판형 열교환기를 통과하
열병합 발전소에서 보내는 115℃의 중온수
면서 온도가 올라가겠군.
② ㉡ 지점에는 판형 열교환기를 통과하면서 열을 얻
은 60℃ 정도의 물이 흐르고 있겠군.
③ ㉢ 지점에는 판형 열교환기를 통과하면서 열을 손
실한 65℃ 정도의 물이 흐르고 있겠군.
④ ㉣ 지점에는 난방수로 사용되어 온도가 낮아진 물
아파트를 순환하고 온 45℃ 정도의 물
이 흐르고 있겠군.
⑤ ㉠ 지점을 통과하는 물은 ㉣ 지점을 통과하는 물
115℃의 물                       45℃의 물
이 열을 얻는 데 영향을 끼치겠군.

✔ 정답 풀이

㉠ 지점을 통과하는 물은 열병합 발전소에서 보내는 115℃
의 중온수이다. 이 중온수는 아파트 기계실의 판형 열교환
기에서 아파트를 순환하고 온 45℃의 물을 60℃까지 데우
는 역할을 한다. 이 과정에서 중온수는 열을 빼앗겨 115℃
에서 65℃로 온도가 낮아진다. 그러므로 ㉠ 지점을 통과
하는 물이 판형 열교환기를 통과하면서 온도가 올라간다
는 진술은 적절하지 않다.

✖ 오답 풀이

② ㉡ 지점은 아파트를 순환하고 온 45℃ 정도의 물이 발전소에서
보낸 중온수와 판형 열교환기에서 열을 주고받은 후 60℃까지
높아진 지점이다.
③ ㉢ 지점은 열교환을 마친 중온수가 열을 빼앗겨 65℃ 정도로
온도가 낮아진 지점이다. 5문단에서 이 물은 회수관을 통해 열
병합 발전소로 돌아가 재가열 과정을 거친다고 하였다.
④ ㉣ 지점에는 아파트를 순환하고 온 45℃ 정도의 물이 흐르는
지점이다. 3문단에서 이 물은 판형 열교환기를 거쳐 온도가
60℃까지 높아진다고 하였다.
⑤ ㉠ 지점을 통과하는 115℃의 물은 판형 열교환기 안에서 ㉣ 지
점을 통과하는 45℃의 물에 열을 전달하여 온도를 높이는 역할
을 한다.

**2** 반응의 적절성 파악하기 | 정답 ⑤ |

윗글을 읽고 심화 학습을 하기 위한 질문으로 가장 적절
한 것은?

① 지역난방은 중온수를 이용한다고 했는데, 무엇을
중온수라고 하는가? 2문단
높은 압력에서 100℃ 이상의 온도를 유지하는 물
② 세대별로 요금이 부과된다고 했는데, 요금이 부과
되는 기준은 무엇인가? 각 세대별로 사용한 온수가 난방 계량기를
통과하면 흘러간 물의 양이 자동으로 측정
③ 세대로 난방수가 공급된다고 했는데, 각 세대에서 4문단 되어 사용한 양만큼 요금이 부과
난방 온도를 조절하는 방법은 무엇인가? 4문단
온도 조절기
④ 중온수가 아파트로 공급된다고 했는데, 그 과정에
서 열손실을 줄이기 위해 어떤 방법을 사용하는가?
도로, 하천 등에 묻혀 있는 이중 보온관을 이용 2문단
⑤ 판형 열교환기에서 열을 교환한다고 했는데, 판형
열교환기의 내부에 있는 전열판은 어떤 구조로 되
어 있는가?

✔ 정답 풀이

2문단에서 '중온수는 아파트 내의 기계실에 있는 판형 열
교환기의 전열판을 통과하면서 아파트의 각 세대를 난방
하기 위해 순환하는 물을 데운다.'라고 하였으며, 3문단에
서 '열병합 발전소에서 보낸 중온수와 아파트를 순환하는
물은 섞이지 않고, 판형 열교환키를 서로 반대 방향으로
통과하면서 열을 주고받는다.'라고 하였으나, 판형 열교환
기의 내부 구조에 대해서는 구체적으로 설명하고 있지 않
다. 따라서 판형 열교환기의 내부에 있는 전열판의 구조에
대해 심화 학습하는 것은 적절하다.

✖ 오답 풀이

① 2문단에서 '중온수는 높은 압력에서 100℃ 이상의 온도를 유지
하는 물을 말한다.'라고 하였다.
② 4문단에서 각 세대별로 사용한 온수가 난방 계량기를 통과하면
흘러간 물의 양이 자동으로 측정되어 사용한 양만큼 요금이 부
과된다고 하였다.
③ 4문단을 통해 각 세대에는 온도 조절기가 설치되어 있으며, 이
를 통해 세대에서 온도를 설정한다는 것을 알 수 있다.
④ 2문단에서 열병합 발전소에서 아파트로 공급하는 중온수의 열
손실을 최소화하기 위해 도로, 하천 등에 묻혀 있는 이중 보온
관을 이용한다고 하였다.

| 기술 01~05 | 독해력 쑥쑥, 어휘 테스트 | | | |
|---|---|---|---|---|
| 01 ⓓ | 02 ⓐ | 03 ⓑ | 04 ⓔ | 05 ⓒ |
| 06 부착 | 07 감당 | 08 지연 | 09 탈수 | 10 전망 |
| 11 × | 12 ○ | 13 ○ | 14 ○ | 15 ○ |
| 16 ㉢ | 17 ㉡ | 18 ㉠ | 19 ㉤ | 20 ㉣ |

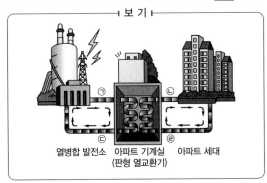

## 기술 06 파일 압축*의 원리는 무엇인가 _ 마셜 브레인

정답 **1** ③ **2** ⑤ **3** ⑤

**○ 1~2문단:** 케네디의 연설문을 통해 본 압축 프로그램의 원리

컴퓨터에서 압축 프로그램으로 파일을 압축하는 원리는 비교적 간단하다. 존 F. 케네디의 유명한 연설문을 예로 이 과정을 살펴보도록 하자.
<sub>1961년 대통령 취임 당시의 연설문</sub>　　<sub>파일 압축 과정</sub>

"Ask not what your country can do for you. Ask what you can do for your country." → <sub>국가가 당신을 위해 무엇을 해줄지 묻지 말라. 당신이 국가를 위해 무엇을 할 수 있는지 물어라.</sub>

이 인용문은 61개의 문자와 16개의 스페이스, 2개의 마침표로 이루어져 있다. 만일 각 문자와 스페이스, 마침표가 하나의 메모리 유닛(unit, 컴퓨터 기억 매체의 독립 단위)을 차지한다면 이 파일의 크기는 79유닛이다. 이 파일을 압축하려면 무엇이 반복되는 것인지를 살펴보아야 하는데, 대부분의 단어가 두 번씩 사용되고 있어서 문장의 약 절반 정도를 줄일 수 있다. 이 전체 인용문을 표현하는 데에는 9개의 단어, 즉 'ask, not, what, your, country, can, do, for, you'만 있으면 된다.
→ <sub>반복되는 단어를 제거하여 유닛의 수를 줄임</sub>

**○ 3문단:** '사전'을 활용한 파일 압축과 압축 해제의 원리

이와 같은 데이터 조각들을 목록화하는 것을 '사전'이라고 하는데, 이 사전을 배열하는 시스템은 다양하지만 색인어에 번호를 붙이는 정도로 단순하게 만들 수도 있다. 즉,
<sub>'사전'의 개념</sub>
위의 인용문을 '1=ask, 2=what, 3=your, 4=country, 5=can, 6=do, 7=for, 8=you'
<sub>목록화된 단어</sub>
로 목록화하여 '1 not 2 3 4 5 6 7 8. 1 2 8 5 6 7 3 4.'로 표시할 수 있다. 결국, 파일을
<sub>「」: 문장을 압축한 결과</sub>
압축하는 핵심 원리는 파일에서 반복되는 부분을 제거하여 데이터의 양을 줄이는 것이라 할 수 있다. 만일 이 시스템을 안다면 사전과 숫자 패턴을 이용해서 원래의 문장을
<sub>파일 압축의 핵심 원리</sub>
다시 구성할 수 있을 것이다. 바로 이것이 압축 해제 프로그램이 다운로드한 파일의 압축을 풀 때 사용하는 방법이다.

**○ 4문단:** 파일 압축으로 절약된 공간 계산법

**＊압축(누를 壓, 줄일 縮):** 특수한 코딩 방법을 사용하여 불필요하거나 반복되는 부분을 없애 데이터의 양을 줄임. 또는 그런 방법.

그러면 실제로 공간이 얼마나 절약된 것일까? '1 not 2 3 4 5 6 7 8. 1 2 8 5 6 7 3 4.'는 확실히 'Ask not what your country can do for you. Ask what you can do for your country.'보다 짧다. 그러나 이때, 파일과 마찬가지로 사전도 저장해야 한다
<sub>파일 크기가 줄어들지 않는 것처럼 보이는 이유</sub>
는 것을 기억해야 한다. 위 인용문은 79유닛을 차지한다는 것을 이미 알고 있다. 압축된 문장(스페이스를 포함해서)은 35유닛을 차지하고 사전(단어와 숫자) 역시 37유닛을 차지한다. 이렇게 되면 전체 크기는 72유닛이 되어서 파일의 크기가 그다지 줄어들지 않은 것처럼 보인다.

**○ 5문단:** 긴 텍스트 문서일수록 효과적인 압축 프로그램

그러나 ㉠압축 프로그램으로 케네디 연설문 전체를 모두 압축하면 훨씬 더 많은 단어들이 반복되는 것을 발견할 수 있을 것이다. 그러면 사전에 계속 표제어가 추가되면서 더욱 효율적으로 체계화될 수 있을 것이다. '긴 텍스트 문서에는 중복되는 패턴이 많이 존재
<sub>「」: 중복되는 단어가 많을수록 파일 압축의 효과가 높아짐</sub>
한다. 따라서 대부분의 텍스트 문서를 압축하면 상당한 크기의 공간을 줄일 수 있다.」

**▶ 주제:** 압축 프로그램의 원리와 효과

**[지문 해제]** 이 글은 컴퓨터 압축 프로그램이 파일을 압축하는 원리와 압축을 해제하는 원리 및 과정에 대해 설명하고 있다. 케네디 연설문의 한 부분을 인용하여 반복되는 부분을 제거하는 압축의 원리와 '사전' 배열 시스템을 통해 압축을 해제하는 과정을 설명하고 있다. 사전 배열 시스템은 각각의 색인어에 번호를 붙여 목록화하는 것으로, 파일을 압축하고 다시 압축된 파일의 압축을 풀 때 사용하는 방법이다. 사전을 사용하면 압축된 용량에 사전의 크기까지 더해져 파일의 크기가 많이 줄어들지 않은 것 같지만, 중복되는 패턴이 많은 긴 텍스트일수록 제거할 수 있는 부분이 커져 상당한 크기의 공간을 줄일 수 있다.

## 1 세부 정보 파악하기 | 정답 ③ |

**윗글의 내용과 일치하지 <u>않는</u> 것은?**

① 파일을 압축하려면 반복되는 부분을 찾아야 한다.
② 스페이스와 마침표도 문자와 마찬가지로 유닛에
포함된다. 2문단
③ 사전에 표제어가 계속 추가될수록 파일의 **효율적**
**인 체계화가 어려워진다.** 더욱 효율적으로 체계화할 수 있음
④ 단어가 두 번씩 사용되고 있다면 문장의 약 절반
정도를 줄일 수 있다. 2문단
⑤ 데이터 조각을 목록화하는 사전은 색인어에 번호
를 붙이는 정도로 단순하게 만들 수도 있다. 3문단

✓ 정답 풀이

5문단에서 연설문 전체를 모두 압축하면 사전에 계속 표
제어가 추가되면서 더욱 효율적으로 체계화될 수 있을 것
이라고 하였다. 따라서 사전에 표제어가 계속 추가될수록
파일의 효율적인 체계화가 어려워진다는 ③의 진술은 적
절하지 않다.

✕ 오답 풀이

① 3문단에서 파일을 압축하는 핵심 원리는 파일에서 반복되는 부
분을 제거하여 데이터의 양을 줄이는 것이라고 하였다.
② 2문단에서 각 문자와 스페이스, 마침표가 하나의 메모리 유닛을
차지한다고 하였다.
④ 2문단에서 '대부분의 단어가 두 번씩 사용되고 있어서 문장의
약 절반 정도를 줄일 수 있다.'라고 하였다. 이를 통해 한 단어가
두 번 반복된다면 크기를 절반으로 줄일 수 있음을 알 수 있다.
⑤ 3문단에서 '데이터 조각들을 목록화하는 것을 '사전'이라고 하
는데, 이 사전을 배열하는 시스템은 다양하지만 색인어에 번호
를 붙이는 정도로 단순하게 만들 수도 있다.'라고 하였다.

## 2 원리를 이해하고 적용하기 | 정답 ⑤ |

**〈보기〉의 문장을 압축할 경우 그 표시로 적절한 것은?**

┌─────────── 보 기 ───────────┐
○ 오는 세월이 있고 가는 인생이 있다.
  가는 인생이 있으면 오는 세월이 있다.
○ 위의 인용문은 '1=오는 2=세월이 3=가는 4=인
  생이 5=있다'로 목록화할 수 있다. 다섯 개의 단어를 색인어로 하여 목록화함
└───────────────────────────┘

① 1 2 있고 3 4 5. 3 2 있으면 1 4 5.
② 1 2 있고 3 4 5. 3 2 있으면 5 1 4.
③ 1 2 있고 3 4 5. 3 4 있으면 2 5 1.
④ 1 2 있고 3 4 5. 3 4 있으면 5 1 2.
⑤ 1 2 있고 3 4 5. 3 4 있으면 1 2 5.

✓ 정답 풀이

〈보기〉에서는 다섯 개의 단어를 색인어로 삼고 목록화하
고 있다. 각 단어가 있는 위치를 목록화된 번호로 바꾸면,
'오는(1) 세월이(2) 있고 가는(3) 인생이(4) 있다(5). 가는(3)
인생이(4) 있으면 오는(1) 세월이(2) 있다(5).'가 된다.

✕ 오답 풀이

①, ②, ③, ④의 첫 문장은 모두 '오는 세월이 있고 가는 인생이 있
다.'이지만, 두 번째 문장은 다음처럼 전달되었다.
① 가는 세월이 있으면 오는 인생이 있다.
② 가는 세월이 있으면 있다 오는 인생이.
③ 가는 인생이 있으면 세월이 있다 오는.
④ 가는 인생이 있으면 있다 오는 세월이.

## 3 유사한 원리 찾기 | 정답 ⑤ |

**⊙의 원리와 유사한 사례로 가장 적절한 것은?**
반복되는 것을 제거함
① 연잎 표면에 있는 털과 돌기들은 물방울이 퍼지지
  않고 공처럼 동글동글 말려서 구르게 한다.
② 다이어트를 하려는 사람은 음식량도 줄여야 하지
  만, 운동을 통해 체내의 지방을 분산해야 한다.
③ 수영장에 갈 때 가방 속의 부피를 줄이려고 튜브
  의 바람을 제거했다가 다시 바람을 불어서 사용한
  다.
④ 음식이 너무 짜서 먹기가 곤란할 경우, 음식 속에
  있는 염분을 희석시키기 위해 음식에 물을 넣는다.
⑤ 악곡의 반복을 지시하는 기호인 도돌이표를 사용
  하면 반복되는 같은 악곡을 다시 표시하지 않아도
  된다.

✓ 정답 풀이

3문단에서 컴퓨터 압축 프로그램의 핵심 원리는 파일에서
반복되는 부분을 제거하여 데이터의 양을 줄이는 것이라고
하였다. 이와 유사한 원리가 적용된 사례는 악보에서 도돌
이표를 이용하여 반복되는 악곡을 표시하지 않아 공간을 줄
이는 ⑤이다.

✕ 오답 풀이

①, ②, ③, ④ '반복되는 부분을 제거'한다는 컴퓨터 압축 프로그램
의 원리가 적용되지 않았다.

○ 1문단: 공항에서 사용되는 금속 탐지기
* 검색(검사할 檢, 찾을 索): 범죄나 사건을 밝히기 위한 단서나 증거를 찾기 위하여 살펴 조사함.
○ 2문단: 맴돌이 전류 현상을 이용한 금속 탐지기
* 도선(이끌 導, 줄 線): 전기의 양극을 이어 전류를 통하게 하는 쇠붙이 줄.
○ 3문단: 금속 탐지기의 구조

○ 4문단: 금속 탐지기로 금속을 탐지하는 과정
* 검출기(검사할 檢, 날 出, 그릇 器): 물체, 방사선, 화학 물질 따위의 존재를 검출하는 데 쓰는 장치.
* 도체(이끌 導, 몸 體): 열 또는 전기의 전도율이 비교적 큰 물체를 통틀어 이르는 말.
○ 5문단: 맴돌이 전류를 이용한 유도 조리 장치

* 유도(꾈 誘, 이끌 導): 전기나 자기가 전기장이나 자기장에 있는 물체에 영향을 미침.
* 부도체(아니 不, 이끌 導, 몸 體): 열이나 전기를 전혀 전달하지 못하거나 잘 전달하지 못하는 물체.

○ 6문단: 맴돌이 전류의 달라진 위상

▶ 주제: 맴돌이 전류의 원리와 응용 사례

가족과 즐거운 마음으로 해외 여행을 떠날 때 비행기 탑승 전에 안전 검색*을 받기 위해 지나가야 하는 문이 있다. 그 문을 통과하면 공항 직원이 밥주걱처럼 생긴 막대기로 온몸을 뒤진다. 금속이라면 무엇이든 귀신같이 찾아내는 이 기계는 금속 탐지기다. 그렇다면 금속 탐지기는 어떻게 금속을 찾아내는 것일까?
질문을 통한 화제 제시 및 흥미 유발

도선*에 전류가 흐르면 자기장이 만들어지고, 반대로 자기장이 변하면 전류가 만들어진다. 이 현상을 '패러데이 법칙'이라고 한다. 한편 구리판이나 동전 같은 경우는 전류가 흐르는 길이 정해져 있지 않아 전류가 소용돌이 모양으로 흐르는데, 이러한 전류를 '맴돌이 전류'라고 부른다. 금속 탐지기는 이와 같은 현상들을 이용하여 만든 것이다.
'패러데이 법칙'의 개념 / '맴돌이 전류'의 개념

금속 탐지기 내부에는 커다란 코일과 작은 코일이 들어 있다. 이중, 커다란 코일에 교류 전류를 흘리면 자기장이 만들어진다. 그 옆에 작은 코일은 수직으로 세워져 있는데, 이 작은 코일이 금속을 찾는 검출기* 역할을 한다.
자기장의 형성 / 검출기 역할

금속 탐지기로 땅 속에 묻혀 있는 금화를 찾는다고 하자. 큰 코일이 만드는 자기장이 땅 속을 뒤지다가 금화가 있는 곳에 다다르면 금화에 맴돌이 전류가 발생한다. 금화는 전류가 잘 흐르는 도체*이기 때문이다. 이렇게 금화에 맴돌이 전류가 흐르면 이번에는 금화가 자기장을 만들어 낸다. 이때 큰 코일 옆에 있는 작은 코일이 금화가 만든 작은 자기장의 변화를 감지해 전기 신호를 보낸다. 물론 금화가 없는 지점에서는 어떤 반응도 일어나지 않는다.
「금속 탐지기로 금속을 탐지하는 과정」

[가] 우리 주변에서 맴돌이 전류를 이용하는 다른 예를 찾는다면 유도* 조리 장치를 들 수 있다. 유도 조리 장치는 맴돌이 전류를 이용해 냄비나 프라이팬을 뜨겁게 달군다. 그래서 장작불이나 가스레인지, 전자레인지처럼 타오르는 불꽃도 없고 벌겋게 달아오르는 코일 모양의 가열판도 없다. 둥그런 판에 금속 조리기를 올려 놓고 전원을 켜면 바로 금속 용기가 뜨겁게 달아오른다. 유도 조리 장치 안에는 자기장을 만드는 코일이 들어 있다. 이 위에 금속으로 만든 냄비를 올려 놓으면 냄비 바닥에 맴돌이 전류가 흐르고 냄비의 저항 때문에 열이 발생한다. 따라서 유도 조리 장치 자체에는 전혀 열이 발생하지 않는다. 한 가지 유의해야 할 점은 돌솥 같은 부도체*를 올려 놓으면 맴돌이 전류가 생기지 않아 조리할 수 없다는 것이다.
전류가 흐를 수 있는 도체여야 함

[나] 맴돌이 전류는 금속 안에서 제멋대로 흐르는 전류이기 때문에 대부분 전기 장치의 작동을 방해하는 존재였고 과학자들은 되도록 이를 없애려고 노력했다. 하지만 요즘은 오히려 맴돌이 전류를 이용해 편리한 도구를 많이 만들어 사용하고 있다.
기존에는 불필요한 존재로 인식됨 / 맴돌이 전류의 재발견

**[지문 해제]** 이 글은 금속 탐지기에 사용된 '맴돌이 전류' 현상을 소개하고 있다. 전류가 흐르는 길이 정해져 있지 않아 전류가 소용돌이 모양으로 흐르는 것을 맴돌이 전류라고 하며, 맴돌이 전류는 금속 탐지기 외에도 유도 조리 장치에도 사용된다. 기존에는 맴돌이 전류가 전기 작동을 방해하여 없애야 하는 것으로 취급을 받았지만, 요즘은 이것을 이용해 편리한 도구를 많이 만들어 사용하고 있다.

## 1 세부 정보 파악하기

| 정답 ⑤ |

**윗글의 내용과 일치하지 <u>않는</u> 것은?**

① 도선에 전류가 흐를 때 자기장이 발생한다. 2문단
② 금속 탐지기로 찾을 수 있는 물체는 도체에 한정 된다. 4문단
③ 유도 조리 장치와 금속 탐지기는 맴돌이 전류를 이용한다. 2문단, 5문단
④ 금속 탐지기의 작은 코일은 금속을 찾는 검출기 역할을 한다. 3문단
⑤ 전류가 흐르는 길이 정해져 있을 때 맴돌이 전류 가 만들어진다.

**✔ 정답 풀이**

2문단에서 '전류가 흐르는 길이 정해져 있지 않아 전류가 소용돌이 모양으로 흐르는' 것을 '맴돌이 전류'라고 부른다 고 설명하였다. 따라서 전류가 흐르는 길이 정해져 있으면 '맴돌이 전류'가 만들어질 수 없다.

**✕ 오답 풀이**

② 전류가 흐르는 도체인 금화에 맴돌이 전류가 발생해 금속 탐지 기로 찾을 수 있으며, 유도 조리 장치에 돌솥 같은 부도체를 올 려 놓으면 맴돌이 전류가 생기지 않는다고 하였다. 따라서 맴돌 이 전류 현상을 이용한 금속 탐지기는 도체만 찾을 수 있다.

## 2 자료 속 정보를 이해하고 적용하기

| 정답 ④ |

**[가]를 바탕으로, 그림을 보고 추론한 내용으로 적절하지 <u>않은</u> 것은?**

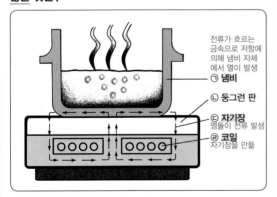

전류가 흐르는 금속으로 저항에 의해 냄비 자체 에서 열이 발생
ㄱ 냄비
ㄴ 둥그런 판
ㄷ 자기장 · 맴돌이 전류 발생
ㄹ 코일 · 자기장을 만듦

① ㄱ이 금속이 아니면 조리를 할 수 없겠군.
② ㄴ에서는 불꽃이 발생하지 않겠군.
③ ㄷ에 의해 ㄱ의 바닥에는 맴돌이 전류가 흐르겠군.
④ ㄹ에 의해 ㄴ에는 저항이 발생하겠군.
⑤ ㄹ에 전류가 흐르면 ㄷ이 발생하겠군.

**✔ 정답 풀이**

ㄹ '코일'에 의해 ㄴ '둥그런 판'에 저항이 발생하는 것이 아니 라, 코일에 전류가 흐르면 자기장에 의해 냄비 바닥에 맴돌 이 전류가 흐르고 냄비에 저항이 발생하여 열이 발생한다.

**✕ 오답 풀이**

① 부도체를 올려 놓으면 맴돌이 전류가 생기지 않아 조리할 수 없다 고 했으므로, ㄱ은 전류가 흐를 수 있는 도체인 금속이어야 한다.
② 저항에 의해 냄비 자체에서만 열이 발생하므로 ㄴ을 포함한 유 도 조리 장치 자체에는 불꽃이나 열이 발생하지 않는다.
③ ㄷ에 의해 맴돌이 전류가 생기고 그것이 도체인 ㄱ 바닥에 흐르 게 된다.
⑤ 유도 조리 장치 안에는 ㄷ을 만드는 ㄹ이 들어 있다고 하였다. 또 2문단에서 도선에 전류가 흐르면 자기장이 만들어진다고 하 였다.

## 3 유사한 사례 파악하기

| 정답 ④ |

**[나]와 가장 가까운 사례는?**
기존에는 불필요한 존재였으나 요즘에 유용성이 확인되면서 널리 사용됨
① 가시가 있는 장미 넝쿨을 피해가는 양들을 보고 철사를 두 가닥으로 꼬아 철조망을 만들었다.
                                                    형태적 유사성
② 에너지 효율이 높은 형광등의 등장으로 사라져가 던 백열등이 조명 효과를 살리는 용도로 쓰이고 있다. 다른 용도로 전환
③ 술의 양을 알기 위한 맥주통 두드리기가 타진법과 청 진기의 발명이라는 근대 의학의 발전으로 이어졌다.
                                          유사 원리 응용
④ 끈적끈적하고 냄새도 지독해 악성 폐기물로 취급 받던 콜타르가 방수제, 합성수지, 염료 등에 이용 기존에 불필요한 존재로 인식 되고 있다.   요즘 들어 유용성 확인
⑤ 플라스틱의 썩지 않는 성질로 인해 환경 문제가 발생함에 따라 친환경 플라스틱의 개발이 이루어 지고 있다. 문제 해결을 위한 연구

**✔ 정답 풀이**

[나]에서는 기존에는 불필요한 존재로 인식되어 없애려고 했던 맴돌이 전류 현상이 요즘 그 유용성이 확인되면서 오 히려 널리 활용되고 있다고 하였다. ④의 콜타르 역시 악 성 폐기물로 취급되다가, 그 유용성이 확인되면서 방수제 나 합성수지, 염료 등으로 사용되고 있다고 하였다.

**✕ 오답 풀이**

① 형태적 유사성을 응용한 사례이다.
② 불필요했던 것이 유용해진 것이 아니라 본래 쓰이던 것이 다른 용도로 전환된 사례이다.
③ 유사한 원리를 응용한 사례이다.
⑤ 문제점을 해결하기 위해 연구하고 있는 사례이다.

Ⅳ · 기술

● **(가): 정수기의 등장과 보급**

가 십수 년 전만 해도 약수터에서 물을 마시는 모습을 쉽게 볼 수 있었지만, 지금은 많은 사람들이 돈을 주고 물을 사먹는 실정이다. 이로 인해 생수 사업이 번창하고 있고, 가정에서도 깨끗한 물을 마실 수 있는 정수기가 생활 가전*의 하나로 자리 잡았다.

*인과 관계*

● **(나): 삼투압 현상과 정수기**

나 우리가 가정에서 사용하는 정수기의 대부분은 역삼투압 방식이다. 이 정수기는 삼투압 현상을 응용하여 만든 것이다. '삼투압 현상'이란 반투막을 사이에 둔 두 용액의 농도 차에 의해 저농도 용액 속의 물이 고농도 용액 속으로 이동하는 현상이다. 이 현상은 생물이 살아가는 데 없어서는 안 될 중요한 기능을 한다. 식물이 뿌리를 통해 물을 흡입하고, 짠 바닷물에서 물고기가 살 수 있는 이유가 여기에 있다.

*'삼투압 현상'의 개념*
*삼투압 현상이 중요한 이유의 예*

● **(다): 역삼투압 정수기의 정수 과정**

다 반면, '역삼투압 현상'이란 자연계의 '삼투압 현상'을 거꾸로 응용한 것으로 고농도 용액에 삼투압 이상의 압력을 가하면 삼투압 현상과는 반대로 고농도 용액 측의 물이 저농도 용액 쪽으로 빠져나가는 현상이다. 역삼투압 정수기의 정수 과정은 세디멘트 필터 → 펌프 → 선(先) 카본 필터 → 멤브레인 필터 → 후(後) 카본 필터로 진행된다. 이중 핵심은 멤브레인 필터로 표면에 아주 작은 구멍이 매우 촘촘히 뚫려 있다. 「순수한 물 분자의 입자만이 이 작은 구멍을 통과하고 입자가 큰 나머지 이물질은 이 필터를 통과하지 못하고 표면을 스쳐 밖으로 배출된다.」

*'역삼투압 현상'의 개념*
*순수 물 분자만 거르는 핵심 필터*
*멤브레인 필터의 모양*
*「」: 멤브레인 필터의 특징*

● **(라): 역삼투압 정수기의 장단점**

라 역삼투압 정수기는 멤브레인 필터를 이용해 0.0001 미크론의 미세한 구멍(사람 머리카락의 100만분의 1)을 통해 물을 거르기 때문에 유기 및 무기 오염 물질, 세균, 바이러스, 중금속을 포함한 이온 물질을 99%에 가깝게 제거하여 순수한 물을 얻을 수 있다. 그러나 정수 과정에서 역삼투압을 만들기 위한 고압*의 펌프가 필요하고, 순간적으로 정수되는 물의 양이 너무 적기 때문에 일정량을 모아서 쓰기 위한 정수 저장 탱크도 반드시 있어야 한다. 그리고 필터의 막에 있는 구멍이 막히는 것을 방지하기 위해 전체 물 중 약 3분의 2 정도의 물은 거르지 않고 흘려보낸다.

*역삼투압 정수기의 장점*
*역삼투압 정수기의 문제점 ①*
*문제점 ②*
*문제점 ③*

● **(마): 저압형 역삼투압 정수기의 장단점**

마 이런 문제점을 보완하기 위하여 최근에는 저압형 역삼투압 정수기가 개발되었다. 저압형 역삼투막은 막 표면의 구멍 크기가 기존의 역삼투막보다 크기 때문에 별도의 펌프를 설치하지 않고 사용할 수 있다. 다만, 역삼투압 정수기보다 오염 물질 제거율이 다소 떨어지고 종래의 역삼투압 정수기와 같이 별도의 정수 저장 탱크도 꼭 필요하다.

*문제점 ①, ②, ③*
*저압형 역삼투압 정수기의 장점*
*저압형 역삼투압 정수기의 문제점 ①*
*문제점 ②*

\* 가전(집 家, 번개 電): 가정에서 사용하는 전기 기기 제품.

\* 고압(높을 高, 누를 壓): 풍압, 기압, 수압 따위에서 보통의 압력보다 높은 압력.

▶ **주제: 자연 현상을 응용한 역삼투압 정수기의 특징**

**[지문 해제]** 가정에서 많이 사용하는 역삼투압 정수기의 특징을 설명한 글이다. 자연에서 일어나는 삼투압 현상을 응용한 역삼투압 현상은 고농도 용액에 삼투압 이상의 압력을 가하여 고농도 용액 측의 물이 저농도 용액 쪽으로 빠져나가는 현상이다. 역삼투압 정수기의 정수 과정 중 핵심은 멤브레인 필터로 표면에 작은 구멍이 매우 촘촘히 뚫려 있다. 최근에는 기존의 역삼투압 정수기의 단점을 보완한 저압형 역삼투압 정수기가 개발되었다.

**1** 세부 정보 파악하기 ┃정답 ② ┃

윗글의 내용과 일치하는 것은?
① 용액의 농도 차가 없어도 삼투압 현상은 발생한다.
②역삼투압 정수기는 거의 모든 오염 물질을 걸러 낼 수 있다.
③ 역삼투압 현상은 생물에게 없어서는 안 될 중요한 기능을 한다.
④ 기존의 역삼투막은 저압형 역삼투막보다 막 표면의 구멍이 크다.
⑤ 사람 머리카락 크기 정도의 오염 물질은 멤브레인 필터를 통과할 수 있다.

✔ 정답 풀이

(라)에서 역삼투압 정수기의 멤브레인 필터는 0.0001 미크론의 미세한 구멍을 통해 유기 및 무기 오염 물질, 세균, 바이러스, 중금속을 포함한 이온 물질을 99%에 가깝게 제거한다고 하였다.

✖ 오답 풀이

① 삼투압 현상은 두 용액의 농도 차에 의해서 용액이 이동하는 현상이므로 농도 차가 없다면 삼투압 현상은 발생하지 않을 것이다.
③ (나)에서 삼투압 현상이 생물에게 없어서는 안 되는 중요한 기능을 한다고 하였다.
④ (마)에서 저압형 역삼투막은 막 표면의 구멍 크기가 기존의 역삼투막보다 크다고 하였다.
⑤ (라)에서 멤브레인 필터의 구멍은 사람 머리카락의 100만분의 1 크기라고 설명하였으므로, 사람 머리카락 크기 정도의 오염 물질은 멤브레인 필터를 통과할 수 없을 것이다.

**2** 문단의 내용 파악하기 ┃정답 ⑤ ┃

(가)~(마)에 대한 설명으로 적절하지 않은 것은?
① (가): 현 실정을 제시하여 독자의 흥미를 유발하고 있다.
② (나): 대상을 이해하기 위한 사전 정보를 제공하고 있다.
③ (다): 대상의 작동 원리와 단계적 과정을 설명하고 있다.
④ (라): 대상이 지닌 장점과 문제점을 제시하고 있다.
⑤(마): 글의 내용을 요약하고 미래를 전망하고 있다.

✔ 정답 풀이

(마)에서는 저압형 역삼투압 정수기라는 새로운 대상을 제시하고 그것의 장단점을 소개하고 있다.

**3** 자료를 바탕으로 세부 내용 파악하기 ┃정답 ⑤ ┃

윗글을 참고하여 〈보기〉를 이해한 것으로 적절하지 않은 것은?

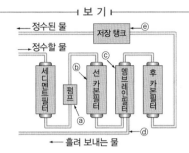

【정수기 필터의 역할】
◦ 세디멘트 필터: 물속의 부유 물질 및 모래, 이끼 등의 비교적 큰 불순물 제거
◦ 선(先) 카본 필터: 숯의 흡착 방식을 활용하여 염소, 농약 성분, 발암 물질 등 제거
◦ 멤브레인 필터: 오염 물질, 세균, 중금속 등 제거
◦ 후(後) 카본 필터: 물맛 향상, 냄새 제거

① ⓐ는 정수 방식에 따라 필요하지 않을 수도 있겠군.
② ⓑ로 보아 엄마가 간장독에 숯을 넣은 이유를 알겠군.
③ ⓒ가 이 정수기에서 가장 핵심적인 부분이로군.
④ ⓓ로 배출되는 물을 활용할 방법을 생각해 봐야겠군.
⑤ⓔ는 저압형 역삼투압 정수기에서 필요하지 않겠군.

✔ 정답 풀이

(마)에서 최근에 개발된 저압형 역삼투압 정수기도 종래의 역삼투압 정수기와 같이 별도의 정수 저장 탱크가 꼭 필요하다고 하였다.

✖ 오답 풀이

① (마)에서 저압형 역삼투압 정수기의 역삼투압은 막 표면의 구멍 크기가 기존의 역삼투막보다 크기 때문에 별도의 펌프를 설치하지 않아도 된다고 하였다.
② 〈보기〉에서 선(先) 카본 필터는 숯의 흡착 방식을 활용하였다고 하였으므로, 간장독에 넣은 숯 역시 오염 성분을 제거하기 위한 것임을 알 수 있다.
③ (다)에서 역삼투압 정수기의 핵심은 멤브레인 필터라고 하였다.
④ ⓓ로 배출되는 물도 이미 두 개의 필터를 거쳐 어느 정도 정수가 된 물이고, (라)에서 물의 약 3분의 2 정도 양이라고 하였으므로, 버려지는 물을 활용할 방법을 찾는 것은 적절하다.

◐ 1문단: 인스턴트커피
를 만드는 '냉동 건조'
기법

◐ 2~4문단: 인스턴트
커피의 냉동 건조 과정

＊동결(얼 凍, 맺을 結):
추위나 냉각으로 얼어
붙음. 또는 그렇게 함.

＊분포(나눌 分, 베포 布):
일정한 범위에 흩어져
퍼져 있음.

＊표본(우듬지 標, 밑 本):
생물의 몸 전체나 그
일부에 적당한 처리를
가하여 보존할 수 있게
한 것.

＊절감(마디 節, 덜 減):
아끼어 줄임.

◐ 5문단: 냉동 건조 식
품의 장점과 종류

◐ 6문단: 냉동 건조 방
식의 장점 ①－외형과
성분의 보존

◐ 7문단: 냉동 건조 방
식의 장점 ②－복원
력·휴대성·방부성

◐ 8문단: 냉동 건조 방
식의 단점

식품의 보존성을 높이는 방법 중 건조는 일반적으로 햇볕에 말리거나 열풍으로 말리는 것이다. 그런데 특이하게 식품을 얼려서 말리는 방법이 있다. 바로 '냉동 건조'로 인스턴트 커피를 만드는 데 사용되고 있다.

[A] 먼저 커피액을 뽑아낸 다음에 −40℃로 급속하게 동결*시킨다. 이 때, 급속 동결된 커피 속에는 작은 얼음 알갱이가 무수히 형성된다.

다음 공정은 1차 처리로, 진공 상태의 건조한 창고 안에서 온도를 높여 가면 커피 속에 있는 얼음 알갱이는 녹아서 한꺼번에 수증기가 된다. 이는 기압이 아주 낮은 환경에서 물은 액체로 존재할 수 없기 때문이다. 이처럼 고체에서 직접 기체가 되는 현상을 '승화'라고 하는데, 냉동 건조는 승화를 이용한 건조법이다. 승화가 진행되면 커피 입자 속에 얼음 알갱이의 흔적으로 몇 ㎛의 극히 작은 구멍이 생긴다.

이를 다시 건조가 진행되기 쉬운 진공 상태에서 70℃ 정도로 온도를 유지하며 2차 처리하여 남은 수분을 없애면, 커피는 구멍투성이가 되고 수분의 양은 3% 정도까지 낮아진다. 이렇게 만든 인스턴트커피를 포장하면 제품 생산이 끝난다.

식자재에 따라서 동결, 건조의 온도와 시간은 다르지만, 기본적인 냉동 건조의 공정은 대체로 위와 같은 과정으로 진행된다. 냉동 건조 식품은 식자재의 형태뿐만 아니라 영양과 색, 향기 등의 성분도 잘 유지된다. 대표적으로 죽, 스프, 라면류 등의 즉석 조리 식품이 여기에 해당한다.

냉동 건조 방식은 여러 면에서 유익한 점이 있어 최근 즉석식품의 상품화에 많이 이용되고 있다. 먼저 냉동 건조 방식을 이용하면 말려서 건조시킬 때와 같이 크기가 작아지거나 표면이 주름지는 현상은 일어나지 않는다. 동결할 때의 형태가 그대로 유지되는데, 이는 식품 속에서 액체인 물이 이동하는 것에 의해 생길 수 있는 성분 이동이나 변형이 일어나지 않기 때문이다. 특히 열풍으로 건조시키는 방법과는 달리 열을 가해 나타나는 식품 성분의 변화가 거의 없기 때문에 최근 많이 쓰이고 있다.

그리고 냉동 건조 제품에는 얼음 알갱이가 없어지면서 생긴 작은 구멍이 식품 전체에 무수히 분포*한다. 뜨거운 물을 부으면 이 무수한 구멍에 뜨거운 물이 들어가면서 원래 상태로 빠르게 되돌아온다. 예를 들어 인스턴트커피의 알갱이가 물에 빠르게 녹는 것처럼 보이지만, 실제는 물이 작은 구멍으로 들어가는 것이다. 또한 식품 속의 수분이 지극히 적어서 가벼우니 휴대하기 편하며, 잘 썩지도 않는다. 이것들은 즉석 식품에 매우 적합한 특성이다.

하지만 무수히 작은 구멍이 표면적을 늘리기 때문에 습기나 냄새를 잘 빨아들이는 단점도 있다. 작은 구멍 사이로 수분과 냄새 입자가 들어가기 때문이다. 냉동 건조 식품의 포장 용기에 '습기를 주의하시고 건냉한 장소에 보관하시기 바랍니다.'라는 안내 문구가 쓰여 있는 이유가 여기에 있다.
<small>습기나 냄새를 잘 빨아들임</small>

　냉동 건조 기술은 원래 생물학의 조직 표본*을 만들기 위해 생겨난 것이지만, 군용 비상 식량 제조에 이용되었다가, 오늘날 대중적인 즉석식품의 제조에도 널리 사용되고 있다. 하지만 <u>대량의 에너지가 사용된다는 문제점</u>이 있어, 제조 비용을 절감*하는 것이 앞으로의 과제이다.
<small>단점 ②</small>　　　　　　　　　　　　　<small>냉동 건조 기술의 과제</small>

◐ 9문단: 냉동 건조 기술의 단점과 과제

▶ 주제: 냉동 건조의 과정의 단점과 과제

[지문 해제] 이 글은 식품의 보존 방법 중 냉동 건조 방식에 대해 설명하고 있다. 먼저 인스턴트커피의 제조 공정을 통해 냉동 건조 과정을 밝힌 다음, 냉동 건조 방식의 장단점을 설명하고 있다. 냉동 건조는 식자재의 형태와 성분 유지가 잘 되고, 가벼워서 휴대하기 편하고 잘 썩지 않는다는 장점이 있다. 그러나 동시에 습기나 냄새를 잘 흡수하므로 보관에 주의해야 하고, 대량의 에너지가 사용된다는 단점이 있다고 하였다. 나아가 에너지 문제로 제조 비용을 절감해야 하는 과제를 제시하였다.

---

## 1 핵심 원리 파악하기　　　　　| 정답 ③ |

다음은 [A]의 과정을 그림으로 나타낸 것이다. 이에 대한 설명으로 적절하지 <u>않은</u> 것은?

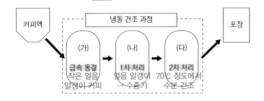

① 커피액은 (가)에서 작은 얼음 알갱이를 포함한 상태가 된다.
② (가)에서 (나)로 진행하려면 온도를 높여야 한다.
③ (가)의 얼음 알갱이는 (나)에서 <del>액체를 거쳐 기체</del>가 된다.
<small>승화, 액체를 거치지 않고 바로 기체가 됨</small>
④ (나)와 (다)는 진공 상태에서 공정이 이루어진다.
⑤ (다)에서 온도를 70℃ 정도로 유지하며 건조를 진행한다.

✅ **정답 풀이**

3문단에서 1차 처리 공정에서는 커피 속에 있는 얼음 알갱이가 녹아서 한꺼번에 수증기가 되는데, 이는 '승화' 현상을 이용한 건조법이라고 하였다. 따라서 (가)의 얼음 알갱이는 (나)에서 액체를 거치지 않고 바로 기체가 된다.

❌ **오답 풀이**

① 2문단에서 급속 동결된 커피 속에는 작은 얼음 알갱이가 무수히 형성된다고 하였다.
② 3문단에서 1차 처리에서는 온도를 높여 가며 커피 속 얼음 알갱이를 수증기로 만든다고 하였다.
④ 3문단과 4문단에서 1차 처리와 2차 처리는 모두 진공 상태에서 진행된다고 하였다.
⑤ 4문단에서 2차 처리에서는 70℃ 정도로 온도를 유지하면서 남은 수분을 없애 건조를 진행한다고 하였다.

---

## 2 세부 정보 파악하기　　　　　| 정답 ⑤ |

윗글을 읽은 학생이 심화 학습을 하기 위해 설정한 주제로 적절하지 <u>않은</u> 것은?

① 냉동 건조 시 승화된 수증기는 어떻게 처리하는가?
② 냉동 건조에 많은 에너지가 사용되는 이유는 무엇인가?
③ 열풍 건조 시 식품의 성분은 어떤 과정을 거쳐 변하는가?
④ 식품 성분이 유지되도록 가공하는 다른 방법은 무엇인가?
⑤ 식자재를 냉동 건조 방식으로 처리할 때 형태가 유지되는 까닭은 무엇인가?
<small>식품 속에서 액체인 물이 이동하는 것에 의해 생길 수 있는 성분 이동이나 변형이 일어나지 않기 때문</small>

✅ **정답 풀이**

6문단에서 식품을 냉동 건조 방식으로 처리할 때 형태가 유지되는 까닭은, 식품 속에서 액체인 물이 이동하는 것에 의해 생길 수 있는 성분 이동이나 변형이 일어나지 않기 때문이라고 이미 설명하였다. 따라서 심화 학습을 하기 위한 주제로 적절하지 않다.

❌ **오답 풀이**

① 인스턴트커피의 냉동 건조 1차 처리에서 커피 속에 있는 얼음 알갱이는 녹아서 한꺼번에 수증기가 되고, 커피 입자 속에는 얼음 알갱이의 흔적으로 몇 ㎛의 극히 작은 구멍이 생긴다고 하였다. 커피 입자 속에서 빠져나간 수증기의 처리에 대한 설명은 없으므로 이것을 더 조사하는 심화 학습을 하는 것은 가능하다.
② 9문단에서 냉동 건조는 대량의 에너지가 사용되는 문제점이 있다고 하였으므로, 그 이유에 대한 심화 학습이 가능하다.
③ 6문단에서 냉동 건조는 열풍으로 건조시키는 방법과는 달리 식품 성분의 변화가 거의 없다고 하였으므로, 열풍 건조에 관한 심화 학습이 가능하다.
④ 식품 성분의 변화가 거의 없는 냉동 건조 방식과 같은 특징을 가진 다른 가공 방법에 대한 심화 학습이 가능하다.

● 1문단: 궤도와 자세가 변하는 인공위성

● 2문단: 작용 반작용의 개념과 사례

● 3문단: 작용 반작용을 이용한 위성의 궤도와 자세 조절

● 4문단: 추력기를 이용한 위성의 궤도와 자세 조절

● 5문단: 반작용 휠을 이용한 위성의 자세 조절

\* 미립자(작을 微, 알 粒, 아들 子): 물질을 구성하는 아주 미세한 입자.

\* 본연(밑 本, 그러할 然): 사물이나 현상이 본디부터 가지고 있음.

● 6문단: 반작용 휠을 이용한 방법의 장점

▶ 주제: 작용 반작용 법칙을 이용한 위성의 궤도와 자세 조절

지구 궤도를 도는 인공위성은 지구 중력의 변화, 태양으로부터 오는 작은 미립자\*와의 충돌 등으로 궤도도 변하고 자세도 변한다. 힘이 작용하여 운동 방향과 상태가 변하는 것이다. 뉴턴은 이를 작용 반작용 법칙으로 설명할 것이다.

한 물체가 다른 물체에 힘을 작용하면 그 힘을 작용한 물체에도 크기가 같고 방향은 반대인 힘이 동시에 작용한다는 것이 작용 반작용 법칙이다. 예를 들어 바퀴가 달린 의자에 앉아 벽을 손으로 밀면 의자가 뒤로 밀리는데, 사람이 벽을 미는 작용과 동시에 벽도 사람을 미는 반작용이 있기 때문이다. 이 법칙은 물체가 정지하고 있을 때나 운동하고 있을 때 모두 성립하며, 두 물체가 접촉하여 힘을 줄 때뿐만 아니라 서로 떨어져 힘이 작용할 때에도 항상 성립한다.

인공위성의 상태가 변하면 본연\*의 임무를 달성하기 위해 궤도와 자세를 바로잡아야 한다. 지구 표면을 관측하는 위성은 탐사 장비를 지구 쪽을 향하도록 자세를 고쳐야 하고, 인공위성에 전력을 제공하는 태양 전지를 태양 방향으로 끊임없이 조절해야 한다. 이 때 위성의 궤도와 자세를 조절하는 방법도 모두 작용 반작용을 이용한다.

먼저 가장 간단한 방법은 로켓 엔진과 같은 추력기를 외부에 달아 이용하는 것이다. 추력기는 질량이 있는 물질인 연료를 뿜어내며 발생하는 작용과 반작용을 이용하여 위성을 움직인다. 위성에는 궤도를 수정하기 위한 주추력기 이외에 ㉠소형의 추력기가 각기 다른 세 방향 (x, y, z축)으로 여러 개가 설치되어 있는데, 이를 이용해 자세를 수정하는 것이다. 문제는 10년이 넘게 사용할 위성에 자세 제어용 추력기가 사용할 연료를 충분히 실을 수 없다는 것이다.

최근에는 ㉡반작용 휠을 이용한 방법도 사용되고 있다. 위성에는 추력기처럼 세 방향으로 설치된 3개의 반작용 휠이 있어 회전수를 조절하면 위성의 자세를 원하는 방향으로 ⓐ맞출 수 있다. 위성 내부에 부착된 반작용 휠은 전기 모터에 휠을 달고, 돌리는 속도를 높여주거나 낮춰주어서 위성을 회전시켜 자세를 바꾼다. 일반적으로 물체가 한 방향으로 돌 때 그 반대 방향으로 똑같은 힘이 발생한다. 반작용 휠이 돌면 위성에는 반대 방향으로 도는 힘이 발생하는데, 이 힘을 이용하는 것이다. 다만 궤도 수정과 같은 위성의 위치 변경은 할 수 없다.

하지만 반작용 휠은 자세 제어용 추력기를 이용하는 것보다 훨씬 유리하다. 추력기를 이용하면 연료가 있어야 하고, 그만큼 쏘아 올려야 할 위성의 무게도 증가한다. 반작용 휠을 이용하면 필요한 것은 전기이며 태양 전지를 이용해 얼마든지 얻을 수 있다. 원리는 유사하지만 보다 경제적인 방식이 인공위성에서 사용되고 있다.

[지문 해제] 인공위성의 궤도와 자세를 조절하는 원리를 설명한 글이다. 인공위성은 작은 변화에도 궤도와 자세가 바뀐다. 이를 조절하기 위해서 어떤 물체에 힘을 가하면 같은 크기의 힘이 반대로 작용한다는 작용 반작용 법칙의 원리를 이용한다. 먼저 추력기를 이용한 방법이 있는데, 위성 외부에 여러 개의 추력기를 설치하여 연료를 뿜어내는 방식이다. 이때 발생하는 작용과 반작용을 이용해 위성을 움직여 궤도를 수정하고 자세를 바꿀 수 있다. 다음으로 반작용 휠을 이용한 방법이 있는데, 추력기처럼 위성에 세 방향으로 설치된 세 개의 반작용 휠의 회전수를 조절하여 위성의 자세를 바꾸는 방식이다. 휠이 돌 때 작용하는 반대 방향의 힘을 이용하는 것이다. 반작용 휠을 이용한 방법은 추력기를 이용한 방법에 비해 경제적이고 위성의 무게를 줄일 수 있다는 장점이 있지만, 궤도 수정과 같은 위성의 위치 변경은 할 수 없다.

# 1 세부 내용 파악하기 | 정답 ② |

**윗글의 내용과 일치하지 않는 것은?**

① 정지하고 있는 물체에도 작용이 존재한다. 2문단
② 반작용은 위성이 지구와 인접해 있어야 나타난다.
③ 중력의 변화는 위성의 자세나 궤도를 변하게 한다. 1문단
④ 위성의 추력기는 방출되는 물질의 반작용을 이용한다. 4문단
⑤ 미립자가 위성과 충돌하면 반대 방향의 힘이 작용한다. 1문단

✅ **정답 풀이**

2문단에서 작용 반작용 법칙은 한 물체가 다른 물체에 힘을 작용하면 그 힘을 작용한 물체에도 크기가 같고 방향은 반대인 힘이 동시에 작용하는 것이라고 하였다. 그리고 두 물체가 접촉하여 힘을 줄 때 뿐만 아니라 서로 떨어져 힘이 작용할 때에도 성립한다고 하였다. 따라서 위성이 지구와 인접해 있어야 반작용이 나타난다는 ②는 글의 내용과 일치하지 않는다.

❌ **오답 풀이**

① 2문단에서 작용 반작용 법칙은 물체가 정지하고 있을 때나 운동하고 있을 때 모두 성립한다고 하였다.
③ 1문단에서 지구 궤도를 도는 인공위성은 지구 중력의 변화, 태양으로부터 오는 작은 미립자와의 충돌 등으로 궤도도 변하고 자세도 변한다고 하였다.
④ 4문단에서 추력기는 질량이 있는 물질인 연료를 뿜어내며 발생하는 작용과 반작용을 이용하여 위성을 움직인다고 하였다.
⑤ 1문단에서 인공위성은 태양으로부터 오는 작은 미립자와의 충돌 등으로 궤도나 자세가 변한다고 하였으며, 뉴턴은 이를 작용 반작용 법칙으로 설명할 것이라고 하였다.

# 2 대상의 특성 비교하기 | 정답 ③ |

**㉠과 ㉡에 대한 설명으로 적절하지 않은 것은?**

① ㉠은 위성의 외부에, ㉡은 내부에 설치된다. 4문단, 5문단
② ㉠과 달리 ㉡은 물체의 회전 운동을 이용하고 있다. 4문단, 5문단
③ ㉡과 달리 ㉠은 x, y, z 축의 세 방향으로 설치되어 있다. ㉠과 ㉡ 모두 세 방향으로 설치됨
④ ㉡과 달리 ㉠을 작동하면 위성 전체의 질량이 변화한다. 4문단
⑤ ㉠과 ㉡은 모두 반작용을 이용해 위성의 자세를 제어한다. 휠이 돌 때 생기는 반작용 / 연료를 뿜어낼 때 생기는 반작용

✅ **정답 풀이**

4문단에서 ㉠ '소형의 추력기'는 각기 다른 세 방향(x, y,

---

z축)으로 여러 개 설치되어 있다고 했으며, 5문단에서 ㉡ '반작용 휠'도 추력기(㉠)처럼 세 방향으로 설치되어 있다고 하였다.

❌ **오답 풀이**

① 4문단에서 추력기는 위성 외부에 달아 이용한다고 하였고, 5문단에서 반작용 휠은 위성 내부에 부착한다고 하였다.
② 4문단에서 추력기는 연료를 뿜어내며 발생하는 작용과 반작용을 이용한다고 하였고, 5문단에서 반작용 휠은 휠이 돌 때 위성에 생기는 반대 방향으로 도는 힘을 이용한다고 하였다.
④ 4문단에서 추력기는 질량이 있는 물질인 연료를 뿜어낸다고 하였으므로, 추력기를 작동할 때마다 위성 전체의 질량이 감소할 것이다.
⑤ 추력기는 연료를 뿜어낼 때 생기는 반작용을, 반작용 휠은 휠이 돌 때 생기는 반작용을 이용해 위성의 자세를 조절한다.

# 3 어휘의 의미 파악하기 | 정답 ④ |

**밑줄 친 단어 중 ⓐ의 문맥적 의미와 가장 유사한 것은?**
어떤 기준에 틀리거나 어긋남이 없이 조정하다.

① 우리는 발을 맞추어 길을 걸었다.
② 나는 어머니께 한복을 맞추어 드렸다.
③ 나는 친한 친구와 답을 맞추어 보았다.
④ 나는 카메라의 초점을 맞추어 산새를 찍었다.
⑤ 우리는 일련번호를 맞추어 문서를 정리하였다.

✅ **정답 풀이**

'회전수를 조절하면 위성의 자세를 원하는 방향으로 ⓐ 맞출 수 있다.'의 문맥적 의미를 고려할 때, ⓐ는 '어떤 기준에 틀리거나 어긋남이 없이 조정하다.'의 의미로 이해할 수 있다. ④의 '카메라의 초점을 맞추어'의 '맞추다'도 ⓐ와 유사한 의미를 가지고 있다.

❌ **오답 풀이**

① '서로 어긋남이 없이 조화를 이루다.'의 의미이다.
② '일정한 규격의 물건을 만들도록 미리 주문을 하다.'의 의미이다.
③ '둘 이상의 일정한 대상들을 나란히 놓고 비교하여 살피다.'의 의미이다.
⑤ '열이나 차례 따위에 똑바르게 하다.'의 의미이다.

| 기술 06~10 | 독해력 쑥쑥, 어휘 테스트 | | | |
|---|---|---|---|---|
| 01 ⓑ | 02 ⓔ | 03 ⓓ | 04 ⓒ | 05 ⓐ |
| 06 검색 | 07 미립자 | 08 도선 | 09 검출기 | 10 분포 |
| 11 ○ | 12 × | 13 ○ | 14 × | 15 ○ |
| 16 ㉣ | 17 ㉠ | 18 ㉢ | 19 ㉡ | 20 ㉤ |

Ⅳ · 기술

● 1문단: 막히지 않고 순환하는 한옥 공간

한옥 공간은 막히지 않고 순환한다. 이 방에서 저 방으로 가는 길은 좁은 복도 하나가 아니라 여러 갈래이며 그 형식도 여러 가지이다. 때로는 그 길이 방끼리 통하기도 하고 마당과 대청마루를 건너기도 한다. 막으면 방이 되지만 그 막음이란 것이 콘크리트 벽처럼 앙다문 것이 아니어서 언제든지 틀 수 있다. 방과 방 사이에 문이 난 경우도 제법 많아 문을 트면 길이 나게 되는 것이다. 이처럼 한옥은 사방으로 적당히 뚫려 있고 적당히 막혀 있다.

● 2문단: 한옥에서 '원통'한 공간의 의미

* 간주(볼 看, 지을 做): 상태, 모양, 성질 따위가 그와 같다고 봄. 또는 그렇다고 여김.
* 대청(큰 大, 마루 廳): 한옥에서, 몸채의 방과 방 사이에 있는 큰 마루.

한옥 공간이 순환한다는 것은 시작과 끝이 없고 하나로 '통(通)'한다는 뜻이다. '원(圓)'은 완전 도형이라 해서 동서양 모두에서 최고의 상태로 간주*했는데 한옥에서는 이를 공간에 적용해서 막힘 없이 둥글둥글 도는 동선 구조로 만들어 냈다. '원'에 '통'을 결합해서 '원통'한 공간으로 만들어 낸 경우는 한옥밖에 없다. 원통은 원처럼 둥글어서 통한다는 뜻이다. 다시 말해 뒤돌아서는 일 없이 직각으로만 꺾다 보면 처음 출발했던 곳으로 되돌아올 수 있다는 의미이다. 가령 대청*으로 오르면 방으로 들어간 뒤 옆방으로 이어 가거나 방 밖으로 빠져나오는 식으로 다시 대청 앞으로 돌아올 수 있다는 것이다. '원'한 공간은 자연히 '통'하게 되어 있으니, 한옥은 '원'이라는 것에서 기하학적 형상*을 읽은 것이 아니라 '통'하는 가능성을 읽은 것이다.

● 3문단: 서양 건축과 구별되는 한옥의 '외파 증식'

* 형상(모양 形, 모양 象): 사물의 생긴 모양이나 상태.
* 분할(나눌 分, 나눌 割): 나누어 쪼갬.

한옥의 원통 구성은 ㉠'외파 증식'의 방식으로 발전해 온 한옥의 형성 과정과도 관련이 깊다. 한옥의 평면 구성을 보면 개별 채에서부터 한 번 꺾인 'ㄱ'자형, 두 번 꺾인 'ㄷ'자형, 세 번 꺾여 에워싸는 'ㅁ'자형, 에워싼 다음 한 번 더 뻗어나간 'ㅂ'자형 등 그 구성 방식이 다양하다. 이처럼 씨앗이 발아하듯 방 하나의 기본 공간 단위가 밖으로 증식하면서 분할하는 것이 외파 증식이다. 이는 윤곽을 먼저 정하고 안으로 잘라 들어가며 구성하는 서양의 ㉡'내파 분할*' 구성과 반대되는 한옥만의 독특한 특징이라고 할 수 있다.

● 4문단: 한옥 공간에서의 '돌아가기'와 '질러가기'

* 분별(나눌 分, 나눌 別): 서로 다른 일이나 사물을 구별하여 가름.

이러한 한옥 공간에서는 여러 공간을 거쳐 가는 돌아가기와 최단 거리로 가는 질러가기가 모두 가능하다. 돌아가는 동선은 여러 개인데, 이는 이동 과정을 선택할 수 있고 그 과정에서 느끼는 경험의 종류가 많다는 것이다. 이것은 이동의 목적과 성격, 이동하는 사람의 상황과 마음 상태 등의 여러 조건에 따라 동선을 선택할 수 있음을 의미한다. 또한 한옥에는 급할 때 이쪽에서 저쪽까지 한걸음에 달려갈 수 있는 지름길도 있다.

● 5문단: 한국인의 가치관이 구현된 한옥 공간

이처럼 한옥은 공간의 다양한 가능성을 보여 준다. 한옥은 서로의 개성을 존중하면서도 안팎의 분별*을 없애 어울림을 추구하려는 한국인의 가치관을 구현하고 있는 것이다.

[지문 해제] 이 글은 한옥의 공간적 특징에 대해 설명하고 있다. '원통'한 공간인 한옥 공간은 둥글둥글 도는 동선 구조로 되어 있어 자연스럽게 통하며, 직각으로 꺾으면서 가다 보면 처음 출발했던 곳으로 되돌아올 수 있다. 이와 같은 한옥의 원통 구성은 마치 씨앗이 발아하듯 기본 공간 단위가 밖으로 증식하면서 분할하는 '외파 증식'과 관련이 깊은데, 이는 서양의 '내파 분할' 구성과는 차별화된 한옥만의 독특한 특징이다. 이러한 한옥 공간에서는 '돌아가기'와 '질러가기'가 모두 가능하며, 돌아가는 동선은 여러 개라 이동 과정을 선택할 수 있고, 급할 때는 지름길을 이용할 수도 있다는 장점이 있다. 이처럼 한옥은 서로의 개성을 존중하면서도 어울림을 추구하려는 한국인의 가치관을 구현하고 있다고 할 수 있다.

▶ 주제: 한옥 공간의 순환 구조와 원통 구성

## 1 제목의 적절성 판단하기 | 정답 ① |

**윗글의 표제와 부제로 가장 적절한 것은?**
① 한옥 공간의 의미 – 안팎의 분별을 없앤 원통의 공간
② 한옥 구조의 특징 – 기하학적 ~~형상을 중심으로~~
③ ~~주거 형태의 변화~~ – 한옥의 기능성을 중심으로
④ 한옥과 서양 건축 – 외파 증식과 내파 분할의 비교 <sub>부차적인 내용</sub>
⑤ ~~동선 구조의 효율성~~ – 돌아가기와 질러가기의 조화로움 <sub>글의 내용 중 일부임</sub>

✅ **정답 풀이**

이 글은 한옥 공간의 가장 큰 특징이 '원통(圓通)'으로, 이는 안팎의 분별을 없애 어울림을 추구하려는 한국인의 가치관을 구현한 것이라는 내용이다. 따라서 글 전체의 내용을 포괄하면서 중심 내용을 담고 있는 ①이 가장 적절하다.

❌ **오답 풀이**

② 한옥 구조의 특징을 소개하였지만, 기하학적 형상과 관련이 없다.
③ 한옥의 공간 구성에 대해 다루고 있을 뿐 주거 형태의 변화를 다루지는 않았다.
④ 서양 건축의 내파 분할을 한옥과 비교하고는 있지만, 이는 한옥의 공간 형성을 설명하기 위한 부차적인 내용이다.
⑤ 동선 구조의 효율성은 한옥의 구조에 대한 설명 중 일부분이므로 표제로 적절하지 않다.

## 2 개념의 특징 파악하기 | 정답 ① |

**㉠과 ㉡에 대한 설명으로 적절한 것은?** <sub>㉠외파 증식 ㉡내파 분할</sub>
① ㉠은 꺾임의 방법에 따라 구성 방식이 다양하다.
② ~~㉠~~은 공간의 윤곽을 먼저 정한 뒤 내부를 구성한다. <sub>㉡</sub>
③ ~~㉡~~은 기본 공간을 중심으로 공간이 증식하면서 분할한다. <sub>외파 증식</sub>
④ ㉠은 ~~㉡과 달리~~ 분할의 방식에 따라 건물의 구조가 결정된다. <sub>㉠, ㉡ 모두 해당됨</sub>
⑤ ㉡은 ~~㉠과 달리~~ 공간이 뻗어 나가는 방향에 따라 동선 구조가 생긴다. <sub>외파 증식</sub>

✅ **정답 풀이**

3문단에서 ㉠'외파 증식'은 씨앗이 발아하듯 방 하나의 기본 공간 단위가 밖으로 증식하면서 분할하는 것이라고 하였으며, 한옥의 평면 구성을 보면 개별 채에서부터 꺾인 횟수와 방향에 따라 구성 방식이 다양하다고 언급하였다.

❌ **오답 풀이**

② 3문단에서 공간의 '윤곽을 먼저 정하고 안으로 잘라 들어가며

구성하는' 것은 서양의 ㉡ '내파 분할'이라고 하였다.
③ 3문단에서 기본 공간을 중심으로 공간이 증식하며 분할하는 것은 한옥의 ㉠ '외파 증식'이라고 하였다.
④ 분할의 방식에 따라 건물의 구조가 결정되는 것은 ㉠ '외파 증식'과 ㉡ '내파 분할' 모두 해당한다.
⑤ 공간이 뻗어 나가는 방향에 따라 동선 구조가 생기는 것은 ㉠ '외파 증식'이다.

## 3 구체적 상황에 적용하기 | 정답 ② |

**윗글을 바탕으로 〈보기〉를 이해한 내용으로 적절하지 않은 것은?**

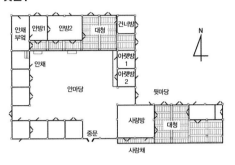

\* ⌐, ⌐ : 문

① 안방 1과 안방 2 사이는 상황에 따라 문을 트면 길이 날 수도 있겠군. <sub>1문단</sub>
② 중문에서 안방 1로 가기 위해 안채의 대청에서 안방 2를 통해 가는 것은 ~~질러가기~~에 해당하겠군. <sub>돌아가기</sub>
③ 사랑방에서 뒷마당으로 나가 사랑채의 대청을 통해서 처음 출발했던 위치로 돌아올 수 있겠군. <sub>2문단</sub>
④ 안채 부엌에서 사랑방으로 가는 길은 이동하는 사람이 상황에 따라 다양하게 선택할 수 있겠군. <sub>4문단</sub>
⑤ 안방 2는 대청, 안마당, 안방 1 등과 통할 수 있어 사방으로 적당히 뚫려 있는 공간으로 볼 수 있겠군. <sub>1문단</sub>

✅ **정답 풀이**

중문에서 안방 1로 가기 위해 안채의 대청에서 안방 2를 통해 가는 것은 '여러 공간을 거쳐 가는' 돌아가기이다.

❌ **오답 풀이**

① 1문단에서 한옥 공간은 방을 막은 것이 콘크리트 벽처럼 앙다문 것이 아니어서 '언제든지 틀 수 있다'고 하였다.
③ 2문단에서 원통의 공간에서는 '직각으로만 꺾다 보면 처음 출발했던 곳으로 되돌아올 수 있다.'라고 하였다.
④ 4문단에서 한옥 공간에서는 돌아가는 동선이 여러 개라 '여러 조건에 따라 동선을 선택할 수 있다'고 하였다.
⑤ 1문단에서 '한옥은 사방으로 적당히 뚫려 있고 적당히 막혀 있다.'라고 하였다.

◆ **1문단**: 동양화의 특징인 여백의 미

동양화의 특징은 여러 가지가 있겠지만 그중 여백의 미를 빼놓을 수 없다. 여백의 미
를 살리지 않은 그림은 동양화라 할 수 없을 정도로 여백은 동양화에서 흔히 볼 수 있는
특징이다. 이 여백은 다양하게 표현된다. 화면 한쪽을 넓게 비워 놓는 큰 여백이 있는가
하면, 화면의 형체 사이사이에 좁게 비워 놓는 작은 여백도 있다. 또한 여백은 아무것도
그리지 않은 빈 공간으로 표현하는 것이 보통이지만, 물이나 하늘, 안개나 구름과 같은
어떤 실체를 표현하기도 한다. 그리고 빽빽함에 대비되는 성김*으로, 드러남에 대비되
는 감춤으로 여백 표현을 대신하기도 한다.

◆ **2문단**: 여백의 역할 ① – 여유·편안함·안정감 제공

여백이 어떤 역할을 하는지 조선 후기의 화가 김홍도
의 '관폭도(觀瀑圖)'를 통해 살펴보자. 그림을 보면 선
비들이 모여 있는 곳과 산(山)의 일부를 제외하고는 구
석구석이 비어 있다. 심지어 산에서 떨어지는 폭포조차
도 형체를 그리는 대신에 여백으로 표현하였다. 이렇듯
화면의 여러 부분을 비워 둠으로써 여백은 화면에 여유
와 편안함을 주고 이로 인해 감상자는 시원함을 느끼게 된다. 동양화 속의 일부 경물*들
이 세밀하고 빽빽하게 그려져 있더라도 그리 복잡하거나 산만하게 보이지 않는 것은 바
로 이 여백이 있기 때문이다. 특히 산수화에서의 여백은 세밀하게 표현된 경물들을 산
만하지 않게 잘 정리해 주어 화면 전체에 안정감을 제공한다.

* **성기다**: 물건 사이가 떠서 빈 공간이 많다.
* **경물**(볕 景, 만물 物): 계절에 따라 달라지는 경치.
* **암시**(어두울 暗, 보일 示): 넌지시 알림. 또는 그 내용.
* **운치**(운 韻, 보낼 致): 고상하고 우아한 멋.

◆ **3문단**: 여백의 역할 ② – 상상력 발휘

여백은 상상력을 발휘할 수 있는 바탕이 되기도 한다. 여백은 아무것도 없지만, 오히
려 자세히 그린 것보다 더욱 많은 것을 표현해 주고 암시*해 준다. 그림에서 선비들이
바라보는 곳에 주목해 보자. 폭포 건너편에 있는 선비들은 그림의 오른쪽에 있는 무언
가를 바라보는 모습으로 처리되어 있는데, 작가는 선비들이 바라보는 대상을 여백으로
처리하였다. 선비들이 바라보는 대상은 그림 속 공간 안에 있을 수도 있고, 그림 바깥에
저 멀리 있을 수도 있다. 만약 작품의 오른쪽에 봉우리를 그렸다면 선비들이 봉우리를
바라보고 있는 것으로 단정 짓게 되지만, 여백으로 남겨 두었기 때문에 나무, 집, 바위
등 더 많은 것들을 생각할 수 있다. 그래서 ㉠여백은 일종의 적극적 표현이다.

◆ **4문단**: 동양화에서 여백이 갖는 중요성

여백은 화면에 여유와 안정감을 주면서 독자의 상상력을 자극하는 효과를 갖는다. 여
백이 지닌 이러한 효과들로 동양화의 감상자는 운치*와 여운을 느낄 수 있다. 이처럼 여
백은 다 그리고 난 나머지로서의 여백이 아니라, 저마다 역할이 있는 의도적인 표현이
다. '동양화의 멋은 여백에서 찾을 수 있다'고 할 정도로 여백은 동양화의 특징을 잘 드
러내는 중요한 표현 방법이다.

▶ **주제**: 동양화의 여백이 지닌 특징과 역할

**[지문 해제]** 이 글은 김홍도의 '관폭도'를 통해 동양화의 가장 중요한 특징 중 하나인 여백의 표현 방법과 역할에 대해 설명하
고 있다. 여백은 동양화의 멋을 만들어 내는 표현 방법으로, 그냥 비워 둔 것이 아니라 의도적인 표현이다. 그래서 다양한 표현
으로 화면에 여유와 편안함을 주어 감상자가 시원함을 느끼게 하고, 상상력을 발휘할 수 있는 바탕이 되어 동양화 감상자가 운
치와 여운을 느끼게 한다.

## 1 중심 내용 파악하기 | 정답 ① |

**윗글의 중심 내용으로 적절한 것은?**
① 동양화의 여백의 특징과 역할
② 여백이 지닌 의미가 변해온 과정
③ 동양화에서 여백을 사용하게 된 기원
④ 동양화에서 여백이 나타나는 사상적 배경
⑤ 여백을 바라보는 동양과 서양의 관점 차이

**✔ 정답 풀이**

1문단에서는 동양화의 주요 표현 방법인 여백의 특징과 표현법에 대해, 2문단과 3문단에서는 김홍도의 '관폭도'를 예로 들어 여백의 역할에 대해 구체적으로 설명하고 있다. 4문단에서는 동양화에서 여백이 갖는 중요성에 대해 언급하고 있다. 따라서 '동양화의 여백의 특징과 역할'이 중심 내용으로 가장 적절하다.

## 2 글쓴이의 의도 파악하기 | 정답 ③ |

**글쓴이가 ㉠과 같이 말한 이유로 적절한 것은?**
① 경물에 담긴 의미를 명확하게 보여 주기 때문에
② 작품 속 경물들을 산만하지 않게 정리해 주기 때문에
③ 화면에 표현된 것 이외의 것들을 상상할 수 있게 해 주기 때문에
④ 경물을 세밀하게 묘사하여 작가의 예술적 능력을 보여 주기 때문에
⑤ 현실의 속박에서 벗어나고자 하는 작가의 의지를 강조해 주기 때문에

**✔ 정답 풀이**

3문단에서 여백은 자세히 그린 것보다 더 많은 것을 표현하고 암시한다고 하였는데, 이는 여백을 통해 그림에 표현된 것 이외의 것을 상상할 수 있다는 의미이다. 여백이 가지고 있는 이와 같은 특징을 '적극적 표현'이라고 한 것이다.

**✘ 오답 풀이**

① 여백은 빈 공간을 두는 것이므로 경물에 담긴 의미를 명확하게 보여 준다고 할 수 없다.
② 작품 속 경물들을 산만하지 않게 정리해 주는 것은 2문단에서 말한 여백의 첫 번째 역할에 대한 설명이다.
④ 여백은 빈 공간을 두는 것이므로 경물을 세밀하게 묘사한다는 진술은 적절하지 않다.
⑤ 동양화가들이 동양화에 여백을 둔 것은 여백의 효과 때문이지, 현실의 속박에서 벗어나기 위한 의도 때문이 아니다.

## 3 반응의 적절성 파악하기 | 정답 ③ |

**윗글과 〈보기〉를 함께 읽고 보인 반응으로 가장 적절한 것은?**

┤ 보 기 ├

〈누워 있는 여인〉

조각은 다른 미술 갈래보다 공간을 중시한다. 조각에서 공간은 작품과 별개로 존재하지 않고 상호 작용을 통해 작품의 의미를 풍부하게 만들어 주는 역할을 한다. 이 때문에 조각가들은 형상 사이사이의 공간까지 단순히 '빈 곳'이 아니라 '네거티브 볼륨'이라고 해서 작품을 구성하는 중요한 요소로 여겼다. 위쪽의 작품을 보면 조각가가 작품을 하나의 덩어리로만 표현하지 않고 네거티브 볼륨을 작품의 중요한 구성 요소로 삼아 작품의 표현 효과를 높이고 있음을 확인할 수 있다.

① '관폭도'와 '누워 있는 여인'은 모두 '빽빽함과 성김'의 대비를 통해 형상의 사실성을 높이고 있군.
② '관폭도'와 '누워 있는 여인'은 모두 작품이 창작될 당시의 현실을 바탕으로 작품의 의미를 파악해야 하는군.
③ '관폭도'와 '누워 있는 여인'은 모두 작품 감상 과정에서 빈 공간을 작품의 중요한 구성 요소로 주목해야 하는군.
④ '관폭도'와 달리, '누워 있는 여인'은 대상과 빈 공간의 조화를 통해 사회에 대한 작가의 비판 의식을 강조하고 있군.
⑤ '관폭도'와 달리, '누워 있는 여인'은 인위적인 조작을 최소화하여 자연과 인간이 조화를 이루는 경지를 표현하고 있군.

**✔ 정답 풀이**

〈보기〉에서 동양화의 '여백'과 대응되는 것은, 작품과의 상호 작용을 통해 작품의 의미를 풍부하게 하는 '네거티브 볼륨'이다. 따라서 '관폭도'의 빈 공간인 여백과 '누워 있는 여인'의 빈 공간인 '네거티브 볼륨'은 모두 작품의 중요한 구성 요소로 작용하고 있다고 볼 수 있다.

**✘ 오답 풀이**

① '누워 있는 여인'에서 '빽빽함과 성김'의 대비를 발견할 수 없다.
②, ④ 이 글과 〈보기〉 모두 언급하고 있지 않은 내용이다.
⑤ 〈보기〉는 빈 공간과 작품 사이의 상호 작용에 대하여 설명하고 있을 뿐, 자연과 인간의 조화에 대하여 설명한 것이 아니다.

* 피사체(이불 被, 베낄 寫, 몸 體): 사진을 찍는 대상이 되는 물체.
* 구획(지경 區, 그을 劃): 토지 따위를 경계를 지어 가름. 또는 그런 구역.
* 프레임: 사진 화면의 구도를 설정하는 틀
* 삽입(꽂을 揷, 들 入): 어떤 것을 주된 것 사이에 끼워 넣음.

일반적으로 사진을 찍을 때는 사진에 담을 대상인 중심 피사체*를 먼저 선정하여 화면 중앙에 놓고 이것에 초점을 맞춘다. 그런 다음 중심 피사체와 주변 풍경을 적절하게 구획*하여 안정된 구도로 사진을 찍는 것이 일반적인 프레임* 구성 방법이다. 그런데 사진을 촬영하다 보면 의도하지 않았던 요소들이 개입하여 일반적인 프레임 구성 방법에서 벗어났음에도 미적 효과가 느껴지는 경우가 있다. 이를 의도적으로 활용한 대표적인 예가 솔더샷 프레임이다.

솔더샷 프레임이란 등에 업힌 아이가 어깨 너머로 세상을 보는 것처럼, 프레임 안에 장애물을 배치하여 감상자가 장애물 너머로 중심 피사체를 보도록 유도하는 프레임 구성 방법이다. 솔더샷 프레임을 활용하면 프레임 안에 삽입*된 장애물로 인해 감상자가 시각적인 긴장감을 느끼게 되어 중심 피사체에 대한 감상자의 집중도가 높아지게 된다.

솔더샷 프레임은 다음과 같은 방법들을 활용하여 구성한다. 첫째, 사진에 담고자 하는 중심 피사체 앞에 장애물을 배치한다. 장애물을 배치하면 감상자가 눈에 잘 띄는 장애물을 먼저 본 다음에 중심 피사체를 보기 때문에 중심 피사체로 시선이 집중되는 효과가 나타난다. 이때 장애물이 중심 피사체보다 크면, 장애물이 감상자의 눈에 더 잘 띄게 된다. 그리고 장애물의 형태나 자세, 시선 등이 중심 피사체를 향하도록 하면 감상자의 시선을 중심 피사체로 이끌어 주는 지시성이 강화된다. 둘째, 중심 피사체에는 초점을 정확하게 맞추는 반면 장애물에는 초점을 맞추지 않는다. 그러면 감상자는 초점이 맞지 않아 흐릿하게 보이는 장애물보다 초점을 맞춘 대상을 중심 피사체로 인식하여 시선을 집중하게 된다. 셋째, 중심 피사체와 장애물의 밝기를 대비시킨다. 중심 피사체는 밝게, 장애물은 어둡게 촬영하는 것이 좋다. 그러면 밝음과 어둠이 대비되면서 감상자가 중심 피사체를 주목하게 된다.

솔더샷 프레임은 의도하지 않았을 때 나타나는 미적 효과를 의도적으로 활용하여 사진의 예술성을 구현하고자 한다. 솔더샷 프레임은 조화와 균형, 통일을 기본으로 여겼던 기존의 예술적 인식에서 벗어나 순간적이고 우연적인 것, 불안정한 것에서 아름다움을 발견했다는 점에서 사진 예술의 새로운 방향을 제시한다고 할 수 있다.

---

**[지문 해제]** 이 글은 사진 기법 중 하나인 솔더샷 프레임에 관해 설명하고 있다. 솔더샷 프레임이란 프레임 안에 장애물을 배치하여 감상자가 장애물 너머로 피사체를 보도록 유도하는 프레임 구성 방법으로, 중심 피사체를 화면 중앙에 놓는 일반적인 구도에서 벗어난 기법이다. 솔더샷 프레임을 사용하면 프레임 안에 있는 장애물 때문에 감상자는 시각적인 긴장감을 느끼게 되고 이는 중심 피사체에 대한 집중도가 높아지는 효과가 있다. 솔더샷 프레임을 구성하기 위해서는 중심 피사체 앞에 장애물을 배치하는데, 장애물에 초점을 맞추지 않아 흐릿하게 보이도록 하고 중심 피사체보다 어둡게 촬영한다. 그러면 감상자는 또렷하고 밝은 중심 피사체를 주목하게 된다. 이와 같은 솔더샷 프레임은 기존의 예술적 인식에서 벗어나 사진 예술의 새로운 방향을 제시했다는 점에서 예술적 가치가 있다.

▶ 주제: 솔더샷 프레임의 특징과 효과

**1** 구체적 사례에 적용하기 | 정답 ⑤ |

윗글을 바탕으로 〈보기〉를 이해한 내용으로 적절하지 <u>않</u>은 것은?

┤ 보 기 ├

〈진동선, 「이탈리아 피렌체」〉

밝기의 대비
이 사진은 남자를 향하여 서 있는 여자를 장애물
　　　　　　　　　중심 피사체　　　　　　　어둡고 흐릿하게 촬영
로 배치하여 숄더샷 프레임으로 촬영한 것이다.

① 중심 피사체와 장애물의 밝기를 대비시켜 감상자가 중심 피사체를 주목하게 하는군.
② 장애물을 흐릿하게 촬영하여 초점을 맞춘 대상을 감상자가 중심 피사체로 인식하게 하는군.
③ 장애물의 자세가 중심 피사체를 향하게 함으로써 중심 피사체에 대한 지시성이 강화되고 있군.
④ 장애물을 중심 피사체보다 앞에 배치하여 장애물이 중심 피사체보다 감상자의 눈에 먼저 띄게 하는군.
⑤ 장애물을 중심 피사체보다 크게 촬영하여 감상자의 시선이 ~~중심 피사체를 거쳐 장애물로 집중되게~~ 하는군.
　　　　밝고 뚜렷한 피사체에 집중됨

✅ 정답 풀이

〈보기〉는 장애물을 중심 피사체 앞에 배치하여 촬영한 숄더샷 프레임이 적용된 사진이다. 장애물이 중심 피사체 앞에 위치하여 중심 피사체보다 크게 촬영되었으나, 장애물을 중심 피사체보다 흐릿하고 어둡게 처리하였기 때문에 감상자는 밝고 뚜렷한 중심 피사체에 집중하게 된다. 따라서 감상자의 시선이 중심 피사체를 거쳐 장애물로 집중되게 한다는 ⑤의 설명은 적절하지 않다.

❌ 오답 풀이

① 중심 피사체는 밝고 장애물은 어둡게 촬영하여 밝기를 대비시킴으로써 중심 피사체에 주목하게 하는 효과가 있다.
② 장애물은 초점을 맞추지 않아 흐릿한 반면 중심 피사체는 초점을 맞춰 감상자는 초점을 맞춘 대상을 중심 피사체로 인식하게 된다.
③ 〈보기〉의 사진 설명에 따르면 장애물로 배치된 여자는 남자를 향하여 서 있다. 따라서 장애물의 자세가 중심 피사체를 향하게 함으로써 중심 피사체에 대한 지시성이 강화되고 있다.

④ 장애물을 중심 피사체 앞에 배치하면, 감상자는 눈에 잘 띄는 장애물을 먼저 본 다음 중심 피사체를 보게 된다.

**2** 다른 상황에 적용하기 | 정답 ⑤ |

윗글에 언급된 '숄더샷 프레임(㉠)'과 〈보기〉의 '엣지샷 프레임(㉡)'에 대한 설명으로 가장 적절한 것은?

┤ 보 기 ├

'엣지샷 프레임'은 중심 피사체를 가장자리나 구
　'엣지샷 프레임'의 개념
석에 위치시켜 의도적으로 시각적 긴장감을 유발하
는 프레임 구성 방법이다. 이 프레임은 안정된 구도
를 활용하는 일반적인 사진과 달리 익숙하지 않은
프레임을 통해 감상자가 중심 피사체에 집중하게
한다.　　'엣지샷 프레임'의 효과

① ㉠은 ㉡과 달리 기존의 예술적 ~~인식을 바탕으로~~ 한 프레임 구성 방법이다.
　　　　　　　㉠, ㉡ 모두 기존의 예술적 인식에서 벗어남
② ㉡은 ㉠과 달리 ~~의도하지 않았을 때 나타나는 미~~ ~~적 효과를 의도적으로 활용하고 있다.~~
　　　　　　　　㉠
③ ㉠은 ~~조화와 균형~~, ㉡은 부조화와 불균형을 아름 다움의 기본으로 여기고 있다.
　　불안정한 것에서 아름다움 발견
④ ㉠과 ㉡은 중심 피사체를 ~~프레임의 중앙 부분에~~ ~~놓이도록 촬영한다.~~
　　　　㉡은 중심 피사체를 가장자리나 구석에 위치시킴
⑤ ㉠과 ㉡은 익숙하지 않은 프레임을 통해 시각적 긴장감을 유발한다.

✅ 정답 풀이

'숄더샷 프레임(㉠)'은 의도적으로 중심 피사체 앞에 장애물을 배치하여 시각적인 긴장감을 느끼게 하는 구성 방법이며, 〈보기〉에서 '엣지샷 프레임(㉡)'도 중심 피사체를 가장자리나 구석에 위치시켜 의도적으로 시각적 긴장감을 유발하는 프레임 구성 방법이다. 따라서 ㉠과 ㉡은 모두 익숙하지 않은 프레임을 통해 감상자의 시각적 긴장감을 유발한다고 볼 수 있다.

❌ 오답 풀이

① ㉠과 ㉡ 모두 중심 피사체를 화면 중앙에 놓고 안정된 구도로 사진을 찍던 기존의 예술적 인식에서 벗어난 프레임 구성 방법이다.
② 4문단에서 설명한 것처럼 의도하지 않았을 때 나타나는 미적 효과를 의도적으로 활용한 것은 '숄더샷 프레임(㉠)'이다.
③ 4문단에서 '숄더샷 프레임(㉠)'은 조화와 균형을 기본으로 여겼던 기존의 예술적 인식에서 벗어나 불안정한 것에서 아름다움을 발견한 사진 예술이라고 하였다.
④ 〈보기〉에서 '엣지샷 프레임(㉡)'은 중심 피사체를 가장자리나 구석에 위치시킨다고 하였다.

**1문단: 따뜻하고 포근한 악기 '훈'**

* **아악(바를 雅, 풍류 樂):** 고려와 조선 시대, 궁중에서 연주된 전통 음악의 한 갈래를 이르던 말.
* **지공(손가락 指, 구멍 孔):** 소금(小쏙)이나 퉁소 따위에 뚫은 구멍.

**2문단: '훈'의 전래 및 중국 '훈'과의 형태상 차이점**

**3문단: '훈'의 구조에 대한 역사적 기록**

**4문단: '훈'의 형태 및 재료**

**5, 6문단: '훈'의 연주법**

* **취구(불 吹, 입 口):** 나팔, 피리 따위에서 입김을 불어 넣는 구멍.
* **문묘악(글월 文, 사당 廟, 풍류 樂):** 공자를 모신 사당에서 제사 지낼 때 아뢰는 음악.

**7문단: '훈' 연주의 어려움과 대중화를 위한 연구의 필요성**

* **토부(흙 土, 거느릴 部):** 흙을 구워서 만든 국악기를 통틀어 이르는 말.
* **명맥(목숨 命, 맥 脈):** 어떤 일의 지속에 필요한 최소한의 중요한 부분.

▶ **주제:** 전통 악기 훈의 특성과 대중화를 위한 노력의 필요성

---

어린 시절 손가락을 다쳐 피가 날 때면 어머니는 입으로 '후우'하고 불어주시곤 했다. 그러면 신기하게도 상처가 다 나은 것 같아 울음을 그치곤 했다. 어머니의 입김은 영원히 식지 않을 것 같은 온풍이었다. 관악기가 가슴으로 전해지는 뭉클한 감동을 주는 건 이 따뜻한 입김 때문인지도 모른다. 이런 포근한 울림을 주는 악기, 훈(壎)을 소개한다.

우리나라에 훈이 들어온 때는 고려 예종 11년(1116년)이다. 당시 중국 송나라에서 들여와 아악* 연주에 사용했다. 하지만 우리나라에서는 중국의 훈과는 다른, 저울추 같은 모양의 훈이 주로 사용되었다.

조선 성종 때 만든 '악학궤범'에는 다음과 같은 훈에 관한 기록이 있다. "높이는 3촌 7푼, 가운데 둘레 8촌, 밑바닥 지름 1촌 7푼의 크기이다. 지공*은 앞에 셋, 뒤에 둘이며, 뾰족한 꼭지 부분에 취구*를 만든다.'('촌'은 약 3.03cm, '푼'은 약 0.303cm)

이처럼 훈은 자그마한 악기로, 그 모습이 마치 공처럼 생겼고, 끝이 막혀 있는 폐관악기의 형태라 '공을 울려 나오는 소리'라는 뜻의 '명구(鳴球)'라 부르기도 한다. 훈은 기와를 만드는 흙이나 황토에 솜을 섞어 만드는데, 최근에는 도자기로 구워서 만들어 내기도 한다. 흙으로 만들었기 때문인지, 훈에 사람의 입김을 불어 넣으면 그 어느 관악기보다도 부드럽고 따뜻한 소리가 난다.

소리는 취구에 입김을 불어 넣고 지공을 열거나 닫아서 만들어 낸다. 지공이 5개밖에 없는데도 12가지 음을 다 내는 것은 지공 하나를 반만 열어서 다른 음을 만들어 내는 반규법(半竅法)을 사용하기 때문이다.

ⓐ음을 낼 때 손가락으로 5개의 지공을 모두 막으면 '황종(黃鐘)'이 나고, 이 황종에서 지공 하나를 반만 열면 반음 높은 음인 '대려(大呂)'를 나타낼 수 있는 식이다. 이렇게 지공을 열어가며 음을 높여가고, 지공을 모두 열면 '응종(應鐘)'이 나게 된다.

이런 연주법의 특성과 형태상 훈을 연주할 때에는 절대적으로 음감에 의존할 수밖에 없어 정확한 음정을 내기가 어렵고, 빠른 연주에는 적합하지 않아 널리 보급되지 못했다. 우리나라에서는 문묘악*에서 토부(土部)* 악기의 구실을 하기 위해 겨우 명맥*을 유지하고 있는 실정이어서 대중화를 위한 다양한 연구가 필요하다.

---

**[지문 해제]** 이 글은 '훈(壎)'이라고 하는 악기에 대해 설명하고 있다. 훈은 고려 시대에 송나라에서 도입되었지만 중국의 훈과는 다른 모양으로 취구를 불어서 소리를 내는 공처럼 생긴 폐관악기이다. 훈은 흙이나 황토에 솜을 섞어 만드는데 최근에는 도자기로 구워서도 만들 수 있다. 훈의 지공은 다섯 개이지만 지공을 반만 열어 소리를 내는 반규법을 사용하기 때문에 12음을 낼 수 있다. 그러나 주법의 특성과 형태상 정확한 음정을 내기 어렵고 빠른 연주에 적합하지 않아 널리 보급되지 못하여, 대중화를 위한 다양한 연구가 필요하다.

## 1 세부 정보 파악하기 | 정답 ④ |

**'훈'에 대한 설명으로 적절한 것은?**

① ~~조선 성종~~ 때 전해져 아악에서 중요한 역할을 했다.
　　고려 예종 11년
② 지공의 수가 적어 일반인도 정확한 소리를 내기가
　~~쉽다.~~
　어렵다
③ 12가지 소리 중 '응종'을 ~~제외한~~ 모든 음을 표현할
　수 있다.
④ 형태 및 연주법의 특성상 빠른 음악을 연주하는
　데 한계가 있다.
⑤ 우리나라에서는 ~~중국과 같은~~ 저울추 모양의 훈이
　주로 사용되었다.

### ✔ 정답 풀이

마지막 문단에서 훈 연주법의 특성과 형태상 연주할 때 절대적으로 음감에 의존할 수밖에 없어 정확한 음정을 내기가 어렵고 빠른 연주에 적합하지 않다고 하였다.

### ✖ 오답 풀이

① 2문단에서 우리나라에 훈이 들어온 때는 고려 예종 때라고 했다.
② 마지막 문단에서 훈은 정확한 음정을 내기가 어렵다고 하였다.
③ 5문단에서 훈은 반규법을 사용하여 12가지 음을 다 낸다고 했고, 6문단에서 지공을 다 열면 '응종'이 나게 된다고 하였다.
⑤ 2문단에서 우리나라에서는 중국의 훈과 다른 저울추 같은 모양의 훈이 주로 사용되었다고 했다.

## 2 세부 정보 파악 및 적용하기 | 정답 ② |

**ⓐ로 보아 '대려(大呂)'를 낼 수 있는 그림은?**

┤ 보 기 ├
● 은 지공을 막은 상태
○ 은 지공을 연 상태
◐ 은 지공을 반만 연 상태

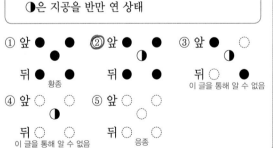

### ✔ 정답 풀이

ⓐ에서 5개의 지공을 모두 막은 상태(황종)에서 지공 하나를 반만 열면 '대려(大呂)'를 낼 수 있다고 하였다. 따라서 지공 네 개가 막혀 있고, 한 개는 반만 연 ②가 '대려'의 상태이다.

### ✖ 오답 풀이

① 6문단에서 5개의 지공을 모두 막으면 '황종(黃鐘)'이 난다고 했다.
⑤ 6문단에서 지공을 모두 열면 '응종(應鐘)'이 난다고 했다.

## 3 다른 대상과 비교하기 | 정답 ④ |

**〈보기〉를 참고할 때, '훈'과 '오카리나'의 공통점이 아닌 것은?**

┤ 보 기 ├

'오카리나(ocarina)'는 '거위'를 뜻하는 이탈리아 어 'oca'와 '작다'라는 뜻인 'rina'의 합성어이다.
　고대부터 전해오던 흙피리 형태의 악기를 19세기 이탈리아의 음악가 주세페 도나티가 개량하여 만든 것인데, 현재는 형태에 상관없이 흙으로 만든 관악기를 통칭해서 '오카리나'라고 부른다. 위쪽이 뾰족
　　　　　　　　　　　　　　　오카리나의 특징 ①
하게 튀어나와 입에 물고 불며, 그 뒤에 울림구멍이
　　특징 ②
있고 끝은 막혀 있는 형태이다. 지공은 4~13개이
　　특징 ③　　　　　　　　　　　　특징 ④
고 주로 온음계를 내지만 손가락으로 조절하면 반
　음계도 낼 수 있다.
　특징 ⑤

① 반음계를 낼 수 있다.
② 끝이 막혀 있는 형태이다.
③ 주로 흙을 이용하여 만든다.
④ 현대적으로 ~~개량하여 대중화되었다.~~
　훈은 널리 보급되지 못하여 겨우 명맥을 유지하고 있음
⑤ 입김과 손가락을 활용하여 소리를 낸다.

### ✔ 정답 풀이

〈보기〉에서 고대부터 전해오던 흙피리 형태의 악기를 19세기에 개량하여, 현재는 형태에 상관없이 흙으로 만든 관악기를 통칭하여 '오카리나'라고 부른다고 하였다. 그러나 훈은 널리 보급되지 못하여 겨우 명맥을 유지하고 있는 실정이어서 대중화를 위한 다양한 연구가 필요하다고 했으므로 현대적으로 개량하여 대중화되었다고 보기 어렵다.

### ✖ 오답 풀이

① 〈보기〉의 마지막 문장에서 오카리나는 손가락으로 조절하여 반음계를 낼 수 있다고 했고, 5~6문단에서 훈 역시 반규법을 사용하여 반음을 낼 수 있다고 했다.
② 오카리나는 끝이 막혀 있는 형태라고 했고, 4문단에서 훈 역시 끝이 막혀 있는 폐관악기 형태라고 했다.
③ 오카리나는 흙으로 만든 관악기를 통칭한다고 했고, 4문단에서 훈은 흙이나 황토에 솜을 섞어 만든다고 했다.
⑤ 오카리나는 입에 물고 불며 손가락으로 음을 조절하는 관악기라고 했고, 5문단에서 훈 역시 취구에 입김을 불어 넣고 지공을 열거나 닫아서 소리를 낸다고 했다.

# 영화 속 소리 _ 배상준

○ 1문단: 유성영화의 등장에 대한 부정적인 견해들

유성영화가 등장했던 1920년대 후반에 유럽의 표현주의나 형식주의 감독들은 영화 속의 소리에 대한 부정적인 견해가 컸다. 그들은 가장 영화다운 장면은 소리 없이 움직이는 그림으로만 이루어진 장면이라고 믿었다. 그래서 그들은 영화 속 소리가 시각 매체인 영화의 예술적 효과와 영화적 상상력을 빼앗을 것이라고 내다보았다.

○ 2문단: 영화 속 소리의 달라진 위상

하지만 영화를 볼 때 소리를 없앤다면 어떤 느낌이 들까? 아마 내용이나 분위기, 인물의 심리 등을 파악하기 힘들 것이다. 이런 점을 고려할 때 영화 속 소리는 영상과 분리해서 생각할 수 없는 필수 요소라고 할 수 있다. 소리는 영상 못지않게 다양한 기능이 있기 때문에 현대 영화감독들은 영화 속 소리를 적극적으로 활용하고 있다.

○ 3~5문단: 영화 속 소리의 역할

영화의 소리에는 대사, 음향 효과, 음악 등이 있으며, 이러한 소리들은 영화에서 다양한 기능을 수행*한다. 우선, 영화 속 소리는 다른 예술 장르의 표현 수단보다 더 구체적이고 분명하게 내용을 전달하는 데 도움을 줄 수 있다. 그리고 줄거리 전개에 도움을 주거나 작품의 상징적 의미를 전달하는 역할뿐만 아니라 주제 의식을 강조하는 역할을 하기도 한다. 또 영상에 현실감을 줄 수 있으며, 영상의 시·공간적 배경을 확인시켜 주는 역할도 한다. 가령 현대인의 일상적인 삶을 표현하기 위해 영화 속 소리로 일상생활의 소음을 사용한다면 영상의 사실성을 높일 수 있다.

\* 수행(이를 遂, 갈 行): 생각하거나 계획한 대로 일을 해냄.
\* 고조(높을 高, 고를 調): 사상이나 감정, 세력 따위가 한창 무르익거나 높아짐. 또는 그런 상태.

또한 영화 속 소리는 영화의 분위기를 조성하고 인물의 내면 심리도 표현할 수 있다. 예를 들어 소리는 높낮이와 빠르기에 따라 분위기나 인물의 내면 심리를 표현하는 데 큰 영향을 미친다. 높은 소리는 대개 불안감이나 긴박감을 자아내는 데 사용하며, 낮은 소리는 두려움이나 장엄함 등을 표현할 때 사용한다. 그리고 소리가 빨라질수록 긴장감은 고조*되고 반대로 느려지면 여유롭고 부드러운 분위기를 연출할 수 있다.

마지막으로, 영화는 다른 시간과 장소에서 찍은 장면들을 연결하여 하나의 이야기를 만든다. 이때 영화 속 소리는 나열된 영상들을 한 편의 작품으로 완성시켜 주는 역할을 한다. 예를 들어 다큐멘터리의 내레이션은 각기 다른 시간과 장면에서 찍은 장면들을 자연스럽게 이어 붙여 영상의 시·공간적 간격을 메워줄 수 있다.

○ 6문단: 영화 속 소리의 중요성

이와 같이 영화 속 소리는 다양한 기능을 수행하기 때문에 영화의 예술적 상상력을 빼앗는 것이 아니라 오히려 더 풍부하게 해 준다. 그래서 현대 영화에서 소리를 빼고 작품을 완성한다는 것은 생각하기 어려운 일이 되었다.

**[지문 해제]** 1920년대 후반에 유럽의 표현주의나 형식주의 영화 감독들이 가지고 있던 부정적인 인식을 극복하고 현대에는 다양한 기능을 수행하고 있는 영화 속 소리에 대해 설명하고 있는 글이다. 영화 속 소리는 작품의 의미를 전달하거나 주제 의식을 강조하는 역할을 하기도 한다. 또한 영화 속 소리는 영화의 내용과 분위기, 인물의 심리 등을 표현하는 데 있어 영상 못지않은 활약을 하며, 나열된 영상들을 한 편의 작품으로 완성시키기도 한다. 이러한 다양한 역할을 통해 영화 속 소리는 예술적 상상력을 더 풍부하게 한다.

▶ 주제: 영화 속 소리의 역할과 중요성

## 1  핵심 정보 파악하기 | 정답 ① |

**윗글의 중심 내용으로 가장 적절한 것은?**
① 영화 속 소리의 역할
② 영화 속 소리의 한계
③ 영화 속 소리의 편집 기법
④ 영화 장르에 따른 소리의 종류
⑤ 영화에서 소리와 영상을 연결하는 방법

✔ 정답 풀이

1문단에서는 영화 속 소리에 대한 초기의 부정적인 견해에 대해, 2문단에서는 영화 속 소리의 달라진 위상에 대해 언급한 후 3~5문단에서 영화 속 소리의 다양한 역할을 상세하게 설명하고 있다. 따라서 이 글의 중심 내용으로는 '영화 속 소리의 역할'이 가장 적절하다.

❌ 오답 풀이

② 이 글에서 영화 속 소리의 한계에 대한 언급은 찾아볼 수 없다.
③ 3~5문단에서 영화 속 소리가 어떻게 활용되는지 예를 들어 설명하고 있으나 편집 기법에 대한 언급은 찾아볼 수 없다.
④ 3문단에서 영화 속 소리에는 대사, 음향 효과, 음악 등이 있다고 하며 영화 속 소리의 종류에 대해 소개하고 있으나 영화 장르에 따른 소리의 종류는 언급하지 않았다.
⑤ 5문단에서 '영화 속 소리는 나열된 영상들을 한 편의 작품으로 완성시켜 주는 역할을 한다.'라고 하였으나, 소리와 영상을 연결하는 방법에 대해서는 언급하지 않았다.

## 2  구체적 사례에 적용하기 | 정답 ③ |

**윗글을 바탕으로 〈보기〉의 (가)와 (나)를 이해한 것으로 가장 적절한 것은?**

┤ 보 기 ├

(가) 영화 〈오발탄〉에서 정신이 온전치 못한 '어머니'는 "가자!"라는 말을 계속해서 반복하고, 주인공도 영화 마지막에 "가자!"를 내뱉는다. 이 짧은 대사는 6·25 전쟁 이후 삶의 방향 감각을 상실한 채 살아가는 가족의 절망과 좌절을 표현한다.

(나) 영화 〈시민 케인〉에서 케인과 그 부인이 식탁에 앉아 사랑의 말을 속삭이는 장면에서는 밝고 경쾌한 음악이 사용되지만, 둘의 사이가 벌어지면서부터는 대화도 간략해지고 음악소리만 커진다. 그리고 갈등이 최고조일 때는 아예 대화가 없어지고 음악은 무겁게 가라앉는다.

① (가)는 영상의 시간적 배경을, (나)는 영상의 공간적 배경을 소리를 통해 보여 주는군.
② (가)는 소리의 반복을 통해, (나)는 소리의 빠르기를 통해 영상에 현실감을 부여하는군. *음악의 종류와 크기로 인물간의 심리적 관계 암시*
③ (가)는 작품의 주제 의식을 형성하는 데, (나)는 인물의 내면 심리 변화를 드러내는 데 소리가 도움을 주는군.
④ (가)와 (나) 모두 영화 속 소리의 장점과 단점을 확인할 수 있는 장면이군.
⑤ (가)와 (나) 모두 영상의 시각적 이미지가 주는 예술적 효과를 강조하는군. *청각적 이미지*

✔ 정답 풀이

(가)에서 "가자!"라는 짧은 대사는 6·25 전쟁 이후 삶의 방향 감각을 상실한 채 살아가는 가족의 절망과 좌절을 표현한다고 하였는데, 이는 3문단에서 영화 속 소리가 '작품의 상징적 의미를 전달하는 역할뿐만 아니라 주제 의식을 강조하는 역할을 하기도 한다.'라는 진술의 예로 볼 수 있다. 또한 (나)에서는 밝고 경쾌한 음악으로 케인과 그 부인의 화목한 분위기를 표현하고, 커지거나 무겁게 가라앉는 음악으로 갈등의 고조를 나타내었다고 하였는데, 이는 4문단의 '영화 속 소리는 영화의 분위기를 조성하고 인물의 내면 심리도 표현할 수 있다.'라는 진술의 예로 볼 수 있다. 따라서 (가)는 영화 속 소리가 작품의 주제 의식을 형성하는 사례로 볼 수 있고, (나)는 인물의 내면 심리 변화를 드러내는 데 도움을 주었다고 이해할 수 있다.

❌ 오답 풀이

① (가)에서 "가자!"라는 대사만으로는 영상의 시간적 배경을 알 수 없으며, (나) 역시 영화 속 음악으로는 공간적 배경을 알 수 없다.
② (가)에서 '어머니'와 주인공이 "가자!"라고 반복하는 것은 삶의 방향을 상실한 인물들의 절망감을 표현한 것이고, (나)에서는 음악의 빠르기가 아닌 종류와 크기의 조절로 인물간의 심리적 관계를 암시하고 있다. 현실감을 부여하는 것과는 관련이 없다.
④ (가)와 (나)는 소리를 활용하여 영화의 주제를 강화하거나 분위기를 표현한 사례이므로 영화 속 소리의 장점으로 이해할 수 있다. 그러나 영화 속 소리의 단점에 대해서는 언급하지 않았다.
⑤ (가)와 (나)는 영화 속 청각적 이미지에 대한 예시이다.

| 예술 01~05 | 독해력 쑥쑥, 어휘 테스트 | | | |
|---|---|---|---|---|
| 01 ⓔ | 02 ⓓ | 03 ⓐ | 04 ⓑ | 05 ⓒ |
| 06 고조 | 07 성기다 | 08 경물 | 09 삽입 | 10 취구 |
| 11 ◯ | 12 ◯ | 13 ◯ | 14 ◯ | 15 ◯ |
| 16 ⓜ | 17 ㉠ | 18 ⓛ | 19 ㉣ | 20 ⓒ |

● 1문단: 단청의 개념과 효과

\* 상반(서로 相, 되돌릴 反): 서로 반대되거나 어긋남.

● 2문단: 건축물의 성격 과 나타내고자 하는 의미에 따른 단청의 문양

● 3문단: 단청의 문자적 의미

● 4문단: 단청에 쓰인 오방색

\* 오행: 우주 만물을 이루는 다섯 가지 원소. 금(金)·수(水)·목(木)·화(火)·토(土)를 이름.

\* 명도(밝을 明, 법도 度): 색의 밝고 어두운 정도.

● 5문단: 단청의 대표적 기법 ① – 빛넣기의 개념과 효과

\* 탈피(벗을 脫, 가죽 皮): 일정한 상태나 처지에서 완전히 벗어남.

\* 대비(대답할 對, 견줄 比): 회화(繪畫)에서, 어떤 요소의 특질을 강조하기 위하여 그와 상반되는 형태·색채·톤(tone)을 나란히 배치하는 일.

● 6문단: 단청의 대표적 기법 ② – 보색 대비의 개념과 효과

● 7문단: 단청의 대표적 기법 ③ – 구획선 긋기의 개념과 효과

● 8문단: 단청의 기법이 주는 효과

▶ 주제: 단청의 여러 가지 기법과 효과

단청이라 하면 일반적으로 목조 건물에 여러 가지 색으로 무늬를 그려 아름답게 장식하는 것을 말한다. 단청은 건물의 보존 효과를 높이기 위해서 시작되었는데, 이후 여러 가지 색감으로 문양을 더함으로써 보존 효과뿐만 아니라 장식성과 상징적 의미도 부여하게 되었다.

단청의 문양은 건축물의 성격에 따라, 그리고 나타내고자 하는 의미에 따라 달라진다. 「예를 들어 봉황은 주로 궁궐에만 사용되었고, 사찰에는 주로 불교적 소재들이 문양으로 사용되었다. 또 극락왕생의 의미를 나타낼 때는 연꽃 문양을 그리고, 자손의 번창을 나타낼 때는 박쥐 문양을 그렸다.」

단청은 붉은색을 의미하는 '단(丹)'과 푸른색을 의미하는 '청(靑)'을 결합하여 만든 단어이다. 이처럼 상반\*된 색을 뜻하는 두 글자가 결합된 '단청(丹靑)'은 대비되는 두 색의 조화로운 관계를 의미한다.

하지만 단청에서 붉은색과 푸른색만을 쓴 것은 아니었다. 단청은 오방색을 기본으로 하여 채색하는데, 여기서 오방색이란 오행\*의 각 기운과 직결된 청(靑), 백(白), 적(赤), 흑(黑), 황(黃)의 다섯 가지 기본색을 말한다. 단청을 할 때에는 이 오방색을 적절히 섞어 여러 가지 다른 색을 만들어 썼는데, 이 색들을 적색 등의 더운 색 계열과 청색 등의 차가운 색 계열로 구분하여 사용하였다.

단청의 가장 대표적인 기법으로는 '빛넣기', '보색 대비', '구획선 긋기' 등이 있다.

빛넣기는 문양에 백색 분이나 먹을 혼합하여 적절한 명도\* 변화를 주는 것으로, 한 계열에서 명도가 가장 높은 단계를 '1빛', 그보다 낮은 단계는 '2빛' 등으로 말한다. 빛넣기를 통한 문양의 명도 차이는 시각적 율동성을 이끌어 내어 결과적으로 단순한 평면성을 탈피\*하는 시각적 효과를 얻을 수 있다. 즉 명도가 낮은 빛은 물러나고 명도가 높은 빛은 다가서는 듯한 느낌을 주게 된다.

보색 대비는 ㉠더운 색 계열과 차가운 색 계열을 서로 엇바꾸면서 색의 층을 조성함으로써 색의 조화를 이끌어 내는 것을 말한다. 예를 들어 오색구름 문양을 단청할 때 더운 색과 차가운 색을 엇바꾸면서 대비\*시키는 방법이 그것인데, 이것을 통해 색의 조화를 이끌어 낼 수 있으며 문양의 시각적 장식 효과를 더욱 높일 수 있다.

구획선 긋기는 색과 색 사이에 흰 분으로 선을 긋는 것을 말하는데, 특히 보색 대비가 일어나는 색과 색 사이에는 빠짐없이 구획선 긋기를 한다. 이 기법을 사용하면 문양의 색조를 더욱 두드러지게 하는 효과를 얻을 수 있다.

이러한 빛넣기와 보색 대비 그리고 구획선 긋기 등의 기법을 활용함으로써 시각적 단층을 형성함으로써 단청의 각 문양은 전체적으로 안정감을 얻게 된다.

**[지문 해제]** 목조 건물에 여러 가지 색으로 무늬를 그려 아름답게 장식하는 기법인 단청을 소재로 하여, 단청의 상징적 의미와 여러 가지 기법을 소개하고 있다. 단청은 건축물 보존을 위해 시작되었는데, 이후 여러 가지 색감과 문양을 더하여 장식성과 상징적 의미도 부여하게 되었다. '단청(丹靑)'은 대비되는 두 색의 조화로운 관계를 의미하는 것으로 오방색을 기본으로 하여 채색한다. 단청의 대표적인 기법으로는 '빛넣기', '보색 대비', '구획선 긋기' 등이 있다.

## 1 세부 내용 파악하기 | 정답 ⑤ |

**윗글의 내용과 일치하지 않는 것은?**

① 단청은 오방색을 기본으로 하여 채색한다. · 4문단
② 단청의 명도 조절에는 백색 분이나 먹을 사용한다. · 5문단
③ 단청은 건축물의 보존 효과를 높이기 위해 시작되었다. · 1문단
④ 건축물의 성격에 따라 그려지는 단청의 문양은 다르다. · 2문단
⑤ 단청에서는 **주변 경관과의 조화를 위해** 구획선 긋기를 사용한다. · 구획선 긋기는 문양의 색조를 두드러지게 하는 효과를 얻을 수 있음

**✔ 정답 풀이**

7문단에서 구획선 긋기는 색과 색 사이에 흰 분으로 선을 긋는 것을 말하며, 이 기법을 사용하였을 때 문양의 색조를 더욱 두드러지게 하는 효과를 얻을 수 있다고 하였다. 따라서 주변 경관과의 조화를 위해 구획선 긋기를 사용하였다는 ⑤는 적절하지 않다.

**✘ 오답 풀이**

① 4문단에서 단청은 오방색을 기본으로 하여 채색한다고 하였다.
② 5문단에서 단청의 명도 변화는 백색 분이나 먹을 혼합하여 조절하는 빛넣기를 통해 표현한다고 하였다.
③ 1문단에서 단청은 건물의 보존 효과를 높이기 위해서 시작되었다고 하였다.
④ 2문단에서 단청의 문양은 건축물의 성격과 나타내고자 하는 의미에 따라 달라진다고 하였다.

## 2 근거의 적절성 파악하기 | 정답 ① |

**㉠을 활용하는 이유로 가장 적절한 것은?**

① 시각적 장식 효과를 얻기 위해
② 여러 가지 빛을 만들어 내기 위해
③ 명도의 차이를 분명히 드러내기 위해 · 빛넣기
④ 단청 작업 시 빛넣기를 쉽게 하기 위해
⑤ 자연 만물의 변화무쌍한 모습을 드러내기 위해

**✔ 정답 풀이**

6문단에서 단청 기법 중 보색 대비는 더운 색 계열과 차가운 색 계열을 서로 엇바꾸면서 색의 층을 조성함으로써 색의 조화를 이끌어 내는 기법으로, 이러한 색의 조화를 통해 문양의 시각적 장식 효과를 더욱 높일 수 있다고 하였다.

**✘ 오답 풀이**

③ 적절한 명도 변화를 주는 것은 빛넣기이다.
⑤ 단청의 대표적 기법인 빛넣기, 보색 대비, 구획선 긋기는 시각

적 단층을 형성함으로써 단청의 각 문양이 전체적으로 안정감을 얻게 되었다고 하였을 뿐, 자연 만물의 변화무쌍한 모습을 드러내는 것과 연관짓지 않았다.

## 3 구체적 사례에 적용하기 | 정답 ① |

**윗글을 바탕으로 〈보기〉를 이해한 내용으로 적절하지 않은 것은?**

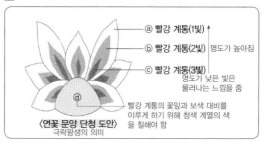

ⓐ 빨강 계통(1빛) ↑
ⓑ 빨강 계통(2빛) 명도가 높아짐
ⓒ 빨강 계통(3빛) 명도가 낮은 빛은 물러나는 느낌을 줌

빨강 계통의 꽃잎과 청색 대비를 이루게 하기 위해 청색 계열의 색을 칠해야 함

〈연꽃 문양 단청 도안〉
극락왕생의 의미

① ⓐ와 ⓑ의 보색 대비를 통하여 문양의 색조는 더욱 두드러지겠군. · 모두 빨강 계통이므로 보색 대비 아님
② ⓒ는 ⓐ에 비해 보는 사람 입장에서 물러나는 듯한 느낌을 받을 수 있겠군. · 5문단
③ ⓐ, ⓑ, ⓒ는 명도에 변화를 주는 것으로 문양의 시각적 율동성을 이끌어 내는 효과가 있겠군. · 5문단
④ 보색 대비가 이루어지도록 하기 위해서는 ⓓ에 청색 계통의 색을 칠해야겠군. · 6문단
⑤ 〈보기〉의 문양이 건축물에 단청이 되었을 경우 극락왕생이라는 상징적 의미를 더하는 효과가 있겠군. · 2문단

**✔ 정답 풀이**

〈보기〉에서 ⓐ와 ⓑ는 모두 **빨강 계통**의 색이므로, 더운 색 계열과 차가운 색 계열을 서로 엇바꾸면서 색의 층을 조성함으로써 색의 조화를 이끌어 내는 보색 대비라고 할 수 없다. 이 부분은 명도 변화를 주는 빛넣기에 해당한다.

**✘ 오답 풀이**

② 5문단을 보면 한 계열에서 명도가 가장 높은 단계를 '1빛', 2보다 낮은 단계를 '2빛'이라 하였다. 또한 빛넣기에서 명도가 낮은 빛은 물러나고 명도가 높은 빛은 다가서는 듯한 느낌을 준다고 하였다. 따라서 ⓒ는 ⓐ에 비해 보는 사람 입장에서 물러나는 듯한 느낌을 받을 것이다.
③ 5문단에서 빛넣기를 통한 명도 차이는 시각적 율동성을 이끌어 내어 결과적으로 단순한 평면성을 탈피하는 시각적 효과를 얻을 수 있다고 하였다.
④ 3문단에서 붉은색과 푸른색은 서로 대비되는 색이라고 하였으므로, ⓓ에 청색 계열의 색을 칠하면 빨강 계통의 꽃잎과 보색 대비를 이룰 수 있다.
⑤ 2문단에서 연꽃 문양의 상징적 의미는 극락왕생이라고 하였다.

- 1문단: 미술 감상에 있어 열린 시선의 필요성
- 2문단: 순간적인 시각적 판단에서 시작되는 미술 감상
- 3문단: 몬드리안의 '구성'을 통해 본 시각적·조형적 특질
- ＊식견(알 識, 볼 見): 학식과 견문이라는 뜻으로, 사물을 분별할 수 있는 능력을 이르는 말.
- 4문단: 몬드리안의 단순한 추상화에서 느끼는 질서와 엄숙성
- ＊고지식하다: 성질이 외곬으로 곧아 융통성이 없다.
- 5문단: '나무' 연작에 표현된 극단화된 단순 구성의 효과
- ＊연작(잇닿을 連, 지을 作): 문학이나 미술 따위에서, 한 작가가 같은 주제나 같은 인물로 작품을 잇달아 짓는 일.
- 6문단: 미술 작품 감상을 위한 조언
- ▶ 주제: 몬드리안의 추상화 감상을 통해 본 미술 감상 방법

  사람들은 대부분 미술 감상을 전문적인 식견＊을 가진 사람들만이 하는 고상한 취미 활동이라고 생각한다. 그러나 영화를 감상하는 데 지식이 없어도 되듯이, 미술을 감상하기 위해서도 특별한 지식을 갖추지 않아도 된다. 감상이란 마음에서 느껴 일어나는 생각이다. ㉠자연을 감상하듯 편안하게, 열린 시선으로 미술 작품을 바라본다면 느낌이 자연스럽게 떠오를 것이다.

  미술 감상은 순간적인 시각적 판단에서 시작된다. 우선 눈으로 보기에 '좋다' 또는 '그렇지 않다'가 평가의 기준이 된다. 눈으로 보아 순간적으로 일어나는 감정이 미술 감상의 가장 기본적인 요소라고 할 수 있다.

  이제 20세기 추상 화가 몬드리안이 그린 '구성'을 감상해 보자.

  이 그림을 보면 왠지 엄격하고 고지식하며＊ 정연한 느낌이 든다. 반듯반듯한 것이 작은 일탈도 허용하지 않을 것 같다. 이런 느낌은 이 그림이 가진 시각적·조형적 특질에서 비롯된 것이며 누구나 쉽게 느끼는 부분이다.

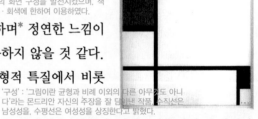

  몬드리안의 추상화는 매우 단순하다. 그 단순함은 흰색의 여백, 검은색의 수평선과 수직선, 빨강·파랑·노랑 삼원색을 통해 엄격하고 분명하게 표현돼 있다. 그림에 비뚤어진 사선 하나, 원색을 섞어 만든 이차색 하나 없는 것을 볼 때, 근원적인 것만을 남기겠다는 의지를 느낄 수 있다. 그래서 우리는 이 그림에서 본원적인 질서와 규범을 향한 종교적·구도자적 엄숙성 같은 것을 느끼게 된다.

  몬드리안이 어떻게 수평선과 수직선, 빨강·파랑·노랑의 삼원색과 흑백의 무채색만으로 그림을 그리게 됐는지는 그의 '나무' 연작＊을 통해 잘 드러난다. 우뚝 선 한 그루의 나무가 갈수록 단순화되면서 나무의 줄기와 가지는 점점 선으로 변해버리고 가지 사이의 공간은 평면으로 전환된다. 마침내 그 나무는 오로지 수평선과 수직선, 그리고 그것이 교차하면서 생긴 사각형만 남게 된다. 이런 식으로 '나무' 연작에 표현된 극단화된 단순 구성은 아무리 복잡한 사물도 그 근원은 하나임을 느끼게 한다.

  몬드리안의 작품을 감상하기 위해서 몬드리안에 대한 모든 것을 알 필요는 없다. 관심을 가지고 작품을 본다면 시대적 배경을 모른다 해도 그림에 드러난 가장 단순한 조형 언어를 통해 세계의 본원적 질서를 뚜렷이 느낄 수 있다.

**[지문 해제]** 이 글은 미술 작품을 감상하는 데 있어 필요한 것은, 작품에 대한 지식이 아니라 열린 자세와 관심임을 강조하고 있다. 미술 감상의 시작은 시각적으로 일어나는 순간적인 평가에서 비롯된다며, 몬드리안의 '구성'과 '나무' 연작을 통해 근원적인 것만을 남기고 싶어 했던 작가의 의도와 작품 세계를 설명하고 있다. 몬드리안은 단순한 구도와 몇 가지의 색깔만으로 극단화된 단순 구성을 지향했는데, 이는 감상자로 하여금 모든 사물의 근원이 하나임을 느끼게 한다고 하였다. 마지막으로 미술 작품을 감상할 때 특별한 지식보다는 작품에 대한 관심이 더 중요하다는 점을 강조하고 있다.

## 1 서술상 특징 파악하기 | 정답 ③ |

**윗글의 서술상의 특징으로 적절하지 않은 것은?**

① 개념에 대해 정의하고 있다. 1문단 감상의 개념
② 구체적인 사례를 들고 있다. 몬드리안의 '구성'과 '나무'
③ 전문가의 의견을 인용하고 있다.
④ 비슷한 다른 대상으로부터 유추하고 있다. 영화 감상
⑤ 통념에 대해 반대하면서 글을 시작하고 있다. 미술 감상은 고상한 취미 활동이다.

**✔ 정답 풀이**

이 글은 미술 감상에 특별한 지식이 필요할 것이라는 기존의 통념을 반박하며, 몬드리안의 작품을 구체적인 사례로 들어 추상화를 감상하는 방법에 대한 인식의 변화에 관해 설명하고 있다. 그러나 이 글에는 글쓴이의 의견과 생각만이 있을 뿐, 전문가의 의견을 인용한 부분은 찾을 수 없다.

**✘ 오답 풀이**

① 1문단에서 '감상이란 마음에서 느껴 일어나는 생각이다.'라며 '감상'의 개념을 정의하고 있다.
② 미술 감상의 구체적인 사례로 몬드리안의 '구성'과 '나무' 연작을 들고 있다.
④ 1문단에서 미술 감상의 자세를 '영화 감상'에 빗대어 유추하고 있다.
⑤ 1문단에서 미술 감상은 '전문적인 식견을 가진 사람들만이 하는 고상한 취미 활동'이라는 사람들의 일반적인 통념을 반박하고 있다.

## 2 구체적 상황에 적용하기 | 정답 ④ |

**㉠에 따라 예술 작품을 감상한 것으로 가장 적절한 것은?**
자연을 감상하듯 느낌을 자연스럽게 떠올림

① 로댕의 '생각하는 사람'은 단테의 "신곡"에서 영감을 얻어 만든 것으로 문학을 재창조한 것이군.
② '봉산 탈춤'은 교통의 요지이며 상업 중심지인 봉산에서 발달한 것으로, 중산층과 서민의 욕구를 반영한 작품이야.
③ 청력을 완전히 상실한 가장 어려운 시기에 완성한 베토벤의 '합창' 교향곡을 통해 베토벤이 주는 희망의 메시지를 들었어.
④ '오페라 하우스'의 하얗고 둥근 지붕이 바다의 조가비, 배의 돛, 새의 날개 등을 연상시키면서 마치 바다에 와 있는 느낌을 주는군. 자연을 감상하듯 작품을 감상함
⑤ 영화 '죽은 시인의 사회'에서 키팅 선생님이 한 말 '카르페디엠(현재를 즐겨라)'이 단순히 향락적으로 살라는 것이 아님을 니체의 초월 사상을 공부하면서 알게 되었어.

**✔ 정답 풀이**

㉠에서는 미술 작품을 자연을 감상하듯 열린 시선으로 감상하면 느낌이 자연스럽게 떠오를 것이라고 하였다. 이처럼 자연을 감상하듯 작품을 감상한 것은 '오페라 하우스'를 보며 바다의 조가비, 배의 돛, 새의 날개 등을 연상하며 바다에 와 있는 느낌을 떠올린 ④이다.

**✘ 오답 풀이**

①, ②, ③, ⑤ 자연을 감상하듯 느낌을 자연스럽게 떠올린 것이 아니라, 배경지식이나 작가의 의도 등과 관련지어 감상하고 있다.

## 3 관점 파악 및 적용하기 | 정답 ③ |

**〈보기〉의 관점에서 윗글을 비판할 때, 가장 적절한 것은?**

┤ 보 기 ├

미술 작품을 제대로 감상하기 위해서는 **작가의 사상과 미술사적 위치, 제작 당시의 감정, 가정생활, 성격, 작품의 제작 시기** 등을 고루 이해해야 한다.
배경지식
→ 미술 작품을 제대로 감상하기 위해서는 배경지식이 필요함

① 모든 사람들이 작품을 보면서 똑같은 생각을 가진다는 것이 가능한가? 〈보기〉의 관점에 대한 비판
② 작가의 의도가 작품을 통해 그대로 반영되지 않는 경우가 더 많지 않은가? 〈보기〉의 관점에 대한 비판
③ 작품과 관련된 배경지식을 알지 못한 상황에서 작품을 제대로 감상할 수 있는가?
④ 작품을 이해하기 위해서 작가에 관한 모든 것을 알아야 한다는 것이 정말로 가능한가? 〈보기〉의 관점
⑤ 예술을 이해하기 위해 많은 지식이 필요하다는 것은 감성보다 이성이 더 중요하다는 것인가? 〈보기〉의 관점

**✔ 정답 풀이**

〈보기〉에서는 미술 작품을 제대로 감상하기 위해서는 여러 가지 배경지식이 필요하다고 주장하고 있다. 이는 배경지식보다 열린 시선과 관심이 필요하다는 이 글의 주장과 대립된다. 따라서 〈보기〉의 관점에서 이 글을 비판한다면, 배경지식 없이는 제대로 된 감상을 할 수 없다는 ③이 가장 적절하다.

**✘ 오답 풀이**

① 모든 사람이 똑같은 생각을 가질 수 없다는 것은 오히려 〈보기〉의 관점을 비판하는 근거가 될 수 있다.
② 작가의 의도가 작품에 반영되지 않는 경우는 오히려 〈보기〉의 관점을 비판하는 근거가 된다.
④ 작가에 관한 지식을 알아야 한다는 것은 〈보기〉의 관점이다.
⑤ 예술 감상을 위해 많은 지식이 필요하다는 것은 〈보기〉의 관점에 해당한다.

○ 1문단: 수요자와 장인에 따라 다른 특징을 보이는 우리나라 도자기

우리나라 도자기에는 전통 예술의 아름다움이 담겨 있다. 도자기는 수요자의 요구에 따라, 혹은 그것을 만든 장인의 예술 감각에 따라 다양한 형태와 문양을 갖게 된다. 도자기 가운데 고려청자는 매우 귀족적이며 장식적이다. 그 수요자가 왕실과 중앙 귀족이었으므로 도자기 형태나 문양에 그들의 취향이 반영되었기 때문이다. 이에 반해, 조선 분청사기는 왕실에서 일반 백성에 이르기까지 전 계층이 사용하였다. 물론 수요층에 따라 도자 양식에는 차이가 있었지만 대체로 분청사기는 일상생활 용기로 널리 사용되었으므로 순박하고 서민적이었다.

○ 2문단: 고려청자가 지닌 형태, 색, 문양의 아름다움

㉠고려청자의 아름다움은 흔히 형태, 색, 문양 등 세 가지 측면에서 얘기되곤 한다. 흐르는 듯한 형태의 유려함*, 비취옥과 같은 비색(翡色)*, 그리고 자연에서 소재를 얻은 문양이 그것이다. 귀족들의 취향을 반영한 고려청자에는 세련된 곡선미가 담겨 있다. 여기에 학이 창공을 날아가는 모습과 같은 우아하고 섬세한 문양이 신비한 비색과 잘 어우러져 있다. 그런데 고려청자에는 도공*의 창조적 개성미는 드러나지 않았다. 왜냐하면 고려청자는 서남해안 일부 지역에 설치되었던 관요(官窯)*에서 국가의 강력한 보호와 규제 속에서 이름 없는 도공들에 의해 만들어졌기 때문이다.

○ 3문단: 분청사기의 제작 시기와 발전 과정

* 유려하다(흐를 流, 고울 麗--): 글이나 말, 곡선 따위가 거침없이 미끈하고 아름답다.

* 비색(물총새 翡, 빛 色): 고려청자의 빛깔과 같은 푸른색.

㉡분청사기는 '청자 태토(胎土)*로 빚은 몸체에 분을 바르듯이 백토를 입힌 사기그릇'을 말한다. 분청사기는 고려 말 귀족이 몰락하고 지방의 중소 지주였던 사대부 성리학자가 등장하던 시기에 제작되기 시작했다. 그러다가 점차 서민층에까지 쓰임이 확대되면서 형태도 매우 안정되고 튼튼하게 변해갔고, 문양도 활달하고 자유분방하게 변해가게 되었다. 또한 여기에 도공의 독창적 개성미가 더해져 자유롭고 생동감 넘치는 분청사기가 만들어지게 되었다. 왜냐하면 분청사기는 전국에 흩어져 있는 민간 가마인 민요(民窯)에서 이전보다 자유로운 여건에서 만들어졌기 때문이다.

○ 4문단: '분청사기조화수조문편병'을 통해 본 분청사기의 아름다움

* 도공(질그릇 陶, 장인 工): 옹기그릇을 만드는 일을 업으로 하는 사람.
* 관요: 관청에서 경영하던 가마.
* 태토: 바탕흙.

〈분청사기조화수조문편병〉

'분청사기조화수조문편병'을 보면, 아무렇게나 그어 나간 듯한 경쾌한 선들을 볼 수 있다. 어린아이들의 장난기 어린 그림처럼 보이기도 하지만, 무엇에도 얽매이지 않은 자유분방함과 독창적 개성미가 엿보인다. 또한 투박하지만, 장인의 예술 감각과 창조적 조형 의지도 느낄 수 있다. 이처럼 분청사기에서는 고려청자가 갖는 깔끔하고 이지적인 느낌과는 다른 수더분함과 숭늉 맛 같은 구수함이 느껴진다. 분청사기의 자유분방함과 수더분함 속에서 고려청자와는 또 다른 전통 예술의 아름다움을 발견할 수 있다.

▶ 주제: 우리나라 도자기에 담긴 전통 예술의 아름다움

[지문 해제] 이 글은 우리나라 도자기에 담긴 전통 예술의 아름다움에 대해 설명하고 있다. 고려청자와 분청사기를 대비하여 우리나라 도자기들은 수요자와 장인에 따라 다른 특징을 보이고 있다고 말하고 있다. 고려청자는 세련된 곡선미와 섬세한 모양, 신비한 비색의 아름다움이 있지만 관요에서 만들어졌기 때문에 도공의 창조적 개성미가 드러나지 않는다. 이와 달리 민간 가마인 민요에서 만들어진 분청사기는 도공의 독창적 개성미가 더해져 자유롭고 생동감 넘치는 아름다움이 있다고 하였다.

## 1 중심 내용 파악하기 | 정답 ③ |

윗글의 중심 내용으로 가장 적절한 것은?
① 고려청자와 분청사기 수요층의 특징
② 고려청자와 분청사기의 원료와 제작 과정
③ 고려청자와 분청사기에 담긴 전통 예술의 아름다움
④ 고려청자와 분청사기에 나타난 문양의 상징적 의미
⑤ 고려청자와 분청사기를 통해 알 수 있는 시대적 상황

✓ 정답 풀이

이 글은 고려청자와 분청사기를 예로 들어 우리나라 도자기에 담긴 전통 예술의 아름다움에 대해 설명하고 있다. 귀족적이고 세련된 고려청자가 지닌 형태, 색, 문양의 아름다움과 자유분방하고 수더분한 분청사기가 지닌 형태와 문양의 아름다움에 대해 소개하고 있다.

## 2 세부 정보 파악하기 | 정답 ⑤ |

윗글의 ㉠, ㉡에 대한 설명으로 가장 적절한 것은?
① ㉠이 민요에서 만들어졌다면, ㉡은 관요에서 만들어졌다.
② ㉠이 투박하지만 안정된 형태라면, ㉡은 세련되지만 불안정한 형태이다.
③ ㉠이 수더분하고 감성적인 느낌이라면, ㉡은 깔끔하고 이지적인 느낌이다.
④ ㉠의 수요층이 귀족에 국한되었다면, ㉡의 수요층은 사대부들에 국한되었다.
⑤ ㉠이 우아하고 섬세한 문양이 특징이라면, ㉡은 활달하고 자유분방한 문양이 특징이다.

✓ 정답 풀이

2문단에서 고려청자의 문양은 귀족들의 취향을 반영하여 우아하고 섬세하다고 하였고, 3문단에서 분청사기는 서민층까지 쓰임이 확대되면서 문양이 활달하고 자유분방하게 변해갔다고 하였다.

✗ 오답 풀이

① ㉠은 관요에서, ㉡은 민요에서 만들어졌다.
② ㉠이 세련된 곡선미를 담고 있다면, ㉡은 투박하지만 튼튼하고 안정된 형태를 취하고 있다.
③ ㉠이 깔끔하고 이지적인 느낌이라면, ㉡은 수더분하고 구수한 느낌이다.
④ ㉠의 수요층이 왕실과 귀족에 국한되었다면, ㉡은 왕실에서 서민들에 이르기까지 전 계층이 사용하였다.

## 3 반응의 적절성 파악하기 | 정답 ① |

윗글을 읽은 독자가 〈보기〉를 더 접한 뒤에 보일 수 있는 반응으로 적절한 것은?

―| 보 기 |―

서양 미술사에서 화려한 르네상스 미술이 꽃 필 수 있었던 것은 예술가들의 역량을 인정하고 후원해 준 패트런(patron: 후원자)이 있었기 때문이다. 위대한 예술가로 명성을 날린 다빈치, 미켈란젤로, 라파엘로 같은 화가의 배후에도 막강한 패트런이 있었다. 그러나 이 시기 예술가들의 작품은 교회와 귀족, 즉 패트런의 주문에 맞춰 제작하는 방식이었기 때문에, 예술가들은 자신의 예술 의지를 펼치기보다는 패트런의 취향에 맞춰 그림을 그릴 수밖에 없었다. 르네상스 이후 예술가들이 패트런의 보호를 떠나 자유롭게 활동하게 되면서 비로소 자신들의 고유한 예술의 자율성을 확보할 수 있었고, 나아가 독창적 개성을 표출하는 그림을 그릴 수 있게 되었다.

① 고려청자의 도공과 르네상스 시기의 화가는 주문자의 취향에 맞춰 작품을 제작했겠군.
② 르네상스 이후의 화가와 달리, 분청사기를 만든 도공은 이전보다 자유로운 조건에서 작업을 했겠군.
③ 위대한 예술가를 후원했던 패트런처럼 고려 귀족들은 도공이 예술가로 명성을 남기도록 적극 후원했을 거야.
④ 르네상스 이후의 서양 미술의 변화 과정처럼 고려청자에서 분청사기로의 변화 과정도 종교적 영향을 받았겠군.
⑤ 르네상스 시기의 화가와 분청사기를 만든 도공은 자신들의 예술 의지를 담은 독자적인 작품을 만들려고 했을 거야.

✓ 정답 풀이

고려청자의 도공들은 국가의 강력한 보호와 규제 속에서 도자기를 만들었으며, 〈보기〉에서 르네상스의 화가들은 패트런의 취향에 맞추어 그림을 그려야 했다. 따라서 둘 모두 주문자의 취향에 맞춰 작품을 제작한 것으로 볼 수 있다.

✗ 오답 풀이

② 르네상스 이후의 화가들도 분청사기를 만든 도공과 마찬가지로 자유로운 조건에서 작품을 만들 수 있었다.
③ 2문단에서 고려청자는 국가의 강력한 보호와 규제 속에서 이름 없는 도공들에 의해 만들어졌다고 했다.
④ 고려청자에서 분청사기로 변화하는 과정은 제시되지 않았고, 종교적 영향을 받았는지의 여부도 언급되어 있지 않다.
⑤ 르네상스 시기의 화가들은 패트런의 주문에 맞춰 작품을 제작했기 때문에 자신의 예술 의지를 펼칠 수 없었다.

● 1문단: 라틴아메리카
미술의 대표 화가인
보테로

　　라틴아메리카의 미술은 모더니즘 미술을 받아들이면서도 독창성을 추구하는 경향이
두드러지는데, 그 대표적인 화가가 콜롬비아의 페르난도 보테로이다. 그의 작품에는 형
태의 터질듯한 볼륨감과 몰개성적인 인물, 형식을 벗어난 비례, 대상이 가진 고유의 색
등이 잘 ㉠구현(具現)되어 있다.

● 2문단: 보테로 그림의
특징 ① - 볼륨감

　　먼저 보테로의 그림에는 다른 작가의 작품과 확연히 ㉡구별(區別)되는 터질듯한 형태
의 볼륨감이 있다. 미술이 주는 감각적인 즐거움과 아름다움을 강조한 그는 그것의 핵
심 요소로 볼륨감에 ㉢주목(注目)하였는데, 평면의 캔버스가 가지고 있는 물리적인 한
계를 극복하고 대상에 볼륨감을 표현하기 위해 선택한 것이 바로 형태의 팽창이다. 즉
그는 그림에서 소재의 형태를 단순화하고 팽창시킴으로써 볼륨감을 집중적으로 표현할
수 있었다. 이렇게 형태를 왜곡*했기 때문에 보테로의 그림에서는 제목, 장식, 옷 등에
서만 인물들에 대한 약간의 정보를 알 수 있을 뿐 인물이 지닌 본래의 개성적 특징은 거
의 생략되어 파악하기 어렵다. 이는 인물뿐 아니라 작품 속 대상들에게도 유사하게
㉣적용(適用)되는데, 이렇게 작품 속 대상의 형태를 단순화하고 팽창시켜 볼륨감에 주
목하도록 하여, 감상자는 작품 속 특정 대상에만 시선이 머물지 않고 그림 전체에 구현
된 볼륨감을 감상할 수 있게 됨으로써 감각적인 즐거움을 누릴 수 있게 된다.

* 왜곡(비뚤 歪, 굽을 曲):
사실과 다르게 해석하
거나 그릇되게 함.
* 위트(wit): 말이나 글을
즐겁고 재치 있고 능란
하게 구사하는 능력.
* 중첩(무거울 重, 겹쳐질
疊): 거듭 겹치거나 포
개어짐.
* 견고(굳을 堅, 굳을 固):
굳고 단단함.

● 3문단: 보테로 그림의
특징 ② - 비례의 파
괴

　　보테로는 그림을 그릴 때 사물과 인물 간의 비례, 인물과 인물 간의 비례, 배경과 인
물 간의 비례 등을 자율적인 방식으로 표현하였다. 예를 들어 아이보다 큰 수박 조각,
남자에 비해 터무니없이 큰 여인, 인물과 비슷한 높이의 숲 등 실제의 세계와는 비례를
달리하여 ㉤구성(構成)함으로써 현실에서 존재하지는 않지만 그가 구현하고 싶은 세계
를 자유롭게 표현하였다. 이러한 비례의 파괴로 인해 느껴지는 부조화에 대해 감상자는
보테로의 회화를 위트*로 받아들이기도 한다.

● 4문단: 보테로 그림의
특징 ③ - 고유의 색

　　또한 보테로는 대상이 가진 고유의 색을 분명하게 표현하고자 하였다. 그는 그림에
그림자가 표현되면, 그림자의 검은 색으로 인해 대상이 가진 고유의 색이 파괴되거나
모호하게 표현된다고 생각했기 때문에 그림에 그림자를 거의 표현하지 않았다. 그리고
그는 색칠한 면 위에 또 색을 칠함으로써 새롭게 칠한 색과 이전에 칠한 색이 중첩*되게
하여 색을 더 견고*하고 명확하게 함으로써 대상의 고유한 색을 표현하였다.

* 차용(빌 借, 쓸 用): 어
떤 생각이나 형식 따위
를 다른 곳으로부터 흉
내 내거나 받아들여 씀.

● 5문단: 거장의 작품을
차용한 보테로

　　이러한 특징을 지닌 보테로의 작품 중에는 거장들의 작품을 차용*한 작품이 많다. 보
테로가 거장의 작품을 차용한 이유는 그들의 권위나 명성을 끌어내리려 한 것이기보다
는 오히려 그들의 작품을 차용함으로써 그들의 작품이 지닌 아름다움을 감상자가 느낄
수 있는 기회를 제공하고, 이와 더불어 자신만의 독창적인 방법으로 재창조한 작품을
통해 거장들의 작품과 자신의 작품이 지닌 차이도 함께 강조하고자 했기 때문이다.

▶ 주제: 보테로의 그림
이 보여 주는 다양한
특징

**[지문 해제]** 이 글은 콜롬비아의 화가 보테로의 그림이 갖고 있는 특징들을 설명하고 있다. 라틴아메리카 미술의 독창성을 대
표하는 화가인 보테로는 기존 관습에서 벗어난 몇 가지 특징들을 보여 준다. 먼저 두드러지는 점은 인물과 대상들을 팽창시켜
볼륨감 있게 표현한 것으로, 감상자로 하여금 감각적인 즐거움을 느끼게 한다. 그리고 보테로는 비례를 파괴하는 구성
을 하며 구현하고 싶은 세계를 자유롭게 표현하였는데, 이로 인한 부조화에 대해 감상자는 작품 속에서 위트를 발견할 수 있다.
또한 보테로는 대상이 가진 고유의 색을 분명하게 표현하려고 하였는데, 이를 위해 그림에 그림자를 거의 표현하지 않고 색을
중첩되게 칠하였다. 마지막으로 보테로는 거장의 작품들을 많이 차용하여, 두 작품 간의 차이를 강조하고 원래 작품이
지닌 아름다움을 감상자가 느낄 수 있도록 하였다.

## 1 세부 정보 파악하기 | 정답 ④ |

**윗글에 대한 설명으로 적절하지 않은 것은?**

① 보테로는 인물들이 지닌 본래의 개성적 특징을 거의 생략하여 표현하였다. 2문단
② 보테로는 형태의 팽창을 통해 평면에 사물을 표현하는 제약을 극복하려 하였다. 2문단
③ 보테로는 감상자로 하여금 그림 전체에 구현된 볼륨감을 감상할 수 있도록 하였다. 2문단
④ 보테로는 캔버스의 물리적 특성을 고려하여 작품 속 인물의 상징적 의미를 드러냈다.
   캔버스의 물리적 특성은 보테로에게 있어 극복의 대상임
⑤ 보테로의 작품에서 느껴지는 부조화는 감상자가 그의 작품을 위트로 받아들이게 하기도 한다. 3문단

### ✅ 정답 풀이

2문단에서 보테로는 평면의 캔버스가 가지고 있는 물리적 한계를 극복하기 위해 대상의 형태를 팽창시켰다고 하였다. 그리고 팽창된 형태의 볼륨감에 주목하도록 하여 감상자는 감각적인 즐거움을 누릴 수 있게 되었다고 하였다. 따라서 캔버스의 물리적 특성은 보테로에게 있어 극복의 대상이지, 인물의 상징적 의미 때문에 고려해야 할 것이 아니다.

### ❌ 오답 풀이

① 2문단에서 보테로는 형태를 팽창시키고 왜곡했기 때문에 인물이 지닌 본래의 개성적 특징은 거의 생략되었다고 하였다.
② 2문단에서 평면의 캔버스가 가지고 있는 물리적인 한계를 극복하기 위해 보테로가 선택한 것이 형태의 팽창이라고 하였다.
③ 2문단 마지막 부분에서 보테로는 대상의 형태를 팽창시켜 볼륨감에 주목하도록 하여, 감상자는 그림 전체에 구현된 볼륨감을 감상할 수 있게 되었다고 하였다.
⑤ 3문단 마지막 부분에서 비례의 파괴로 인해 느껴지는 부조화에 대해 감상자는 보테로의 회화를 위트로 받아들이기도 한다고 하였다.

## 2 다른 대상과 비교하기 | 정답 ② |

**윗글의 '보테로'와 〈보기〉의 '앤디 워홀'을 이해한 내용으로 가장 적절한 것은?**

---| 보 기 |---

팝아트의 대표적인 작가 앤디 워홀은 레오나르도 다빈치의 〈모나리자〉를 차용한 이미지를 반복적으로 복제하여 레오나르도 다빈치의 독창성에 도전하였다. 그는 이러한 작품을 많은 사람들에게 드러내어 작가의 권위를 빼앗고, 오리지널 작품의 절대적인 권위와 명성을 부정했다.

---

① 보테로는 앤디 워홀과 달리 차용한 작품과 자신의 작품과의 동일성을 강조하였겠군. 차이
② 앤디 워홀은 보테로와 달리 거장의 작품이 지닌 권위를 부정하고자 하였겠군.
③ 보테로와 앤디 워홀은 모두 예술이 허구적 세계를 표현해야 한다고 생각하였겠군. 이 글과 〈보기〉를 통해 알 수 없음
④ 보테로와 앤디 워홀은 모두 기존 미술 작품을 그대로 재현하는 것을 최고의 가치로 여겼겠군. 자신만의 독창적인 방법으로 재창조
⑤ 보테로와 앤디 워홀은 모두 작품에 대한 반복적인 복제가 원본의 가치를 훼손한다고 보았겠군.

### ✅ 정답 풀이

마지막 문단에서 보테로의 작품 중에는 거장들의 작품을 차용한 작품이 많다고 하였지만, 이는 거장들의 권위나 명성을 끌어내리려 한 것이 아니라고 하였다. 반면 〈보기〉의 앤디 워홀은 거장의 작품에서 이미지를 차용하고 반복적으로 복제하여 오리지널 작품의 절대적인 권위와 명성을 부정했다고 하였다.

### ❌ 오답 풀이

① 마지막 문단에서 보테로는 자신만의 독창적인 방법으로 재창조한 작품을 통해 거장들의 작품과 자신의 작품이 지닌 차이를 강조했다고 하였다.
③ 보테로와 앤디 워홀이 예술은 허구적 세계를 표현해야 한다고 생각하였는지는 본문과 〈보기〉를 통해 알 수 없다.
④ 마지막 문단에서 보테로는 거장들의 작품을 차용하여 자신만의 독창적인 방법으로 재창조했다고 하였으므로, 기존 미술 작품을 그대로 재현하는 것을 최고의 가치로 여겼다고 볼 수 없다.
⑤ 마지막 문단에 따르면 보테로는 차용한 작품의 권위나 명성을 끌어내리려 한 것이 아니라고 하였다. 반복적인 복제로 원본의 권위와 명성을 부정한 것은 앤디 워홀뿐이다.

## 3 사전적 의미 파악하기 | 정답 ⑤ |

**㉠~㉢의 사전적 의미로 적절하지 않은 것은?**

① ㉠: 어떤 내용이 구체적인 사실로 나타나게 함.
② ㉡: 성질이나 종류에 따라 차이가 남.
③ ㉢: 관심을 가지고 주의 깊게 살핌.
④ ㉣: 알맞게 이용하거나 맞추어 씀.
⑤ ㉤: 있어야 할 것을 빠짐없이 다 갖춤.
   구비

### ✅ 정답 풀이

㉤ '구성(構成)'의 사전적 의미는 '몇 가지 부분이나 요소들을 모아서 일정한 전체를 짜 이룸. 또는 그 이룬 결과'이다. '있어야 할 것을 빠짐없이 다 갖춤.'의 의미를 지닌 단어는 '구비(具備)'이다.

○ **(가)**: 타악기에 대한 편견

**가** 흔히 사람들은 ⊙타악기가 오케스트라 연주에서 현악기와 관악기가 내는 소리 사이의 공백*을 메우는 정도의 역할을 한다고 생각한다. 하지만 러시아 태생의 음악가인 스트라빈스키는 타악기를 중요하게 생각하여, 혹독한 겨울을 나야 하는 러시아인들에게 생명줄이나 다름없는 중앙난방 장치에 빗대었다.

○ **(나)**: 타악기의 종류와 특징

**나** 사실 타악기야말로 가장 원초적이면서 다양한 색깔을 가진 악기다. 타악기에는 팀파니, 심벌즈, 실로폰, ⓒ마림바, 차임벨 등 종류가 수없이 많아 그 특징을 일일이 나열하기가 어렵다. 심지어 손뼉을 쳐 소리를 내는 것도 타악기를 연주하는 것이라고 볼 수 있는데, 실제로 바비 맥퍼린이라는 재즈 연주자는 자신의 몸을 타악기처럼 두드려서 연주를 한다.

○ **(다)**: 타악기의 예 ① – 팀파니

**다** 클래식 음악에서 가장 많이 사용되는 타악기는 팀파니(timpani)다. 팀파니는 급작스러운 충격을 표현하거나 분위기를 바꿀 때, 그리고 리듬을 반복할 때 사용된다. 그리고 팀파니는 페달을 사용하여 한 음에서 다른 음으로 미끄러지듯 연주할 수 있다. 큰북과 작은북은 음정을 조정할 수 없는 반면, 팀파니는 나사와 페달을 이용하여 음정을 자유롭게 표현할 수 있다. 정규 편성 오케스트라에는 3개의 팀파니가 사용되는데, 팀파니는 음악을 클라이맥스로 몰고 가는 데 빠질 수 없는 악기다. 팀파니가 적극적으로 사용된 작품으로는 하이든의 〈놀람 교향곡〉과 〈팀파니 미사곡〉이 있고, 베토벤의 〈교향곡 9번〉에서는 작품 전체에서 팀파니가 사용되고 있다.

○ **(라)**: 타악기의 예 ② – 심벌즈

**라** 심벌즈(cymbals)는 중앙에 손잡이 줄을 매는 돌기가 나와 있으며, 양쪽 가장자리만 서로 닿아 소리가 나도록 하기 위해 가장자리 쪽으로 갈수록 두께를 얇게 만든다. 심벌즈는 오케스트라 연주의 클라이맥스 부분에서 팀파니만큼이나 중요한 역할을 한다. 하지만 어떤 경우에는 겨우 몇 마디만을 연주하고 끝나는 때도 있다. 브루크너의 〈교향곡 8번〉 같은 경우 90분이 넘는 연주 시간에서 심벌즈는 겨우 3초 정도만 연주한다. 이 3초를 위해 심벌즈 연주자는 연주 내내 긴장하고 있어야 한다. 만약 방심해서 1초라도 빗나가는 순간 모든 연주가 물거품이 되기 때문이다. 그래서인지 심벌즈 연주자는 시간을 정확하게 맞추려는 강박 관념*에 시달리는 경우가 많다고 한다.

*공백(빌 空, 흰 白): 어떤 일의 빈구석이나 빈틈.
*강박 관념(굳셀 强, 칠 拍, 볼 觀, 생각 念): 마음속에서 떨쳐 버리려 해도 떠나지 아니하는 억눌린 생각.

○ **(마)**: 타악기의 예 ③ – 실로폰과 마림바

**마** 실로폰(xylophone)은 길이가 다른 나무 막대를 실로폰 채로 두드려 음정을 만들어 내고, 두드리는 속도를 조절하여 박자를 만들어 내는 악기이다. 실로폰은 소리가 건조하고 울림이 오래가지 않기 때문에 빠른 연주 작품에 더 잘 어울린다. 반면 실로폰의 외형과 매우 흡사한 마림바(marimba)는 음판 밑에 공명관이 붙어 있어 음향이 실로폰보다 훨씬 더 부드럽고 울림이 오래간다. 하지만 소리가 부드러운 반면 약하기 때문에 마림바는 오케스트라 연주에서는 자주 사용되지 않고, 주로 독주 악기로 사용된다.

▶ 주제: 타악기의 특징과 종류

**[지문 해제]** 이 글은 팀파니, 심벌즈, 실로폰 등의 예를 들어 타악기의 특징과 매력을 설명하고 있다. 일반적으로 사람들은 타악기의 역할을 미비하게 여기는데 러시아 음악가 스트라빈스키는 타악기를 중요하게 생각하였다는 내용으로 시작하여 타악기가 가진 원초적이면서 다양한 매력을 소개하고 있다. 그리고 팀파니, 심벌즈, 실로폰, 마림바의 특징과 연주 방법, 음색 등을 해당 악기가 사용된 곡의 예를 들어 차례로 설명하고 있다.

## 1 세부 정보 파악하기 | 정답 ⑤ |

**윗글의 내용과 일치하지 <u>않는</u> 것은?**
① 큰북과 작은북은 음정을 조절할 수 없다. (다)
② 팀파니는 음정을 자유롭게 표현할 수 있다. (다)
③ 실로폰은 소리가 건조하고 울림이 오래 가지 않는다. (마)
④ 마림바는 소리가 부드럽고 약해 주로 독주 악기로 쓰인다. (마)
⑤ 심벌즈는 가장자리의 두께가 얇아서 <u>오래 연주할 수 없다.</u>
심벌즈의 두께를 가장자리 쪽으로 갈수록 얇게 만든 이유는
·양쪽 가장자리만 서로 닿아 소리가 나도록 하기 위해서임.

✔ **정답 풀이**
(라)에서 심벌즈의 두께를 가장자리 쪽으로 갈수록 얇게 만든 이유는 양쪽 가장자리만 서로 닿아 소리가 나도록 하기 위해서라고 하였다. 이러한 외형적 형태는 소리를 내기 위한 것일 뿐 연주 시간과는 관련이 없으며, 악기의 특성상 몇 마디만 짧게 등장하는 경우도 있다고 하였다.

❌ **오답 풀이**
①, ② (다)에서 큰북과 작은북은 음정을 조절할 수 없지만, 팀파니는 나사와 페달을 이용하여 음정을 자유롭게 표현할 수 있다고 하였다.
③ (마)에서 실로폰은 소리가 건조하고 울림이 오래가지 않아 빠른 연주 작품에 어울린다고 하였다.
④ (마)에서 마림바는 실로폰보다 소리가 부드러운 반면 약하기 때문에 주로 독주 악기로 사용된다고 하였다.

## 2 서술상의 특징 파악하기 | 정답 ⑤ |

**(가)~(마)의 서술상의 특징으로 적절하지 <u>않은</u> 것은?**
① (가): 대상의 <u>중요성</u>을 강조하기 위해 <u>비유적으로 표현</u>하고 있다.
타악기의 중요성          타악기를 러시아의 중앙난방 장치에 빗댐.
② (나): 대상의 종류를 보여 주기 위해 <u>구체적으로 열거</u>하고 있다.
타악기
팀파니, 심벌즈, 실로폰, 마림바, 차임벨
③ (다): <u>대상</u>의 특성을 분명하게 드러내기 위해 <u>다른 대상</u>과 견주고 있다.
팀파니
큰북과 작은북
④ (라): 대상의 성격을 뚜렷하게 드러내기 위해 <u>예</u>를 들어 설명하고 있다.
심벌즈
브루크너의 〈교향곡 8번〉
⑤ (마): 대상의 속성을 효과적으로 제시하기 위해 <u>하위 요소를 분류</u>하고 있다.

✔ **정답 풀이**
(마)에서 실로폰과 마림바는 상하 관계에 있지 않다. 실로폰과 마림바는 타악기의 한 종류로 동등한 자격을 가지고 있다. (마)에서는 대조의 방식으로 실로폰과 마림바의 속

성 및 특징을 설명하고 있다.

❌ **오답 풀이**
① 스트라빈스키는 타악기의 중요성을 강조하기 위해 타악기를 러시아의 중앙난방 장치에 빗대었다.
② 타악기의 종류로 팀파니, 심벌즈, 실로폰, 마림바, 차임벨 등을 나열하였다.
③ 팀파니의 특징을 강조하기 위하여 큰북과 작은북을 끌어와 견주고 있다.
④ 오케스트라 연주에서 아주 짧게 등장하기도 하는 심벌즈의 성격을 드러내기 위해 브루크너의 〈교향곡 8번〉을 예로 들고 있다.

## 3 어휘의 의미 관계 파악하기 | 정답 ① |

**두 단어의 의미 관계가 ㉠ : ㉡과 가장 유사한 것은?**
상하 관계
① 집 : 한옥 상하 관계
② 서점 : 책방 동의 관계
③ 조상 : 후손 반의 관계
④ 안경 : 안경테 전체와 부분
⑤ 세모꼴 : 삼각형 유의 관계

✔ **정답 풀이**
㉡ '마림바'는 ㉠ '타악기'의 한 종류로, 타악기의 하위 항목이다. 즉, ㉠과 ㉡은 상하 관계이다. ①의 '집'과 '한옥'도 상하 관계이다.

❌ **오답 풀이**
② '서점'과 '책방'은 같은 의미인 동의 관계이다.
③ '조상'과 '후손'은 반대의 의미를 가진 반의 관계이다.
④ '안경'과 '안경테'는 전체와 부분의 관계이다.
⑤ '세모꼴'과 '삼각형'은 비슷한 의미인 유의 관계이다.

| 예술 06~10 | 독해력 쑥쑥, 어휘 테스트 | | | |
|---|---|---|---|---|
| 01 ⓒ | 02 ⓓ | 03 ⓑ | 04 ⓐ | 05 ⓔ |
| 06 견고 | 07 차용 | 08 도공 | 09 영감 | 10 명도 |
| 11 × | 12 ○ | 13 × | 14 ○ | 15 × |
| 16 ㅁ | 17 ㄱ | 18 ㄴ | 19 ㄷ | 20 ㄹ |

[**숨마 주니어**®]는

고교 상위권 선호도 1위 브랜드 **숨마쿰라우데**®가 만든
중학생들을 위한 혁신적인 **중등 브랜드**입니다!

**숨마 주니어**® 중학 국어 비문학 독해 연습 ❶❷❸시리즈

| 수준별, 단계별 구성 | 수록 지문 및 문항 수 | 주요 학습 내용 |
|---|---|---|
| 중학 국어 비문학 독해 연습 ❶ | – 인문, 사회, 과학, 기술, 예술<br>각 제재별 10지문, 권별 50지문 | 사실적 이해 + 어휘력 |
| 중학 국어 비문학 독해 연습 ❷ | | 사실적 이해 + 추론적 이해, 비판적 이해 위주 + 어휘력 |
| 중학 국어 비문학 독해 연습 ❸ | – 3권 총 150지문 372 문항 수록 | 고1 전국연합학력평가 우수 문항 위주 + 어휘력 |

◆ '중학 국어 비문학 독해 연습'을 추천합니다.

국어 비문학 독해 실력은 어느 날 갑자기 향상되지 않습니다. 매일매일 꾸준한 반복학습만이 실력 향상을
가능하게 합니다. 이제 중학교 때부터 국어 비문학 공부도 함께 하십시오.

**추천 이유 ✋** 비문학 독해 능력은 모든 공부의 기본이기 때문입니다.

– 글의 정보 및 글쓴이의 의도를 파악하는 능력이 향상됩니다.
– 사실적 이해, 추론적 이해, 비판적 이해 등의 독해 능력이 향상됩니다.
– 제재별 어휘 학습을 통한 지문 이해 능력이 향상됩니다.

▼

**추천 이유 ✌** 폭넓은 글 읽기를 통해 교양을 풍부하게 할 수 있기 때문입니다.

– 중학생 권장 도서 및 추천 도서를 총망라하여 수준에 맞게 단계별로 지문을 구성하였습니다.
– 인문, 사회, 과학, 기술, 예술 등 다양한 제재에서 좋은 글들을 엄선하여 수록하였습니다.

▼

**추천 이유 ✋** 빠른 독해력 향상으로 수능 비문학까지 준비할 수 있기 때문입니다.

– 다양한 글을 통한 독해력 강화로 수능형 문제 풀이 능력까지 향상시킬 수 있습니다.
– 교과서의 독해 개념 연계 학습을 통해 수능 비문학까지 미리 준비할 수 있습니다.

학습 교재의 새로운 신화! 이룸이앤비가 만듭니다!

# 이룸이앤비의 특별한 중등 수학교재 시리즈

## 숨마쿰라우데® 중학수학 개념기본서 시리즈

Q&A를 통한 스토리텔링식
**수학 기본서의 결정판!** (전 6권)

- 중학수학 개념기본서 1-상 / 1-하
- 중학수학 개념기본서 2-상 / 2-하
- 중학수학 개념기본서 3-상 / 3-하

## 숨마쿰라우데® 중학수학 실전문제집 시리즈

숨마쿰라우데 중학 수학 「실전문제집」으로
**학교 시험 100점 맞자!** (전 6권)

- 중학수학 실전문제집 1-상 / 1-하
- 중학수학 실전문제집 2-상 / 2-하
- 중학수학 실전문제집 3-상 / 3-하

## 숨마쿰라우데® 스타트업 중학수학 시리즈

한 개념 한 개념씩 쉬운 문제로 매일매일 꾸준히
공부하는 기초 쌓기 **최적의 수학 교재!** (전 6권)

- 스타트업 중학수학 1-상 / 1-하
- 스타트업 중학수학 2-상 / 2-하
- 스타트업 중학수학 3-상 / 3-하

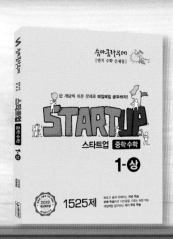

# 이룸이앤비의 특별한 중등 영어교재 시리즈

## 숨마 주니어® WORD MANUAL 시리즈

중학 주요 어휘 총 **2,200단어**를 수록한

『어휘』와 『독해』를 한번에 공부하는 **중학 영어휘 기본서!** (전 3권)

– WORD MANUAL ❶
– WORD MANUAL ❷
– WORD MANUAL ❸

## 숨마 주니어® 중학 영문법 MANUAL 119 시리즈

중학 영어 문법 마스터를 위한

**핵심 포인트 119개**를 담은 **단계별 문법서!** (전 3권)

– 중학 영문법 MANUAL 119 ❶
– 중학 영문법 MANUAL 119 ❷
– 중학 영문법 MANUAL 119 ❸

## 숨마 주니어® 중학 영어 문장 해석 연습 시리즈

중학 영어 교과서에서 뽑은 **핵심 60개 구문!**

**1,200여 개**의 짧은 문장으로 **반복 훈련하는 워크북!** (전 3권)

– 중학 영어 문장 해석 연습 ❶
– 중학 영어 문장 해석 연습 ❷
– 중학 영어 문장 해석 연습 ❸

## 숨마 주니어® 중학 영어 문법 연습 시리즈

중학 영어 필수 **문법 56개**를

**쓰면서 마스터하는 문법 훈련 워크북!!** (전 3권)

– 중학 영어 문법 연습 ❶
– 중학 영어 문법 연습 ❷
– 중학 영어 문법 연습 ❸